EDITORA DO CONHECIMENTO

Auxiliando a humanidade a encontrar a Verdade

História da Umbanda no Brasil

História da Umbanda no Brasil

Diamantino Fernandes Trindade

Todos os direitos desta edição reservados à
CONHECIMENTO EDITORIAL LTDA.
Fone/Fax: 19 3451-5440
www.edconhecimento.com.br
vendas@edconhecimento.com.br

Projeto gráfico: Sérgio Carvalho
Ilustração da capa: Banco de imagens

ISBN 978-85-7618-318-1
1ª edição – 2014

• Impresso no Brasil • Presita en Brazilo

Produzido no Departamento Gráfico de
CONHECIMENTO EDITORIAL LTDA
Rua Prof. Paulo Chaves, 276 – 13485-150
Fone: 19 3451-5440 — Limeira – SP

Dados Internacionais de Catalogação na Publicação (CIP)
(Angélica Ilacqua CRB-8 / 7057)

Trindade, Diamantino Fernandes.
 História da Umbanda no Brasil / Diamantino Fernandes Trindade. Limeira, SP: Editora do Conhecimento, 2014.
 570 p.

ISBN: 97-85-7618-318-1

1. Umbanda - História I. Título

14-0087   CDD – 133.93

Índice para catálogo sistemático:
1. Obras psicografadas — Umbanda

História da
Umbanda no Brasil

Diamantino Fernandes Trindade

História da
Umbanda no Brasil

1ª edição – 2014

EDITORA DO
CONHECIMENTO

Dedico esta obra ao grande médium do Caboclo das Sete Encruzilhadas, Zélio Fernandino de Moraes e suas filhas Zélia de Moraes Lacerda e Zilméia de Moraes Cunha.

A Benjamim Figueiredo que, juntamente com Zélio de Moraes e outros vanguardeiros, tiveram a missão de implantar e divulgar a doutrina e o ritual da Umbanda em nosso país.

A Ronaldo Antonio Linares que, conforme as palavras de Zélio de Moraes, foi o homem que tornou o seu trabalho conhecido.

A W.W. da Matta e Silva que revelou os ensinamentos esotéricos e iniciáticos da Umbanda.

A Lilia Ribeiro e Leal de Souza que pavimentaram o caminho para a construção da História da Umbanda.

Sumário

A Umbanda é a manifestação do espírito para a caridade! Da mesma forma como Maria ampara nos braços o filho querido, também serão amparados os que dela se socorrerem.

CABOCLO DAS SETE ENCRUZILHADAS

Umbanda é coisa séria, para quem é sério ou quer se tornar sério!

CABOCLO MIRIM

Umbanda é a arte de curar, ofício de ocultista, ciência médica, magia de curar.

CULTURA BANTO

A Umbanda é um novo culto brasileiro do século XX, provido do sincretismo religioso de práticas e fundamentos católicos, bantos e sudaneses, apresentando algumas fusões ameríndias e orientais, com observância do Evangelho segundo o Espiritismo, constituídos de planos espirituais evolutivos pela reencarnação!

CAVALCANTI BANDEIRA

Umbanda é a própria alma do mundo trabalhando em prol da regeneração do homem.

CAPITÃO JOSÉ ALVARES PESSOA

Figura 1: A Pietá de Michelangelo
Nossa Senhora da Piedade, padroeira da primeira Tenda de Umbanda.

Prefácio

Diamantino Fernandes Trindade é uma dessas pessoas a quem nunca esquecemos, algo assim como *um tipo inesquecível*. Diz o dito popular que para se conhecer bem uma pessoa é necessário comer com ela um saco de sal e, como o sal só é usado em pequenas pitadas, vale dizer que é preciso uma vida inteira ao lado de alguém para dizer-se que o conhece bem. Conheço o Diamantino desde 1981 e, desta forma, posso afirmar que conheço e respeito seu trabalho sério e dedicado.

Pesquisador incansável, médium admirável e escritor talentoso, Diamantino soube como ninguém distribuir os diferentes aspectos desta doutrina maravilhosa que é a Umbanda, buscando na fonte a exatidão dos fatos, a riqueza do conhecimento e a sublimidade da prece.

Esta obra dará ao mais leigo dos leitores e até mesmo ao simples curioso dos fenômenos espíritas, uma visão ampla e clara *do que, onde, como, quando* e *por que* a Umbanda existe e resiste ao tempo. A história, a prática, os ritos, a similitude com outros cultos e a comparação com os diferentes autores que o precederam, são contadas de forma natural, como se estivéssemos, ora lendo uma notícia, ora lendo um conto ou um romance, tão suave, clara e gostosa de ler é a sua maneira de escrever.

Juntos, trilhamos boa parte de nossas vidas. Diamantino foi meu *lugar tenente* em inúmeras ocasiões: Estivemos no *1º Encontro Brasil-América de Metafísica* – na Universidade de São Paulo; participamos do *workshop* deste mesmo encontro; foi vice-presidente da *Federação Umbandista do Grande ABC*; conduziu como Mestre o 15º Barco (1985/1986) de Formação Sacerdotal da *F.U.G.A.B.C.*, retornando a esta atividade em 2010; representou-nos, como relator, no Fórum de Debates *A Umbanda e a Constituinte* realizada na Assembleia Legislativa do Estado de São Paulo, em 1988. E hoje, com a experiência que só os anos trazem, Diamantino conseguiu juntar elementos culturais umbandistas que estavam sepultados pelo pó do tempo, como por exemplo, as obras de Leal de Souza (*No Mundo dos Espíritos* – de 1925, em que mal se utiliza o vocábulo Umbanda, e *O Espiritismo, a Magia e as Sete Linhas da Umbanda* de 1933), além de uma obra, praticamente desconhecida, (*Umbanda, Religião do Brasil* – de 1968), do Capitão Pessoa, que durante muito tempo foi tido como iniciador do movimento umbandista.

Sua obra não é psicografada, mas fruto de uma inteligência brilhante voltada para o estudo sério e dedicado da religião que abraçou com tanto amor.

Por isso recomendo a leitura desta obra. Faça-o como se estivesse em um momento de satisfação diante do mar ou de um belo lago. Beba nessa fonte de conhecimento, pois tenho certeza de que ao término dessa leitura nossos irmãos não mais terão dúvidas sobre o que é ser umbandista.

Babalaô Ronaldo Antonio Linares
Santuário Nacional da Umbanda
Vale dos Orixás

Figura 2: Assistência de um terreiro de Umbanda no Rio de Janeiro (década de 1960).

A Umbanda já é mais do que a resultante do sincretismo progressivo; é muito mais. É um movimento edificante, produtor de magnetismo sadio de espíritos selecionados, cujas linhas, falanges e legiões trabalham incansavelmente em trabalhos de limpeza psíquica, despertando a todos os desorientados, viciados, desiludidos e doentes, a luz redentora dos ensinamentos de Jesus. A Umbanda é como uma imensa cachoeira renovadora, a espargir luz onde toca, e seus trabalhadores não medem sacrifícios para atender aos ensinamentos de Jesus: *Fazei aos outros o que quereis que os outros vos façam.*

JOTA ALVES DE OLIVEIRA

Ser espírita

Ser espírita é ser clemente
É ter alma de crente,
sempre voltada para o bem!
É ensinar ao que erra,
entre os atrasos da terra,
não fazer mal a ninguém,

É sempre ter por divisa,
tudo que é nobre e suaviza,
o pranto, a dor, a aflição
É fazendo a caridade
evitar a orfandade
o abismo da perdição.

Em Deus, sempre ter crença
profunda, sincera, imensa
consubstanciada na Fé
É guardar bem na memória
os bons conselhos e a glória
De Jesus de Nazareth.

É perdoar a injúria
de quem já não tem um pão
É se tornar complacente
para o inimigo insolente
tendo por lema – o Perdão!

Ser espírita é ser clemente!
É ter alma de crente,
Sempre voltada para o bem!
É ensinar ao que erra,
entre os atrasos da terra,
não falar de ninguém.

Mensagem do Chefe Caboclo das Sete Encruzilhadas, pelo médium Zélio de Moraes em 20 de janeiro de 1935.

I. Introdução

Caro leitor!

O historiador deve sempre se manifestar sobre os acontecimentos em qualquer tempo. Por isso voltamos a escrever sobre a História da Umbanda, religião brasileira que, em 15 de novembro de 2008, completou um século de existência. A História não comprova os fatos, isso é atributo da Ciência. O que o historiador pode fazer é registrar esses fatos, com o olhar de pesquisador e com a sua metodologia e influências políticas, sociais e religiosas próprias. Iniciei minha trajetória como historiador da Umbanda com a monografia *Aspectos Históricos e Sociais da Umbanda no Brasil,* apresentada como trabalho de conclusão do curso de Pós-Graduação em Estudos Brasileiros, na Universidade Presbiteriana Mackenzie, em 1983. Este trabalho foi ampliado e deu origem ao livro *Iniciação à Umbanda,* em 1986. No segundo volume, junto com Ronaldo Antonio Linares, continuamos a pesquisa histórica da nossa religião.

Em 1991, munido de mais dados e documentos, escrevi *Umbanda e sua História.*[1] Em 2008, escrevi a obra *Umbanda Brasileira: um século de história,*[2] um livro com aprofundamentos baseados em relatos e documentos originais conse-

---
1 Publicado pela Ícone Editora.
2 Publicado pela Ícone Editora.

guidos durante 25 anos de pesquisa. Um ano depois, sustentado por uma ampla bibliografia, publiquei pela Editora do Conhecimento a obra *Leal de Souza: o primeiro escritor da Umbanda*, onde recuperei dados importantes sobre este importante autor. A mesma editora publicou também os dois primeiros livros que tratam da Umbanda: *O Espiritismo, a Magia e as Sete Linhas da Umbanda* e *No Mundo dos Espíritos*, de Leal de Souza, onde fiz a apresentação das obras.

Dando prosseguimento ao resgate da memória da Umbanda, publiquei, também pela Editora do Conhecimento, *A Construção Histórica da Literatura Umbandista*, livro que mostra as principais obras e autores que fazem parte do universo literário da Umbanda. Continuando com nossas pesquisas escrevi, juntamente com Ronaldo Linares, o livro *Memórias da Umbanda do Brasil*, publicado em 2011.

A Umbanda tem história registrada. Podemos dizer sem medo de errar.

Até pouco tempo atrás eu era o historiador solitário desta religião que abarca milhões de brasileiros. Felizmente outros companheiros tem se dedicado à pesquisa histórica e contribuindo para o resgate da memória da nossa religião. Não podemos deixar de registrar que Lilia Ribeiro e Leal de Souza foram os pavimentadores do caminho para a construção da história da nossa religião, como veremos ao longo do livro.

O objetivo na obra atual é aprofundar os temas abordados nos livros anteriores, resgatando a memória dos pioneiros, entidades espirituais, médiuns, escritores, tendas, terreiros e outras instituições, que trouxeram até nós a Umbanda ou, como preferem alguns, o Movimento Umbandista.

É impossível ao historiador a imparcialidade. Desde a coleta de documentos até a redação do trabalho são feitas escolhas, que não são causais. Qualquer tentativa de escrever sobre um fato ou período histórico envolve seleção, julgamento e pressupostos metodológicos. A História não pode ser nunca puramente descritiva, pois sempre haverá elementos de avaliação em qualquer relato. Sendo assim, o máximo que um historiador pode fazer no seu trabalho é alcançar uma face da verdade, que não é absoluta e sim variável de acordo com as condições que se apresentam no momento da escrita.

Escrever sobre a Umbanda não é tarefa para leigos, repórteres ou curiosos. Estes, por falta de percepção, sensibilidade ou de conhecimento vêm a Umbanda como um emaranhado confuso de práticas oriundas das mais diversas religiões. Jamais pararam para se perguntar por que um culto, por eles mesmos tratado como fetichista, pode atrair milhões de pessoas. Diriam até que seria pelo aspecto etnocultural das mais diversas classes socioculturais. Que mistério há por traz desses ritos que consideram confusos e destituídos de bom senso? Por que tantos a atacam? É preciso conhecer seus aspectos fenomênicos, magísticos, mediúnicos, ritualísticos, doutrinários e filosóficos, nas suas causas. É preciso também que se tenha um vivencial do dia-a-dia de seus terreiros e templos. Raros, raríssimos são os que têm essa experiência. Enquanto a Umbanda se abre em um leque de mil cores, muitos se interessam apenas pela qual se afinizam, certos de que é a melhor. Outros pretendem impor um determinado ritual porque é aquele que lhes trás mais benefícios. No dizer de Lísias Negrão,[3] mesmo com as peculiaridades de cada terreiro e as influências religiosas que receberam diferencialmente, há na Umbanda um universo simbólico comum claramente delineado e associado à criatividade do imaginário popular brasileiro.

Quem quiser, apenas de longe, saber o que a **Senhora das Mil Faces** representa para o povo brasileiro, basta ver o que acontece nas praias na passagem do ano. Lá se encontram ricos, pobres, brancos, negros, amarelos, vermelhos, mestiços, todos juntos, acendendo suas velas, e ofertando flores a Yemanjá, pedindo que o ano lhes seja propício. Esta manifestação colossal é peculiar, é própria da fé ou da mística umbandista. Muitos se aproximam da Umbanda, pois pressentem sua força, sua magia, seu poder de transformação. A Umbanda aceita e respeita as necessidades de cada grupo naquilo que os faz sentirem-se unidos ao Sagrado. Por isso Ela parece tão variada em suas manifestações, pois cada unidade-terreiro exprime com fidelidade as necessidades daqueles que ali acorrem. Para muitos esta maleabilidade é confundida como uma mistura

---

3 Entre a Cruz e a Encruzilhada: formação do campo umbandista em São Paulo.

Diamantino Fernandes Trindade

desconexa, mas na verdade apenas traduz, em seus aspectos mais profundos, um motivo: atingir a síntese do conhecimento humano, lembrar a todos que como Caboclo, Preto Velho e Criança, também somos espíritos eternos e imortais e que cada existência nos serve de aprendizado e aperfeiçoamento para vidas futuras, caminhando rumo à nossa realidade. Esta é a **Umbanda de Todos Nós**. Por isso repito: escrever sobre a Umbanda não é tarefa para leigos, repórteres ou curiosos.

A metodologia utilizada nesta obra foi a pesquisa primária por meio de documentos originais e pesquisa secundária com a consulta a autores consagrados[4] (médiuns, sacerdotes, antropólogos, sociólogos etc.), além da minha vivência de mais de trinta anos nos templos de Umbanda, Kimbanda, Orunmilá-Ifá, Cultos de Nação etc. Apesar da minha formação científica e educacional, esta obra não tem caráter acadêmico. Não escrevo aqui como homem da Ciência ou Doutor em Educação. Escrevo como iniciado e historiador do cotidiano da Umbanda.

Ao longo de mais de um século, a Umbanda estabeleceu diversas relações sociais, políticas e religiosas, de forma direta ou indireta. Neste livro pretendo mostrar os fatos históricos e sociais que precederam a implantação da Umbanda em nosso país tais como: a revelação da Doutrina Espírita por Allan Kardec e como ela se difundiu no Brasil; a abolição da escravidão, a proclamação da República e as primeiras manifestações de Caboclos e Pretos Velhos anteriores ao advento do Caboclo das Sete Encruzilhadas.

Pai Juruá cita:[5]

> Como muitos querem apregoar, a Umbanda não é afrodescendente e nem é oriunda de algum tipo de dissensão de irmãos desiludidos com o Espiritismo. A Umbanda não é um subproduto da Religião do Candomblé ou mesmo do Espiritismo. A Religião de Umbanda é brasileiríssima, fundamentada, alicerçada e propagada no Evangelho de Jesus e nos ensinamentos crísticos, temperada com tudo o que é de positivo de outras filosofias e religiões.

Farei uma abordagem sobre as religiões e cultos que

4 Ver bibliografia no final do livro.
5 *Umbanda - A Manifestação do Espírito para a Caridade.*

influíram nos rituais de Umbanda: o Candomblé, o Omolokô, o Catimbó Jurema, o Tambor de Mina, a Kimbanda, a Cabula, as Macumbas, o Catolicismo, e o Kardecismo.

Acerca dos aspectos políticos escreverei sobre os problemas das tendas umbandistas com a Ditadura Vargas e a necessidade da fundação de federações para uni-las e criar uma resistência contra as perseguições. Os primórdios da literatura umbandista e os congressos, particularmente o Primeiro Congresso Brasileiro do Espiritismo de Umbanda, que tratou de assuntos polêmicos como as Sete Linhas da Umbanda, também serão analisados.

Ao longo do tempo a Umbanda estabeleceu diversas relações sincréticas. Assim, escreveremos sobre temas como mito, sincretismo, ecletismo e as lendas sobre os Orixás cultuados pelo povo yorubá e o seu culto no Brasil. As tentativas de codificação da Umbanda tem sido infrutíferas, pois esta religião é um **grande cadinho** onde se amalgamam pessoas de todos os níveis sociais, culturais e intelectuais. Enquanto para alguns, os cultos mais tradicionais falam mais alto ao seu grau de consciência, outros se encontram espiritualmente nos ritos esotéricos e iniciáticos umbandistas. A Umbanda é uma só, independente do tipo de terreiro ou culto. O Astral Superior atende a todos que a ela recorrem. Para entender melhor basta lembrarmos as sábias palavras do Caboclo das Sete Encruzilhadas:

> A Umbanda é a manifestação do espírito para a caridade; da mesma forma como Maria ampara nos braços o filho querido, também serão amparados os que dela se socorrerem.

Quero aqui registrar as árduas pesquisas de Pai Juruá e do Coronel Carlos Soares Vieira, que elucidaram diversas lacunas históricas da nossa religião, não medindo esforços nas visitas a terreiros, federações e Biblioteca Nacional. Pai Juruá tem pesquisas importantíssimas publicadas na página *www.umbanda.com.br*.

O Coronel tem se dedicado intensamente à pesquisa histórica sobre as sete tendas mestras derivadas da Tenda Nossa Senhora da Piedade. A sua pesquisa está publicada nesta obra. Outro trabalho importante foi desenvolvido por Alexandre Cumino, publicado pela Madras Editora: *História da Umbanda: uma religião brasileira.*

Agradeço as colaborações de Pai Ronaldo Linares, Mestre Itaoman e dos irmãos Renato Henrique Guimarães Dias, Mestre Obashanan, Adão Lamelanza e Cristian Patrick Moraes Silva de Siqueira.

Prezado leitor! Entregamos a você uma história sólida da Umbanda fundamentada em mais de trinta anos de pesquisa. Mesmo que alguns tentem menospreza-la, porque não foram eles que a escreveram, ela é aceita pela maioria dos umbandistas. À medida que novos fatos forem descobertos pela nossa pesquisa, você ficará sabendo por intermédio do nosso blog:[6]

Desejo que este livro possa trazer um pouco mais de esclarecimento quanto à implantação da Umbanda em nosso país.

Saravá![7]

---

6 *http://mandaladosorixas.blogspot.com.br*
7 O escravo banto quando chegou ao Brasil precisou adaptar a sua língua ao Português. Era difícil pronunciar a letra L. Acabava dobrando a vogal. Então a palavra SALVE tornou-se SALAVE e depois SALAVA, o que acabou gerando SARAVÁ. Para os umbandistas, além de uma simples saudação, tem uma forte carga magística.

2. Mito e Sincretismo

O Mito

Para facilitar o entendimento de alguns temas deste livro, achamos por bem fazer o devido esclarecimento sobre o significado do mito, do sincretismo e as lendas yorubá sobre os Orixás. Diversas abordagens do sincretismo são explicadas por meio do mito que, apesar dos exageros da imaginação popular, em muitas situações, pode ser uma codificação da religião primitiva e da sabedoria prática. Tentar definir o mito é uma tarefa ingrata, pois sempre incorreremos em maior ou menor desvio de sua essência. Aurélio Buarque de Holanda[1] apresenta o seguinte conceito para o mito:

> Representação de fatos ou personagens reais, exagerada pela imaginação popular, pela tradição; exposição de uma doutrina ou de uma ideia sob forma imaginativa em que a fantasia sugere e simboliza a verdade que deve ser transmitida.

Avançando um pouco mais, Eliade[2] diz:

> A definição que a mim, pessoalmente, me parece menos imperfeita, por ser a mais ampla, é a seguinte: o mito conta uma

1 *Novo Dicionário da Língua Portuguesa.*
2 *Mito e Realidade.*

história sagrada; ele relata um acontecimento ocorrido no tempo primordial, o tempo fabuloso do princípio.

O mito é uma das formas de interpretação da realidade.[3] Não é simplesmente uma ficção, não significa apenas uma ilusão, pois trás em seu cerne verdades profundas.

> Todos os povos têm um mundo invisível, uma ampliação da realidade, que coexiste lado a lado com a ciência, a tecnologia e, é claro, as artes. Às vezes ele é uno e partilhado por todos, como nas sociedades tradicionais, ao contrário do mundo moderno, onde classes, grupos ou segmentos sociais podem dar formas diferentes às expressões imaginárias. Mas em ambos "a vida é vivida em um plano duplo: desenrola-se como existência humana e, ao mesmo tempo, participa de uma vida transumana, a do cosmos ou dos deuses".[4]

Vejamos um exemplo ligado às crenças dos Nagô ou Yorubanos. Este povo possui uma verdadeira mitologia bem complexa, com a divinização dos elementos e fenômenos naturais. Nesta ordem de ideias, a concepção mais religiosa é a divinização do firmamento. Assim conta-nos Nina Rodrigues:[5]

> Do consórcio de Obatalá, o Céu, com Odudua, a Terra, nasceram dois filhos: Aganju e Yemanjá (Aganju, a terra firme e Yemanjá, as águas). Desposando seu irmão Aganju, Yemanjá deu à luz Orungan, o ar, as alturas, o espaço entre o Céu e a Terra. Orungan concebe incestuoso amor por sua mãe e, aproveitando a ausência paterna, raptou-a e a violou. Aflita, e entregue a violento desespero, Yemanjá desprende-se dos braços do filho e foge alucinada, desprezando as infames propostas de continuação às escondidas daquele amor criminoso. Orungan a persegue, mas prestes a deitar-lhe a mão, Yemanjá cai morta. Desmesuradamente cresce-lhe o corpo e, dos seios monstruosos nascem dois rios, que adiante se reúnem, constituindo uma lagoa. Do ventre enorme que se rompe nasceram:
> DADÁ, deusa ou orixá dos vegetais.
> XANGÔ, deus do trovão.

---

3 A realidade pode ser interpretada pela Ciência, pela Religião, pela Filosofia, pela Arte, pelo mito e pelo senso comum.
4 Carmem Junqueira. *O mundo invisível.*
5 *Os Africanos no Brasil.*

OGUM, deus do ferro e da guerra.
OLOKUM deus do mar.
OLOXÁ, deus dos lagos.
OYÁ, deusa do Rio Niger.
OXUM, deusa do Rio Oxum.
OBÁ, deusa do Rio Obá.
OKÔ, deus da agricultura.
OXÓSSI, deus dos caçadores.
AJÊ-XALAGÉ ou AJÊ-XALUNGÁ, deus da saúde.
XANKPANÃ ou XAPANÃ, deus da varíola.
ORUM, o Sol.
OXU, a Lua.

Figura 3: Uma concepção yorubá deYemanjá dando à luz aos Orixás.
Fonte: *http://purytere.blogspot.com.br*

Desta forma caberia a Orungan, pelo seu relacionamento comYemanjá, a paternidade dos demais Orixás. Assim, do relacionamento incestuoso de Orungan, nosso Édipo Africano, com sua mãeYemanjá, é que nasceram os demais Orixás, cabendo então a Orungan, e não ao seu pai Aganju, a paternidade dos mencionados Orixás.Veja-se também, que Orungan tenta manter e continuar este romance, criando assim, o primeiro triângulo amoroso na história africana: deuses com paixões humanas.

Diamantino Fernandes Trindade

Apesar das deturpações, consequência das transmissões orais dos akpalos,[6] alguns aspectos profundos podemos vislumbrar no cerne desta lenda. Obatalá, o Céu, representa o Princípio Espiritual interpenetrando Odudua, a Terra, o Princípio Natural, que deu origem ao Universo Astral, o Mundo das Formas. Yemanjá representa, no caso do Planeta Terra, a Mãe Criadora, e de seus seios nascem dois rios, mostrando o fluxo da vida. Seus filhos, Deuses ou Orixás, representam os seres humanos, pois cada um de nós, encarnado no Planeta, é filho espiritual de um Orixá. Por vezes o mito expressa o medo e as crendices do povo. Alguns adeptos do Candomblé e da Umbanda fazem obrigações aos Orixás e aos Exus, para não serem castigados. A tradição oral dos sacerdotes incas dizia que em determinada época o Sol havia desaparecido por vários meses.[7] Surgiu então o culto onde eles "amarravam" o Sol, seu Deus e Pai, no dia mais curto do ano.

O Sincretismo

O sincretismo é um processo que propõe resolver uma situação de conflito cultural. Caracteriza-se como uma mistura de elementos culturais. Uma simbiose entre os componentes das culturas que estão em contato.

Vamos recorrer novamente ao conceito de Aurélio Buarque de Holanda:[8]

> Sincretismo é a reunião artificial de ideias ou teses de origens disparatadas; visão de conjunto, confusa, de uma totalidade completa; amálgama de doutrinas ou concepções heterogêneas.

Uma visão mais ampla é dada pelo Caboclo Sete Espadas:[9]

> Sincretismo é um fenômeno místico-religioso que visa tor-

---

6 Os akpalos são os historiadores orais das tradições de um povo.
7 Provavelmente devido a uma grande quantidade de poeira, proveniente das grandes erupções vulcânicas, que não permitia a passagem completa da luz solar.
8 *Novo Dicionário da Língua Portuguesa.*
9 F. Rivas Neto. *Umbanda: a Proto-Síntese Cósmica.*

nar inteligível um culto que possa ser praticado por vários povos ou grupos étnicos, que até o momento tinham rituais e concepções diferentes. É um mal necessário, pois se formos analisar profundamente o sincretismo ou analogia de cultos ou partes de um culto, vamos ver que ele faz com que vários cultos se identifiquem em um só culto. Embora de forma primitiva é uma tentativa de síntese.

Azevedo[10] cita o sincretismo como a fusão ou compenetração recíproca das culturas. Há entendimento tácito entre a Igreja Católica e os grupos africanos no Brasil. Não há intolerância ou repulsa, mas sim desejo de compreensão.

Em uma análise etnocultural, pode ser considerado uma adaptação para os vários graus de consciência dos seres humanos, como também uma forma de uni-los e elevá-los a patamares mais altos de evolução.

No Candomblé houve um sincretismo dos Orixás com os Santos Católicos. Já na Umbanda, ocorreu o contrário. Em ambos os cultos ocorreram outros tipos de sincretismo, principalmente aquele relativo aos elementos e fenômenos da Natureza.

O culto à Natureza, principalmente às árvores, aparece constantemente nos rituais de vários povos. Entre os Celtas, o carvalho era uma árvore sagrada, enquanto as florestas serviam-lhes de templo, pois, sob o carvalho, a profetisa Voluspa recebeu o primeiro oráculo.

Em Uppsala, a antiga capital da Suécia, havia um bosque sagrado onde todas as árvores eram consideradas divinas. Os lituanos pré-cristãos reverenciavam os carvalhos e outras árvores de grande copa, dos quais recebiam respostas oraculares. Na Bahia existe o culto a Irokô, a gameleira branca. Conforme Carneiro: *era, antigamente, a morada de um deus, mas agora serve como árvore sagrada, o pé de Lokô, excelente lugar para se deixar oferendas aos Orixás.*[11] Alguns adeptos do Candomblé identificam a gameleira branca com São Francisco de Assis.

Muitos umbandistas fazem referência a Oxóssi como o *Rei da Mata* ou *Oxóssi Caçador.* Voltando no tempo encontramos Diana como a deusa dos bosques, dos animais e da caça.

---

10 *Cultura e situação racial no Brasil.* Petrópolis: Vozes, 1975.
11 *Os candomblés da Bahia.*

Diamantino Fernandes Trindade

Poderíamos interpretar a característica de Oxóssi como caçador em um sentido mais amplo, que é o de *Caçador de Almas*, o *Catequizador de Almas* que pretende envolver a todos para o entendimento da Lei Divina, a Umbanda.

É comum também o culto aos Orixás nas pedreiras, cachoeiras, matas, lagos, mares etc. Os negros escravos reverenciavam os seus Orixás nas imagens de madeira dos santos católicos que tinham, em um buraco escavado e vedado com betume, uma pedra retirada do local da obrigação ao Orixá.[12] A pedra, as árvores etc. são, na verdade, os elementos naturais onde se concretizam as forças sutis comandadas pelos Orixás. O sincretismo de conveniência também se faz presente na História. O Catolicismo, cujo culto e leis foram confeccionados durante doze séculos, incorporou o ritual da missa, utilizado há mais 8.000 anos na Etiópia. Neste último, a hóstia que o pontífice consagrava ao Deus Supremo tinha a forma circular e impressa, de um lado, a imagem do Sol, simbolizando a dinastia solar e, do outro, o Cordeiro, representando a religião de Rama. Esse mesmo Catolicismo[13] demoliu ou transformou muitos templos, tidos como *pagãos*, em templos cristãos, e os seus deuses tornaram-se *santos*, por obra de um sincretismo de conveniência.

Além do sincretismo de conveniência, com interesses mesquinhos, devemos também ressalvar que algumas corrupções nas traduções de textos sagrados levaram muitos cristãos e entender determinadas citações dos evangelhos de forma deturpada. Dizia Jesus, segundo as traduções equivocadas: *é mais fácil a um camelo passar pelo furo de uma agulha do que um rico entrar no reino dos céus*.

Ora, Jerusalém era uma cidade cercada de muralhas, com várias portas de acesso. Dentre elas havia uma, a menor, cujo contorno se parecia com o furo de uma agulha, sendo por isso conhecida como porta do *furo da agulha*. Era esta porta a que Jesus se referia, porque, de fato, ela não permitia a passagem de um camelo e não, como foi traduzido e correndo o mundo. Passar pelo *furo da agulha* e não de *uma agulha* é o que deve ser.

O sincretismo é um fenômeno que ainda se faz necessá-

---

12 O santo do pau oco.
13 Não confundir com Cristianismo.

rio porque, por ora, os seres humanos não conseguem fazer muitas abstrações. Não entendem a Divindade, por si só, indefinível. Precisam concretizar para compreender, portanto, limitar. Fazem isso na expectativa de tornar Deus-homem e o homem-Deus. O sincretismo é a própria fé dessas pessoas. Por meio das sucessivas encarnações, irão se desligando do concreto para se harmonizar com a Essência Divina. Conforme as sábias palavras de um Preto Velho:

"Tire-lhes tudo!
Porém, não lhes tire a fé!"

Antes de ser sincrética, a Umbanda é eclética,[14] é abrangente. O Movimento Umbandista da atualidade é eclético na sua plenitude, pois dá oportunidade a todos os seus filhos, independentemente do grau de consciência, de se reintegrarem com o Sagrado, utilizando ou não o sistema sincrético. Não importa se estão nas encruzilhadas de esquina, com seus ebós, farofa e velas pretas, ou se estão meditando sobre os aspectos esotéricos da religião. Todos estão na Umbanda.

---

14 Podemos dizer, também, que o Ecletismo é o TODO, e o SINCRETISMO é PARTE DO TODO.

Diamantino Fernandes Trindade

3. Lendas Yorubá sobre os orixás

No aspecto das divindades, o que predomina na Umbanda é a cultura yorubá sobre os Orixás. Apresentamos apenas as lendas dos mais cultuados. As diversas lendas sobre os Orixás são muitas vezes conflitantes, em função da transmissão oral de fatos realmente acontecidos em tempos muito distantes ou fatos permeados de fantasia. Assim, torna-se necessário, ao estudá-los, lembrar-se da mitologia greco-romana, com a qual estabelece, algumas vezes, similaridade, e onde os seres divinos demonstram atitudes e necessidades humanas.

Faremos neste capítulo uma abordagem sobre as lendas yorubá dos Orixás mais cultuados na Umbanda. Recorremos a autores consagrados, em particular a Pierre Fatumbi Verger[1] que viveu durante dezessete anos em sucessivas viagens, desde 1948, pelos lados ocidentais da África, em terras yorubá, onde se tornou Babalawo,[2] por volta de 1950, quando recebeu de seu mestre Oluwo o nome *Fatumbi*.[3]

---

1 Francês de nascimento (4/11/1902, Paris), baiano por opção e africano por paixão, chegou em 1946 a Salvador, escolhendo a partir de então a cidade como a sua nova residência, ali morando até o seu desencarne, em 11/2/1996. Chegou como fotógrafo, e aos poucos se transformou em um observador etnográfico, antropólogo, historiador e botânico.
2 Babalawo é o nome dado ao sacerdote do Orixa Orunmilá do Culto de Orunmilá-Ifá, das culturas Jeje e Nagô.
3 Renascido pelo Ifá.

Yemanjá

Sobre Yemanjá já escrevemos no capítulo anterior citando a lenda da criação, relatada por Nina Rodrigues. Verger[4] cita:

> Yemanjá (Yemoja) cujo nome deriva de Yéyé omo ejá (Mãe cujos filhos são peixes) é o Orixá da nação Egbá; Yemanjá seria filha de Olóòkum, deus (em Benin) ou deusa (em Ifé) do mar. Em uma história de Ifé ela aparece casada pela primeira vez com Orunmilá, senhor das adivinhações, depois com Olofin, rei de Ifé, com o qual teve dez filhos, cujos nomes parecem corresponder a tantos outros Orixás.

Segundo Verger, Yemanjá no Novo Mundo subdivide-se em sete:

- *Yemawô* que na África é mulher de Oxalá;
- *Yamassê*, mãe de Xangô;
- *Eua (Yewa)*, rio que na África corre paralelo ao rio *Ògùn* e que frequentemente é confundido com Yemanjá;
- *Olossá*, a lagoa africana na qual deságuam os rios;
- *Yemanjá Ogunté*, casada com Ogum Alabedé;
- *Yemanjá Assabá*, que manca e fia algodão;
- *Yemanjá Assessu*, muito voluntariosa e respeitada.

Ogum

Adékòyà[5] explica que Ogum é considerado pelos yorubá sob dois aspectos: como divindade e como um herói civilizador. Os dois aspectos estão integrados na cultura desse povo, bem como em sua visão de mundo. Ogum possui privilegiado poder de transformação, que se manifesta em seu trabalho com o ferro e o fogo, bem como detém o poder de articular, em seu panteão, o sistema de crenças, códigos gestuais, práticas e celebrações rituais.

De acordo com Verger,[6] Ogum, como personagem histórico, teria sido o filho mais velho de Odùduà, o fundador de Ifé. Era

---

4 *Orixás: deuses yorubás na África e no Novo Mundo.*
5 *Yorubá: Tradição Oral e História.*
6 *Orixás: deuses yorubás na África e no Novo Mundo.*

Diamantino Fernandes Trindade

um temível guerreiro que brigava sem cessar contra os reinos vizinhos. Dessas incursões trazia sempre um rico espólio e muitos escravos. Guerreou contra a cidade de Ará e a destruiu. Saqueou e devastou muitos outros estados e apossou-se da cidade de Irê.[7] Matou o rei e aí instalou seu próprio filho no trono regressando glorioso, usando ele mesmo o título de Onîîré.[8] Por razões que ignoramos, Ogum nunca teve direito a usar uma coroa (adé), feita com pequenas contas de vidro e ornada por franjas de miçangas, dissimulando o rosto, emblema de realeza para os yorubá. Foi autorizado a usar apenas um simples diadema, chamado *àkòró*, e isso lhe valeu ser saudado, até hoje, sob os nomes de *Ògún Onîîré* e *Ògún Aláàkòró* inclusive no Brasil e em Cuba, pelos descendentes dos yorubás trazidos para o Continente Americano.

Ogum foi o mais enérgico dos filhos de Odùduà e foi ele que se tornou o regente do reino de Ifé quando Odùduà, já bastante idoso, ficou temporariamente cego.[9]

Ogum decidiu, depois de alguns anos ausente de Irê, voltar para visitar seu filho. Infelizmente, as pessoas da cidade celebravam no dia da sua chegada, uma cerimônia em que os participantes não podiam falar sob nenhum pretexto. Ogum tinha fome e sede; viu vários potes de vinho de palma, mas ignorava que estivessem vazios. Ninguém o havia saudado ou respondido às suas perguntas. Ele não era reconhecido no local por ter ficado ausente durante muito tempo. Ogum enfureceu-se com o silêncio geral, por ele considerado ofensivo. Começou a quebrar com golpes de sabre os potes e, em seguida passou a cortar as cabeças das pessoas mais próximas, até que seu filho apareceu, oferecendo-lhe as suas comidas prediletas, como cães, igbins, feijão regado com azeite de dendê e vinho de palma.

Enquanto se alimentava, os habitantes de Irê cantavam louvores onde não faltava a menção a *Ògúnjajá*, que vem da frase *Ògun je ajá* (Ogum come cão), o que lhe valeu o nome de Ogúnjá. Satisfeito e mais calmo, Ogum lamentou seus atos de violência e disse que já vivera o suficiente. Baixou a ponta de seu sabre em direção ao chão e desapareceu pela terra adentro com um barulho assustador.

---

7 Localizada na região ocidental da Nigéria.
8 Rei de Irê.
9 Recuperou a visão quando lavou os olhos com água salgada.

Ogum é único, mas, em Irê, diz-se que ele é composto de sete partes. *Ogún méjeje lóòde Iré*, frase que faz alusão às sete aldeias hoje desaparecidas, que existiriam em volta de Irê. O número sete é, pois, associado a Ogum e ele é representado, nos lugares que lhe são consagrados, por instrumentos de ferro, em número de sete, catorze ou vinte e um, pendurados em uma haste horizontal, também de ferro: lança, espada, enxada, facão, ponta de flecha e enxó, símbolos de suas atividades.

A vida amorosa de Ogum foi muito agitada. Ele foi o primeiro esposo de Oyá, aquela que se tornaria mais tarde esposa de Xangô. Teve, também, relações amorosas com Oxum antes que ela fosse viver com Oxóssi e com Xangô. E, também, com Obá, a terceira mulher de Xangô, e Eléfunlósunlóri, *aquela que pinta sua cabeça com pós branco e vermelho*, a mulher de Órisà Oko. Teve diversas aventuras amorosas durante as guerras, tornando-se, assim, pai de diversos Orixás, como Oxóssi Oranian.

A importância de Ogum vem do fato de ser ele um dos mais antigos dos deuses yorubás e, também, em virtude da sua ligação com os metais e aqueles que os utilizam. Sem sua permissão e sua proteção, nenhum dos trabalhos e das atividades úteis e proveitosas seriam possíveis.

Entretanto, certos deuses mais antigos que Ogum, ou originários de países vizinhos aos yorubá, não aceitaram de bom grado essa primazia assumida por Ogum, o que deu origem a conflitos entre ele, Obaluaiê e Nanã Buruku.

Xangô

Historicamente, Xangô teria sido o terceiro rei de Oyó, filho de Oraniam e Torosi, filha de Elemjê, rei dos Tapás. A figura do rei guerreiro confunde-se com a da divindade africana, existindo mesmo quem acredita que Xangô seria a divinização de um grande rei. Foi o grande soberano dos reinos yorubás.

Para nós ocidentais ainda choca a ideia de um homem ter várias esposas, o que poderíamos dizer então de um deus que as tivesse? Todavia, a sociedade africana aceita estes fatos com a maior naturalidade. Xangô, Orixá viril, tinha três esposas:

Oyá Iansã, Oxum e Obá que, por ciúmes, viviam a infernizá-lo. Tinha especial predileção por Oxum, por ser esta pouco mais que uma menina. Todavia, Oyá mais temperamental e feminina, era quem mais exigia do rei, tentando monopolizar suas atenções. Dividindo suas atenções entre a doce e meiga Oxum e a temperamental e sensual Oyá, pouca atenção dedicava a Obá, mulher de agir primeiro e pensar depois, impetuosa, guerreira, mas também tola e ingênua. Cheia de ciúmes, procurou saber, justo de Oyá, como fazer para merecer mais atenção e intimidade de Xangô. Este a respeitava e até louvava como guerreira, mas esquecia-se dela como mulher, o que muito a magoava. A esperta Oyá disse-lhe então que se quisesse realmente ganhar o seu amor, ela deveria cortar uma de suas próprias orelhas e servi-la junto com a refeição a Xangô.

Enquanto Obá preparava o encantamento receitado por Oyá, esta intrigante avisava Xangô de que Obá lhe preparava uma cilada em que Xangô só teria olhos para Obá depois que provasse da comida encantada. Esta situação tornava a permanência de Xangô no lar um verdadeiro inferno. Por outro lado, Xangô era intempestivo em suas ações, o que fazia com que o povo mais o temesse que o estimasse. Aborrecido por essas desavenças, Xangô desapareceu no mato. Foi dado como morto.[10] Entretanto, sua liderança era inquestionável e seu povo depois de procurá-lo por toda parte, aos gritos e desesperados, solicitavam a sua presença. Foi quando ele apareceu e lhes disse que como rei e como deus os governaria do Céu. Perceberam então que ele tinha partido para o Orum[11] e havia se transformado em Orixá.

O raio fulminante é o castigo de Xangô. Entre os yorubá, a morte por raio é considerada infame. A casa que é atingida por um raio é considerada marcada pela cólera de Xangô. É um Orixá muito popular no Brasil e nas Antilhas. Em algumas regiões do nordeste brasileiro, seu nome designa um conjunto de cultos chamados de *Xangôs*.

Conforme Verger, na Bahia é comum ouvir que existem doze Xangôs: Obá Afonjá, Obalubé, Ogodô, Oba Kossô, Jakutá, Baru, Airá Intilé, Airá Igbonam, Airá Adjaosi, Dada, Aganju e Oranian.

---

10 Teria se enforcado.
11 Céu.

Oyá Iansã

Um dia Obatalá, pai de Xangô, fornecera-lhe um encanto poderoso capaz de torná-lo vitorioso diante de qualquer inimigo. Xangô comeu a maior parte do *encanto* e o restante deu-o a Oyá para guardá-lo. Na ausência de Xangô, Oyá comeu parte do que lhe fora confiado. No dia seguinte, ocasião em que estava reunido *o conselho de ministros*, Xangô tomou a palavra que lhe fora concedida e de sua boca saíam jatos de fogo, que apavorou os presentes que por consequência dispersara-se logo após. De igual modo, acontecera a Oyá, palestrando com as damas ou mulheres ali reunidas. Xangô enfurecido bateu com o pé sobre o solo que se abriu, dando passagem a ele e às suas mulheres.

Oyá, a quem estava confiada à guarda do encanto, roubara-lhe uma parte, comendo-a, o que desesperou a Xangô que decidiu infligir um castigo a esposa.

Ela refugiou-se no palácio de seu irmão Olokun, acompanhando, às ocultas, o declínio do Sol. Perseguida pelo deus do trovão, Olokun tomou-lhe a defesa e travou intensa luta com Xangô. Nesse passo, em meio à luta, Oyá refugiou-se em casa de sua irmã Oloxá[12] e logo depois vendo que não podia ser protegida contra a ira de Xangô, fugiu para a casa do pescador Huissi.

Depois de relatar o ocorrido, pede a proteção e defesa do pescador que, por sua vez, expõe-lhe que não tem meios para defendê-la contra tão poderoso Orixá.

Oyá então resolveu dar de comer a Huissi o restante do encanto e, por essa razão o pescador transformou-se em Orixá; rapidamente saiu ao encontro do lançador de pedras com quem travou uma luta sem proporções, levando como arma, uma única arvore que existia no local e que arrancara pelas raízes.

Xangô usou como arma a canoa de Huissi e, quebradas as armas, terminaram no corpo-a-corpo. Receoso de ser vencido e, não podendo vencer Huissi porque já sentia fadiga, Xangô bateu o pé no solo que se abrindo lhe ofereceu abrigo, recebendo-o. Terminada a luta, Oyá retirou-se para Lacôrô onde o povo ergueu um templo que foi oferecido a Orixá dos ventos e onde passou a ser cultuada.

---

12 O lago.

Verger cita o seguinte:

> *Oyá Yánsàn* é a divindade dos ventos, das tempestades e do rio Níger que, em yorubá, chama-se *Odò Oya*. Foi a primeira mulher de Xangô e tinha um temperamento ardente e impetuoso. Conta uma lenda que Xangô enviou-a em missão a terra dos baribas, a fim de buscar um preparado que, uma vez ingerido, lhe permitiria lançar fogo e chamas pela boca e pelo nariz. Oyá, desobedecendo às instruções do esposo, experimentou esses preparados, tornando-se também capaz de cuspir fogo, para grande desgosto de Xangô, que desejava guardar só para si esse terrível poder.
> Antes de se tornar mulher de Xangô, Oyá tinha vivido com Ogum. A aparência do deus do ferro e dos ferreiros causou-lhe menos efeito que a elegância, o garbo e o brilho do deus do trovão. Ela fugiu com Xangô, e Ogum enfurecido, resolveu enfrentar o seu rival; mas este último foi à procura de Olodumaré, o deus supremo, para lhe confessar que havia ofendido Ogum. Olodumaré interveio junto ao amante traído e recomendou-lhe que perdoasse a afronta. Mas Ogum não foi sensível a esse apelo. Não se resignou tão calmamente assim, lançou-se à perseguição dos fugitivos e trocou golpes de varas mágicas com a mulher infiel, que foi, então, dividida em nove partes.

Verger conta mais uma lenda relativa ao ritual do culto de Oyá Yansã, onde se utilizam chifres de búfalo.

> Ogum foi caçar na floresta. Colocando-se à espreita, percebeu um búfalo que vinha em sua direção. Preparava-se para matá-lo quando o animal, parando subitamente, retirou sua pele. Uma linda mulher apareceu diante de seus olhos. Era Oyá Iansã. Ela escondeu a pele num formigueiro e dirigiu-se ao mercado da cidade vizinha. Ogum apossou-se do despojo, escondendo-o no fundo de um depósito de milho, ao lado de sua casa, indo, em seguida, ao mercado fazer a corte à mulher-búfalo. Ele chegou a pedi-la em casamento, mas Oyá recusou inicialmente. Entretanto, ela acabou aceitando, quando, de volta à floresta, não mais achou sua pele. Oyá recomendou ao caçador não contar a ninguém que, na realidade, ela era um animal. Viveram bem durante alguns anos. Ela teve nove crianças, o que provocou o ciúme das outras esposas de Ogum. Estas, po-

rém, conseguiram descobrir o segredo da aparição da nova mulher. Logo que o marido se ausentou, elas começaram a cantar: *Máa je, mau mu, àwò re nbe ninú àká;* Você pode beber e comer (e exibir sua beleza), mas a sua pele está no depósito (você é um animal).

Oyá compreendeu a alusão; encontrando a sua pele, vestiu-se e, voltando à forma de búfalo, matou as mulheres ciumentas. Em seguida, deixou os seus chifres com os filhos, dizendo-lhes: *Em caso de necessidade, batam um contra o outro, e eu virei imediatamente em vosso socorro.* É por essa razão que chifres de búfalos são sempre colocados nos locais consagrados a Oyá Iansã.

Oxóssi

Oxóssi era irmão de Ogum e de Exu, todos os três, filhos de Yemanjá. Exu era indisciplinado e insolente com sua mãe e por isso ela o mandou embora. Os outros dois filhos se conduziam melhor. Ogum trabalhava no campo e Oxóssi caçava na floresta das vizinhanças, de modo que a casa estava sempre abastecida de produtos agrícolas e de caça. Yemanjá, no entanto, andava inquieta e resolveu consultar um babalaô. Este lhe aconselhou proibir que Oxóssi saísse à caça, pois arriscava-se a encontrar Ossain, aquele que detinha o poder das plantas e que vivia nas profundezas da floresta. Oxóssi ficaria exposto a um feitiço de Ossain para obrigá-lo a permanecer em sua companhia. Yemanjá exigiu, então, que Oxóssi renunciasse à suas atividades de caçador. Este, porém, de personalidade forte e independente, continuou suas incursões à floresta. Ele partia com outros caçadores, e como sempre faziam, uma vez chegados junto a uma grande árvore (*írókò*) separavam-se, prosseguindo isoladamente, e voltavam a encontrar-se no fim do dia e no mesmo lugar. Certa tarde, Oxóssi não voltou para o reencontro, nem respondeu aos apelos dos outros caçadores. Ele havia encontrado Ossain e este dera-lhe para beber uma poção onde foram maceradas certas folhas, como o *amúnimúyè* que significa "apossar-se de uma pessoa e de sua inteligência", o que provocou em Oxóssi uma amnésia. Ele não sabia mais quem era, nem onde morava. Ficou, então, vivendo na mata com Ossain, como predissera o babalaô.

Ogum, inquieto com a ausência do irmão, partiu à sua procura, encontrando-o nas profundezas da floresta. Ele o trouxe de volta, mas Yemanjá não quis mais receber o filho desobediente. Ogum, revoltado pela intransigência materna, recusou-se a continuar em casa.[13] Oxóssi voltou para a companhia de Ossain e Yemanjá, desesperada por ter perdido seus filhos, transformou-se em um rio, chamado Ògún (não confundir com Ogum, o Orixá).

Oxum

Oxum é a divindade do rio Oxum que corre na Nigéria, em Ijexá e Ijebu.[14] Segundo a lenda, Oxum era a segunda mulher de Xangô, tendo vivido antes com Ogum, Orunmilá e Oxóssi.

As mulheres que desejam engravidar dirigem-se a Oxum, pois ela controla a fecundidade, graças aos laços mantidos com *Iyámi Àjé*. Sobre este assunto, Verger cita a seguinte lenda:

> Quando todos os Orixás chegaram à terra, organizaram reuniões onde as mulheres não eram admitidas. Oxum ficou aborrecida por ser posta de lado e não poder participar de todas as deliberações. Para se vingar, tornou as mulheres estéreis e impediu que as atividades desenvolvidas pelos deuses chegassem a resultados favoráveis. Desesperados, os Orixás dirigiram-se a Olodumaré e explicaram-lhe que as coisas iam mal sobre a Terra, apesar das decisões que tomavam em suas assembleias. Olodumaré perguntou se Oxum participava das reuniões e os Orixás responderam que não. Olodumaré explicou-lhes então que, sem a presença de Oxum e do seu poder sobre a fecundidade, nenhum de seus empreendimentos poderia dar certo. De volta à terra, os Orixás convidaram Oxum para participar de seus trabalhos, o que ela acabou por aceitar depois de muito lhe rogarem. Em seguida, as mulheres tornaram-se fecundas e todos os projetos obtiveram felizes resultados.
> Oxum é chamada de *Ìyálóòde*, título conferido à pessoa

13 É por isso que o lugar consagrado a Ogum está sempre instalado ao ar livre.
14 Ijebu Ode é uma cidade do estado de Ogun, na Nigéria.

que ocupa o lugar mais importante entre todas as mulheres da cidade. Além disso, ela é a rainha de todos os rios e exerce seu poder sobre a água doce, sem a qual a vida na terra seria impossível.

Nanã Buruquê

Segundo Verger, Nanã Buruquê é uma divindade muito antiga e é cultuada em uma vasta área africana. É conhecida também pelos nomes de Nanã Buruku, Nanã Bukuu, Nanã Brukung ou ainda Brukung. Em uma região chamada Ashanti, o termo Nanã é utilizado para as pessoas idosas e respeitáveis e significa *mãe*.

Cita ainda a existência de diversas divindades como o nome inicial de Nanã ou Nenê. Essas divindades recebem o nome de Inie e desempenham o papel de deus supremo. Em todos esses templos há um assento sagrado salpicado de vermelho, em forma de Trono Ashanti, reservado à sacerdotisa de Inie, no qual só ela pode tocar.

Todos os iniciados ligados ao templo têm grandes bengalas salpicadas de pó vermelho e, em torno do pescoço usam trancinhas (cordinhas trançadas) sustentando uma conta achatada de cor verde.

Várias são as lendas sobre Nanã Buruquê. Verger faz referência a uma pesquisa datada de 1934, redigida por J. C. Guiness. Essa pesquisa foi feita na região do Adélé, por intermédio de um informante do Kotokoli.[15]

> Na fronteira dos países Haussa e Zaberima (Djerma) há um rio chamado Kwara (Níger) que deu seu nome a uma cidade situada às suas margens. Em uma gruta, no fundo do rio, vivia outrora um grande ídolo chamado Brukung e com ele viviam sua mulher, seu filho e um homem chamado Langa, que era criado de Brukung. Viviam todos juntos na gruta. Na cidade de Kwara vivia um homem chamado Kondo, um homem bom que era conhecido, mesmo nos locais mais distantes, pelo nome de Kondo Kwara. Tinha o costume de todos os dias colocar oferendas de galos e de

---

15 Região do norte do Togo.

Diamantino Fernandes Trindade

pito (beberagem) e algumas vezes um carneiro nas margens do rio aonde Langa vinha pegá-los e os levava para a gruta debaixo d'água. Um dia, porém, um grupo de pescadores haussa veio da Nigéria para pescar no rio Kwara. Roubaram as oferendas e Kondo ficou tão contrariado que foi para Gbafolo, na região Kotokoli, e instalou-se com sua família em Dkipileu, a seis, ou sete milhas dali. Brukung, por sua vez, foi viver em uma gruta na floresta próxima de Dkipileu, Kondo soube disso e recomeçou a colocar suas oferendas. Langa reapareceu também, trazendo assentos que fizera na gruta de Kwara. Mais tarde Kondo reencontrou Brukung. Porém, pouco tempo depois, uma invasão ashanti obrigou Brukung e os seus a refugiarem-se em Shiari.

Nanã Buruquê é conhecida no Novo Mundo, tanto no Brasil como em Cuba, como a mãe de Obaluaiê. É considerada como a mais antiga das divindades das águas. Sua atuação se faz sentir sobre as águas dos lagos e da lama dos pântanos.

Obaluaiê

Obaluaiê é conhecido também como Omolu. De acordo com Verger, Obaluaiê significa *Rei Dono da Terra* e Omolu significa *Filho do Senhor*. É considerado o deus da varíola e das doenças contagiosas.

Obaluaiê e Nanã Buruquê são frequentemente confundidos em certos locais da África. Em algumas lendas fala-se a respeito da disputa de Obaluaiê e Nanã Buruquê contra Ogum. Verger considera essa disputa de divindades como o choque de religiões pertencentes a civilizações diferentes, sucessivamente instaladas em um mesmo lugar e datando de períodos respectivamente anteriores e posteriores à Idade do Ferro. Muitas são as lendas sobre Obaluaiê. Transcreveremos aqui, duas delas narradas por Verger.

A primeira lenda diz o seguinte:

Obaluaiê era originário de Empé (Tapá) e havia levado seus guerreiros em expedição aos quatro cantos da Terra. Uma ferida feita por suas flechas tornava as pessoas cegas, surdas ou mancas. Obaluaiê chegou assim ao Território Mahi no norte do Daomé, batendo e dizimando seus inimigos, e pôs-se a massacrar e a destruir tudo o que encontrava à sua frente. Os mahis, porém, tendo consultado um babalaô, aprenderam como acalmar Obaluaiê com oferendas de pipocas. Assim, tranquilizado pelas atenções recebidas, Obaluaiê mandou-os construir um palácio onde ele passaria a morar, não mais voltando ao país Empê. O Mahi prosperou e tudo se acalmou.

A segunda lenda é originária de Dassa Zumê e diz o seguinte:

> Um caçador Molusi (iniciado de Omolu) viu passar no mato um antílope. Tentou matá-lo, mas o animal levantou uma de suas patas dianteiras e anoiteceu em pleno dia. Pouco depois, a claridade voltou e o caçador viu-se na presença de um Aroni,[16] que declarou ter intenção de dar-lhe um talismã poderoso para que ele colocasse sob um montículo de terra que deveria ser erguido defronte de sua casa. Deu-lhe também um apito, com o qual poderia chamá-lo em caso de necessidade. Sete dias depois, uma epidemia de varíola começou a assolar a região. O Molusi voltou à floresta e soprou o apito. Aroni apareceu e disse-lhe que aquilo era o poder de Obaluaiê e que era preciso construir para ele um templo e todo mundo deveria, doravante, obedecer ao Molusi. Foi assim que Obaluaiê (chamado de Sapata pelos fon) instalou-se em Pingini Vedji.

Oxalá

Dentre todos os deuses yorubá, Oxalá é o que ocupa o lugar de maior destaque, recebendo ainda os nomes de Obatalá, O Grande Orixá, Orixalá e o Rei do Pano Branco etc.

São inúmeras as lendas africanas sobre Oxalá. Relatamos uma das mais tradicionais, contada por Verger.

Segundo esse autor, Oxalá recebeu de Olodumaré (o deus supremo) a incumbência de criar o mundo com o poder de

---

16 Um dos Orixás relacionado com os segredos das plantas e cujo culto foi se perdendo. Costumava ser representado com cabeça e cauda de cachorro e só com uma perna.

Diamantino Fernandes Trindade

sugerir e de realizar. O poder que lhe havia sido confiado não o dispensava, no entanto, de passar por certas provações e submeter-se a determinadas regras e respeitar diversas obrigações como os outros Orixás.

Em razão de sua altivez, ele se recusou a fazer alguns sacrifícios e oferendas a Exu, antes de iniciar sua viagem para criar o mundo.

Oxalá seguiu o seu caminho apoiado no seu cajado de estanho. Quando ia ultrapassar a porta do Além, encontrou Exu, que tinha, como uma de suas obrigações, fiscalizar as comunicações entre os dois mundos. A recusa de Oxalá realizar os sacrifícios e oferendas causou grande descontentamento a Exu, que se vingou fazendo-o sentir uma sede intensa. Para saciar a sede, Oxalá furou, com seu cajado, a casca do tronco de um dendezeiro. O vinho de palma escorreu desse tronco, e ele bebeu com grande avidez, ficando bêbado e sem saber onde estava, adormeceu em seguida. Exu, aproveitando o seu sono profundo, roubou-lhe o saco da criação e dirigiu-se a Olodumaré para mostrar-lhe o estado de Oxalá. Olodumaré exclamou: *Se ele está nesse estado, vá você, Oduduá! Vá criar o mundo!* Oduduá saiu assim do além e se encontrou diante de uma extensão ilimitada de água. Deixou cair a substância marrom contida no *saco da criação*. Era a Terra. Formou-se, então, um montículo que ultrapassou a superfície das águas. Ele colocou uma galinha cujos pés tinham cinco garras. Esta começou a arranhar e a espalhar a terra sobre a superfície das águas. Onde ciscava, cobria as águas, e a terra ia-se alargando cada vez mais. Oduduá aí se estabeleceu, seguido pelos outros Orixás, e tornou-se assim o rei da Terra.

Quando Oxalá acordou não mais encontrou a seu lado o saco da criação. Nutrindo grande despeito, voltou a Olodumaré. Este, como castigo pela sua bebedeira, proibiu-o, assim como aos outros de sua família, os Orixás funfun,[17] beber vinho de palma e mesmo de usar azeite de dendê. Confiou-lhe, entretanto, como consolo, a tarefa de modelar no barro o corpo dos seres humanos, aos quais ele, Olodumaré, insuflaria a vida.

Oxalá aceitou essa incumbência, porém, não levou a sério

---

17 Orixás brancos.

a proibição de beber o vinho de palma e, nos dias em que se excedia no vinho, os homens saíam de suas mãos com vários defeitos físicos. Alguns eram retirados do forno antes da hora, e suas cores eram muito pálidas.[18] Vem daí o fato de os albinos serem adoradores de Oxalá.

Nos cultos de nação, Oxalá é representado de duas formas: Oxaguian e Oxalufan. Oxaguian é o Oxalá Menino, geralmente sincretizado com o Menino Jesus de Praga. É um Orixá funfun jovem e guerreiro relacionado com o sustento cotidiano, gosta de mesa farta. Seu sustento é proveniente do fundo da terra ou da floresta. É o guerreiro da paz. Segundo algumas lendas, foi rei de Ejigbo.[19] Gosta muito de inhame pilado e seu nome significa *Orixá que come inhame pilado*. Oxalufan é o Oxalá Velho, sincretizado com Jesus Cristo. Segundo algumas lendas foi rei de Ifan. É um Oxalá velho, curvado pelos anos, que anda com dificuldade, como se estivesse acometido de reumatismo.

Ibeji

O culto aos gêmeos é muito antigo. Na mitologia grega encontramos os heróis gêmeos[20] Castor e Pólux. Conta-se que as famílias romanas os invocavam por ocasião de doenças, principalmente em crianças.

Em quase todas as culturas, o nascimento de gêmeos sempre era considerado prenúncio de coisas boas. Em Togo, no Daomé e na Nigéria Ocidental, a ocorrência de dois ou três filhos no mesmo parto era motivo de grande júbilo, e a mãe recebia grandes homenagens. Ibeji são Orixás que representam os gêmeos e simbolizam também a fecundidade.

Cascudo[21] diz-nos o seguinte:

> Ibeji são Orixás jeje-nagôs, representados nos candomblés pelos santos católicos gêmeos Cosme e Damião. Não há fetiche dos Ibeji, que em Cuba são os Jimaguas, estes sem qualquer semelhança com as imagens católicas. Os africanos

18 Albinos.
19 Localizado na região de Osun.
20 Também chamados Dióscuros.
21 *Meleagro*.

Diamantino Fernandes Trindade

católicos da Costa de Escravos costumavam batizar seus filhos gêmeos com os nomes de Cosme e Damião. O culto dos Ibeji nos nagô é uma homenagem à fecundidade. Nina Rodrigues identificou os Ibeji nas formas bonitas dos dois santos mártires, ligando-os à religião negra. Inexplicável é o desaparecimento dos ídolos Ibeji e a sobrevivência cristã de Cosme e Damião. Dos Ibeji caracterizadamente nada se conhece no Brasil.

Ortiz[22] diz que os Orixás Ibeji são as divindades tutelares dos gêmeos, idênticos ao deus Hoho das Tribos Ewe (jejes). Aos Ibeji está consagrado um pequeno mono chamado Edon Dudu ou Edun Oriokun, e geralmente a um dos meninos gêmeos se chama também Edon ou Edun. Os bruxos cubanos dizem a Fernando Ortiz ser Jimagua a representação de Dadá e Ogum, irmãos de Xangô, tanto assim que a faixa que os envolve é vermelha.

Na África, em geral, as crianças representam a certeza da continuidade, por isso os pais consideram os filhos como a maior riqueza. A palavra *Igbeji* significa gêmeos e o Orixá Ibeji é o único permanentemente duplo. Forma-se a partir de duas entidades distintas que coexistem, respeitando o princípio básico da dualidade. Ibeji são os opostos que caminham juntos, a dualidade de todo ser humano.

Existe uma confusão corrente em determinados terreiros de Umbanda, onde se confunde os Orixás Ibeji com os êres. O erê não é uma Entidade e nem um Orixá, é um estado intermediário, de transe infantil, pelo qual o iniciado do Candomblé passa na regressão da manifestação do Orixá para a personalidade do indivíduo. O erê é o intermediário entre a pessoa e o seu Orixá. É o desabrochar da criança que cada um traz dentro de si.

---

22 *Los Negros Brujos.*

4. Aspectos históricos sobre a religiosidade da etnia negra

Na África, cada divindade (Orixá, Inkice, Vodun etc.) tem seus sacerdotes especializados, suas confrarias, seus conventos, seus locais de culto. Essa especialização não foi possível no Brasil. A história religiosa da etnia negra no Brasil teve início com a perda desses valores adquiridos em solo africano em função da impossibilidade do culto a sua divindade na senzala. Os negros que vieram para o Brasil pertenciam a civilizações diferentes e eram oriundos das mais diversas regiões do continente africano. No entanto, suas religiões, quaisquer que fossem, estavam ligadas a certas formas familiares ou de organização de clãs, a meios biogeográficos especiais, floresta tropical ou savana, a estruturas aldeãs e comunitárias. O tráfico negreiro violou tudo isso e os escravos foram obrigados a se adaptar a uma sociedade fundamentada no patriarcalismo, no latifúndio, no regime de castas étnicas.

Os compradores de escravos, movidos por interesses mesquinhos e mercantilistas, procuravam comprar aqueles que não pertenciam à mesma nação, separando muitas vezes as mães dos filhos e dos maridos. Era comum um fazendeiro comprar um lote de escravos *minas*, juntamente com *congos*, *guinés* ou *angolas*. Essa estratégia tinha por objetivo diminuir o risco de uma rebelião ou trama de fugas. Surgiu aí a primeira dificuldade da prática de um culto em função das várias línguas faladas pelos negros de uma mesma senzala.

Bastide[1] cita que não era possível aos yorubanos nem aos daomedanos conservar sua religião familiar, nem aos bantos continuar o culto de seus ancestrais. Então a solidariedade deixou de acontecer no plano doméstico para se tornar uma solidariedade puramente étnica. Os valores religiosos não são tocados por isso: apenas restringem o seu domínio de aplicação. Conforme Ortiz:[2]

> Apesar dos efeitos destrutivos que o tráfico e o sistema escravista imprimiram nos costumes africanos, a memória coletiva negra conseguiu encarnar-se no solo brasileiro. Preserva-se desta forma o culto de grande parte dos deuses africanos, ao mesmo tempo em que se reinterpretam práticas e costumes através de danças como o lundu, das embaixadas dos reis congos. Pouco a pouco a herança africana se transforma assim em elementos culturais afro-brasileiros.

A manutenção de parte dos valores religiosos negros durante o período escravagista ocorreu devido à chegada, nos vários lotes de escravos, de adivinhos, médicos-feiticeiros e sacerdotes. Esses, mais ligados aos ritos africanos, souberam, ao longo do tempo, unir de maneira adequada os negros de várias nações e línguas diferentes, naquilo que tinham em comum, a crença nos Orixás, Inkices ou Voduns.

Esse deve ser, provavelmente, o primeiro sincretismo religioso dos africanos no Brasil, pois na sua pátria e, especificamente, em determinadas regiões havia um culto particular a determinada divindade, especialização que era impossível reviver em solo brasileiro, pois na senzala era necessário cultuar um grupo de divindades. Esse culto comum, além de ser o primeiro esboço de síntese, era um elo de resistência e solidariedade entre os cativos.

Na África as divindades eram cultuadas em benefício de toda comunidade de criadores ou de camponeses; a elas era pedida a fecundidade dos rebanhos, das mulheres e das colheitas. Como pedir isto no Brasil? Seria melhor implorar a esterilidade

1 *As religiões africanas no Brasil.*
2 *A morte branca do feiticeiro negro.*

e a seca. Boas colheitas implicariam em mais trabalho estafante. As próprias condições impostas pelo branco levavam a outra face do sincretismo com seu Orixá, a primeira seleção dos deuses. Enquanto na África Ogum era o patrono dos ferreiros ou protetor das ferramentas agrícolas de ferro, aqui essa função perdia o seu sentido, pois eram esses instrumentos que utilizava sol a sol no trabalho cruel e desumano, além de ser o ferro o material usado nas correntes que o mantinham preso. Ogum passou a ser então o deus da guerra e da vingança, que os libertaria.

A sobrevivência dos cultos africanos tornou-se possível no sincretismo *Orixá-Santo Católico*, que inicialmente tinha a intenção de fazer desaparecer as tradições religiosas africanas. Esse intento foi se frustrando com o passar dos anos. A Igreja Católica aceitava a escravidão em determinadas condições de barganha: tomava-se o corpo do escravo e, em troca, recebia ele uma alma. Ele seria obrigatoriamente evangelizado na sua chegada ao Brasil. Simultaneamente, devia aprender as rezas latinas, receber o batismo, assistir às missas e tomar os demais sacramentos.

Quando a Igreja percebeu que seria impossível fazer desaparecer essa profunda religiosidade, passou a estimular o sincretismo com o Catolicismo, pois muitos dos costumes negros podiam ser adaptados aos católicos. Bastide[3] diz:

> Para poder subsistir durante todo o período escravagista, os deuses negros foram obrigados a se dissimular por trás da figura de um santo ou de uma virgem católica. Esse foi o ponto de partida do casamento entre o cristianismo[4] e a religião africana em que, como todas as uniões, as duas partes deviam igualmente mudar de forma profunda, para se adaptar uma à outra.

A Igreja interferiu diretamente nesse processo. Os senhores da fazenda, percebendo que o negro apresentava um rendimento maior quando tinha lazer, passaram a incentivar a organização de festas que, obrigatoriamente, coincidiam com os dias consagrados aos santos padroeiros das famílias dos fazendeiros ou dos santos patronos dos escravos, como São Benedito e

---

3 *As Religiões Africanas no Brasil.*
4 Catolicismo (nota do autor).

Santa Ifigênia (negros). Esse sincretismo ocorreu com mais facilidade onde os santos católicos apresentavam correspondência muito próxima às características dos Orixás, tais como São Jorge viril, a Virgem maternal etc.

Muitas vezes os senhores da fazenda, por acatarem cegamente as orientações da Igreja, não percebiam que diante do humilde altar católico no muro da senzala, onde os negros podiam dançar ritualisticamente sem castigos, cultuavam na verdade, os mitos dos Orixás, Voduns ou Inkices e não a Virgem ou os Santos.

O sincretismo não é mais simplesmente o resultado do encontro de duas civilizações: resulta em definitivo do encontro entre o inconsciente do negro e do branco. O próximo capítulo mostra, com maiores detalhes, esse sincretismo, ainda em vigor nos dias de hoje.

Devemos ainda ressaltar a importância dos negros mandingas (muçulmanos) nesse mecanismo religioso. Sabemos que uma parte significativa dos muçulmanos, têm uma aversão muito grande a quem não cultua Alá como Deus e Maomé como seu profeta. Os negros que cultuavam os Orixás, Inkices ou Voduns eram considerados infiéis por esse povo. O branco, aproveitando essa animosidade existente, confiava aos mandingas as funções superiores aos demais, incrementando a rivalidade entre os dois grupos. Geralmente eram os mandingas que acabavam ocupando o lugar de caçadores de escravos fujões. Eram os chamados *capitães do mato*.

Tinham permissão para usar pequenos trechos do alcorão, dentro de invólucros de pele animal, que levavam ao pescoço.[5] Quando um escravo pretendia fugir, além de se preparar para lutar sem armas através da capoeira e do maculelê, deixava o cabelo encarapinhado e usava um patuá, para não ser perseguido. Entretanto, se um verdadeiro mandinga o abordasse e ele não soubesse responder em árabe, descarregaria toda sua ira sobre o negro fugitivo. Daí nasceu a expressão:

Quem não pode com mandinga não carrega patuá!

O estado de cultura superior dos mandingas em relação aos demais fez com que fossem tidos como feiticeiros, passando a expressão *mandinga* a sinônimo de *feitiço*. Persistiram,

---

5 Patuás.

então, pelo Brasil, os termos *mandinga e mandingueiro* a expressar *feitiço* e *feiticeiro*.

Um elemento importante que influenciou algumas práticas dos cultos africanos no Brasil eram os *negros de ganho*.[6] Trabalhavam durante o dia e se encontravam à noite na casa do senhor trazendo seus salários; eram arrendados como empregados domésticos, ou, em outras vezes, recebiam um tabuleiro de mercadoria que eram encarregados de vender na rua. Após a libertação dos escravos, muitos desses *negros de ganho* passaram a formar grupos chamados *cantos*, comandados por um capitão, e que entoavam canções. Quando um capitão era recém-eleito recebia as saudações dos membros de outros *cantos*, e, nessa ocasião, ocorria uma espécie de exorcismo com a garrafa de cachaça, deixando cair algumas gotas do liquido.

Esse rito tem um significado religioso bem preciso: nada se deve comer ou beber, sem primeiro oferecer às divindades. Movidos pelo senso comum, muitos apreciadores de cachaça *jogam um pouco da sua bebida para o santo,* antes de cada talagada, nos botequins.

A denominação mais frequente para as religiões de origem africana no Brasil até o século XVIII era o **Calundu**, originário dos bantos, que a par de outros termos como o **Batuque** ou **Batucajé** abarcavam toda uma gama de danças coletivas, cantos e músicas acompanhadas pelos batuques,[7] louvação aos Orixás, invocação de Entidades Espirituais, ritos mediúnicos e curas magísticas.

Dias[8] cita que o Calundu surgiu no final do século XVI como manifestação sincrética da religiosidade banto-católica. Era organizado em torno de seu chefe de culto e abarcava uma gama variada de cerimônias que associavam elementos bantos como tambores, transe mediúnico, uso de ervas e sacrifícios de animais. Utilizavam também elementos ritualísticos de origem católica: cruzes, crucifixos, hóstias, anjos e santos, além de crenças ritualísticas europeias. Foi registrado na Bahia, em

6 Eram escravos que trabalhavam fora da casa do senhor.
7 Mary Karasch, no livro A vida dos escravos no Rio de Janeiro (1808-1850), explica que a palavra batuque é originária do temo batuco, uma dança de Angola. Segundo esta autora, a palavra batuque era o termo mais comum na designação de danças africanas no Rio de Janeiro antes da metade do século XIX.
8 Sincretismos religiosos brasileiros.

Diamantino Fernandes Trindade

Minas Gerais e em Pernambuco.

O Batuque surgiu no Rio Grande do Sul, no século XIX, através de práticas religiosas sudanesas associadas ao sincretismo banto-católico-ameríndio, em função da migração dos escravos do nordeste para o sul do Brasil, principalmente após proibição do tráfico transatlântico. Dias[9] cita: à semelhança do Candomblé de Nação, o Batuque também é dividido de acordo com a etnia africana e os povos que deram origem aos seus rituais. Assim temos as Nações Ijexá e Oyó de origem sudanesa nagô, a nação Jeje e a Nação Cabinda.

Os fundamentos do Batuque são transmitidos oralmente pelos sacerdotes, denominados Babalorixás (masculinos) ou Yalorixás (femininos), ao correr dos ritos de iniciação e de elevação hierárquica.

---

9 *Sincretismos religiosos brasileiros.*

5. A religião como forma de resistência

A primeira religião de caráter sincrético no Brasil pós-descobrimento ficou conhecida como Santidade, termo criado pelo padre Manoel da Nóbrega, em 1549, quando observou um pajé em transe pregando a outros índios. Segundo Dias,[1] os primeiros registros dessa religião datam de 1551 em São Vicente, tendo ganhado força e se tornado mais expressiva no final do século XVI no sul da Bahia e na área do recôncavo baiano. Na Santidade os rituais podiam durar vários dias e os adeptos usavam penas, arco, flechas, colares e máscaras. O ritmo era marcado pelo uso de maracás. Fumavam tabaco e ingeriam bebidas fermentadas que induziam a estados alterados da consciência, chamado *Estado da Santidade*. O sincretismo era caracterizado pelas rezas com uso de cruzes, terços e rosários. Cultuavam alguns santos católicos e faziam rituais semelhantes ao batismo e procissões.[2] De alguma forma, este tipo de culto influenciou o sincretismo religioso dos escravos africanos no Brasil.

Entre as muitas formas de resistência ao cativeiro, observadas desde o início do regime escravagista no Brasil, uma das mais notáveis é a que se deu através da religião. Enquanto o regime procurava desorganizar a identidade cultural dos afri-

1 *Sincretismos religiosos brasileiros.*
2 Vide também o capítulo 10.

canos, estes contra-atacavam no mesmo nível, através de engenhoso e funcional sistema de sincretismo religioso.

Como vimos anteriormente, quando um senhor do engenho necessitava aumentar o seu número de escravos, procurava sempre comprar um negro que não pertencesse à mesma nação ou, pelo menos, à mesma tribo ou família de escravos que já possuía. O ideal era que os escravos fossem de grupos mais heterogêneos possíveis, pois isto diminuía a possibilidade de que eles se unissem e causassem uma rebelião.

Quando ocorria o aumento de uma família de negros, os filhos eram vendidos para senzalas mais distantes e, muitas vezes, os casais eram separados após a geração de dois ou mais filhos. Isto fazia com que os laços familiares não se estreitassem.

Muito cedo os negros entenderam que só tinham em comum, com demais membros da senzala, a cor da pele e o fato de serem escravos. Sentiram que o branco explorava suas rivalidades naturais e suas línguas diferentes. Suas lideranças passaram, então, a buscar o único meio de fazer com que houvesse uma ligação mais intensa entre eles. Perceberam que, com exceção dos negros mandingas, que eram muçulmanos, a maioria trazia a crença nos Orixás.

A crença em Zambi (Deus) e nos Orixás, mais do que uma religião era também um meio de garantir a solidariedade de todos. Sabiam que não haveria liberdade sem luta e para isso era necessário unirem-se em torno dos mesmos objetivos.

Quando, à noite, a maioria dos negros e senhores brancos dormiam, procuravam encontrar aqueles capazes de aprender o culto aos Orixás e, muitas vezes guiados pelos índios amigos que os conduziam aos diferentes reinos da Natureza, os "iniciados" davam suas obrigações aos Orixás.

No dia seguinte à iniciação, para que não houvesse suspeita do ocorrido, o iniciado devia mostrar-se na igreja. Essa prática ficou muito famosa nos candomblés de Salvador, na Bahia, onde o iniciado era obrigado a assistir a uma missa na Igreja do Senhor do Bonfim, prática que ainda hoje é usada.

Nasciam deste modo as raízes de um culto que não seria exatamente aquele que eles praticavam na terra distante, mas que reunia elementos das várias nações africanas, somados aos hábitos cristãos que lhes eram impostos pelos senhores brancos. Esta primeira ligação cultural religiosa recebeu o nome de Candomblé que passou a ser o sucedâneo da aldeia africana ou dos burgos rurais.

O negro africano, quando cumpria sua obrigação, retirava uma pedra do lugar sagrado, denominada de *otá*. Essa pedra era cultuada como objeto sagrado pelo resto de seus dias. As imagens de Santos Católicos, muito populares no período colonial, eram, na sua maioria, esculpidas em madeira. Para não trair os seus deuses de origem, o negro habitualmente escavava a imagem do Santo e introduzia nessa escavação o *otá* correspondente ao Orixá. Desta forma, ele poderia voltar-se para uma imagem do Santo Católico e reverenciar o seu Orixá.

O branco acabou por descobrir que os negros escavavam as imagens e o negro justificava o fato dizendo que a imagem oca não trincava e que a pedra na base servia para dar maior estabilidade à imagem. O branco, esperto, passou a utilizar-se destas imagens para ocultar, no seu interior, fumo, ouro e pedras preciosas. Essa imagem era vedada com uma massa preparada com cera de abelhas e serragem e enviada à Europa sem pagar os direitos do Rei, surgindo desta forma de contrabando a expressão *santo do pau oco* como sinônimo de coisa maldosa.

O negro passou, assim, a homenagear o seu Orixá diante de uma imagem de um Santo Católico, resultando daí o início do sincretismo de crenças e divindades de vários aspectos.

Às vezes o dono da fazenda, o senhor das terras, tinha um Santo de devoção pessoal e obrigava o negro a cultuar esse Santo. Isso justifica o fato de, em Salvador, Ogum ser sincretizado com Santo Antonio e não com São Jorge, e assim acontecendo com os outros Santos e Orixás. Silva[3] faz o seguinte comentário:

> Os santos guerreiros, como Santo Antonio, São Sebastião, São Jorge, São Miguel e outros, que de alguma forma aludiam à condição de conquistadores dos portugueses em sua luta contra índios, invasores e contra as duras condições de povoamento da terra, eram muito solicitados. São Roque, São Lázaro, São Braz e Nossa Senhora das Cabeças – e outros santos que curavam doenças da pele, respiratórias,

---

3 Candomblé e Umbanda: caminhos da devoção brasileira.

Diamantino Fernandes Trindade

hidrocefalia e tantas outras, facilmente contraíveis nos trópicos – também eram constantemente invocados nas promessas e ladainhas.

Nos seus sonhos de liberdade, o negro africano via em Ogum, o Orixá da guerra, a força de que necessitava para conseguir sua liberdade. Um dia o negro empunharia a lança e a espada de Ogum, mataria os brancos, vingando amigos e parentes mortos por estes e tomaria de uma de suas embarcações e voltaria à sua terra natal. Seria Ogum que os ajudaria na batalha e lhes daria força e coragem de que tanto necessitavam.

A figura de São Jorge nos mostra um homem todo coberto com uma armadura de aço, ferindo, com uma lança, o dragão, símbolo do mal. O Ogum que o negro conhecia, e que era o Orixá do ferro, era um Orixá guerreiro. O branco lhe impunha a imagem de São Jorge e o negro cultuava Ogum, disfarçado na imagem do santo guerreiro.

Impedido de cultuar Yemanjá, a Mãe dos deuses, o negro cultuava Maria, a Mãe de Deus, como lhe ensinavam os brancos. Externamente e diante dos brancos, ele era um cristão que adorava Maria, mas, no seu íntimo, era Yemanjá a quem ele se referia.

O sincretismo processou-se nas diferentes regiões do país, segundo a crença ou devoção das figuras mais importantes e representativas das várias localidades. Daí, para o negro ou mestiço, a Yemanjá africana passou a confundir-se com Nossa Senhora dos Navegantes, na Bahia; Nossa Senhora da Glória, no Rio Grande do Sul e Nossa Senhora da Conceição, no Rio de Janeiro e Vale do Paraíba. Em consequência do sincretismo com Nossa Senhora da Conceição, posteriormente passou a confundir-se também com Nossa Senhora da Conceição Aparecida.

Os negros consideravam Xangô como um rei, um sábio. Isto os levou a homenagear Xangô na presença das imagens de Moisés e São Jerônimo, homens maduros e sábios, transmissores orais e gráficos dos ensinamentos divinos.

O Orixá Iansã é sincretizado com Santa Bárbara pela transferência do poder do Orixá sobre o fogo, referência ao raio que teria, de maneira justiceira, punido Dióscoro, o pai da Santa, quando se preparava para decapitá-la com a espada.

Os princípios cristãos passaram a admitir a ideia da Maria virgem, daí dar-lhe, posteriormente, o nome de Nossa Senhora da Conceição. Ora, por uma questão de lógica, os africanos reduzidos à condição de escravos em terra cristã só poderiam encontrar similitude, para efeito de sincretismo, entre a Mãe de Jesus e a doce menina Oxum, um Orixá jovem e de rara beleza.

Para esconder o *otá* consagrado a Oxóssi, o negro africano encontrou imagem ideal em São Sebastião, pois este Santo se apresenta seminu, amarrado a uma árvore (mata) e crivado de flechas. Oxóssi é o Orixá que conhece cada animal da mata e os caça com auxílio do arco e da flecha. Esse fato provocou um rápido sincretismo entre São Sebastião e o Orixá da mata e da caça, Oxóssi.

Sendo considerado o mais velho Orixá feminino do panteão africano, Nanã Buruquê facilmente encontrou similitude em Sant'ana. Como o negro africano era obrigado a aceitar a cultura e a religião impostas pelo branco, a avó de Jesus poderia ser comparada à velha Nanã. Afinal, cabe a ela a função de zelar pelo final de suas vidas.

Já para Obaluaiê coube o sincretismo com São Lázaro, pois este santo é representado com o corpo cheio de feridas, enquanto o Orixá Obaluaiê é o deus da varíola e das doenças. Encontra similitude, também, em São Roque.

Dentre todos os deuses yorubá, Oxalá é o que ocupa o lugar de maior destaque, recebendo ainda os nomes de Obatalá e Orixalá. Segundo o Candomblé, Oxalá é o Orixá supremo, o criador do mundo. O negro ouvia constantemente, nas igrejas, o nome de Jesus e passou a ver na sua imagem a figura de Oxalá, o criador dos seres humanos (vide capítulo 3).

Várias foram as formas de resistência dos negros africanos às forças de alienação e extermínio que enfrentavam, porém o sincretismo religioso, além de uma forma de resistência, constituiu também um modo precioso de preservar a sua cultura religiosa. Apesar disso, das quatrocentas divindades cultuadas pelos africanos de então, apenas dezesseis conseguiram "sobreviver" às perseguições e aniquilamento dos patrimônios culturais e religiosos africanos.

Nos próximos capítulos faremos uma abordagem sobre os cultos que influenciaram, de alguma forma, as práticas umbandistas.

Diamantino Fernandes Trindade

6. Os candomblés

Vamos iniciar este capítulo com as palavras de Edison Carneiro:[1]

> Entre todos os povos negros chegados ao Brasil, talvez com a simples exceção dos malês eram, sem dúvida, os portadores de uma religião mais elaborada, mais coerente, mais estabilizada. A sua concentração na cidade de Salvador, em grandes números, durante a primeira metade do século passado,[2] deu-lhes a possibilidade de conservar, quase intactas, as suas tradições religiosas. Dessas tradições decorrem os candomblés, atualmente já em franco processo de nacionalização, de adaptação á sociedade brasileira, uma ameaça, por isso mesmo, à pureza africana de culto.

Com o passar do tempo o Culto de Nação Africana sofreu forte adaptação[3] até perder suas características para a quase totalidade dos adeptos do Candomblé.

Muito perseguidos durante o período imperial, com o advento da República houve uma maior flexibilidade por parte das autoridades para a prática do Candomblé. Conforme Edmar Santos,[4] com o fim do da escravidão e a proclamação

---

1 *Os candomblés da Bahia* (em 1954).
2 Século XIX (nota do autor).
3 Um abrasileiramento dos cultos africanos.
4 *O poder dos candomblés: Perseguição e Resistência no Recôncavo da Bahia.*

da Republica, ocorreu um significativo crescimento no número de candomblés que conseguiram se organizar de modo mais aberto, uns mais rápido que outros.

O termo Candomblé significa *barracão* e não é encontrado na África como culto religioso. Segundo Carneiro[5] (1948), é o lugar em que os negros da Bahia realizam as suas festas públicas anuais das seitas africanas. Cita ainda que, em menor escala, utilizam-se os nomes Terreiro, Roça e Aldeia.[6] Como vimos anteriormente, em solo africano, os negros cultuavam um único Orixá em função da Nação e da região. O Candomblé tornou-se então o substituto da aldeia africana e, nesses locais, os negros de diferentes nações e regiões reuniam-se para cultuar vários Orixás em um mesmo barracão. As adaptações dos Cultos de Nação dentro dos candomblés podem muito bem ser vistas nas vestimentas dos adeptos na África onde usam roupas simples, ao contrário dos candomblés baianos e cariocas, onde proliferam belíssimas e caras vestimentas que muita influência tem das escolas de samba, tal o seu visual. Outras adaptações podemos ver no relato de Carneiro[7] sobre o funcionamento dessas casas religiosas na Bahia:

> A casa pode ter várias utilidades, ora como igreja, ora simplesmente como casa, fora das festas rituais. Ali vão as filhas, todas as semanas, fazer *ossé*,[8] oferecer alimento aos seus respectivos Orixás protetores, nos dias que lhes são consagrados e, quando necessário, fazer *bori*, sacrifício de animais para conseguir a benevolência dos céus, provável reminiscência do culto nagô a Olori, *o senhor da cabeça*. As filhas doentes ou velhas demais para ganhar a vida ali encontram asilo. A gente moça pode, com o beneplácito do chefe, transformar a casa em sala de dança para festas profanas. Em alguns candomblés, embora esporadicamente, a casa pode ser utilizada como *rendez-vous*,[9] mas, neste caso, o fato se reveste do caráter de favor especial a um amigo íntimo ou poderoso. Outrora, alguns candomblés serviram como postos de alistamento eleitoral, quase sempre para os

---

5 *Os candomblés da Bahia.*
6 Candomblés de influência ameríndia.
7 *Os candomblés da Bahia.*
8 Ossé é o banho no assentamento de santo, nos ritos das religiões afro-brasileiras (nota do autor).
9 Local para encontros amorosos clandestinos (nota do autor).

Diamantino Fernandes Trindade

partidos então no poder, já que isso podia significar uma diminuição na repressão policial ao funcionamento das seitas africanas.

A influência do Catolicismo nesses cultos foi, na época da Ditadura Vargas, um subterfúgio para escapar à reação policial, que de vez em quando se verificava. É possível encontrar verdadeiros altares católicos em quase todos os candomblés. Outra influência católica nesses cultos diz respeito às yaôs (iniciadas), que precisam assistir à missa na Igreja do Bonfim, em uma sexta-feira, antes de serem consideradas aptas para o exercício de suas funções religiosas.

Podemos ainda citar a adaptação (sincretismo) de uma cerimônia africana chamada *Água de Oxalá* com a tradicional lavagem da Igreja do Bonfim. Esta se realiza em janeiro e é de origem portuguesa, tendo sido introduzida em Salvador por um soldado da Guerra do Paraguai que prometeu a Jesus que se não tombasse na guerra, lavaria o átrio de sua igreja.

Esse costume tornou-se popular e foi adotado pelos adeptos do Candomblé, que o ressignificaram. Ao render homenagem ao Senhor do Bonfim, estavam, na verdade, reverenciando Oxalá. Á água que trazem em suas quartinhas não é uma água comum e sim a água colhida na fonte sagrada de Oxalá. A cerimônia africana da *Água de Oxalá* consiste em purificar as pedras consagradas aos deuses e renovar os seus axés, lavando-as com a água sagrada dessa fonte.

Faremos agora um registro histórico. Dois dos mais famosos candomblés da Bahia foram o Gantois e o Engenho Velho. Alguns jornais da Bahia registraram os problemas que tiveram essas casas no início de seus trabalhos.

Diário de Notícias, de 5 de outubro de 1896:
Candomblé. Comunicam-nos que há 6 dias está funcionando, no lugar denominado *Gantois*, um grande candomblé. Os bondes da *Linha Circular e Transportes* passavam depois do meio-dia até às 5 horas da tarde cheios de povo que para ali tem afluído. Acabam de nos informar que entre as pessoas que foram apreciar o *candomblé* achavam-se uma autoridade policial e diversos praças de policia à paisana e a alguns *secretas* da mesma policia.

Diário de notícias, de 6 de outubro de 1896:
Candomblé. O sr. dr. Secretário de polícia e segurança pública, por ofício que dirigiu ao dr. Primeiro Comissário Falcão, recomendou-lhe que faça cessar um candomblé que há dias está funcionando no lugar denominado Gantois, e contra o qual tem havido queixas.

Diário da Bahia, de 12 de dezembro de 1896:
Os Batucajés do Engenho Velho. Somos informados de que há muitos dias reinam os *batucajés* num dos Terreiros do Engenho Velho, incomodando a vizinhança, com os estrondosos ruídos dos *tabaques* e *chocalhos*, a vozeria dos devotos que em número extraordinário a eles concorrem, e as desordens que não raro surgem por questão de ciúmes aguardentados dos *ogans* e outras *dignidades* que ali vão assistir aos votos feitos pela *ventura*, que uma multidão de mulheres de toda casta vai ali tomar da mão dos respectivos *papais.*

O que mais existe ali é a negociata dos *papais* e das *mães de terreiro*, que exploram a toleima dos que lhes creem nos sortilégios, filando grossas quantias, tirando os melhores proventos para instituição da larga clientela que os alimenta, e com isso a prática de atos lúbricos, que desembaraçadamente ali de contínuo se exercem; nos quais é sacrificado o pudor das pobres moças, a quem o desleixo dos pais ou as trapaças do feiticeiro arrastam e atiram na promiscuidade dos mais variados costumes libertinos para satisfação da cupidez dos *ogans* lassos, mas nunca fartos...

Na atualidade, o Candomblé não é mais uma religião específica da etnia negra, pois já se disseminou pela sociedade de etnia branca, fazendo rupturas com preconceitos e fronteiras geográficas, inclusive em outros países. É uma opção religiosa e vem garantindo o seu espaço religioso contemporâneo.

Dois importantes expoentes do Candomblé foram Mãe Menininha do Gantois e Joãozinho da Goméia.

Diamantino Fernandes Trindade

Figura 4: Joãozinho da Goméia.
Foto de Pierre Verger.

Figura 5: Mãe Menininha do Gantois.

História da Umbanda no Brasil

7. Candomblé de caboclo

Candomblé de Caboclo é uma denominação dada aos cultos sincréticos africanos, com influências indígenas e ameríndias. O termo teria surgido na Bahia, entre o Povo de Santo ligado ao Candomblé de origem keto, originalmente pouco ligado ao culto de Caboclo, justamente para delinear sua distinção em relação aos terreiros de Caboclos.

Os primeiros Candomblés de Caboclo surgiram no início do século XX e constituem um grande passo no sentido da reinterpretação e da nacionalização dos cultos africanos.

Cintra[1] cita que junto com os Candomblés de Caboclo surgiram também, no Recôncavo Baiano e nos subúrbios de Salvador, os cultos de Pretos Velhos. Pergunta se seriam uma deturpação dos candomblés dos eguns? Comenta que esses cultos estão ligados à divinização dos antepassados, tão forte na Nigéria ou em Angola. Parecem, porém, referir-se mais imediatamente à veneração tida pelos descendentes dos escravos a seus antepassados, que tinham sofrido muito durante o cativeiro e foram atingidos frequentemente por morte violenta ou repressiva. Cita ainda o **Canjerê**, uma versão mineira e maranhense do Candomblé de Caboclo, que possui danças características. O termo canjerê designa também trabalho com característica de feitiçaria com o objetivo de prejudicar alguém.

1 *Candomblé e Umbanda: o desafio brasileiro.*

Na música *O tabuleiro da baiana*, de Ary Barroso, podemos ver uma alusão a esse culto:

> No tabuleiro da baiana tem...
> Sedução, canjerê, ilusão, candomblé pra você
> Juro por Deus, pelo Senhor do Bonfim
> Quero você, baianinha, inteirinha pra mim

No Candomblé de Caboclo ocorrem muitos elementos do Culto de Nação Angola. Os atabaques são tocados com as mãos e as músicas são cantadas em português.

Dois tipos de Candomblé de Caboclo merecem destaque. O primeiro tipo deste culto recebe as influências ameríndias, católicas e dos Cultos de Nação Keto e Jeje. Nestes cultos reverenciam-se os Orixás, com suas vestimentas muito bonitas. As suas práticas ritualísticas envolvem as comidas de santo, os ebós, os despachos, os assentamentos de Santo, os boris e as camarinhas.

Nesses candomblés a maior parte do corpo sacerdotal é feminino (Mães de Santo), que executam a maior parte das práticas do Terreiro.

Nos congás ou pejis desses candomblés existem diversas imagens de santos católicos e de Orixás, Caboclos, Pretos Velhos, Crianças, Sereias, Ondinas etc. Os rituais destes candomblés são muito apreciados pelos frequentadores por suas festas com danças e os toques dos atabaques. Nas camarinhas, os filhos e filhas de santo fazem retiro, enquanto aguardam o assentamento do Santo (Orixá). Nas sessões tradicionais baixam os Caboclos, os Pretos Velhos e os Exus.

O segundo tipo de Candomblé de Caboclo recebe as influências do primeiro tipo, citado anteriormente, mas possui a predominância do ritual de Angola. Esse culto costuma também receber a denominação de **Umbanda Mista**, **Umbanda Traçada** ou **Umbanda Cruzada**. Muitas de suas práticas são semelhantes ao **Omolokô**.[2] Embora seja um ritual de grande influência angolana, nem sempre as Entidades recebem a denominação de Inkices, e sim de Orixás.

---

2 Vide capítulo 42.

8. Tambor de mina

Os cultos de nação estão presentes em todo Brasil sob diversas denominações: **Toré, Xangô, Terecô, Babassuê, Xambá, Batuques** etc. Uma forma de manifestação desses cultos é o **Tambor de Mina**, denominação da religião introduzida no Maranhão pelos negros africanos jeje e nagô e seus descendentes. Caracteriza-se como um culto onde o toque indica um ritual de chamada ou louvação às entidades africanas (Voduns e Orixás) e Caboclos de várias procedências. O termo tambor se deve à importância do instrumento nos rituais do culto. Mina era uma denominação dada aos escravos oriundos da costa localizada a leste de São Jorge de Mina, na atual República de Gana, trazidos da região que engloba o que se conhece hoje como Togo, Benin e Nigéria. Eram conhecidos como negros mina-jejes e mina-nagôs.

Os rituais ocorrem nos chamados terreiros ou casas de mina, onde os iniciados incorporaram as entidades ao som de instrumentos como: tambor (abatá), agogô (gã), triângulo e cabaça (abê).

Duas casas merecem destaque no cenário histórico dessa religião e são as mais antigas de São Luiz; a *Casa das Minas* e a *Casa de Nagô*. A primeira, localizada na Rua São Pantaleão, é a mais antiga e foi fundada no século XIX. É uma casa de culto aos Voduns, entidades africanas do antigo reino de Dahomé, atual República de Benin. Sua fundadora foi a vodunsi[1] Maria Justina, africana consagrada ao Vodun Zomadônu. Outros Voduns cultuados nessa casa são: Dambirá, Kevioço, Aladanu, Savalanu e outros. Atualmente está sob o comando da vodunsi Denil Prata Jardim, consagrada ao Vodun Lepon. É uma casa muito visitada, principalmente, durante a Festa do Divino Espírito Santo, realizada para Nochê Sepazim, princesa da família real de Abomey, que é devota do Divino Espírito Santo.

A Casa das Minas, apesar de ser o único terreiro Mina-Jeje, influenciou diretamente outros terreiros de Mina e de outras "nações", inclusive a Casa de Nagô. Esta casa também foi fundada por africanas e deu origem a outras casas de São Luiz. Na Casa de Nagô baixam Entidades africanas e Caboclos de origem europeia ou nativa. Foi fundada durante o Segundo Império por malungos[2] africanos, com o apoio da Casa das Minas. Está situada na Rua Candido Ribeiro.

Outros terreiros merecem destaque no panorama histórico desta religião: o *Terreiro do Egito* e o *Terreiro da Turquia*. O primeiro, já extinto, originou várias casas, dentre elas a *Casa Fanti Ashanti*, de Euclides Menezes Ferreira; a *Casa de Yemanjá*, de Jorge Itaci; o *Terreiro Fé em Deus*, de Mãe Elzita e o *Terreiro da Turquia*, mantido por Pai Euclides.

Os Fanti e os Ashanti eram povos da antiga Costa do Ouro, atual República de Gana. A Casa Fanti-Ashanti, localizada no bairro do Cruzeiro do Anil, é uma casa de Mina e Candomblé. Nessa casa temos os ritos de Tambor de Mina e Candomblé, além das festas para os Orixás e o *Samba de Angola* para os Boiadeiros. Existem também, nessa casa, os ritos da Pajelança. Espiritualmente, a Casa é comandada por Tabajara e pelos encantados Juracema e Jaguarema. Nos ritos de Candomblé, o comando é de Oxaguiam, o Orixá de cabeça de Pai Euclides, pioneiro do Candomblé em São Luiz.

O Terreiro Ylê Yemowa ou Terreiro de Mina Yemanjá, fundado por Pai Itaci em 1956, está localizado no bairro da Fé em Deus e possui ritos jeje e nagô. O Terreiro Fé em Deus está

---

1 Mãe Espiritual.
2 Nome dado pelo escravo a seus companheiros de travessia do Atlântico a bordo do navio negreiro.

localizado no bairro do Sacavém, foi fundado em 1967 e realiza ritos ligados à Mina Nagô, à cura (Pajelança) e ao Catolicismo popular (Festa do Espírito Santo). Tem como guia espiritual o Índio Guerreiro e é comandado pela Entidade Surrupirinha. Os terreiros de Mina de raiz são matriarcais e somente as mulheres incorporam os Voduns, cabendo aos homens a função de tocadores de tambor, o sacrifício de animais e o transporte de algumas obrigações. Existem em São Luiz, mais de 200 terreiros definidos como *Tambor de Mina* ou *Umbanda da Mata*. Uma casa de destaque nesse universo é a *Tenda Espírita de Umbanda Rainha de Yemanjá*, comandada por Bita do Barão.

9. A cabula

O culto da Cabula é um exemplo que aponta para a fusão dos ritos bantos com o Espiritismo. Este culto, praticamente extinto, generalizou-se após a Lei Áurea e é o precursor das primitivas macumbas. Em diversos locais recebeu a influência do Catolicismo formando uma amalgamação sincrética onde se ouviam muitos termos utilizados nos terreiros de Umbanda. No final do século XIX, a Cabula passou a receber influências do Espiritismo.

O Bispo Dom João Corrêa Nery fez, no início do século XX, em uma pastoral, a descrição deste culto onde diz que a Cabula é semelhante ao Espiritismo e à Maçonaria, reduzidos a proporções para a capacidade africana e outras do mesmo grau.

O tema foi retomado por Nina Rodrigues[1] apontado para a explicação de que o Espírito que comanda os trabalhos é chamado de **Tatá**. Seus adeptos, chamados de **Camanás**, devem guardar sigilo absoluto sobre os rituais sob pena de morte por envenenamento.

Tal qual no Catimbó, as sessões são denominadas **mesas** e o chefe de cada mesa é chamado de **Embanda**, sendo auxiliado pelo **Cambone**. A reunião dos camanás (cabulistas) forma uma **Engira**. Todos devem obedecer cegamente o Embanda sob pena de castigos severos. Usam calças e camisas brancas e lenços amarrados à cabeça.

1 Os africanos no Brasil.

O templo é denominado de **Camucite**. O local é secreto, sempre embaixo de uma árvore frondosa no meio da mata, em torno da qual é limpa uma extensão circular de aproximadamente 50 metros. Feita uma fogueira, a mesa é colocada do lado leste, rodeando pequenas imagens com velas acesas, simetricamente dispostas.

As velas são denominadas **estereiras**[2] e são acesas iniciando-se pelo leste, em honra do mar (calunga grande), depois para o oeste, norte e sul.

Logo após a abertura do ritual, o Embanda, ao som dos **nimbus** (pontos cantados) e palmas compassadas, se contorce, revira os olhos, bate no peito com as mãos fechadas até soltar um grito estridente.[3] Vejamos um desses nimbus:

> Dai-me licença, carunga
> Dai-me licença, tatá
> Dai-me licença, baculo
> Que embanda qué quendá

O cambone traz então um copo com vinho e uma raiz. O Embanda mastiga a raiz e bebe o vinho. Serve o fumo do incenso, queimado neste momento em um vaso e entoa o segundo nimbu:

> Báculo no ar
> Me queira na mesa
> Me tombe a girar

O Embanda, ora dançando ao bater compassado das palmas, ora em êxtase, recebe do cambone o **candaru** (brasa em que foi queimado o incenso), trinca nos dentes e começa a emitir chispas pela boca, entoando então o nimbu:

> Me chame três candaru
> Me chame três tatá
> Sou Embanda novo (ou velho)
> Hoje venho curimá

---

2 Durante muito tempo, as velas eram confeccionadas de estearina. Hoje são confeccionadas com parafina.
3 Fato comum nos terreiros de Umbanda quando da incorporação dos Caboclos.

Diamantino Fernandes Trindade

É a hora das iniciações. Os pleiteantes (caialos) a camanás (iniciados), vestidos humildemente com calças brancas e camisa da mesma cor e descalços, são levados pelos seus padrinhos até o Embanda e tão logo adentram o círculo, passam três vezes por baixo das pernas do Embanda. Este aspecto do ritual é denominado **tríplice viagem**, que simboliza a fé, a humildade e a obediência a seu novo pai. O Embanda recebe a **emba** (pemba pilada) e com ela fricciona os pulsos, a testa e o occipital do caialo, que depois mastiga a raiz e bebe o vinho oferecido pelo Embanda.

Após esse ritual o Embanda toma uma vela acesa, benze-se e começa a passá-la por entre as pernas, por baixo dos braços e pelas costas do camaná. Se porventura a vela se apagar diante de um dos camanás, esse deverá ser castigado com várias pancadas na mão com o **kibandan** (palmatória), até que a vela não mais se apague. Esses castigos são frequentes e o Embanda manda aplicá-los sempre que julga conveniente, para o aperfeiçoamento dos camanás.

Então, avaliada a fé de todos os camanás, prossegue-se com a tomada do **santé**, que é a parte principal das reuniões. Entoam um nimbu apropriado e o Embanda dança, com grandes gestos e trejeitos para que o Espírito se apodere de todos. De tempos em tempos todos lançam ao ar a emba, para que se afastem os "maus espíritos" e fiquem cegos aos profanos, não devassando assim os seus segredos.

Os espíritos que baixam nos adeptos identificam-se como Tatá Guerreiro, Tatá Flor de Carunga, Tatá Rompe-Serra, Tatá Rompe-Ponte etc. Este culto praticamente não existe na atualidade e foi absorvido pelo Catimbó Jurema e pelas macumbas, principalmente no Rio de Janeiro.

Tata Tancredo e Byron Torres[4] escrevem sobre o ritual dos cabulistas:

> Os cabulistas faziam os seus trabalhos nas matas virgens e eram conhecedores profundos dos pontos cabalísticos, de leitura muito difícil.
>
> Desse culto originou-se, mais tarde, a Linha das Almas, em consequência do sincretismo católico, que trouxe as palavras "almas" e "espírito". Passaram então, os cabulistas a fazer as

4 *Camba de Umbanda.*

suas obrigações para as "almas", mas dentro do seu culto. Na Lei das almas, os homens são chamados de *mucambos* e as mulheres de *mucambas*. O médium de modo geral é *camba*.

Os cambas, quando em trabalho de culto, usam um largo cinturão, onde trazem, embutidos, diversos amuletos, pedaços de aço, de ferro, ferraduras pequenas, duas estrelas de prata etc.

Os seus auxiliares diretos são os *embandas*, os *cambonos de gira* e outros.

Os espíritos da natureza que habitam nas selvas são chamados de *santé*, e têm, nos nomes, algumas semelhanças com os demais cultos. Assim, *Tata Veludo* corresponde a Exu. *Tata das Matas*, a Oxóssi, *Tata da Pedreira*, a Xangô etc.

Os que vão iniciar nesse culto recebem o nome de *camanás*, para os homens, e *mucambas*, para as mulheres.

Os seus trabalhos são realizados embaixo das árvores consagradas no culto, dentro das matas. Esse trabalho chama-se *mesa*, e é assistido pelos sacerdotes menores, como os *embandas*.

A *mesa* (trabalho) é aberta três dias antes ou depois da Lua Nova, conforme a natureza do trabalho. Acendem uma vela na direção Norte-Sul, riscando um grande signo de Salomão, de 35 ou oito pontas e colocando uma cruz nesse local. Na mesa, debaixo das árvores consagradas, colocam espelhos, pedras, cachimbos grandes e pequenos, um alguidar com uma infusão de raízes, como guiné, e outras, além de tocos e banquinhos.

Os *santés*, quando arriados, batem no peito, emitindo um ronco oco, acompanhado pelas palmas ritmadas dos presentes. Os pretos velhos, espíritos de velhos Tatas, dançam flexionando os joelhos.

Percebem-se algumas diferenças em relação ao que foi relatado por Nina Rodrigues. Com a urbanização do Rio de Janeiro, ficou cada vez mais difícil a pratica da Cabula nas matas e o culto passou a ser praticado nos terreiros, acabando por amalgamar-se com as macumbas. É um culto praticamente extinto.

Figura 6: Um velho cabulista em oração.

Figura 7: Um velho cabulista do Rio de Janeiro conversa com repórteres sobre os pontos riscados (década de 1950).

História da Umbanda no Brasil   73

Figura 8: Um altar cabulista (década de 1950).

Diamantino Fernandes Trindade

10. O catimbó jurema

Assunção[1] explica que:

> As primeiras formas de elaboração do culto da Jurema foram descritas pelos cronistas e viajantes a partir do século XVI, e, mais tarde, pelos holandeses, quando, viajando pelo sertão, narraram a vida e a cultura do povo tapuia.

Nesses rituais, os participantes bebiam, fumavam, manipulavam ervas, invocavam seus antepassados, como elementos culturais inseridos nos costumes de práticas vividas coletivamente. Epiaga[2] cita que as cerimônias ritualísticas de nossos aborígenes constavam de cantos e de danças rítmicas, acompanhados de sons tirados de bizarros instrumentos e pancadas. Um desses instrumentos era o bastão de ritmo que, conforme os aborígenes, tinha o poder sublime de conduzir a alma ao Paraíso. Para facilitar o fenômeno[3] ingeriam certa bebida feita de *caapi*,[4] similar ao clássico *peyotl*, cactáceo utilizado pelos mexicanos para o mesmo fim. Queimavam raízes, folhas

---

1 *O reino dos mestres: a tradição da jurema na Umbanda nordestina.*
2 *Amerríqua: as origens da América.*
3 Exteriorização do corpo astral.
4 O Cipó Mariri (*Banisteriopsis caapi*) é encontrado na região amazônica e, juntamente com as folhas do arbusto Psychotria viridis, é utilizado na preparação do chá ritualístico do culto ao Santo Daime. Essa bebida é conhecida como Ayahuasca (Cipó dos Espíritos), Yagé, Pindi, Natema, Vinho da Alma, Pequena Morte e outras denominações.

ou cascas de árvores resinosas, cujo perfume "adormecia ou sonambulizava as pessoas".

Excluindo-se a região do Maranhão onde houve um domínio religioso dos daomedanos, todo o norte do Brasil, da Amazônia até as fronteiras de Pernambuco, o domínio foi do índio, que marcou profundamente a religião popular, **Pajelança** no Pará e na Amazônia, **Encantamento** no Piauí, **Catimbó** nas demais regiões.

O Catimbó Jurema[5] é uma composição dos rituais Congo-Angola, associados à Pajelança[6] e às práticas de bruxaria e feitiçaria de todos os tempos. Sofreu influências do Catolicismo e do Kardecismo. Podemos dizer que é um processo de feitiçaria do branco com cachimbo do negro e o fumo do indígena. Segundo Cascudo:[7]

> A diluição étnica do indígena, na segunda metade do século XVIII, depois da expulsão dos jesuítas, contribuiu para a dispersão da população indígena. Do encontro desta com o negro africano, esboça-se a prática do catimbó, feitiçaria, individual. O índio e o negro são os lados de um ângulo cujo vértice é o "mestre" do catimbó. No catimbó negro, havia a magia branca e no caboclo[8] "a contaminação foi imediata e continua". Paralelamente à prática do catimbó, feitiçaria, individual, havia o "adjunto da jurema",[9] cerimônias simplificadas do culto indígena, a dança coletiva tupi, realizada em segredo, com fins religiosos e terapêuticos.

O Catimbó começou a se delinear no início da colonização, com o nome de Santidade[10] conforme documentos das denuncias e confissões ao Tribunal da Inquisição em 1591-1592. Bastide[11] explica que:

---

5 Ao pé da letra, o termo Catimbó tem o seguinte significado: cá-a = surra, pancadaria; timbó = cipó venenoso; temos então: surra ou pancadaria venenosa.
6 Adaptação dos antigos rituais indígenas
7 *Meleagro.*
8 Termo utilizado ao índio domesticado.
9 É bastante comum nesses rituais a ingestão de uma bebida alucinógena feita com a raiz da jurema preta, de efeito muito parecido com a maconha.
10 O fenômeno da Santidade encontra-se em todo o Brasil como um efeito e uma reação ao mesmo tempo à evangelização jesuíta. *Primeira visitação do Santo Ofício, Confissões da Bahia*, p. XVIII. Vide também o capítulo 5.
11 *As religiões africanas no Brasil.*

Centralizava-se esse culto em um ídolo de pedra, chamado Maria, e dirigido por um "Papa" e uma "Mãe de Deus"; entrava-se para esse culto por uma espécie de iniciação, simples cópia do batismo católico, e todo o cerimonial constituía um sincretismo bastante desenvolvido de elementos cristãos (construção de uma igreja para adoração do ídolo, porte de rosários e de pequenas cruzes, procissões de fiéis, os homens na frente e as mulheres com seus filhos atrás) e de elementos indígenas (poligamias, cantos e danças, uso do tabaco, "a erva sagrada",[12] à moda dos feiticeiros indígenas: tragava-se a fumaça até a produção do transe místico, que se chamava precisamente o espírito da santidade).

O culto da Santidade desapareceu em função da perseguição da Inquisição, mas o essencial permaneceu: a mistura do Catolicismo com a cultura indígena e a função do fumo. O elemento de transição entre a Santidade e o Catimbó é o culto indígena dos *Caboclos*, mais ou menos cristianizados, do sertão. Cascudo[13] encontrou alguns vestígios da festa chamada de Ajuá ou Jurema no século XVIII e Fernandes[14] em 1740:

> Sendo secreto, por causa de seu caráter religioso, não podiam a ele assistir todos os habitantes da povoação... O ajuá é uma bebida miraculosa, feita da raiz da jurema. Assisti a toda preparação. A raiz ralada, as raspas são lavadas a fim de tirar a terra que aí pode se encontrar e, depois, colocada sobre uma pedra. Aí ela é macerada por uma leve batedura com outra pedra. Aí a maceração está completa, põe-se o purê assim obtido em um pequeno vaso com água, onde o preparador o aperta com as mãos. Pouco a pouco a água se transforma em um caldo vermelho e espumante. Quando se julga que a bebida está feita, tira-se toda a espuma. Então o velho Serafim acendeu um cachimbo tutelar, feito de raiz de jurema e, colocando-o ao contrário, isto é, a parte em que se põe o fumo na boca, assoprou a fumaça no liquido que estava na vasilha, fazendo com ela uma figura em forma de cruz, com um ponto em cada um dos ângulos da cruz. Depois que ele acabou, um caboclo, filho do chefe, pôs o vaso no chão, sobre duas folhas de Uricuri[15] formando um

---

12 Jurema (nota do autor).
13 Meleagro.
14 O folclore mágico do Nordeste.
15 Palmeira (Attalea phalerata) muito comum na região Norte do Brasil, principalmente no Acre (Nota do autor).

aparador. Em seguida, todos os presentes, entre eles compreendidas duas velhas "cantadoras", sentaram-se no chão, formando um círculo em torno do recipiente.

Comenta ainda que após essa preparação a festa começa com o chefe e seus assistentes acendendo os cachimbos que passam de mão em mão até completar o círculo humano. A bebida é também distribuída e muitos deles entraram em sintonia com mundos estranhos, com almas dos mortos e espíritos protetores. Ao final, as cantadoras passaram a benzer as pessoas, uma por uma, sempre cantando. Ao final, uma delas fez uma prece a um dos espíritos protetores da comunidade.

No Catimbó, o ponto forte de seus mistérios de iniciação é denominado *juremação*, ato pelo qual o crente se inicia, se prepara, sendo uma espécie de *batismo de fogo*, durante o qual é submetido a um transe hipnótico, espécie de desdobramento do corpo astral, (produzido pela ingestão de bebida alucinógena: infusão de jurema com aguardente). Durante esse transe, recebe em certa parte de seu corpo um cristal ou pedrinha do mar (semente), com a qual acredita estar protegido. A incisão é cauterizada, tampada, de modo que durante a cicatrização o amuleto não saia.

Beber jurema ficou então como sinônimo de feitiçaria e reunião de catimbozeiros. Vejamos o que diz Cascudo.[16]

> Um jornalzinho satírico, que se publicava em Natal, *O Corisco*, afirmava no número 13, de 21 de outubro de 1888, referindo-se a uma pessoa da terra:
>
> Fui aluno do Remígio,
> Muita jurema bebi,
> Meti-me no Espiritismo
> Do feitiço me esqueci.
>
> Esse Remígio que ensinava a beber jurema era o famoso Manuel Remígio do Nascimento, Mestre Remígio, com vestígios na tradição oral da cidade de Natal, São José de Mipibu e Papari.
> O dr. Gonçalves Fernandes, no *Folclore Mágico do Nordeste*, registra o Catimbó da Paraíba, com linhas, músicas, comen-

16 *Meleagro*.

Diamantino Fernandes Trindade

tários e mesmo interpretação. Um dos encantados canta:

> Eu venho do outro mundo
> Da cidade de Acais
> Eu fui beber jurema
> Na mesa dos Juremás.

E cita: a jurema com aguardente corre de boca em boca e há como que uma só máscara em todas as faces.

A força da jurema não é uma força material, a do sumo da planta, e sim uma força de origem espiritual, a dos espíritos que passaram a habitá-la. A ingestão da jurema possibilita a viagem ao mundo do sobrenatural. Uma das cantigas do Catimbó diz:

> Eu andei o mundo em roda
> Percorri todas as cidades de pena
> Agora foi que eu conheci
> A ciência da jurema

Um instrumento indispensável aos rituais é o cachimbo de canudo comprido e que é denominado de **marca**. O fumo utilizado é misturado com benjoim, incenso, alecrim e plantas aromáticas. Durante os trabalhos pode-se fumar á vontade. O mestre costuma fumar o cachimbo às avessas, colocando a boca no fornilho e soprando a fumaça pelo canudo.

Outro instrumento indispensável é a **marca mestra** que consiste de uma vareta de madeira comprida que tem na extremidade uma cabacinha com sementes secas.[17] Utilizam-se ainda as **princesas**[18] e as **bugias**.[19]

Os dirigentes dos grupamentos recebem o nome de **mestre** ou **mestre de mesa** e as Entidades que baixam são chamadas de **mestres de linha**. Segundo Cascudo, a maioria desses mestres de linha são mestiços e mulatos. Diz ainda que o Catimbó mantém as **linhas** significando a procedência dos encantados, nações, invocação dos negros valorosos.

A maioria desses mestres de linha são antigos catimbozeiros e ex-escravos (negros e índios) que durante muitos anos

17 Espécie de maraca.
18 Bacias de louça.
19 Velas.

estiveram sob o jugo dos atuais mestres de mesa e de uma forma direta, ainda que debaixo de bruxaria, reajustam suas dívidas cármicas.

Segundo Matta e Silva, as evocações eram e ainda são para os denominados mestres de linha do astral, daí veio a origem histórica, popular, não oculta, exotérica, das Sete Linhas da Umbanda, adaptadas sobre alguns Orixás tradicionais, que diziam como **encantados**, que podiam ser Caboclos (índios desencarnados há muito tempo), apelidados de Caboclo Serafim, Caboclo Marinheiro, Caboclo Bentevi, Caboclo Boiadeiro, Caboclo Marimbondo, Caboclo dos Montes, Caboclo Juarez etc.

Poderíamos ainda citar muitos outros Espíritos como Maria Padilha, Maria Mulambo, Maria Balaio, Zefinha, Chiquinha, Zé Pelintra, além dos mestres Luiz, Vajucá, Tertuliano, Carlos Violeiro, Carlos Velho, Rei Heron, Manicoré, Bom Florá, Tabatinga, Felipe Camarão e as mestras Vicência, Cecília, Benvenuta e outros.

A faixa vibratória desses mestres de linha é muito próxima da dos mestres de mesa, sendo, portanto muito fácil a ligação fluídica nas mesas. Cascudo relata que Mestre Carlos, conhecidíssimo em qualquer sessão de Catimbó, tem ciúmes, gosta de cauim, é cheio de virtudes e de pecados como um deus grego. Diz ainda:

> O que se sabe, no Catimbó, da história dos mestres foi contado por eles mesmos. Manicoré, por exemplo, tem dias de conversa indiscreta, narrando segredos dos companheiros do astral, brigas, polêmicas, ciúmes etc. Esses deuses têm sede, como toda gente...
> Manicoré pertence à Pajelança Amazônica. É o mais antigo dos mestres, trata de feridas incuráveis. Também trabalha na esquerda embora não seja uma de suas predileções. Disse ter desencarnado há 438 anos (isso na década de 1930). Manicoré, nome de rio amazonense, era, conforme informou Mestre Zinho, inimigo de Agisse. Por isso Agisse aparece repetidamente na linha de Manicoré.

Bastide[20] cita que entre os mestres negros que frequentam as sessões de Catimbó, aparece como figura principal o Pai Joaquim. Sua linha tem como refrão *asquimbamba*, palavra visivelmente africana.

---

20 *As religiões africanas no Brasil.*

Pai Joaquim é negro, alegre, asquimbamba
Um velho negro divertido, asquimbamba,
Duvido ainda que haja outro, asquimbamba,
Negro tão velho como eu, asquimbamba

As sessões de Catimbó são chamadas de **mesa**. **Fazer mesa** é abrir uma sessão. O trabalho para o bem, tratamento médico, remédios, conselhos, orientações benéficas, amuletos, é denominado **fumaça às direitas**. Trabalho para o mal, vinganças, dificultar negócios, impedir casamentos, adoecer alguém, conquistar mulher casada, despertar paixões para relações não conjugais, é **fumaça ás esquerdas**. São muito famosos também os trabalhos com chaves para *fechar o corpo*.

Geralmente, as sessões de Catimbó são consagradas á prática da bruxaria, dos feitiços, envolvendo raízes, ervas, nozes, frutas, defumações fortes, bebidas alcoólicas aliadas á matança de animais para os chamados **despachos**. Nas sessões bebe-se, fuma-se, canta-se e dança-se muito, com evocações extensivas a tudo quanto seja espíritos de feiticeiros indígenas e mandingueiros africanos do passado.

A prática principal e perigosa da Magia Negra tem como base o *envultamento*, que é o uso incisivo de objetos, quer do uso das vítimas, ou, quando não, com bruxas de pano, alfinetes, dedais, agulhas e linhas coloridas. Utilizam-se ainda as chamadas *orações fortes* incorporadas da tradição europeia.

A leitura fortuita de textos esotéricos trouxe para as mesas os símbolos orientais como serpentes mordendo o rabo,[21] estrelas salomônicas, letras gregas cabalísticas e outros. A influência católica foi reduzida, porém em algumas mesas aparecem imagens de Santos.

Em alguns catimbós a influência do Kardecismo foi e ainda é dominadora. Surgiu daí o termo **baixo espiritismo** dado a esses rituais pelos periódicos do final do século XIX e início do século XX. O Catimbó pouco assimilou dos Orixás, porém a influência do Kardecismo foi marcante.

---

21 Ouroboros.

Figura 9: Cerimônia do Catimbó fotografada pela Missão de Pesquisas Folclóricas conduzida por Mário de Andrade em 1938.

Diamantino Fernandes Trindade

II. As macumbas

Origens dos negros africanos no Brasil

Para entendermos as possíveis origens da Macumba, precisamos fazer algumas considerações sobre a origem dos negros escravos aportados no Brasil.

Ao longo de três séculos, os escravos chegados ao Brasil era provenientes de diversos locais da África, como Dahomey,[1] Uganda, Nigéria, Angola, Moçambique, Costa da Guiné etc. Segundo as pesquisas de Nina Rodrigues, médico e etnólogo, os maiores contingentes saíram de três grandes áreas: Congo, Golfo da Guiné e Sudão Oriental. Dessas áreas, dois grandes grupos prevaleceram no Brasil, em cultura e em quantidade, que, para um entendimento direto sobre vivência místico-religiosa deles, podem ser localizados no Brasil e classificados da seguinte maneira:

Sudaneses

Provenientes da zona do Niger, na África Ocidental, foram introduzidos na Bahia, de onde se espalharam pelo Recôncavo. Uma quantidade menor foi para o Rio de Janeiro, Minas e Maranhão.

---

1 Atual Benin.

Haussás – Bahia.
Tapas ou Nifés – Bahia.
Mandingas ou Mandés – Bahia.
Fulás ou Filanins ou Fulanis – Bahia.
Yorubanos ou Nagôs – Bahia
Aschantis ou Minas – Maranhão, Bahia e Rio de Janeiro.
Ewês ou Jejes ou Fons – Bahia.

Bantos

Provenientes do Sul da África, foram levados para o Rio de Janeiro e Pernambuco, e a partir de migrações menores, se estenderam para Alagoas, Para, Minas Gerais e São Paulo.
Congos ou Cambindas – Rio de Janeiro, Pará, Ceará, São Paulo e Pernambuco.
Angolas ou Aumbundas – Rio de Janeiro.
Benguelas, Cassandes, Moçambiques, Fernando-Pó – Rio de Janeiro.
Esses grupos de nações africanas daquela época chegaram falando diversas línguas, porém duas delas se generalizaram e tiveram um predomínio no Brasil: uma delas foi adotada de um modo geral em toda a Bahia e que era a Nagô ou Yorubá derivada do Grupo Sudanês. A outra, do Grupo Banto, foi a Kibundo ou Conguesa. Foi a que mais se distinguiu do Norte ao Sul do Brasil. Apenas os bantos guardaram o termo Umbanda. Quando chegaram ao Brasil, o termo Umbanda, registrado no idioma Kibundo, significava arte ou ofício de curar, evocar espíritos etc.[2]
No tocante aos aspectos religiosos, os nagôs ou yorubanos, por meio de seus cultos, dominaram os demais, devido à sua organização hierárquica trazida da África, onde a Sociedade Secreta Ogboni assumia a direção suprema do culto, que era formado por lojas ou confrarias filiais em todas as cidades ou vilas. Possuíam sinais, passes e senhas próprias e exerciam grande influência na direção ou governo dos nagôs.
Em relação aos nagôs, os bantos possuíam cultura e mitologia muito pobres. Assim, gradativamente, foram assimilando a sua língua, a cultura e a sua mitologia. É comum, ainda

2 Mais detalhes sobre o tema no capítulo 21.

Diamantino Fernandes Trindade

hoje, em terreiros de Angola cultuarem-se Orixás em lugar dos Inkices. A seguir apresentamos algumas correlações entre os Orixás, Voduns e Inkices.

ORIXÁS DOS NAGÔS	VODUNS DOS JEJES	INKICES DOS ANGOLAS	INCKICES DOS CONGOS
Olodumare ou Olorun	Mawu	Nzambi ou Zambi	Nzambi Mpungo ou Zambiapongo
Oxalá ou Obatalá	Olissará ou Lissá	Lombarengenga ou Cassumbeca	Lomba ou Kembá Dilê
Exu ou Elégbará	Elegba ou Legbá	Aluvaiá	Bombongira ou Pambu Njila
Ogum	Gun	Rocha Mucumbe	Nkoce Mucumbe
Oxóssi	Odé ou Aguê	Mutalombo	Mutacalombo
Obaluaiê ou Omolu ou Xapanã	Azoani ou Sakpatá	Caviungo ou Cajanja	Kincongo
Xangô	Sogbo ou Badê ou Kheviosô	Zaze ou Kibuco	Kambaranguajê
Iansã ou Oyá		Matamba	Nunvurucemavula ou Kaiangô
Yemanjá		Dandalunda	Pandá ou Kaila ou Aziri Kaiá
Oxum	Aziri Tobossi	Kisimbi	Kiximbi
Ossaim		Mene Panzu	Katendê
Nanã Buruquê	Nanã	Nzumbarandá	Karamoxe
Ibeji	Noho	Wunje	Wunje

Os cultos de tradição banto existiram desde a abolição da escravatura, como forma de reconstrução de heranças africanas no contexto social urbano. Liana Trindade cita:[3]

> Como culto organizado, a Macumba significou a reconstrução das concepções do mundo banto em uma situação urbana, onde tanto os elementos míticos sudaneses, como os componentes da magia europeia irão ser reinterpretados consoante as estruturas de significados do pensamento banto.

3 *Conflito social e magia.*

A manifestação de espíritos de negros e de índios já ocorria nos rituais primitivos da Macumba (que ainda não tinham esse nome) antes da Umbanda. Conforme Matta e Silva:[4] *o vocábulo Umbanda, como bandeira religiosa, não aparece antes de 1904.* O mesmo autor diz:

> Em 1934 tivemos contatos com um médium de nome Olímpio de Melo, oriundo de Magé (um mulato alto, magro) que praticava "a linha de Santo de Umbanda" há mais de 30 anos (portanto, desde 1904 mais ou menos) e que trabalhava com um Caboclo dito como Ogum de Lei, com um Preto Velho, de nome Pai Fabrício e com um Exu de nome Rompe Mato. Em 1935 conhecemos também o velho Nicanor (com 61 anos de idade) num sitio da Linha Auxiliar denominado Costa Barros, que sempre afirmava orgulhosamente que, desde 16 anos, já recebia o Caboclo Cobra Coral e o Pai Jacob e que desde o princípio, as suas sessões "era no saravá da Linha Branca de Umbanda, nas demandas e na caridade" (portanto desde o ano de 1890, segundo suas afirmativas). Em 1940 conhecemos um famoso "pai de santo" denominado Orlandino Cobra Coral (nome da Entidade de cabeça, um Caboclo), também em um subúrbio da Linha Auxiliar, em Belfort Roxo, que dizia praticar a "Umbanda Branca", já há 27 anos, portanto desde 1913. Lamentavelmente esse pai de santo suicidou-se com um tiro no peito, deixando um bilhete, onde escreveu que assim procedia, "mas não por força de pemba"... Entendam o sentido da frase os entendidos do santé... A Revista *O Cruzeiro* por ocasião daquele evento, fez ampla reportagem a respeito. Isso em 1945.[5]

A macumba primitiva foi uma reconstrução urbana dos mitos primordiais dos cultos afro-brasileiros de origem banto, principalmente a Cabula, e também uma amalgamação de elementos, do Candomblé jeje-nagô, do Catimbó Jurema, das tradições indígenas, do catolicismo popular, do Kardecismo e práticas mágicas. Não tinha a sustentação de uma doutrina que pudesse articular os diversos fragmentos que lhe davam forma. A Macumba nasceu desta fusão.

Ortiz[6] explica que na macumba carioca o embanda da

4 *Umbanda e o poder da mediunidade.*
5 Fazemos aqui uma ressalva quanto ao texto de Matta de Silva: a reportagem da Revista *O Cruzeiro* é de 1949 e não de 1945.
6 *A morte branca do feiticeiro negro.*

cabula tornou-se o sacerdote do culto e o cambone seu adjunto. A engira passou a indicar o local onde dançavam os adeptos, ou seja, giravam para incorporar os espíritos. As sessões não ocorriam mais ocultas nos bosques, mas no interior das casas. Os terreiros das macumbas começaram a reproduzir a estrutura das casas dos candomblés, reinterpretando-a, entretanto, conforme as necessidades de uma nova situação social.

Para Liana Trindade[7] a Macumba é composta por crenças e ritos que se relacionam por meio de um processo sincrético, onde a estrutura de seus significados é construída pelos agentes sociais em uma situação urbana, preservando os símbolos dominantes da tradição africana. Existem elementos bantos, tais como: resgate dos antigos calundus,[8] a manifestação dos espíritos ao som dos atabaques, o fechamento do corpo, o jogo de búzios, o uso de ervas, os ebós com animais e as cerimônias sob as árvores etc. Neste processo o Kardecismo participa com a base cultural que viabiliza a assimilação das divindades africanas, por meio da mediunidade de incorporação.

Ramos[9] diz que:

> O sincretismo com o Catolicismo e o Kardecismo é a regra geral nas macumbas de procedência banto. Nas macumbas cariocas, o Embanda inicia as cerimônias com a benção à assistência e a invocação ao santo protetor... Por influência cada vez maior do Espiritismo, as macumbas de procedência banto tem-se transformado rapidamente. Em muitas, já existe pouca diferença das mesas dos consultórios de baixo espiritismo das camadas atrasadas da população carioca.

Descreve ainda um terreiro da Macumba:

> Eles são grosseiros e simples, sem esta teoria de corredores e compartimentos dos terreiros jeje-yorubá. Conserva-se o altar do santo protetor, mas elimina-se o fetiche preparado com o sangue dos sacrifícios, que se encontra no *peji*. Substitui-se assim ainda o fetiche do deus pela imagem católica que lhe corresponde.

---

7 *Conflito social e magia.*
8 Culto religioso colonial que antecedeu o Candomblé.
9 *As culturas negras no novo mundo.*

Bastide[10] cita que a Macumba refletia o primeiro momento de ação da urbanização sobre as coletividades raciais, a passagem dos agrupamentos fechados, *candomblés*, *cabulas*, *catimbós*, à atomização das relações interpessoais. Diz também:[11]

> A Macumba é a expressão daquilo em que se tornam as religiões africanas no período de perda dos valores tradicionais; o Espiritismo de Umbanda, ao contrário, reflete o momento da reorganização em novas bases, de acordo com os novos sentimentos dos negros proletarizados, daquilo que a Macumba deixou de subsistir da África nativa.

Não é possível, por falta de registros, precisar a origem da Macumba, porém podemos ter algumas evidências.

Neves[12] diz que a palavra *macumba* deriva de *mucambo*, que significa *casa de quilombola*, formada por negros refugiados em florestas, como em Palmares, que cultuavam os espíritos de seus antepassados e sonhavam com sua volta à África. Luz e Lapassande[13] citam que os habitantes de Palmares tinham a intenção de criar uma republica negra africana e recordar a África.

Outra possibilidade é que a palavra *macumba*, de origem angolana, esteja ligada a um instrumento musical folclórico de percussão de origem africana, similar ao reco-reco,[14] ou a um tipo de dança, o *jongo* ou o *caxambu*, designando um culto que, na região central do Brasil, particularmente no Rio de Janeiro, fundiu-se com o modelo nagô. Cintra[15] aponta que a palavra *macumba* é recente (aproximadamente 120 anos), visto que João do Rio,[16] em 1904, designa os cultos africanos aí existentes pelo nome de candomblés e não utiliza o termo macumba. O mesmo autor diz:

> Entretanto, a realidade aí descrita é a mesma, que posteriormente foi designada por este último termo. Trata-se de um amálgama de cultos nagôs com cultos angolanos ou congo-

10 *As religiões africanas no Brasil.*
11 *As religiões africanas no Brasil.*
12 *Do Vodu a Macumba.*
13 *O segredo da Macumba.*
14 Melo Morais Filho assinalou-o em 1748, durante a coroação de um rei negro no Rio de Janeiro, referindo-se ao "som de rapa das macumbas em grande número".
15 *Candomblé e Umbanda: o desafio brasileiro.*
16 *As religiões do Rio.*

lenses, raças que predominavam no Rio de Janeiro. Embora usem a terminologia nagô, os Orixás têm frequentemente nomes e características bantos. Percebem-se também influências de negros islamizados, pois, em certos terreiros, os chefes de culto denominavam-se *alufás*.[17] Os cânticos não eram mais integralmente em nagô, mas nesta língua misturada com o português. O maior contingente de adeptos desses cultos são chamados por João do Rio de *negros cambindas*, provindos de uma região entre Angola e Congo. Persistem as divindades bantas: Zambi, Zambiapongo, Bombongira, Kerê-Kêre, Lembá etc. Os espíritos dos mortos são denominados *zumbi*. Os chefes de culto são os *embandas*.

Usam-se também para este cargo a denominação *Tata de Inkice* (Pai de Santo) e *Mameto de Inkice* (Mãe de Santo). O santuário é comumente denominado *canzol*, *canzel* ou *canzuê*. Carneiro[18] fornece a seguinte explicação:

Antes de dançar, os jongueiros executavam movimentos especiais pedindo a benção dos cumbas velhos, palavra que significa jongueiro experimentado, de acordo com essa explicação de um preto centenário: "cumba é jongueiro ruim, que tem parte com o demônio, que faz feitiçaria, que faz macumba, reunião de cumbas". O jongo, dança semirreligiosa, precedeu, no Centro Sul, o modelo nagô. Como o vocábulo é sem dúvida angolense, a sua silaba inicial talvez corresponda à partícula *ba* ou *ma* que, nas línguas do grupo banto, se antepõe aos substantivos para a formação do plural, com provável assimilação do adjetivo feminino *má*.

Segundo Oliveira:[19]

Acredita-se também que o caráter pejorativo, associado à magia negra, que o termo assumiu ao longo do tempo, se deu pela provável associação ao adjetivo feminino de mau: "má".

Após o evento da libertação dos escravos, uma boa parte dos chamados Cultos de Nação passou a tomar um caráter mais externo, propiciando rápidas fusões e amalgamações com

---

17 Cargo ritualístico do culto malê na Bahia. A grande maioria dos alufás na Bahia era de etnia haussá.
18 *Os candomblés da Bahia.*
19 *Das Macumbas à Umbanda.*

outros ritos, como a Cabula, o Catimbó, a Pajelança, começando a proliferação de terreiros, roças, mesas etc., por este Brasil afora. Malandrino[20] diz que a formação de uma nova religião pode apontar para a possibilidade dos negros libertos vislumbrarem a mudança do seu lugar na pirâmide social através de uma nova religião. Botelho[21] cita que:

> No final do século XIX e início do século XX, tradições religiosas da etnia sudanesa foram sendo aos poucos adicionadas ao sincretismo banto-católico existente também no Rio de Janeiro, levando ao surgimento dos sincretismos conhecidos como Zungu e Macumba.
>
> Parece que os termos Zungu e Macumba foram usados indistintamente no Rio de Janeiro para designar quaisquer manifestações sincréticas de práticas africanas relacionadas a danças e cantos coletivos, acompanhadas por instrumentos de percussão, nas quais ocorria a invocação e incorporação de espíritos e a adivinhação e curas por meio de rituais de magia, englobando uma grande variedade de cerimônias que associavam elementos africanos (Inkices, Orixás, atabaques, transe mediúnico, trajes rituais, banho de ervas, sacrifícios de animais), católicos (cruzes, crucifixos, anjos e santos) e, mais raramente, indígenas (banho de ervas, fumo). A diferença básica entre eles parece ser apenas o período em que estes termos foram utilizados: zungu, em meados do século XIX e macumba, no final do século XIX e início do século XX substituindo o termo zungu.

Oliveira[22] cita:

> A lenta introdução dos Orixás na Macumba não lhe alterou a estrutura cultural, centrada na evocação das almas dos ancestrais tribais. O que caracteriza a Macumba não é o santo protetor, mas um espirito familiar (Preto Velho, por exemplo) assistindo à crescente população suburbana quer negra ou branca, que vinha aos terreiros buscar lenitivo e soluções para problemas econômicos, afetivos e terapêuticos.

---

20 *Macumba e Umbanda aproximações.*
21 *Sincretismo Religioso e suas origens no Brasil.*
Disponível em: *http://estudodaumbanda.wordpress.com*
22 *Das Macumbas à Umbanda.*

Diamantino Fernandes Trindade

A fusão de rituais trouxe para os catimbós e demais cultos alguns instrumentos ritualísticos dentre os quais uma espécie de tambor denominado *macumba* que era tocado nas festas em louvor aos Orixás. O *macumbeiro* era o seu tocador. Como é comum, no Brasil, dança e instrumento acompanhador terem a mesma denominação, é possível que no culto religioso homônimo se tenha utilizado do instrumento, daí nascendo seu nome. Estes cultos se expandiram rapidamente principalmente no Rio de Janeiro, e como geralmente esses tambores eram tocados nos rituais, começaram a ser chamados de *macumbas*. Neles baixavam uma gama de espíritos chamados de Mestres de Linha, os Tatás etc.

Segundo Matta e Silva, o termo *macumba* generalizou-se, passando a designar ritos fetichistas, *baixo espiritismo*, isto é, tomou um sentido pejorativo, pois a concepção popular o tem para indicar mesmo sessões de terreiro onde as práticas afro-indígenas são as mais inferiores.

O termo *macumbeiro* também ganhou novo sentido: aponta-se como *macumbeiro* toda pessoa que é assídua frequentadora de terreiros de *macumba*. Muitos desses terreiros se abrigam na atualidade sob o nome de Umbanda. É comum ouvirmos alguns dizerem que vão a uma macumba quando, na verdade estão indo a um terreiro de Umbanda. Luz e Lapassande[23] dizem que *a macumba significa mais que um rito religioso: é algo mal definido, que ultrapassa os limites de uma "igreja" na direção de uma "festa" (no Rio se diz sempre: Você vem? Há uma boa macumba esta noite...).*

Os mesmos autores dizem que o terreiro de Macumba tem, em geral, forma de capela, com um altar. Sobre o altar há imagens de Jesus, da Virgem Maria e dos Santos: São Jorge, São Lázaro etc. Muito próximo dos terreiros de Umbanda. Ortiz[24] cita que a principal diferença entre Umbanda e a Macumba é a ruptura entre a submissão dos Exus às entidades de luz. Se, na Umbanda, Exu trabalha sob as ordens dos Caboclos e Pretos Velhos, na Macumba, ele é o dono da sua cabeça, não devendo obediência a ninguém.

---

23 *O segredo da Macumba.*
24 *A morte branca do feiticeiro negro.*

As práticas da Macumba carioca tinham também certa semelhança com as práticas da Cabula. Conforme Silva:[25]

> O chefe do culto também era chamado de embanda, umbanda ou quimbanda, e seus ajudantes, cambono ou cambone. As iniciadas eram as filhas de santo, por influência do rito jeje-nagô, ou médiuns, por influência do Espiritismo. Na Macumba as entidades como os Orixás, Inkices, Caboclos e os Santos Católicos eram agrupadas por falanges ou linhas como a Linha da Costa, de Umbanda, de Quimbanda, de Mina, de Cabinda, do Congo, do Mar, de Caboclo, Linha Cruzada etc.

Diz ainda o autor que a abrangência de cultos, que sob o termo *Macumba* eram conhecidos, parece ter sido um dos motivos de sua popularidade e de seu uso indiscriminado para se designar as religiões afro-brasileiras em geral.

Os dirigentes dos terreiros de Macumba e, principalmente as federações umbandistas do Rio de Janeiro, não se sentiam confortáveis com o termo *macumba*, uma expressão que possuía um forte preconceito e uma carga pejorativa, que podia prejudicar a expansão da Umbanda. É possível que a Macumba tenha praticamente desaparecido da religiosidade carioca em função da propagação da Umbanda e a sua rápida expansão no Estado do Rio de Janeiro, principalmente na então Capital Federal, que teria recebido um número substancial de prosélitos da Macumba e a influenciado de tal maneira que levaram muitos terreiros de Macumba a se transformarem em tendas de Umbanda ou em casas de Omolokô para fugirem da repressão policial que era mais branda nesses cultos.

A perseguição aos terreiros de Macumba era feroz por parte da policia carioca. O jornal *Diário de Noticias*, de 1 de abril de 1941, apresentava a seguinte matéria:

Varejados setenta "terreiros" e presos oitenta "macumbeiros"
01/04/1941

Enérgica campanha policial contra os adeptos e os exploradores da "magia negra" – Como agiam os "pais de santo"

25 *Candomblé e Umbanda: caminhos da devoção brasileira.*

para iludir os incautos – Alarmante o número de casos de alienação mental provocada pela "macumba".

Por determinação do Chefe de Policia, a Diretoria Geral de Investigações, agindo em colaboração com a 1ª delegacia auxiliar e com a Secção de Repressão aos Tóxicos e Mistificações, iniciou, sexta-feira ultima, uma enérgica campanha contra os "macumbeiros" e demais adeptos da "magia negra". Esta nova *blitzkrieg*[26] policial, realizada com a mesma técnica da campanha empregada contra o denominado "jogo do bicho", foi levada a efeito rapidamente, tendo sido para isso mobilizadas nada menos de trinta e cinco turmas de investigadores.

Nas diligências realizadas durante as primeiras quarenta e oito horas de trabalho, não só no centro da cidade, como na zona rural, a policia varejou setenta casas de "macumba" ou "terreiros", prendendo cerca de oitenta mistificadores. Todos esses indivíduos, conhecidos e perigosos "pais de santo", bem como os que foram presos posteriormente, contra os quais pesarem acusações comprometedoras, serão recolhidos à Penitenciária Agrícola de Dois Rios pelo espaço de seis meses.

A presente campanha, segundo informou à reportagem o diretor da D.G.I., foi determinada pelo major Filinto Muller (chefe da policia política no governo Getúlio Vargas), em virtude de uma solicitação do Hospital Nacional de Alienados e dos sanatórios e colônias existentes na capital.

Os "macumbeiros" presos, em seus depoimentos, confessaram às autoridades como agiam para tornar mais rendosas as suas atividades. Salientaram que lançavam mão de tudo para impressionar os clientes. O aparato dos "terreiros", as vestimentas típicas, o aturdimento dos "atabaques", o bater furioso dos tambores, o mistério dos "pontos" riscados no chão ilustrados com pólvora, punhais etc., enfim tudo o que pudesse misturar o medo à confiança e ao respeito.

Para cada vítima que se apresentava, tinham eles, por intermédio de uma boa espionagem, conhecimento dos seus males e sofrimentos. E, por esta forma, diagnosticavam, doutrinavam, davam conselhos e se prontificavam a remediar situações aparentemente insolúveis.

Quando erravam o que geralmente acontecia, alegavam que o "consulente" não havia observado as recomendações; e quando acertavam era mais um adepto da "feitiçaria" que se juntava aos muitos que exploravam, valendo-se dos "guias" e "cambonos".

26 Termo alemão utilizado para designar "guerra relâmpago" (nota do autor).

Leal de Souza escreveu:[27]

A Macumba

A Macumba se distingue e caracteriza pelo uso de batuques, tambores e alguns instrumentos originários da África.[28] Essa música bizarra em sua irregularidade soturna, não representa um acessório de barulho inútil, pois exerce positiva influência nos trabalhos, acelerando, com suas vibrações os lances fluídicos.

As reuniões não comportam limitações de hora, prolongando-se, na maioria das situações, até o alvorecer. São dirigidas sempre por um Espírito, invariavelmente obedecido sem tergiversificações, porque está habituado a punir os recalcitrantes com implacável rigor.

É, de ordinário, o Espírito de algum africano, porém também há de caboclos. Os métodos sejam qual for a Entidade dirigente são os mesmos, porque o caboclo aprendeu com o africano.

Os médiuns que ajudam o aparelho receptor do guia da reunião ás vezes temem receber as Entidades auxiliares.

Aquele lhes ordena que fiquem de joelhos, dá-lhes um copo de vinho, porém com mais frequência, puxa-lhes, com uma palmatória de cinco buracos dois alentados bolos.

Depois da incorporação, manda queimar-lhes pólvora nas palmas das mãos, que se torna incombustível quando o Espírito toma posse integral do organismo do médium.

Conhecendo essa prova e seus resultados quando a incorporação é incompleta, apassivam-se os aparelhos humanos, entregando-se por inteiro àqueles que devem utilizá-lo.

Os trabalhos, que, segundo os objetivos, participam da magia, ora impressionam pela singularidade, ora assustam pela violência, surpreendem pela beleza. Obrigam a meditação, forçam ao estudo, e foi estudando-os que cheguei à outra margem do Espiritismo.

O mesmo Leal de Souza descreve um caso ligado a um desses cultos:

Muitas vezes, uma questiúncula mínima produz uma grande desgraça... Uma mulatinha que era médium da magia negra, empregando-se em casa de gente opulenta, foi re-

---

27 *O Espiritismo, a Magia e as Sete Linhas da Umbanda*.
28 Generalização feita aos cultos afro-brasileiros (nota do autor).

Diamantino Fernandes Trindade

preendida com severidade por ter reincidido na falta de abandonar o serviço para ir à esquina conversar com o namorado. Queixou-se ao dirigente do seu antro de magia, exagerando, sem dúvida, os agravos ou supostos agravos recebidos e arranjou, contra os seus patrões, um despacho de efeitos sinistros.

Em poucos meses, marido e mulher estavam desentendidos, um com negócios em descalabro, a outra atacada de moléstia asquerosa da pele, que ninguém definia, nem curava.

Vencido pelo sofrimento, sem esperança, o casal, aconselhado pela experiência de um amigo, foi a um centro de Linha Branca de Umbanda, onde, como sempre acontece, o guia, em meia hora, esclareceu-os sobre a origem de seus males, dizendo quem e onde fez o despacho, quem e porque mandou fazê-lo.

E por causa desse rápido namoro na esquina, uma família gemeu na miséria, e a Linha Branca de Umbanda fez, no espaço, um de seus maiores esforços.

Propiciou-se às entidades causadoras de tantos danos, com um despacho igual ao que as lançou no malefício, e, como o presente não surtisse efeito, por não ter sido aceito, os trabalhadores espirituais da Linha de Santo agiram, junto aos seus antigos companheiros de Encruzilhada, para alcançar o abandono pacífico dos perseguidos, mas foram informados de que não se perdoava o agravo a médiuns da Linha Negra. Elementos da falange de Euxoce teceram as redes de captura, e as secundaram, com o ímpeto costumeiro, a falange guerreira de Ogum, mas a resistência adversa, oposta por blocos fortíssimos, de espíritos adestrados nas lutas fluídicas, obrigou a Linha Branca a recursos extremos, trabalhando fora da cidade, à margem de um rio. Com pólvora, sacudiu-se o ar, produzindo-se formidáveis deslocamentos de fluidos; apelou-se, depois, para os meios magnéticos e, por fim, as descargas elétricas fagulharam na limpidez puríssima da tarde. Os trabalhadores de Amanjar, com a água volatilizada do oceano, auxiliados pelos de Nhan San, lavaram os resíduos dos malefícios desfeitos e, enquanto os servos de Xangô encaminhavam os rebeldes submetidos, o casal se restaurava na saúde e na fortuna.

O macumbeiro mais popular do Rio de Janeiro

Orlandino Cobra Coral foi o Pai de Santo da Macumba mais popular do Rio de Janeiro e dirigia a Tenda Espirita São

Jerônimo, em São João do Meriti. Era chefe da Seção de Armas do Arsenal de Guerra, tendo se licenciado para se dedicar às praticas do terreiro. Amado por muitos, odiado por tantos outros, fez muito sucesso pelos muitos casos resolvidos em seu terreiro, inclusive curas. Tinha uma clientela de fazer inveja a muitos médicos e chefes de terreiro. Celebridades do mundo artístico e da politica frequentavam sua casa. Em 7 de junho de 1949 suicidou-se com um tiro no peito. Este fato foi citado por W. W. da Matta e Silva no livro *Umbanda e o Poder da Mediunidade*, como vimos anteriormente. Apresentamos a seguir a reportagem sobre os acontecimentos:

Silêncio no Terreiro de Cobra Coral

Jornal A *Manhã*, Rio de Janeiro
08/06/1949

Inesperado suicídio ocorreu, ontem, em São João do Meriti. Conhecido "Pai de Santo" desfechou um tiro no peito. Dada à grande popularidade do suicida, a notícia consternou milhares de pessoas, todas crentes nos poderes de Exu, Caboclo Rompe Mato e outros guias ou protetores que ele com tanta eficiência chamava.

Quem era o suicida?

Orlandino Pimentel, o suicida, era casado com Dona Deolinda Carvalho Pimentel e residia à Rua U, 45.
Pai de Santo de prestígio, sua fama não se limitou ao município. Atingiu aos mais longínquos Estados. De muito longe, vinham pessoas consultar-se com "Cobra Coral", como era mais conhecido Orlandino.
Às festas que promovia compareciam altas personalidades da política, das finanças, intelectuais e artistas. Constantemente eram organizadas caravanas de turistas, alguns dos quais, nas suas pátrias, já ouviram falar do famoso macumbeiro e toda essa gente ia ao terreiro de "Cobra Coral".
Muitos "granfinos" que fazem muxoxo[29] quando se lhes fala em magia negra, muitos mesmo, eram frequentadores do "Reino". É que a posição social os inibe de dizerem-se adeptos de Umbanda e Quimbanda. Mas a verdade é que muitas

---

29 Espécie de estalo que se dá com a língua aplicada ao palato, em sinal de desdém ou contrariedade.

Diamantino Fernandes Trindade

vezes, no terreiro beberam da cachaça que lhes foi oferecida, sem esquecer de jogar ao chão, antes do primeiro gole, a parte do "santo".

Pois suicidou-se o homem que movimentava tanta gente. Orlandino era apontado como um dos melhores substitutos de Jubiabá,[30] macumbeiro baiano, cuja fama se espalhou por diversos Estados. Dizem até que era maior do que Joãozinho da Goméia. Como já foi dito, era até uma atração turística, o que muitos belos recantos brasileiros não conseguiram ser.

O suicídio

Pouco depois das 9 horas, "Cobra Coral" esteve com a reportagem da *Manhã*, em São João do Meriti. Disse, então, que sua vida estava por pouco, mas o repórter julgou, apenas, que ele queria dizer que a sua saúde estava perigando. Com efeito, Orlandino sofria horrivelmente do coração e com o avançar da idade mais se agravaram os seus padecimentos, pois a moléstia progredia muito rapidamente. Mas o repórter não podia pensar que "Cobra Coral" estivesse pensando em matar-se.

Depois de rápida palestra, despediram-se os dois. Às onze horas a noticia circulou com espanto geral: "Cobra Coral" deu um tiro no peito!

Houve grande afluência à casa da Rua Lourenço Campos, onde se deu o fato. Centenas de pessoas se comprimiam na ânsia de ver pela ultima vez o corpo do famoso macumbeiro. O delegado de policia do município, aspirante a oficial Ismael Freitas de Morais, acompanhado do escrivão Paulo Manseira, esteve no local, tomando as providências da sua alçada. Aprendeu a arma de que se utilizou o suicida, uma pistola e uma carta endereçada ao seu ajudante, na qual Orlandino pede que seu corpo não seja autopsiado e que não interrogue a ninguém, pois matava-se por causa de aborrecimentos.

Surpresa

A noticia, a principio, causou mais surpresa do que emoção. Como é que um Pai de Santo tão poderoso iria suicidar-se

---

30 Severiano Manoel de Abreu (20/04/1886 – 28/10/1937). Babalorixá do Candomblé e Capitão do Exercito em Salvador, Bahia. Incorporava o Caboclo Jubiabá, de tal forma que passou a ser chamado pelo nome do Caboclo. Foi Pai de Santo de Joãozinho da Goméia e Orlandino Cobra Coral, entre outros.

se dispunha de poderes sobrenaturais para curar-se? Mas o fato é que Orlandino se matou mesmo. Ele, que curava a tantos doentes, não soube como curar o seu próprio mal e, descrente dos seus poderes, resolveu acreditar no poder de um tiro. Com certeza sentiu, pela ultima vez, mas, rapidamente, uma dor no coração, pois, o órgão que tanto o fazia sofrer, foi parado pelo projétil.

Conforme dissemos acima, Cobra Coral era casado com Dona Deolinda, possuindo vários filhos sendo que o maior é Aldino Carvalho Pimentel que nos disse ser da mesma linha. Tinha ele seus ajudantes que eram um suboficial de Marinha e outro de nome Miguel. Para este deixou a seguinte carta:

"Aos meus filhos de Santo: Este meu gesto não foi "pemba nem um outro terreiro de inimigos meus". Eu apelo a todos os meus amigos leais para continuarem ao "ritmo". Ao amigo Miguel eu peço para fazer o enterro e não deixar os meus dois filhos. Nada daqui de dentro devem tirar coisa alguma. Tudo é de minha querida Dora. Não quero meus dois filhos aqui dentro, nem tampouco minha ex-mulher. Ela aqui dentro nada tem. Tudo é da Dora. Um forte abraço para as "sambas"[31] e todos os cambonos e filhos de fé. Pai Oxalá que abra vossas cabeças e que todos vocês cumpram a Lei, conforme eu vos ensinei.
Adeus para todos do amigo Orlandino.
P.S. – Amigo Miguel: faça o que lhe pedi. Minha mulher aqui dentro não tem direito a coisa alguma. Tudo é de minha querida Dora. Adeus do seu amigo Orlandino."

Reino do Nosso Pai Cobra Coral

Em companhia dos investigados, Antonio Cesar, nossa reportagem esteve na casa de Orlandino. Muitos automóveis estavam parados nas proximidades da Rua Lourenço Campos onde residia ultimamente em companhia de Doralice Peçanha ou melhor "Dora" de quem fala na carta. No interior verdadeira multidão se espalhava inclusive pelo quintal. Onde fazia os trabalhos agora estava transformado em câmara ardente, e os filhos de fé, contritos faziam orações. A moradia de "Cobra Coral" se distinguia das outras da vizinhança, pois chegava a ser luxuosa, possuindo tudo que se pode exigir do conforto, inclusive custosa geladeira, rádio, caríssimas poltronas e móveis apreciáveis.

---

31 Dançarinas de macumba.

Diamantino Fernandes Trindade

A esposa o havia abandonado, e tal era sua aversão por ela que mencionou acentuadamente que não deixaria que "ela levasse coisa alguma".

Quando deixamos o local, o investigador Cesar ainda nos chamou a atenção para uma placa que havia sido inaugurada por amigos do macumbeiro. E lá estava aquela legenda em bronze tão significativa para eles: *Reino do nosso Pai Cobra Coral*.

O investigador Cesar nos declarou que quando a policia foi comunicada, para lá partiu e já um médico se tinha chamado, mas nada pode fazer. Orlandino usara um revólver de sua propriedade, desfechando um tiro no coração, após se sentar em uma cadeira a um canto de uma sala.

Substituto de "Cobra Coral"

Falamos ainda com o filho do macumbeiro, Aldino Carvalho Pimentel, o qual disse que sua mãe vivia humildemente em outra casa, lavando roupa. Ele, todavia era da "linha" e seria o substituto do pai nos trabalhos. Mostrou-se bem contrariado com a maneira que sua mãe era tratada e nos comunicou que para ela vai reivindicar os direitos de herança.

A última festa

A ultima festa no terreiro promovida por "Cobra Coral", teve grande assistência de personalidades, inclusive o prefeito local, sr. José dos Campos Manhães. Foi realizada no dia 14 de maio ultimo, a qual se intitulava "Festa dos Velhos". O jornal *A Noite* publicou também uma matéria sobre o evento onde apenas apareciam os defeitos de Orlandino, expondo todas as suas falcatruas físicas e astrais.

Figura 10: Preto Velho e Preta Velha em um terreiro de Macumba. Acervo de Pai Juruá.

Figura 11: Médiuns femininas em um terreiro de Macumba. Acervo de Pai Juruá.

Figura 12: Duas médiuns em um terreiro de Macumba.
Acervo de Pai Juruá.

Figura 13: Médium coroada em um terreiro de Macumba.
Acervo de Pai Juruá.

História da Umbanda no Brasil

Figura 14: Curiosa capa de disco de vinil sobre a Macumba (1958).

Figura 15: Macumba (o tambor).

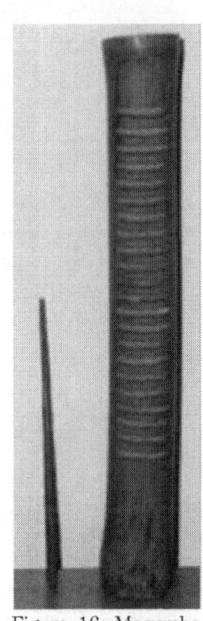

Figura 16: Macumba (espécie de reco-reco).

Figura 17: Material de um ritual de Macumba confiscado pela policia carioca (1952).

12. Padre Gabriel Malagrida – o jesuíta

Neste capítulo vamos nos localizar no século XVII, para falarmos sobre uma figura marcante na implantação da Umbanda no Brasil, no início do século XX. No ano de 1689, às margens do rio Como, na Vila de Menaggio, Itália, nasceu um menino que foi batizado com o nome Gabriel Malagrida. Desde cedo demonstrou tendências místicas. Entrou para o Seminário de Milão onde foi ordenado e professou na Companhia de Jesus em 1711. Gabriel desejava cumprir sua missão no Brasil, porém Tamborini, o Geral da Companhia de Jesus, havia lhe reservado a cadeira de Humanidades no Colégio de Bastis, na Córsega. Mais tarde conseguiu se transferir para Lisboa, em 1721, onde depois de algum tempo recebeu permissão para embarcar para o Maranhão.

Nessas terras, Gabriel fez pregações internando-se no sertão, enfrentando sérios perigos e vencendo com a fibra de quem se julgava predestinado a cumprir uma missão superior no Planeta, uma missão de conquistar almas para o Céu. Apresentava evidentes sintomas mediúnicos ouvindo vozes misteriosas e chegou mesmo a pensar que operava milagres.

Em 1727 começou a árdua tarefa de catequizar índios, conseguindo nessa ocasião amansar a feroz tribo dos Barbassos. Fundou no Maranhão uma missão que teve grande desenvolvimento, sustentando uma tarefa apostólica. Foi em seguida, em 1730, para a Bahia e Rio de Janeiro onde continuou a pregar, alcançando grande ascendência sobre os índios. Apareceu então, convertido no apóstolo do Brasil. Dizia que conversava com Deus e tinha visões da Virgem Maria, e para completar seus feitos, descrevia os "milagres" que operava.

Em 1749 voltou para Lisboa, onde foi recebido com fama de santo por muitos fiéis. Nessa época Dom João V se encontrava muito doente e Gabriel, a seu pedido, o assistiu nos seus últimos momentos.

Em 1751 retornou ao Brasil onde ficou até 1754, ano em que foi chamado a Lisboa pela Rainha Dona Mariana da Áustria. Encontrou no poder Sebastião José, o terrível Marquês de Pombal, que não permitiu sua presença por muito tempo junto à Rainha. Por esse motivo, isolou-se durante algum tempo em Setúbal.

No dia 1 de novembro de 1755, Lisboa foi arrasada por um terremoto. Correu o boato que a catástrofe era castigo dos céus. Pombal mandou publicar um folheto escrito por um padre, explicando o fenômeno e as causas naturais que o determinaram. Gabriel apareceu em público com um opúsculo,[1] que procurava corrigir o teor da publicação e onde afirmava que o terremoto era verdadeiramente um castigo divino. Pombal enfurecido, mandou queimar o opúsculo e desterrou Gabriel para Setúbal.

Em setembro de 1758, ocorreu um atentado contra a vida de Dom José. Algumas semanas antes, Gabriel havia escrito uma carta ameaçadora ao Marquês de Pombal. Gabriel foi preso, em 11 de dezembro, como responsável pelo atentado e encarcerado nas prisões do Estado. Pombal vasculhou seus livros e nessa oportunidade lhe atribuiu passagens que pareciam pouco ortodoxas, e foi entregue à Inquisição. Foi condenado à pena de garrote e fogueira, sendo executado na Praça do Rossio em 21 de setembro de 1761.

Uma comprovação de tais fatos pode ser encontrada na Biblioteca de Amsterdam, onde existe uma cópia do seu famoso processo, traduzida da edição de Lisboa. Nesse processo pode-se ler que Malagrida foi acusado de feitiçaria e de manter

---

1 Livreto.

pacto com o diabo que lhe havia revelado o futuro!... A profecia comunicada pelo "inimigo do gênero humano" ao jesuíta está concebida nos seguintes termos:

> O réu confessou que o demônio, sob a forma da Virgem Maria, lhe tinha ordenado a escrever a vida do anticristo, que haviam de existir, a bem dizer, três anticristos sucessivos, e que o último nasceria em Milão, da sacrílega união entre um frade e uma freira etc.

Como o leitor pode perceber, essa é apenas uma das muitas manchas deixadas pelo Poder Escarlate durante vários séculos. A célebre Companhia de Jesus de Ignácio de Loyola foi um dos muitos veículos da nefanda "Santa Inquisição". Os missionários dessa Companhia, radicados no Brasil, estavam mais afastados das criminosas disputas em que se empenhavam seus irmãos no outro lado do Atlântico. Podemos citar os exemplos de José de Anchieta e Manoel da Nóbrega.

Os jesuítas da Companhia de Jesus foram expulsos de Portugal pelo Marquês de Pombal logo após o atentado contra Dom José que foi alvejado, em 3 de setembro de 1758, com tiros de bacamarte[2] partidos de um grupo de pessoas desconhecidas. Pombal aproveitou para atribuir o atentado aos jesuítas e decretou o seu banimento de Portugal.

Mais detalhes sobre Gabriel podemos encontrar no livro *História de Gabriel Malagrida* de Paul Mury publicado pelo Istituto Italiano di Cultura, edição de 1992. Este livro foi traduzido da edição francesa de 1865 por Camilo Castelo Branco que também prefaciou a obra.

Gabriel Malagrida teria a importante missão, no século XX, de reimplantar a Umbanda em solo brasileiro.

---

2 Espécie de pistola antiga.

Figura 18: Padre Gabriel Malagrida.

Figura 19: Execução do Padre Gabriel Malagrida e outros sacerdotes.
Obra de autor desconhecido.

História da Umbanda no Brasil

13. Allan Kardec e a Codificação da Doutrina dos Espíritos

Durante todo o século XVIII, a França teve um papel importante de luzeiro intelectual no mundo ocidental. Ali se reuniam artistas, filósofos, professores, homens de ciência e outros pensadores. Com o advento do Iluminismo, Paris ficou conhecida como *a Cidade Luz*. *Todos os homens eram iguais*,[1] era o símbolo do Iluminismo. A Revolução Francesa marcou naquele momento da história, a liberdade para o homem. Na metade do século XIX tivemos uma grande revolução nos cultos ou seitas tidas como cristãs. Veio da Europa, da França, a **Codificação da Doutrina dos Espíritos**, por Allan Kardec.

Os fenômenos espíritas existiam desde todos os tempos, porém os espíritas ingleses e norte-americanos costumam indicar como data inicial do movimento moderno, 31 de março de 1818, que assinala o episódio mediúnico de Hydesville, vilarejo de New York, através das irmãs Fox. Entretanto, é com Allan Kardec que esses fenômenos passaram a ganhar credibilidade.

Allan Kardec era o pseudônimo do sr. Hippollyte Denizard Rivail que nasceu em Lyon em 1804, filho do juiz Jean Baptiste-Antoine Rivail e Jeanne Duhamel. Desde a sua juventude, demonstrava grande interesse pelas ciências e línguas.

---

1 Isto é algo utópico. Na verdade, todos os homens deveriam ter as mesmas oportunidades de crescimento em todas as atividades (nota do autor).

Após completar os primeiros estudos em Lyon, Denizard partiu para a Suíça, para completar seus estudos secundários na escola do célebre professor Pestalozzi, na cidade de Yverdun. Bem cedo o jovem de Lyon chama a atenção do mestre, que o coloca como seu auxiliar nos trabalhos acadêmicos que exercia, tendo algumas vezes substituído Pestalozzi na direção da escola, enquanto este empreendia alguma viagem de divulgação de sua metodologia de ensino ou era convidado para criar, em outras localidades, uma instituição nos moldes de Yverdun. Denizard também exercia com prazer o papel de professor, ensinando aos seus colegas as lições que aprendera. Ele, apesar de tão responsável, era visto como um jovem amável e espirituoso, mas muito disciplinado.[2]

Concluiu o Bacharelado em Letras e Ciências e, após ser dispensado do serviço militar, fundou em Paris uma escola nos moldes de Yverdun, que foi chamada de Liceu Polimático. Preocupado com a educação francesa, escreveu alguns livros e foi premiado, em 1831, por seu trabalho, pela Academia Real de Arras. Seu tio Rival, que era seu sócio, levou o Liceu à falência, perdendo grande soma em dinheiro nas casas de jogos. Denizard pediu a liquidação do Liceu e aplicou a sua parte do dinheiro em uma casa comercial de um amigo, que logo faliu, em função de maus negócios.

Para manter a sua sobrevivência, passou a escrever e organizar livros didáticos em várias áreas, inclusive Química, Física, Astronomia e Anatomia Comparada. Depois de algum tempo recuperou-se financeiramente e se dedicou novamente ao magistério.

Em 1850, quando as manifestações espíritas americanas chamavam a atenção na Europa, Allan Kardec investigou o assunto através de duas filhas de um amigo.

Nas comunicações obtidas recebeu a informação de que Espíritos de uma categoria muito mais elevada do que aqueles que se comunicavam através das duas médiuns norte-americanas, tinham vindo especialmente para ele, e queriam continuar a vir, a fim de lhe permitir desempenhar uma importante missão religiosa.

---

2 Carlos Antonio Fragoso Guimarães. *Allan Kardec.*

Ele organizou isto escrevendo uma série de perguntas relativas aos problemas humanos e, submetendo-as às supostas inteligências operantes, por meio de batidas e da escrita com a prancheta, recebeu respostas sobre as quais baseou o seu sistema de Espiritismo. As mensagens recebidas por Allan Kardec foram publicadas em 1856, com grande sucesso, no célebre *Livro dos Espíritos*. Em 1864 publicou *O Evangelho Segundo o Espiritismo*; em 1865, *O Céu e o Inferno* e, em 1867, *A Gênese*. Foi responsável também pela criação da *Revista Espírita*, periódico mensal que ainda existe na França e no Brasil.

Kardec teve como maior mérito, o trabalho de compilação de caráter externo, visando a elevação moral da maioria dos seres humanos da Europa que se arrastavam ancorados a conceitos estáticos sobre o nascimento e morte, reencarnação, mediunismo, planos de evolução e Lei Kármica.[3] O corpo astral (períspirito) foi identificado para esses cristãos ainda arraigados aos conceitos estáticos da Igreja Católica. O Kardecismo surgiu, não como uma nova revelação, mas sim como uma compilação popular, para a grande massa, dos conceitos espirituais.

Algumas figuras importantes deram sustentação ao Kardecismo. Podemos citar entre eles o brilhante cientista William Crookes, autor do livro *Fatos Espíritas*, Charles Richet, sir Oliver Lodge, Professor Jung, sir Willian Barret, Ernesto Bozzano, Leon Denis, Camille Flammarion, César Lombroso, Eusapia Palladino e Bezerra de Menezes. No entanto, não podemos esconder que, sem seu vulto maior, o Espiritismo não teria conseguido se firmar no Brasil e no mundo. Estamos falando, é claro, do nosso querido Francisco Cândido Xavier, que dispensa maiores apresentações, e que revolucionou a doutrina compilada por Kardec, juntamente com Emmanuel, André Luiz e Humberto de Campos.

O Brasil recebeu como herança do período colonial, uma formação católica. A pressão exercida pelo *Poder Escarlate* não permitia a livre manifestação dos seguidores de outras crenças religiosas ou de livres pensadores.

Na segunda metade do século XIX, encontramos os abas-

---

3 Kardec a denominava de Lei de causa e efeito.

tados fazendeiros tendo à sua disposição os vastos recursos proporcionados pela multiplicação das imensas fortunas obtidas com a lavoura, principalmente do café. Surgiram então os novos ricos, que se regalavam com viagens em confortáveis vapores aos mais importantes centros culturais e recreativos da Europa, em particular Paris, que era na época o maior centro cultural do mundo. A sociedade brasileira absorveu rapidamente todas as novidades vindas da França, tais como a moda, Ciência, perfumaria etc. Uma dessas novidades eram os fenômenos espíritas. Em 1853 o Espiritismo foi introduzido no Brasil através das chamadas *mesas girantes*.[4] João do Rio[5] cita que os primeiros espíritas brasileiros apareceram no Ceará ao mesmo tempo que em França. A propaganda propriamente só começou na Bahia, no ano de 1865, com o Grupo Familiar do Espiritismo. Nessa época começou a tomar corpo como religião. Em 1873 ocorreu o primeiro movimento espirita organizado com a fundação da Sociedade de Estudos Espíritas do Grupo Confúcio, no Rio de Janeiro. Nessa fase inicial o Espiritismo ou Kardecismo era praticado pelos intelectuais, médicos, engenheiros, funcionários públicos e universitários. É a fase do chamado Espiritismo científico e por trás da experimentação, que era tida como metapsíquica, havia o gosto pelo mistério e a inquietação da alma em busca de uma religião.

A prática do Espiritismo pela sociedade aristocrática tornou-o rapidamente preconceituoso e pedante. Quem em vida não houvesse sido importante, não tinha o direito de se manifestar nas chamadas sessões espíritas ou *mesas brancas*. Por isso, em uma mesa kardecista, um médium que incorporava um Espírito que, em vida havia sido um escravo era de imediato convidado a se retirar, acusado de praticar *baixo espiritismo*.

Ortiz[6] cita que os denominados "espíritos da macumba" foram sendo eliminados das mesas brancas. Eventualmente,

---

4 Fenômeno que consistia no movimento, sem causa física aparente, de mesas e outros objetos, em torno dos quais se reuniam, nos salões, pessoas de diversas classes sociais da época. Em uma fase preliminar, que perdurou aproximadamente até 1870, as mesas girantes foram objeto de curiosidade e divertimento, principalmente para a burguesia e nobreza europeia. Em seguida tais fenômenos passaram a ser observados e pesquisados, possibilitando o estudo e sistematização de conhecimentos obtidos em um corpo filosófico denominado Espiritismo.
5 *As religiões do Rio.*
6 *A morte branca do feiticeiro negro.*

quando um Preto Velho se aproximava de um "bom" diretor de sessão, era doutrinado para poder continuar seu caminho na escala espiritual. Não podia ser confundido com um espírito de luz, como o de um médico, de um padre, de uma freira, de um grande sábio, já que no Kardecismo a cultura do espírito corresponde à altura de seu médium.

Os reflexos dos desmandos espíritas no século XIX fizeram se sentir ainda mais, quando uma dissidência entre seus lideres originou duas correntes: os espíritas que se preocupavam apenas com as manifestações espíritas em si[7] e os kardecistas que se preocupavam com a parte doutrinária da religião.[8]

Esses acontecimentos criaram um clima hostil para a ação do dr. Adolfo Bezerra de Menezes Cavalcanti, um dos mais abnegados trabalhadores do Astral Superior na Terra e que chegou a ser o presidente da Federação Espírita Brasileira. Era chamado de *o médico dos pobres* e *Kardec brasileiro*, devido ao seu cabedal espiritual e ao seu desprendimento material, pois era médico e atendia gratuitamente a maioria de seus pacientes. Formou-se na *Faculdade de Medicina do Rio de Janeiro*, em 1856, defendendo a tese *Algumas Considerações sobre o Cancro encarado pelo lado do tratamento*. Além de médico foi militar, politico, escritor, jornalista e expoente da Doutrina Espírita no Brasil. Considerava a Medicina como verdadeiro sacerdócio e por isso, dizia: *um médico não tem o direito de terminar uma refeição, nem de escolher hora, nem de perguntar se é longe ou perto, quando um aflito qualquer lhe bate a porta.*

Diversas vezes Bezerra de Menezes deixou transparecer seu desalento pelo emaranhado confuso de opiniões e crenças dentro do Espiritismo. Lutas, dissensões, represálias, perseguições, um mundo enfim de atividades nocivas caracterizavam o movimento espírita no final do século XIX. Em função deste estado de coisas, o Astral Superior vislumbrou a necessidade da implantação do Movimento Umbandista. O Kardecismo veio despertar a alma indolente para as realidades da vida. A Umbanda veio para acabar com os tolos preconceitos da maioria dos espíritas de então.

---

7 Eram chamados de científicos.
8 Eram chamados de místicos.

Figura 20: Allan Kardec.

14. O contexto histórico e social do Brasil no final do século XIX

> A Umbanda difere radicalmente dos cultos afro-brasileiros; ela tem consciência de sua brasilidade, ela se quer brasileira. A Umbanda aparece desta forma como uma religião nacional que se opõe às religiões de importação: Protestantismo, Catolicismo e Kardecismo.
>
> RENATO ORTIZ

O processo escravagista imposto aos negros e o massacre dos indígenas no Brasil gerou verdadeiro conflito racial, fator determinante para que os Tribunais do Astral Superior resolvessem incrementar sobre essa coletividade em litígio (brancos, negros e índios) um conjunto de leis regulativas a fim de discipliná-la, além de disciplinar os rituais de baixa estirpe, em sua maioria impregnados de sentimentos de ódio e vingança.

A Corrente Astral de Umbanda achou por bem lançar mão de um movimento restaurador desses conceitos, fazendo a coletividade brasileira retomar o caminho evolutivo mais reto e seguro possível. Assim tivemos a implantação gradual do Movimento Umbandista no Brasil. Gradativamente, as Entidades integrantes da Corrente Astral de Umbanda foram, por meio de seus médiuns, criando os alicerces dos fundamentos da Umbanda que tem como objetivo abarcar o maior núme-

114

ro possível de pessoas, em um menor espaço de tempo.

Ortiz[1] diz que o século XIX foi um período de grandes transformações para a sociedade brasileira. Com a declaração da Independência em 1822, as contradições engendradas pelo regime escravocrata tornaram-se cada vez mais agudas. Além dessas transformações, ocorreram mudanças na estrutura socioeconômica do país: a urbanização, a industrialização e a formação de uma sociedade de classes.

O final do século XIX foi marcado por um grande balanço social devido à libertação dos escravos e a instauração da Republica, que deveria ser uma forma mais justa de governo.[2] A Corrente Astral aproveitou esse momento de transformação social e, por volta de 1889, lançou as primeiras sementes do novo culto em vários pontos do país. A essa altura, o mediunismo já havia interpenetrado os cultos deturpados e miscigenados dos indígenas e dos escravos.

Os feiticeiros e os trabalhos remunerados de baixa magia regados com sangue de animais dominavam a cena religiosa carioca. No entanto os mentores do Astral Superior estavam atentos a esse estado de coisas e organizavam um movimento para combater a magia negativa que se propagava assustadoramente. Tinha o objetivo de atingir as classes menos favorecidas da população que eram mais suscetíveis às influências do clima supersticioso da época. Formaram-se falanges de obreiros astrais que se apresentariam na forma de Caboclos e Pretos Velhos para serem mais bem compreendidos pelas pessoas que iriam frequentar os terreiros de Umbanda.

Devido ao rápido crescimento da Umbanda, realmente desejado pelo Astral Superior, o mesmo ocorreu de forma aparentemente desordenada, causando determinadas confusões que devem ser consideradas naturais e mesmo necessárias, pela necessidade de adaptá-lo aos diferentes graus de consciência ou de entendimento dos umbandistas.

Na primeira fase, ainda em vigor, a fase de Ogum, a Umbanda pretende *chamar a todos*, não selecionando valores. Esse abarcamento é feito diretamente pelas Entidades que

1 *A morte branca do feiticeiro negro: Umbanda e sociedade.*
2 Infelizmente isso não aconteceu. A maioria do povo brasileiro geme e pena até hoje ao sabor dos governantes republicanos.

situam os seres humanos ou coletividades encarnadas e desencarnadas nos planos e subplanos de acordo com seus graus evolutivos. Foi por isso que surgiu o sincretismo, ou vários sincretismos, a fim de atenderem o nível evolutivo e cármico dos umbandistas.

Os Guerreiros Cósmicos, em favor da paz, já haviam soado os clarins de Ogum, anunciando a sua chegada, e convidaram a todos para a grande tarefa saneadora que devia ocorrer no Brasil e no Planeta. Assim, as vibrações potentes e harmoniosas de Ogum vieram derramar sua Luz sobre toda a coletividade afim aos cultos afro-ameríndios. Citando Ogum, não poderíamos deixar de falar sobre o Caboclo Curuguçu, que preparou por vários anos o advento do Caboclo das Sete Encruzilhadas, também da vibração de Ogum, cuja missão era tornar popular o termo Umbanda.

O Caboclo das Sete Encruzilhadas passou a atuar no médium Zélio Fernandino de Moraes, a partir de 1908, ajudado em seguida por outro valoroso enviado de Ogum, o Orixá Malet. Juntamente com essas duas entidades trabalhava também o poderosíssimo e sumamente sábio Pai Antonio.

Seguindo o planejamento do Astral Superior, tivemos, na década de 1950, o importante advento do Pai Guiné, preparado pelo Caboclo das Sete Encruzilhadas. Pai Guiné, sapientíssimo e poderoso Mago da Luz, juntamente com o seu médium W.W. da Matta e Silva, trouxeram os conceitos esotéricos e iniciáticos da Umbanda.

15. O Caboclo Curuguçu e o surgimento do movimento umbandista

A primeira incorporação do Caboclo das Sete Encruzilhadas no médium Zélio Fernandino de Moraes, em 15 de novembro de 1908, é o marco oficial da fundação da Umbanda. No entanto algumas manifestações anteriores de Entidades de terreiro já ocorriam anteriormente.

Leal de Souza, em uma entrevista publicada no *Jornal de Umbanda* relatou:

> A Linha Branca de Umbanda é realmente a Religião Nacional do Brasil, pois que, através de seus ritos, os espíritos ancestrais, os pais da raça, orientam e conduzem suas descendências. O precursor da Linha Branca foi o Caboclo Curuguçu, que trabalhou até o advento do Caboclo das Sete Encruzilhadas que a organizou, isto é, que foi incumbido pelos guias superiores, que regem o nosso ciclo psíquico, de realizar na terra a concepção do Espaço.

Infelizmente pouco foi registrado sobre este portentoso enviado de Ogum. W. W. da Matta e Silva cita:

> Essa Entidade do Astral que Leal de Souza identificou, dava o nome de Caboclo Curuguçu (ou Curugussu na grafia alterada) e que nós afirmamos significar, no *Nheengatu*, o Grito do Guardião.

O seu ponto cantado mostra a sua tarefa de preparar o terreno para a grande missão do Caboclo das Sete Encruzilhadas:

Eu vem lá da Aruanda
Trazendo a Luz, a Luz da Umbanda
Eu vem com o clarim de Ogum
Anunciar que a Umbanda vai chegar
Eu é Caboclo de Umbanda
Eu venho do Cruzeiro do Sul
Eu é Caboclo Curuguçu

Meu grito já ecoou
É a Umbanda que chegou
Meu grito ecoou
Pai Oxalá quem me mandou

Eu é Curuguçu
Da corrente de Ogum
Que aqui chegou

16. Zélio de Moraes e o advento do Caboclo das Sete Encruzilhadas

Em 1908, uma família tradicional das Neves, bairro de São Gonçalo, fronteiriço com a cidade de Niterói, Estado do Rio de Janeiro, foi surpreendida por um fato que para eles era sobrenatural: o menino Zélio Fernandino de Moraes, então com 17 anos, havia concluído o curso propedêutico[1] e preparava-se para ingressar na Escola Naval, quando fatos estranhos modificaram o cotidiano daquela família.

Em alguns momentos ele assumia a postura de um velho, falando em tom manso com sotaque diferente da sua região, dizendo coisas aparentemente desconexas, como se fosse outra pessoa e que havia vivido em outra época. Às vezes sua forma física lembrava um felino lépido e desembaraçado que parecia conhecer todos os segredos da natureza, os animais e as plantas. Estes fatos chamaram a atenção de seus pais e demais familiares. A situação foi se agravando e os denominados "ataques" ocorriam com maior intensidade. A família recorreu então ao psiquiatra dr. Epaminondas de Moraes, tio de Zélio e diretor da "Colônia de Alienados" em Vargem Alegre, que atendeu Zélio em seus "ataques".

Após examiná-lo e observá-lo durante vários dias, não encontrando seus sintomas na literatura médica, comunicou à família que aquele quadro de loucura era totalmente desco-

1 Equivalente ao atual Ensino Médio.

119

nhecido pela medicina, dizendo ainda que seria interessante encaminhá-lo a um padre, pois o jovem Zélio parecia estar possuído por algo demoníaco. Como acontecia com quase todas as famílias importantes, também havia na família Moraes um padre católico. Um sacerdote, também tio de Zélio, realizou um exorcismo para livrá-lo daquela situação incômoda. No entanto, nem esse, nem os dois outros exorcismos realizados posteriormente, inclusive com a participação de outros padres, conseguiram trazer tranquilidade à família Moraes, pois os "ataques" continuavam intensamente.

Passadas algumas semanas, Zélio foi acometido por uma paralisia parcial, que os médicos não conseguiam entender e curar. Certo dia, de forma repentina, levantou-se da cama e disse: *amanhã estarei completamente curado.* No dia seguinte voltou a andar como se nada tivesse ocorrido. A medicina não tinha explicação para a sua recuperação. Sua mãe, Dona Leonor de Moraes, levou-o a uma negra rezadeira, muito conhecida na região, Eva, segundo relato de Dona Zélia de Moraes, e que morava na Rua São José, em Fonseca, bairro de Niterói. Eva incorporava um Preto Velho chamado Tio Antonio. Esta entidade conversou com Zélio e disse-lhe que o espírito que o acompanhava era muito forte e que irradiava uma luz muito intensa. Após algumas rezas, Tio Antonio disse que era irmão de Pai Antonio que iria trabalhar mediunicamente com ele na pratica da caridade. Tudo isso aconteceu no dia 14 de novembro de 1908. Por isso, o dia 14/11/1908 é considerado pelas filhas de Zélio de Moraes como o dia de fundação da Umbanda.

O pai de Zélio, sr. Joaquim Fernandino Costa, apesar de não frequentar centros espíritas, era um leitor de obras espíritas. No dia 15 de novembro de 1908, por sugestão de um amigo, levou Zélio a Federação Espírita do Estado do Rio de Janeiro, fundada em 30 de junho de 1907 em Niterói. A Federação era então presidida pelo Senhor José de Souza,[2] chefe de um departamento da Marinha chamado Toque Toque.

Zélio foi conduzido à mesa, para o início da sessão, pelo Senhor José de Souza para avaliar o que ocorria com o menino. Zélio Sentiu uma força estranha, alheia a sua vontade, e contra-

2 Conhecido como Zeca, segundo as palavras de Zélio de Moraes.

Diamantino Fernandes Trindade

riando as normas que impedia o afastamento dos componentes da mesa, levantou-se e disse: *Aqui está faltando uma flor*. Saiu da sala e foi ao quintal, voltando logo a seguir com uma rosa branca que colocou no centro da mesa. Foi admoestado pelos participantes da mesa e esta atitude causou um grande tumulto entre os presentes principalmente porque, enquanto isso acontecia, ocorreram surpreendentes manifestações de Caboclos e Pretos Velhos. O diretor da sessão achou aquilo tudo fora de propósito e advertiu-os, com veemência, citando o "seu atraso espiritual" e ordenando a sua retirada.

Novamente uma força estranha dominou o jovem Zélio e ele perguntou, sem saber o que dizia, ouvindo apenas a sua própria voz perguntar o motivo que levava os dirigentes dos trabalhos a não aceitarem a presença desses espíritos e porque eram tidos considerados atrasados apenas pela diferença da cor e da classe social que revelavam.

Após um caloroso diálogo, os dirigentes da sessão tentaram doutrinar e afastar o espírito desconhecido, que desenvolvia uma fundamentada argumentação. O Senhor José de Souza, médium vidente, interpelou o espírito manifestado em Zélio e foi aproximadamente este o diálogo ocorrido:

O espírito: Por que repelem a presença dos citados espíritos, se nem sequer se dignaram a escutar suas mensagens. Seria por causa de suas origens e de sua cor?

Sr. José: Por que o irmão fala nesses termos, pretendendo que a direção aceite a manifestação de espíritos que, pelo seu grau de cultura que tiveram, quando encarnados, são claramente atrasados? Por que fala desse modo, se estou vendo que me dirijo, neste momento, a um jesuíta e sua veste branca reflete uma aura de luz? E qual é seu nome irmão?

O espírito: Se julgam atrasados os espíritos dos pretos e índios, devo dizer que amanhã estarei na casa deste aparelho, para dar início a um culto em que esses pretos e esses índios poderão dar a sua mensagem e, assim, cumprir a missão que o Plano Espiritual lhes confiou. Será uma religião que falará aos humildes, simbolizando a igualdade que deve existir entre todos os irmãos, encarnados e desencarnados. E se querem saber meu nome, que seja este: Caboclo das Sete Encruzilhadas, porque para mim não existirão caminhos fechados.

Venho trazer a Alabanda, uma religião que harmonizará as famílias e que há de perdurar até o final dos tempos. **Sr. José:** Você se identifica como um caboclo, mas eu vejo em você restos de vestes clericais. **O espírito:** O que você vê em mim são restos de uma existência anterior. Fui um padre jesuíta. Mas, em minha última existência física, Deus concedeu-me o privilégio de nascer como um caboclo brasileiro.

Cabe aqui ressalvar que apenas em 16 de novembro de 1919, o Caboclo das Sete Encruzilhadas revelou ao seu médium Zélio de Moraes a sua existência como Padre Gabriel Malagrida. Durante esse diálogo, entre diversas perguntas, o Senhor José de Souza perguntou se já não bastavam as religiões existentes mencionando o Espiritismo então praticado. O Caboclo das Sete Encruzilhadas respondeu então:

> Deus, em sua infinita bondade, estabeleceu na morte, o grande nivelador universal; rico ou pobre, poderoso ou humilde, todos se tornam iguais na morte, mas vocês homens preconceituosos, não contentes em estabelecer diferenças entre os vivos, procuram levar essas mesmas diferenças até mesmo além da barreira da morte. Por que não podem nos visitar esses humildes trabalhadores do espaço, se apesar de não haverem sido pessoas importantes na terra, também trazem importantes mensagens do além? Por que o não aos Caboclos e Pretos Velhos? Acaso não foram eles também filhos do mesmo Deus?

Em seguida, fez uma série de revelações sobre o destino próximo da humanidade:

> Este mundo de iniquidades, mais uma vez será varrido pela dor, pela ambição do homem e pelo desrespeito às leis divinas. As mulheres perderão a honra e a vergonha, a vil moeda comprará caráteres e o próprio homem se tornará efeminado. Uma onda de sangue varrerá a Europa e quando todos pensarem que o pior já foi atingido, outra onda de sangue, muito pior do que a primeira voltará a envolver a humanidade e um único engenho militar será capaz de destruir, em segundos, milhares de pessoas. O homem será uma vítima de sua própria máquina de destruição.

Diamantino Fernandes Trindade

O desenrolar da História comprovou a exatidão das previsões do Caboclo das Sete Encruzilhadas. As duas guerras mundiais, as bombas atômicas lançadas sobre Hiroshima e Nagasaki e a grande degeneração dos princípios morais. O poder do dinheiro e o total desrespeito à vida humana são provas incontestáveis do poder de clarividência do Caboclo das Sete Encruzilhadas. Prosseguindo, diante do Senhor José de Souza, disse ainda o Caboclo das Sete Encruzilhadas:

> Amanhã, na casa onde o meu aparelho mora, haverá uma mesa posta a toda e qualquer entidade que queira se manifestar, independentemente daquilo que haja sido em vida, e todos serão ouvidos e nós aprenderemos com aqueles espíritos que souberem mais e ensinaremos aqueles que souberem menos e a nenhum viraremos as costas e nem diremos não, pois esta é a vontade do Pai.

Sr. José: E que nome darão a esta Igreja?

O Caboclo: Tenda Espírita Nossa Senhora da Piedade, pois da mesma forma que Maria amparou nos braços o filho querido, também serão amparados os que se socorrerem da Alabanda.

A denominação de "Tenda" foi justificada assim pelo Caboclo: Igreja, Templo, Loja dão um aspecto de superioridade enquanto que Tenda lembra uma casa humilde. Ao final dos trabalhos o Caboclo das Sete Encruzilhadas pronunciou a seguinte frase: *levarei daqui uma semente e vou plantá-la nas Neves onde ela se transformará em árvore frondosa.* Pai Juruá explica:[3]

> Na realidade, o uso do termo "Tenda Espírita", teve como causa o fato de em época não se poder registrar o nome Umbanda que não era reconhecida como religião. O termo "Espírita" já tinha certa respeitabilidade por parte da sociedade elitista carioca, embora, igualmente, sofriam perseguições e preconceitos pela população católica em geral. Portanto, não se utilizava "Tenda Espírita" tão somente para se ocultar atrás do nome "Espírita" para não sofrer perseguições.

---

3 Umbanda: a manifestação do espírito para a caridade – módulo 1.

Devemos ressaltar que inicialmente o Caboclo chamou o novo culto de **Alabanda**, mas considerando que não soava bem a sua vibração, substituiu-o, em 1909, por **Umbanda**. O Senhor José de Souza fez ainda uma última pergunta: *pensa o irmão que alguém irá assistir o seu culto?* Ao que o Caboclo respondeu: *cada colina das Neves atuará como porta-voz anunciando o culto que amanhã iniciarei.* Em entrevista ao escritor J. Alves de Oliveira, Zélio de Moraes, um ano antes de seu desencarne, relatou o que ocorreu no dia seguinte (16/11/1908):

> Minha família estava apavorada. Eu mesmo não sabia explicar o que se passava comigo. Surpreendia-me haver dialogado com aqueles austeros senhores de cabeça branca, em volta de uma mesa onde se praticava um trabalho, para mim desconhecido. Como poderia, aos 17 anos, organizar um culto? No entanto, eu mesmo falara, sem saber o que dizia. Era uma sensação estranha: uma força superior que me impelia a fazer e a dizer o que nem sequer se passava pelo meu pensamento.
>
> E no dia seguinte, em casa de minha família, na sala de jantar, na Rua Floriano Peixoto, 30, em Neves, ao se aproximar a hora marcada – 20 horas – já se reuniam os membros da Federação Espírita, seguramente para comprovar a veracidade do que fora declarado na véspera; os parentes mais chegados, amigos, vizinhos e, do lado de fora, grande número de desconhecidos.
>
> Pontualmente às 20 horas, manifestou-se o Caboclo das Sete Encruzilhadas. Declarou que se iniciava, naquele momento, um novo culto em que os espíritos dos velhos africanos, que haviam servido como escravos e que, desencarnados, não encontravam campo de ação nos remanescentes das seitas negras, já deturpadas e dirigidas quase exclusivamente para trabalhos de feitiçaria, e os índios nativos da nossa terra, poderiam trabalhar em benefícios dos seus irmãos encarnados, qualquer que fosse a cor, raça, o credo e a condição social. A prática da caridade, no sentido do amor fraterno, seria a característica principal desse culto, que teria por base o Evangelho de Jesus e como Mestre Supremo o Cristo.
>
> O Caboclo estabeleceu as normas em que se processaria o culto. Sessões – assim se chamariam os períodos de trabalho espiritual – diárias, das 20 às 22 horas; os participantes

Diamantino Fernandes Trindade

estariam uniformizados de branco, de tecido simples. Não seriam permitidas retribuições financeiras pelo atendimento ou pelos trabalhos realizados. Os cânticos não seriam acompanhados de atabaques nem de palmas ritmadas. Os médiuns trabalhariam descalços e não seriam permitidos sacrifícios de animais. Deu, também, o nome desse movimento religioso que se iniciava: Alabanda. Um ano após modificaria o nome para Aumbanda, ou seja, Umbanda, palavra de origem sânscrita, que se pode traduzir por Deus ao nosso lado, ou do lado de Deus. Ditadas as bases do culto, após responder, em latim e em alemão, às perguntas dos sacerdotes ali presentes, o Caboclo das Sete Encruzilhadas passou à parte prática dos trabalhos, curando um paralítico e um cego, dizendo, *avisem todos: se tem fé levanta, que quando chegardes a mim estará curado*. Assim iniciou as primeiras curas na religião emergente. Após trabalhar fazendo previsões, passes e doutrina, comunicou que iria se retirar, pois outra entidade iria se manifestar, um Preto Velho, Pai Antonio, que vinha completar as curas.

Nos dias seguintes, verdadeira multidão se formava em frente à casa da família Moraes. Enfermos, cegos, deficientes físicos vinham em busca de cura e ali a encontravam. Vários médiuns que haviam sido considerados doentes mentais, receberam alta e deixaram os hospícios, revelando suas excepcionais faculdades mediúnicas.

Testemunhas diziam que os médicos dos hospícios mandavam a relação dos doentes internados e o Caboclo das Sete Encruzilhadas indicava os que eram portadores de doenças mentais e aqueles que precisavam de tratamento mediúnico. Por determinação do Caboclo, Zélio, já depois de casado com Dona Izabel, recolhia os doentes mais graves em sua residência, até o final do tratamento espiritual. Muitas vezes, as suas filhas, Zélia e Zilméia, ainda crianças, cediam seus aposentos e dormiam em esteiras, para melhor acomodar os doentes.

A doutrina do culto ocorria às quintas-feiras, na residência da família Moraes. O Caboclo explicava os seus conceitos de fraternidade e de humildade, lembrando as principais passagens do Evangelho.

Brown[4] cita:

4 *Umbanda & Política.*

Zélio de Moraes, que no relato de sua doença, da posterior cura, e da revelação de sua missão especial para fundar uma nova religião chamada Umbanda, fornece aquilo que considero um mito de origem da Umbanda. Não posso estar totalmente certa de que Zélio foi o fundador da Umbanda, ou mesmo que a Umbanda tenha tido um único fundador, muito embora o centro de Zélio e aqueles fundados por seus companheiros tenham sido os primeiros que encontrei em todo o Brasil que se identificavam conscientemente como praticantes de Umbanda.

Oliveira[5] concorda com Diana Brown no sentido não ser possível ter certeza de que Zélio de Moraes tenha fundado a Umbanda, principalmente porque alguns dados referentes a aquele evento não puderam ser confirmados. Devo lembrar, no entanto, que os relatos apresentados foram contados diretamente por Zélio a Ronaldo Antonio Linares em 1972 na própria residência do médium, relatos estes muito próximos aos feitos à pesquisadora Lilia Ribeiro e J. Alves de Oliveira que entrevistaram Zélio várias vezes.

A Tenda Nossa Senhora da Piedade contava com um médium vidente, chamado Jurandyr, com certos dotes artísticos, e que retratou, em 1949, o Caboclo das Sete Encruzilhadas e Pai Antonio. A seguir mostramos, além dessas duas pinturas, algumas fotos de Zélio de Moraes e da Tenda Nossa Senhora da Piedade.

O local da primeira manifestação do Caboclo das Sete Encruzilhadas

A Federação Espírita do Estado do Rio de Janeiro é conhecida atualmente com Instituto Espírita Bezerra de Menezes.

Em 1924 Leal de Souza escreveu no livro *No Mundo dos Espíritos* que a Federação Espirita do Estado do Rio de Janeiro estava localizada na Rua Coronel Gomes Machado, 140 – Niterói.

Renato Guimarães[6] cita:

---

5 *Das macumbas à Umbanda: a construção de uma religião brasileira* (1908-1941).
6 *O verdadeiro local da primeira manifestação do Caboclo das Sete Encruzilhadas.* Disponível em: *http://registrosdeumbanda.wordpress.com*

Buscando encontrar registros históricos que comprovassem a veracidade do fato relatado por Zélio de Moraes, o médium Márcio Petersen Bamberg, também conhecido como mestre Thashamara, entrou em contato com o Instituto Espírita Bezerra de Menezes, nome atual da antiga Federação Espírita do Estado do Rio de Janeiro, e foi informado que no Livro de Atas n° 1, da Federação, não constava nenhuma sessão realizada naquele dia.

Embora ainda não tenha como comprovar com registros históricos, o nome do centro espírita onde teria ocorrido a primeira manifestação do Caboclo das Sete Encruzilhadas não se perdeu: o nome dele é **Grupo Espírita Santo Agostinho**. E como cheguei a esse nome? Tentarei resumir a história para vocês.

A primeira ideia veio do próprio médium Márcio Bamberg: naquele mesmo contato com o Instituto Espírita Bezerra de Menezes, ele foi informado que a Federação Espírita de Niterói não possuía sede própria em 15 de novembro de 1908, ocupando uma sala na Rua da Conceição, 33, no centro de Niterói, então capital do Estado do Rio de Janeiro.

Nas diversas vezes em que eu li essa informação, nunca me chamou a atenção o fato da federação não possuir sede própria. O estalo para isso veio quando eu li o livro "No Mundo dos Espíritos", de Antônio Eliezer Leal de Souza. Lá, em sua página 368, Leal de Souza nos diz que a Federação Espírita do Estado do Rio de Janeiro era filha do Grupo São João Baptista e abrigava nas salas de sua sede, além deste grupo, mais dois centros espíritas, isso em 1924. Quando eu li essa informação, pensei na hora: se a federação abrigava centros espíritas em suas dependências em 1924, será que a sala que ela ocupava em 1908 não era uma sala da sede do Grupo São João Baptista, centro que lhe havia dado origem?

Com essa ideia na cabeça, entrei em contato com o próprio Instituto Espírita Bezerra de Menezes, buscando comprovar a veracidade dessa informação do Leal de Souza. Para minha surpresa, descobri que a sala que a federação usava como sede em 1908 não pertencia ao Grupo São João Baptista e, sim, ao Grupo Espírita Santo Agostinho. Nesse mesmo contato, fui informado que ambos, Grupo São João Baptista e Grupo Espírita Santo Agostinho, eram dois dos centros fundadores da Federação Espírita do Estado do Rio de Janeiro, em 30 de junho de 1907, e que dessa data até algum momento da década de 1910, a federação funcionara na sede do Grupo Espírita Santo Agostinho, na Rua da Conceição, 33, no centro

de Niterói, então capital do Estado do Rio de Janeiro.
Assim sendo, quando Zélio foi à Federação Espírita de Niterói, em 15 de novembro de 1908, ele na verdade foi à sede do Grupo Espírita Santo Agostinho, local onde funcionava a federação.
Talvez nunca saibamos qual era a instituição que realizava a sessão naquele dia, mas muito provavelmente não era a federação e sim o Grupo Espírita Santo Agostinho. Por que suponho isso? A dica foi deixada pelo próprio Caboclo das Sete Encruzilhadas (o negrito é meu):
"(...) que na Federação Kardecista do Estado do Rio, presidida por **José de Souza**, conhecido por Zeca e rodeado de gente velha, homens de cabelos grisalhos, **um enviado de Santo Agostinho** chamou meu aparelho, me chamou, para sentar à sua cabeceira. (...)".

(FONTE: Transcrição do áudio da fita 52, gravada pela jornalista Lilia Ribeiro, em novembro de 1971).

O ponto emblemático do Caboclo das Sete Encruzilhadas representando uma flecha atravessando um coração está presente na antiga pintura mediúnica retratando o Caboclo das Sete Encruzilhadas, realizada pelo médium vidente Jurandyr em 1949. Pai Juruá[7] cita que isso mostra a ligação e o compromisso de Santo Agostinho com a Umbanda, juntamente com o Caboclo das Sete Encruzilhadas. A presença deste Santo é importante e decisiva na formação da Religião de Umbanda. Santo Agostinho foi um dos mais importantes teólogos e grande inspirador da vida religiosa e do desenvolvimento do cristianismo no ocidente. No alto do Congá da Tenda Nossa Senhora da Piedade aparece esse sinal, o símbolo representativo de Santo Agostinho e dos agostinianos.

A casa foi demolida no final de 2011, apesar dos protestos de alguns umbandistas. Dona Lygia Cunha, neta de Zélio de Moraes foi entrevistada, em 2007, por Claudio Zeus e uma das perguntas foi sobre este tema:

> **Pergunta**: Há pouco tempo tive a oportunidade de ler em certa comunidade do Orkut que talvez lhes interessasse (aos membros dessa comunidade) comprar a casa onde morou o

---

7 Semiromba Santo Agostinho. Disponível em: *http://www.umbanda.com.br*

sr. Zélio, em Neves, para que ali fosse criado uma espécie de marco do início da Umbanda, mas que alguém que teria ido ao local teria se deparado com uma pessoa que, embora da família, seria evangélica e nada interessada em Umbanda ou qualquer coisa parecida. Vocês têm conhecimento desses fatos (da possível compra e da pessoa que lá reside)?

Resposta: Frequenta hoje o Terreiro da Tenda Espírita Nossa Senhora da Piedade uma das pessoas da comitiva que esteve em visita a casa. Existia sim esta ideia, mas não sei como surgiu. A pessoa que os recebeu é católica (sic) e não evangélica e é bisneta da tia Zilka (única irmã de meu avô). São os atuais moradores da casa, seus pais e irmãos. O meu avô nunca foi favorável a qualquer culto a sua personalidade ou a valorização de algo material ligado a Umbanda, como um imóvel, por mais importante que seja para a nossa história. Assim sendo nos arrepia a ideia de um "Museu da Umbanda" ou coisa parecida, com fotos, objetos de meu avô ou algo similar. Uma "casa de Umbanda" só tem sentido para nós se for para a prática da caridade e para isto, como diria o Chefe, basta a copa de uma árvore.

Figura 21: Casa da Família Moraes onde ocorreram os primeiros trabalhos da Tenda Nossa Senhora da Piedade, situada na Rua Floriano Peixoto, 30.

Figura 22: Zélio de Moraes.

Diamantino Fernandes Trindade

Figura 23: Caboclo das Sete Encruzilhadas.
Pintura do médium Jurandyr.

Figura 24: Congá da Tenda Nossa Senhora da Piedade.

História da Umbanda no Brasil

Figura 25: Celebração dos 49 anos de mediunidade de Zélio de Moraes (1958).
Fonte: *Jornal de Umbanda* – maio de 1958.

Na foto, Zélio está recebendo um diploma de honra ao mérito pelos inestimáveis serviços a causa da Umbanda. O diploma foi entregue por representantes da União Espiritista de Umbanda do Brasil (UEUB) presentes na Tenda Nossa Senhora da Piedade.

Figura 26: Zélio de Moraes sendo homenageado na Tenda Nossa Senhora da Piedade (1958) com a presença de membros da UEUB.
Fonte: *Jornal de Umbanda* – maio de 1958.

Diamantino Fernandes Trindade

Figura 27: Trabalhos de desobsessão na mesa da Tenda Nossa Senhora da Piedade (1974).
Acervo de Ronaldo Linares.

Figura 28: Norma Linares, Dona Maria Izabel, Zélio de Moraes, seu neto e seu genro Luiz Marinho da Cunha (1972).
Acervo de Ronaldo Linares.

Figura 29: Dona Maria Izabel, Zélio de Moraes e Ronaldo Linares (1972).
Acervo de Ronaldo Linares.

Figura 30: Edison Cardoso de Oliveira em consulta com a Preta Velha, Mãe Sebastiana (carinhosamente chamada de Tiana), incorporada em Mãe Zilméia de Moraes na Tenda Nossa Senhora da Piedade (1990).
Acervo do autor.

Diamantino Fernandes Trindade

Figura 31: Dona Zilméia de Moraes aos 92 anos (2006).
Acervo de Alexandre Cumino.

Figura 32: Dona Zilméia de Moraes e Dona Zélia de Moraes, filhas de Zélio de Moraes (1984). Dona Zélia desencarnou em 26 de abril de 2000 e Dona Zilméia fez sua passagem em 16 de setembro de 2010.
Acervo de Ronaldo Linares.

Figura 33: Rara imagem de Zélio de Moraes e sua
esposa Dona Maria Izabel em 1967.
Foto gentilmente cedida pelo irmão Flávio Haffner.

17. Pai Antonio e as raízes do ritual umbandista

Sobre o ritual umbandista, Zélio de Moraes fez os seguintes esclarecimentos em entrevista a Ronaldo Antonio Linares, em 1972: *o rito nasceu naturalmente como consequência, principalmente, da presença do índio e do elemento negro, não tanto pela presença física do negro, mas sim pela presença do Preto Velho incorporado.* No mesmo dia da primeira sessão, em 16 de novembro de 1908, pela primeira vez Zélio incorporou Pai Antonio. O Caboclo das Sete Encruzilhadas havia avisado que subiria para dar passagem à outra entidade que desejava se manifestar.

Assim, se manifestou no médium Zélio um espírito que parecia um senhor velho, na verdade um ex-escravo que parecia sentir-se pouco à vontade frente a tanta gente e que, recusando-se a permanecer na mesa onde ocorrera a incorporação, procurava passar despercebido, humilde, curvado, o que dava ao jovem Zélio um aspecto estranho, quase irreal. Essa entidade parecia tão pouco a vontade que logo despertou um profundo sentimento de compaixão e de solidariedade entre os presentes. Perguntado então porque não se sentava à mesa, com os demais irmãos encarnados, respondeu: *Nego num senta não meu sinhô, nego fica aqui mesmo. Isso é coisa de sinhô branco i nego deve arrespeitá...*

Figura 34: Pai Antonio.
Pintura do médium Jurandyr.

Era a primeira manifestação desse espírito iluminado, mas a morte que não retoca seu escolhido, mudando-o para o bem ou para o mal, não havia afastado desse injustiçado o medo que ele tantas vezes havia sentido ante a prepotência do branco escravagista e, ante a insistência dos seus interlocutores, disse: *Num carece preocupá não, nego fica no toco que é lugá di nego...* Procurava assim, demonstrar que se contentava em ocupar um lugar mais singelo, para não melindrar nenhum dos presentes.

Indagado sobre o seu nome, disse que era "Tonho" e que era um preto escravo que na senzala era chamado de Pai Antonio. Surgiu assim, esta forma de chamar os pretos velhos de Pai.

Perguntado sobre como havia sido a sua morte, explicou que por ser um ancião, não ia mais cortar lenha, porém quando foi buscar um feixe de lenha para uso próprio, sentiu um profundo cansaço, encostou-se a um tronco e nada mais lembrava.

Sensibilizado com tanta humildade alguém lhe perguntou respeitosamente: "Vovô, o senhor tem saudade de alguma coisa que deixou ficar na terra?". E este respondeu que a única coisa que era sua e que não pertencia ao senhor era o seu pito: *minha cachimba, nego qué o pito que deixou no toco... Manda muré-que buscá.* Grande perplexidade tomou conta dos presentes que estavam presenciando a solicitação do primeiro material ritualístico utilizado na Umbanda. Era a primeira vez que algum espírito pedia alguma coisa de material e, a surpresa foi logo substituída pelo desejo de atender ao pedido do velhinho. Mas ninguém tinha um cachimbo para ceder ao Preto Velho.

Muitos pensaram no pedido do velhinho e na semana seguinte proliferaram cachimbos, dos mais diferentes tipos, nas mãos dos frequentadores da casa, incluindo alguns médiuns que haviam sido afastados de centros kardecistas, justamente porque haviam permitido a incorporação de índios, pobres ou pretos como aquele e que solidários buscavam na nova casa, a Tenda Nossa Senhora da Piedade, a oportunidade que lhes fora negada em seus centros de origem. A alegria do velhinho em poder pitar novamente o seu cachimbo, logo seria repetida quando os outros médiuns já mencionados, também passaram livremente a permitir a presença de seus Caboclos, de seus Pretos Velhos e demais entidades consideradas não evoluídas pelos kardecistas de então, pobres tolos preconceituosos que confundiam cultura com bondade.

Dessa maneira foi introduzido na "mesa espírita" o primeiro rito. Outros lhe seguiram, por exemplo, quando houve a informação de que os índios tinham o hábito de fumar e que foram eles quem primeiro descobriram as propriedades dessa planta que eles enrolavam em um enorme charuto que era usado coletivamente por todos os participantes de seus cultos religiosos, sendo desta forma uma espécie de planta sagrada.

O uso do fumo pelas entidades incorporadas tem o efeito purificador quando estas atendem algum consulente com problemas espirituais. A fumaça age como um desagregador de maus fluídos atingindo o corpo astral dos espíritos obsessores. Além disso, a fumaça produzida pelos charutos e pelo fumo dos cachimbos cria um escudo de proteção para a aura do médium. Por extensão destes hábitos incorporados ao terreiro, passou-se a oferecer doces as crianças incorporadas.

Com a "liberdade" trazida pelo Caboclo das Sete Encruzilhadas, as pessoas afugentadas na elitizada mesa kardecista de então, passaram a frequentar a nova religião. Uma boa parcela dessas pessoas era da etnia negra. Isso fez com que a Umbanda passasse a contar com uma boa parte de médiuns dessa etnia que se sentiam muito à vontade pela ausência de preconceitos. Estes médiuns começaram a enriquecer o ritual umbandista com práticas dos cultos africanos conhecidas por eles. Na Tenda Nossa Senhora da Piedade e nas tendas nascidas desta não eram utilizados instrumentos musicais e palmas. A única tenda que teve autorização para isto foi a Tenda Espírita São Jorge, conforme declarações de Pedro Miranda, seu dirigente atual.

Outro fator determinante da etnia negra no Candomblé são as oferendas.[1] Os africanos tinham o hábito de fazer oferendas aos seus Orixás utilizando, por exemplo, o vinho de palma. Na situação de escravos, não tinham permissão para cultuar os seus Orixás e tampouco de fazer tais oferendas.

Na Umbanda não existem dogmas e todos os rituais, quer para Entidades, quer para os Orixás tem a sua razão de ser, como pudemos ver nos parágrafos anteriores.

A seguir mostramos algumas fotos da Cabana de Pai Antonio, fundada em 1957, em Boca do Mato, pequena localidade do município de Cachoeiras de Macacu. Em 1963, Zélio passou a direção da Tenda Nossa Senhora da Piedade e refugiou-se na Cabana, onde continuou atendendo até o seu desencarne em 1975.

Pai Antonio foi a primeira entidade a solicitar uma guia de trabalho. Introduziu na Umbanda os pontos cantados, os chamados *pontos de raiz*. Enquanto esteve presente incorporado na Tenda foi o responsável por muitos pontos. O primeiro ponto cantado nasceu na primeira sessão quando ele pediu o cachimbo:

> Minha cachimba tá no toco
> Manda muréque buscá
> Minha cachimba tá no toco
> Manda muréque buscá
> No alto da derrubada
> Minha cachimba ficou lá
> No alto da derrubada
> Minha cachimba ficou lá

---

1 Obrigações aos Orixás.

Diamantino Fernandes Trindade

No alto da derrubada
Minha cachimba ficou lá

Que arruda tão bonita
Que vovó mandou arrancar
Que arruda tão bonita
Que vovó mandou arrancar
Mas não chore meu netinho
Que vovó manda plantar
Mas não chore meu netinho
Que vovó manda plantar

Pai Antonio foi um escravo em uma de suas encarnações. Em uma delas foi um médico respeitado da região serrana do Rio de Janeiro. Inúmeras curas foram praticadas por essa entidade. Em outro ponto, Pai Antonio mostra o seu conhecimento médico:

Dá licença, Pai Antonio
Que eu não vim lhe visitar...
Eu estou muito doente
Vim pra você me curar...
Se a doença for feitiço
Bulalá em seu congá
Se a doença for de Deus
Pai Antonio vai curar!

Coitado de Pai Antonio
Preto Velho curandô
Foi parar na detenção
Por não ter um defensor
Pai Antonio é Kimbanda, é curandô
Pai Antonio é Kimbanda, é curandô
É Pai de mesa, é curandô
É Pai de mesa, é curandô[2]

Outro ponto que o Pai Antonio costumava cantar fala sobre os fundamentos da Umbanda:

Tudo mundo quer Umbanda
Quer, quer, quer Umbanda
Mas, ninguém sabe o que é Umbanda
Mas quer, quer, quer Umbanda

2 No capítulo "A Kimbanda" daremos mais explicações sobre o tema.

Umbanda tem fundamento.
Mas quer, quer, quer Umbanda
Mas, ninguém sabe o que é Umbanda

Ainda na primeira sessão, Pai Antonio cantou também o ponto do Caboclo das Sete Encruzilhadas:

Chegou, chegou, chegou com Deus
Chegou com Deus, o Caboclo das Sete Encruzilhadas

Pai Antonio foi a última entidade a parar de trabalhar com Zélio de Moraes, acompanhando seu cavalo até o final de sua encarnação.

A consolidação ritualística da Umbanda a partir das macumbas cariocas

Uma das tarefas mais importantes dos pioneiros do Movimento Umbandista era separar *o joio do trigo*, elucidando os novos adeptos sobre as diferenças entre Umbanda, Kardecismo e Macumba. Muitas confusões ocorriam na cabeça dos recém-chegados ao Movimento Umbandista, principalmente pela generalização desses cultos em torno do termo *Macumba*. Tínhamos uma nova religião cujas sessões ocorriam em uma mesa com a manifestação dos espíritos kardecistas e alguns Pretos Velhos e Caboclos, algo pouco dinâmico para Zélio e o seu grupo.

Zélio e seus seguidores pertenciam aos setores médios da sociedade da época. Eram trabalhadores do comércio, funcionários públicos, oficiais militares, profissionais liberais, jornalistas, professores, advogados e alguns operários especializados. Pouco conheciam das macumbas.

Brown[3] cita que:

Muitos integrantes deste grupo de fundadores eram, como Zélio, kardecistas insatisfeitos, que empreenderam visitas a diversos centros de "macumba" localizados nas favelas dos arredores do Rio de Janeiro e de Niterói. Eles passaram a preferir os espíritos e divindades africanas e indígenas

3 *Uma história da Umbanda no Rio.*

Diamantino Fernandes Trindade

presentes na "macumba", considerando-os mais competentes do que os altamente evoluídos espíritos kardecistas na cura e no tratamento de uma gama muito ampla de doenças e outros problemas. Eles achavam os rituais da "macumba" muito mais estimulantes e dramáticos do que os do Kardecismo, que comparados aos primeiros lhe pareciam estáticos e insípidos. Em contrapartida, porém, ficavam extremamente incomodados com certos aspectos da "macumba". Consideravam repugnantes os rituais africanos que envolviam sacrifícios de animais, a presença de espíritos diabólicos (Exus), ao lado do próprio ambiente que muitas vezes incluía bebedeiras, comportamento grosseiro e a exploração econômica dos clientes.

Este grupo se apropriou do ritual da Macumba, deu-lhe uma nova estrutura, e articulando um novo discurso, iniciou ao processo conhecido como "legitimação da Umbanda". Os terreiros de Umbanda passaram a expressar as preferências e aversões do grupo, fato que se refletiu no Primeiro Congresso Brasileiro do Espiritismo de Umbanda, em 1941, onde havia uma nítida preocupação com a criação de uma Umbanda desafricanizada, havendo um grande esforço no sentido de "purificar" ou "branquear" a Umbanda, desvinculando-a da África "primitiva" ou "bárbara".

Para Malandrino[4] a Umbanda foi se apropriando e ressignificando os elementos da Macumba por meio da reconstrução interpretativa das tradições africanas, kardecistas, católicas, indígenas e orientais.

A Macumba pode ser entendida também como um sistema simbólico que influenciou a ritualística da Umbanda. Apesar da Macumba preservar tradições africanas, não era eficiente no que tange à inserção social dos negros libertos, que viviam em condições de marginalidade, procurando recursos de adaptação de sua cultura na sociedade urbana. Malandrino[5] enfatiza que a Umbanda, por sua vez, é uma reorganização social, uma religião institucional, que possibilita a inserção social, mantendo algumas tradições africanas, mesmo que sincretizadas e ressignificadas.

Gradativamente, nos terreiros de Umbanda, foram sendo

---

4 *Macumba e Umbanda aproximações.*
5 *Macumba e Umbanda: aproximações.*

assimilados os rituais, as imagens dos santos católicos e os Orixás cultuados nas macumbas cariocas. Na Tenda Nossa Senhora da Piedade nunca foram utilizados os atabaques e as palmas nos pontos cantados. As velas e as roupas eram brancas. Também nunca foram feitos sacrifícios de animais. A primeira das tendas fundadas pelo Caboclo das Sete Encruzilhadas que teve permissão para utilizar os atabaques foi a Tenda Espírita São Jorge.

A convergência, na Umbanda, dos símbolos católicos (ibéricos), africanos e dos indígenas brasileiros trouxeram importantes componentes para uma identidade cultural nacional brasileira.

Na Tenda da Piedade havia as "festas religiosas", com louvação, mas, logo após, os trabalhos caritativos com atendimentos fraternos eram realizados.

Pai Antonio dizia: "Festa é fazer a caridade!" Compareciam a estas "festas" convidados eméritos, visitantes, irmãos de outras Tendas umbandistas, médiuns, dirigentes e chefes de Terreiro, em um ambiente acolhedor onde imperava uma alegria religiosa e devocional.

Eram compartilhados momentos de confraternização entre "encarnados" e "desencarnados", procurando ser mantida uma harmonia entre o grupo.

Apresentamos a seguir a matéria publicada no periódico *O Semanário*, de 28 de novembro de 1957, sobre a inauguração da Cabana de Pai Antonio.

Inauguração da Cabana de Pai Antonio

(Boca do Mato – Estado do Rio)
28/11/1957

Com a presença de numerosa assistência, constituída de representantes de Tendas do Distrito Federal, de Niterói e de São Paulo, além de associados e diretores da Tenda Espírita Nossa Senhora da Piedade, realizou-se no dia 9 deste mês a solene inauguração, em sede própria, da Cabana de Pai Antonio, situada no pitoresco recanto de Boca do Mato, Estado do Rio (Estrada de Ferro Leopoldina) ramal de Friburgo. Em vagões especiais seguiram os visitantes que foram acolhidos carinhosamente pelo venerando Zélio Fernandino de Moraes, médium de Pai Antonio e do Caboclo das Sete En-

Diamantino Fernandes Trindade

cruzilhadas e um dos fundadores da Umbanda no Brasil. Apesar das constantes chuvas que caíram durante todo o tempo de permanência lá na Boca do Mato, os visitantes tiveram oportunidade de conhecer as magníficas paisagens do município, cercado pelas águas cachoeirantes. Na noite do dia 9 teve lugar o ato festivo da inauguração da Cabana, falando na abertura das solenidades o sr. Zélio de Moraes que rememorou a luta em que se empenharam seus filhos de fé para aquela realização. Em seguida brindou todos os presentes o querido companheiro Floriano M. Fonseca que falou em nome da Cabana Senhor do Bonfim. Encerrando a primeira parte das solenidades falou o nosso representante, companheiro Olívio Novaes. As festividades prosseguiram bastante animadas e o novo terreiro recebeu, em revoada, os espíritos que foram testemunhar sua grande alegria ao Preto Velho Pai Antonio, presente durante toda a reunião.

Encerrados os trabalhos às 24 horas, foram os visitantes recolhidos aos aposentos destinados ao indispensável repouso, distribuindo-se em vários locais, principalmente no lar do confrade Zélio de Moraes e na granja do ilustre amigo sr. Lino que proporcionou a mais simpática acolhida aos caravaneiros.

No domingo antes do almoço houve uma cerimônia espiritual, seguida de banho de cachoeira e descanso. O regresso se deu também em vagões especiais pelo trem do horário que parte de Boca do Mato às 15 horas.

O SEMANÁRIO agradece as atenções dispensadas ao seu enviado e promete para breve uma ampla reportagem com o sr. Zélio Fernandino de Moraes, que há 49 anos lidera o movimento umbandista brasileiro, podendo mesmo ser considerado o seu fundador, continuando até hoje à frente da Tenda Espírita N. S. da Piedade, presidindo-a com carinho e honradez, sentimentos peculiares ao veterano trabalhador da seara do Cristo.

Figura 35: Cabana de Pai Antonio na Travessa Zélio de Moraes, Boca do Mato, no Município de Cachoeiras de Macacu, Estado do Rio de Janeiro.

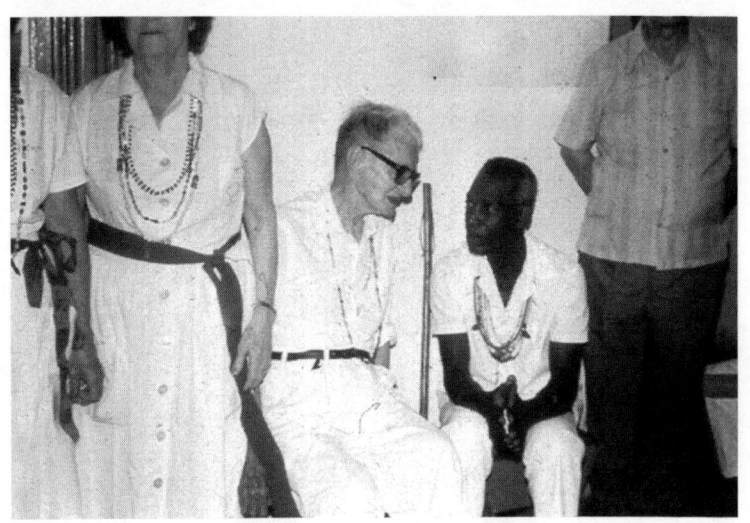

Figura 36: Zélio de Moraes incorporado com Pai Antonio.

Figura 37: Médiuns da Federação Umbandista do Grande ABC na Cabana de Pai Antonio (década de 1970).

Figura 38: Congá da Cabana de Pai Antonio.

História da Umbanda no Brasil

Figura 39: Pontos riscados na Cabana de Pai Antonio (1995).

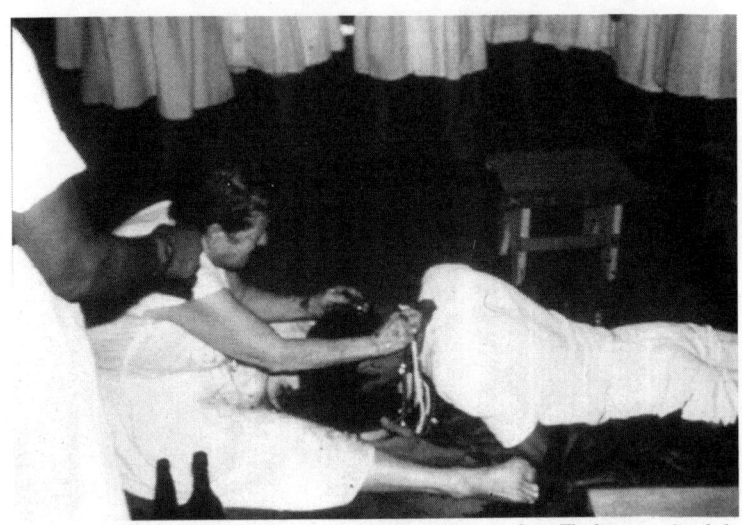

Figura 40: Zélia de Moraes incorporada com o Caboclo Sete Flechas em ritual de amaci na Cabana de Pai Antonio (1985)

Diamantino Fernandes Trindade

Figura 41: Caboclo Sete Flechas na Cabana de Pai Antonio (1995). É possível ver a grande quantidade de ponteiros firmando os pontos riscados. Os ponteiros foram introduzidos nos rituais em 1913 pelo Orixá Malet.

18. O Caboclo das Sete Encruzilhadas

O conceituado escritor Leal de Souza, redator chefe do jornal *A Noite* do Rio de janeiro, publicou uma série de artigos sobre Espiritismo, no ano de 1932, no jornal *Diário de Notícias*. Reproduzimos a seguir o artigo intitulado *O Caboclo das Sete Encruzilhadas*:

> Se alguma vez tenho estado em contato consciente com algum espírito de luz, esse espírito é, sem dúvida, aquele que se apresenta sob o aspecto agreste, e o nome bárbaro de Caboclo das Sete Encruzilhadas.
> Sentindo-o ao nosso lado, pelo bem estar espiritual que nos envolve, pressentimos a grandeza infinita de Deus, e, guiados pela sua proteção, recebemos e suportamos os sofrimentos com uma serenidade quase ingênua, comparável ao enlevo das crianças, nas estampas sacras, contemplando, da beira do abismo, sob as asas de um anjo, as estrelas no céu.
> O Caboclo das Sete Encruzilhadas pertence à falange de Ogum, e, sob a irradiação da Virgem Maria, desempenha uma missão ordenada por Jesus. O seu ponto emblemático representa uma flecha atravessando um coração, de baixo para cima; a flecha significa direção, o coração sentimento, e o conjunto significam orientação dos sentimentos para o alto, para Deus.[1]
> Estava esse espírito no espaço, no ponto de intersecção de

---

1 Este é também um símbolo agostiniano (nota do autor).

sete caminhos, chorando sem saber o rumo que tomasse, quando lhe apareceu, na sua inefável doçura, Jesus, e mostrando-lhe em uma região da terra, as tragédias da dor e os dramas da paixão humana, indicou-lhe o caminho a seguir, como missionário do consolo e da redenção. E em lembrança desse incomparável minuto de sua eternidade, e para se colocar ao nível dos trabalhadores mais humildes, o mensageiro de Cristo tirou o seu nome do número dos caminhos que o desorientavam, e ficou sendo o Caboclo das Sete Encruzilhadas.

Iniciou assim, a sua cruzada, vencendo, na ordem material, obstáculos que se renovam quando vencidos, e dos quais o maior é a qualidade das pedras com que se deve construir o novo templo. Entre a humildade e doçura extremas, a sua piedade se derrama sobre quantos o procuram, e não poucas vezes, escorrendo pela face do médium, as suas lágrimas expressam a sua tristeza, diante dessas provas inevitáveis a que as criaturas não podem fugir.

A sua sabedoria se avizinha da onisciência. O seu profundíssimo conhecimento da Bíblia e das obras dos doutores da Igreja autorizam a suposição de que ele, em alguma encarnação, tenha sido sacerdote, porém, a medicina não lhe é mais estranha do que a teologia.

Acidentalmente, o seu saber se revela. Uma ocasião, para justificar uma falta, por esquecimento, de um de seus auxiliares humanos, explicou, minucioso, o processo de renovação das células cerebrais, descreveu os instrumentos que servem para observá-las, e contou numerosos casos de fenômenos que as atingiram e como foram tratados na grande guerra deflagrada em 1914. Também, para fazer os seus discípulos compreenderem o mecanismo, se assim posso expressar-me, dos sentimentos explicou a teoria das vibrações e a dos fluídos, e em uma ascensão gradativa, na mais singela das linguagens, ensinou a homens de cultura desigual as transcendentes leis astronômicas. De outra feita, respondendo a consulta de um espírita que é capitalista em São Paulo e representa interesses europeus, produziu um estudo admirável da situação financeira criada para a França, pela quebra do padrão ouro na Inglaterra.

A linguagem do Caboclo das Sete Encruzilhadas varia, de acordo com a mentalidade de seus auditórios. Ora chã, ora simples, sem um atavio, ora fulgurante nos arrojos da alta eloquência, nunca desce tanto, que se abastarde, nem se eleva demais, que se torne inacessível.

A sua paciência de mestre é, como a sua tolerância de chefe, ilimitada. Leva anos a repetir, em todos os tons, através de parábolas, por meio de narrativas, o mesmo conselho, a mesma lição, até que o discípulo, depois de tê-la compreendido, comece a praticá-la.

A sua sensibilidade, ou perceptibilidade é rápida, surpreendendo. Resolvi, certa vez, explicar os dez mandamentos da Lei de Deus aos meus companheiros, e, à tarde, quando me lembrei da reunião da noite, procurei, concentrando-me, comunicar-me com o missionário de Jesus, pedindo-lhe uma sugestão, uma ideia, pois não sabia como discorrer sobre o mandamento primeiro: Ao chegar à Tenda, encontrei o seu médium, que viera apressadamente das Neves, no município de São Gonçalo, por uma ordem recebida à última hora, e o Caboclo das Sete Encruzilhadas baixando em nossa reunião, discorreu espontaneamente sobre aquele mandamento, e, concluindo, disse-me: *Agora, nas outras reuniões, podeis explicar aos outros, como é vosso desejo.*

E esse caso se repetiu: – havia necessidade de falar sobre as Sete Linhas de Umbanda, e, incerto sobre a de Xangô, implorei mentalmente, o auxílio desse espírito, e de novo o seu médium, por ordem de última hora, compareceu à nossa reunião, onde o grande guia esclareceu, em uma alocução transparente, as nossas dúvidas sobre essa linha.

A primeira vez em que os videntes o vislumbraram, no início de sua missão, o Caboclo das Sete Encruzilhadas se apresentou como um homem de meia idade, a pele bronzeada, vestindo uma túnica branca, atravessada por uma faixa onde brilhava, em letras de luz, a palavra "CARITAS". Depois, e por muito tempo, só se mostrava como caboclo, utilizando tanga de plumas, e mais atributos dos pajés silvícolas. Passou, mais tarde, a ser visível na alvura de sua túnica primitiva, mas há anos acreditamos que só em algumas circunstâncias se reveste de forma corpórea, pois os videntes não o veem, e quando a nossa sensibilidade e outros guias assinalam a sua presença, fulge no ar uma vibração azul e uma claridade dessa cor paira no ambiente.

O Pastor de Umbanda
José Álvares Pessoa

Homenagem prestada ao Caboclo das Sete Encruzilhadas em cerimônia realizada na Tenda São Jerônimo, Rua Visconde de Itaboraí, 8 – Rio de Janeiro, em 30 de setembro de 1942.

Diamantino Fernandes Trindade

Bem aventurados os que têm fé, porque esses verão a Deus. São palavras de Jesus em um dos seus maravilhosos sermões aos fiéis que o acompanhavam. A fé é uma das virtudes fundamentais de todas as religiões. Sublime por excelência, sem ela nada se poderá realizar no terreno espiritual e é por seu intermédio, dependendo da sua maior ou menor intensidade, que as almas se habilitam a levar avante a missão de que se incumbiram. A fé remove montanhas, cura as enfermidades do corpo e da alma, transforma os criminosos em cordeiros, faz o milagre de o ladrão subir aos céus com Jesus Cristo.

Foi a fé que levou uma grande alma a realizar em nossa terra uma formidável obra de reforma religiosa, com a implantação, em nosso meio, da Umbanda. E esta realização é tanto maior quando todos nós sabemos que, no Brasil de uns quarenta anos passados, era quase um crime pensar-se em fazer modificações de ordem espiritual.

A realização da tarefa, por isso mesmo espinhosíssima, que sobre os seus ombros tomou o Caboclo das Sete Encruzilhadas, de organizar a Umbanda no Brasil, é um verdadeiro milagre de fé que nos leva a um sentimento de grande amor e de profundo respeito por essa entidade, que se faz pequenina e que procura velar-se sob a capa de uma humildade perfeita.

É a ele – ao Caboclo das Sete Encruzilhadas – o Pastor de Umbanda, que se deve a purificação dos trabalhos nos terreiros; é a ele que espiritualmente está entregue a direção de todas as Tendas de Umbanda no Brasil.

O Caboclo das Sete Encruzilhadas é o verdadeiro Guia de Umbanda, aquele com que todos os outros Guias, lá no alto, combinam para realizar a maravilhosa obra da implantação da Umbanda, como religião tipicamente brasileira. Foi ele quem assumiu o compromisso de expurgar a religião do rito essencialmente africanista que se vinha praticando desde as primeiras levas de escravos trazidos pelos portugueses. Foi ele quem, provocando uma guerra mortal com os espíritos das trevas, diretamente interessados com a implantação dos trabalhos de magia negra, não vacilou em seguir o programa traçado e arrebanhado as suas ovelhas – verdadeiro Pastor de Umbanda – vai continuando a sua obra de propagação com a constante criação de Tendas que, filiadas ou não à tenda de Nossa Senhora da Piedade, são realmente suas, pois estão debaixo de sua orientação espiritual.

Que todos os adeptos de Umbanda não se esqueçam dessa verdade: o Caboclo das Sete Encruzilhadas é o legítimo

Senhor de Umbanda no Brasil, pois recebeu a missão de organizá-la. O que afirmo não tem outro sentido a não ser que foi ele realmente o comissionado para esse fim; não veio inovar, veio apenas purificar o que já se fazia no país algumas centenas de anos.

Ele não destruiu o ritual; antes lhe deu força e método e o propagou com a sua organização maravilhosa. Verdadeiro Mestre da Magia Branca, responsável pela pureza do ritual, ele não poderia abandoná-lo, porque o considera sagrado; ao contrário, ele nos ensinou a amá-lo e a respeitá-lo, porque não há religião sem ritual. O que ele deseja, entretanto, é este ritual de Umbanda, humilde, mas cheio de luz, seja nivelado ao das grandes religiões e isento de toda inferioridade, da prática de atos inúteis e perniciosos. O que deseja é que este ritual seja praticado apenas por Guias autorizados, porque não são todos os espíritos que baixam nos Terreiros que se acham à altura de praticá-lo.

Estas minhas declarações são tanto mais insuspeitas quanto todos sabem o amor que eu e todos os que fazem parte desta Casa de São Jerônimo temos ao Caboclo da Lua, que é por nós considerado uma entidade de grande poder e elevada espiritualidade. Todavia, por muito grande que seja, não hesitou em trabalhar sob a chefia do Caboclo das Sete Encruzilhadas e foi este que organizou e lhe entregou a Tenda São Jerônimo – a Casa de Xangô – que espero será sempre um dos esteios de sua obra.

Há cinco anos, mais ou menos, previmos que Umbanda seria futura religião do Brasil. Então, a Umbanda era perseguida e considerada no nível de magia negra. Hoje, começamos a ver a alvorada da Umbanda, porque são as próprias autoridades que nos convocam para uma confissão pública de Umbanda como credo religioso, permitindo que, com essa designação, os Templos de Umbanda sejam assim registrados. É nossa vitória, ou antes, a grande vitória do Caboclo das Sete Encruzilhadas.

O que todos nós devemos a essa grande Entidade é de valor inestimável; jamais poderemos esquecer os benefícios espalhados às mancheias por ele e pelos espíritos que acorreram ao seu chamado para ajudá-lo no cumprimento de sua missão.

Esse espírito de eleição, cuja fé é um incentivo para os nossos espíritos entibiados, cheios de irresoluções, fracos no cumprimento do dever, rebeldes, se não vemos as coisas marcharem ao saber dos nossos desejos – este espírito de luz, cuja fé o levou a não ver os espinhos que o feriam ao longo da penosa jornada que teria de percorrer durante tão duros anos, bem merece ser enaltecido por todos os que se sentem felizes no ambiente humilde da Umbanda e nem de leve suspeitam de seu verdadeiro valor, da sua singular grandiosidade. E muitos ainda o confundem com o Exu das Sete Encruzilhadas,[2] que é apenas um dos seus humildes trabalhadores.

As injustiças, as ingratidões que lhe têm sido feitas, nessa luta de há quase 40 anos, jamais contribuíram para um desfalecimento de sua parte, em levar avante a sua missão. Assim como a tremenda campanha feita contra Jesus por aqueles que desejavam o aniquilamento de sua obra e o desaparecimento de sua doutrina, só contribuiu para que ela, com mais rapidez e segurança, se propagasse pelo mundo inteiro, assim também toda a campanha urdida contra a obra do Caboclo das Sete Encruzilhadas só tem contribuído – é cada vez mais contribuirá – para o seu engrandecimento. Foi a fé que o ajudou a realizar esta obra, que um dia será gigantesca e se espalhará também pelos confins do mundo; é pela fé que ele pretende nos levar aos pés do doce Nazareno, de quem é um humilde devoto.

Verdadeiro Pastor de Umbanda, o Caboclo das Sete Encruzilhadas, vela constantemente pelas suas ovelhas e sereno, como só os grandes podem ser, ele sorri confiante na vitória de sua obra, porque sabe que a fé, que é seu alicerce, a sustentará pelos séculos a fora.

Este texto foi publicado em *Noções Elementares de Umbanda*, Editado pelo CONDU (Conselho Nacional Deliberativo de Umbanda), pág. 33, 1980.

Última entrevista do Caboclo das Sete Encruzilhadas

O texto abaixo é reprodução da fita gravada (n° 47), arquivada na Casa Branca de Oxalá Templo Umbandista – Rua Barbacena 35 – Lagoa Santa – Minas Gerais.
Dirigentes: Solano de Oxalá e Maria de Omolu.

Gravação feita em casa da senhora Lilia Ribeiro, diretora da TULEF (Tenda de Umbanda Luz, Esperança, Fraterni-

---

2 Esta declaração do Capitão Pessoa esclarece a confusão que muitos umbandistas fazem em relação ao Caboclo das Sete Encruzilhadas e o Exu das Sete Encruzilhadas (nota do autor).

dade – RJ), no dia 16 de novembro de 1972, última vez que o Caboclo das Sete Encruzilhadas incorporava no médium Zélio Fernandino de Moraes.

Meus queridos irmãos, neste momento, vindo do espaço, permitam que, neste estudo, amenizar sofrimentos dos que estão na Terra, encarcerados em seus corpos. Estou satisfeito porque tem gente que é feliz, porque todos vocês vem me ajudando na obra que tomei a missão, no espaço, de implantar a Umbanda de humildade, amor, e caridade. Aproveitei um jovem moço em meio daqueles senhores, velhos kardecistas. Tomei a missão e vejo, neste instante, grandes representações. Não estão todas porque neste Brasil a fora criei Tendas de Umbanda construtivas, sadias, com moral e dando de graça o que de graça se recebe.

Do sul do país aos estados do norte, ouviam a minha palavra, desenvolviam médiuns e fui criando tendas de grandes médiuns, encontrei grandes médiuns, pude fazê-los, incorporei bem, trabalhei na caridade, tomando a direção de uma tenda, e assim foram se criando tendas.

Meus irmãos me satisfaz estar entre vocês porque naquele dia 15 de novembro, na federação kardecista, eu anunciei a Tenda de Nossa Senhora da Piedade, do modo que a Mãe tinha piedade de seu filho, que tivesse piedade desta humanidade. Grandes coisas feitas na Tenda, grandes coisas eu pude fazer para aqueles que estavam com certeza, crentes que a Tenda não tinha vida para que no dia 2 (dois)[3] eu anunciasse a eles, não, a Umbanda, Deus comigo, Deus conosco, do nosso lado, será a religião deste fim de século.

Meus irmãos, eu disse, vou levar daqui uma semente, vou plantar nas Neves e aquela árvore ficará frondosa para dar a sombra para todos os seus filhos, a todos aqueles que precisarem de uma sombra amena, os que dizem sentirem o queimar do sol de crimes, de vícios, de paixões que se criavam, que existiam, como existem ainda hoje no meio da humanidade.

A Tenda da Piedade foi criada e progrediu, faz hoje 64 anos da primeira comunicação aos meus irmãos.

Aqueles coronéis que me cercavam, estavam admirados de um menino fazer e dizer aquilo que eu dizia, aquilo que eu pregava e anunciava.

Pois bem, está formada a nossa Umbanda, com grande sa-

3 Segundo dia.

crifício, porque é preciso curar, é preciso levar aos médiuns, aqueles que se julgavam deserdados da sorte, a misericórdia de Deus, o conforto, para eles compreenderem que a palavra do espírito é a continuação nossa, que fazia a harmonia dos lares e curava os enfermos. Chamei Pai João, fui buscar Orixá Malet, para comigo trabalharem e criarem Tendas. Encontrei muitos descrentes. Aqui está o representante da Tenda São Jorge, talvez vocês não saibam como Severino, um grande médium que foi, como este médium se desenvolveu. Era descrente, Leal de Souza foi pedir ao Orixá Malet para fazer um trabalho com pássaros na beira do Rio Macacu. Severino, que não acreditava nem em Deus, também foi. Meus irmãos, a vista de todos aqueles que nos cercavam, todos que estavam assistindo a sessão, alguns já estão mortos, não podem dar aqui sua palavra, mas eu estou dizendo que tem aqui quem falta. Era um dia de sol, algumas nuvens corriam no espaço, Orixá Malet disse, vamos mandar aqueles pombos pro outro lado do rio para que eles não se molhem, para voltar e continuar o nosso trabalho. Severino ria, não demorou poucos minutos e a chuva caiu molhando a todos nós que estávamos ali no rio. Passada a chuva, Orixá Malet fez com eles voltassem e cruzassem o céu. Severino duvidava, como ele não acreditava em Deus, o Orixá Malet pegou uma pedra redonda na margem do rio e deu com a pedra na testa de Severino. Vendo-o cair no rio, os seus companheiros correram para o socorrer, temerosos que a correnteza o levasse. *Não se movam*, ordenou o Orixá Malet, *ele voltará sozinho*. Alguns minutos depois, João Severino transpôs a margem do rio. Estava transfigurado e incorporava uma entidade que daria, depois, o nome de Ogum de Timbiri que se tornou o guia espiritual da Tenda São Jorge, fundada em 1935. Veem vocês que a luta foi grande para formar estas tendas, tudo se faz, mas hoje estou satisfeito porque sinto no coração de vocês que os vossos corações estão unidos ao meu espírito para ir aos pés de Jesus pedir perdão, para que possamos ser seus alunos. Que seus inimigos recebam de seus corações um perdão e, também, para aqueles que podem desejar o mal.
Acredito que o manto de Nossa Senhora, virá ao agasalho de todos vocês na Umbanda do humilde Caboclo das Sete Encruzilhadas.
Sempre fui pequenino e pequenino continuo, sou o mais humilde dos espíritos que baixa ao planeta, tenho dito, te-

nho escrito e continuo a ser satisfeito pela Umbanda, todo dia, de estado a estado, a Umbanda hoje é grande, porque em São Paulo fundaram-se 20 tendas, em Santos, em Minas Gerais, na capital da República e no Rio, nossa Umbanda continua progredindo, como aquela que eu desejo, como aquela que é preciso encontrar, nesta casa, quando aqui estou trazendo ao coração daqueles que dirigem, que é a humildade, o amor que pratica a caridade.

E venho encontrando e dando força aos dirigentes destas tendas, e aos médiuns, para que esta Tenda possa sempre ser grande e ser o espelho das outras Tendas, porque meus irmãos, infelizmente, o nosso irmão Floriano que está ao meu lado sabe perfeitamente disto, só desejava encontrar de branco, com roupas de pouco custo, nada de seda, nada de cores que pudessem ficar tristes ou conter a mortalha na vestimenta. A Umbanda de humildade, amor e caridade, é esta que se pratica em nossa Tenda, Tenda de Nossa Senhora da Piedade.

Meus irmãos, as outras tendas nepotistas, podem fazer aquilo que bem desejarem, poderão fazer o que quiserem, mas eu posso garantir uma coisa, o meu aparelho nunca aceitou a vil moeda em troca de uma cura ou de um feito, porque a vil moeda só serve para atrapalhar o homem ou a mulher médium. E vocês sabem perfeitamente que existem Tendas que aceitam. Nós temos uma choupana no mato, do Velho Pai João,[4] naquela época diversos cheques por cura foram dirigidos ao meu aparelho e eu dizia não pegue, e ele devolvia.

Por isso meus irmãos, que vocês possam fazer a caridade, possam receber de Deus sua misericórdia e que todo médium tome fazer o bem, curar com suas mãos, com sua reza, andando em uma linha reta, em uma consciência pura e limpa, e não reverter a vil moeda, enfim, olhar para o seu semelhante como se fosse um verdadeiro irmão, com este amor de irmão para irmão.

Como o menor espírito que baixa sobre a terra, eu saúdo a falange de caboclos que me cercam, que me cercaram quando iniciei. Temos aqui diversos caboclos, de Ogum, de Xangô, que estão nas Sete Linhas, mas deve dizer que o Caboclo das Sete Encruzilhadas, que é o meu espírito, pertence à falange de Oxóssi,[5] meu Pai. Que Oxóssi possa tomar conta de vocês, que Oxóssi abençoe vocês neste momento, este pequenino espírito deseja a todos os presentes proteção, os

---

4 Parece-nos que, na verdade, ele está se referindo a Pai Antonio (nota do autor).
5 Aqui nota-se uma pequena confusão, pois Leal de Souza e o próprio Caboclo das Sete Encruzilhadas disseram que ele pertencia á Falange de Ogum (nota do autor).

corpos todos cheios de fluidos benéficos para amenizar os males, eu quero que tenha neste momento a proteção da falange de Oxóssi e as outras linhas que aqui estão presentes, para levar harmonia aos vossos lares, harmonia aos vossos corações, talvez possam gozar a vida conforme o Pai vem falando a seus filhos, dentro daquela humildade, dentro do amor de irmão para irmão e praticando a caridade. Lembre-se, que eu sou o menor espírito entre todos, humilde Caboclo das Sete Encruzilhadas. Ressalvo homenagem a Tupinambá e a outros espíritos, Sete Flechas, Caboclo Roxo, enfim a quantidade de espíritos de Oxóssi, de Ogum, de Xangô que estão presentes. Eu solicito a vocês todos que estão na matéria, para que estes espíritos comigo possam carregar o que há de ruim invadindo, sacudindo as vossas casas de alguma coisa que possa estar por lá, para que vocês tenham dias melhores, para que os filhos tenham mais saúde e paz para praticar a verdadeira Umbanda de humildade. Que a paz neste momento baixe e que se ergam para todos os passos da luz e repasse para todos vocês debaixo do manto de Nossa Senhora da Piedade.

– Tá tudo bonito, Tá tudo belo e formoso não é isto?

– Oh! Floriano, como é que você vai? Você está bom meu filho?

– Sua bênção, eu estou bem meu senhor, talvez melhor do que aquilo que eu mereça.

– Não deixa de levar umas pedradinhas não é meu filho?

– Muito contente de estar aqui comungando com esta vibração sublime, com este trabalho maravilhoso que vocês da espiritualidade trazem até esta terra para ajudarem também a carregar esta cruz.

– É preciso todo mundo compreender que deste mundo nada se leva, só as boas ações.

– Infelizmente, nós, espíritos encarnados ainda somos imbuídos de muito egoísmo e muita animalidade, por isso queremos sempre a posse de tudo, desde as coisas mais insignificantes, até as coisas realmente mais valorosas, esquecendo-nos que realmente nada que temos que cultivar, isto que o senhor ensina, misericórdia, amor paz compreensão, piedade como é também o nome deste símbolo maravilhoso de Nossa Senhora, que o Senhor, Caboclo das Sete Encruzilhadas escolheu para batizar o templo de caridade que forma naturalmente uma plêiade de templos, que vieram a seu tempo por indicação do Astral Superior enriquecer a terra de Santa Cruz, para trazer auxílio a esta comunidade, o conhecimento das coisas espirituais e ajudar por outro lado ao mais pobres e mais humildes a carregarem as suas cruzes com mais entusiasmo, com mais força, para que assim a Umbanda e o seu Caboclo das Sete Encruzilhadas, viessem inaugurar no Rio de Janeiro e se expandir.

Por isto nós estamos aqui comungando com os 64 anos desta vida laboriosa, desta vida intensa e de muita renúncia para o seu aparelho, que é naturalmente o espelho no qual todos nós, filhos ou não da Umbanda, que queremos progredir, devemos nos espelhar, porque, em realidade, se não houver renúncia de nossa parte não podemos concluir nada de bom. Além do mais a mediunidade, o intercâmbio entre o mundo espiritual e o material, reserva para cada um o que merece.

Segundo nos ensinam, espíritos de Caboclos e Pretos Velhos, o trabalho de médium corresponde exatamente a uma tarefa nobilitante e que ele aceitou, com maiores possibilidades ele poderá alcançar o caminho da glória e regenerando-se poderá descontar as faltas, as falhas, e porque não dizer também, os crimes de encarnações passadas.

– Assim foi feita a nossa Umbanda no Brasil. Passaram-se os anos e tudo aquilo que eu disse, apelando para quem está presente, de muitos anos que me acompanha, falando, pedindo e fazendo exemplos de Jesus aqui na Terra, quando ia da Palestina para a Galileia, foram ao seu encalço pedir harmonia para sua casa; a resposta foi esta: "Você feche os olhos para a casa de seus vizinhos, feche a boca para não se virar contra quem quer que seja, não julgue para não ser julgado, pense em Deus que a paz encontrará em sua casa."

A religião, seja ela qual for, desde que tenha por base acreditar em Deus, acredito que seja uma boa religião, desejar a teu próximo o que deseja para ti, que cumpre os mandamentos das leis de Deus. Mas, principalmente na religião espírita, para que o médium seja o instrumento que possa ser tocado por qualquer professor de música, por isso meus irmãos, criei sete tendas.

Os mais humildes tragam amor no coração, mas amor de irmão para irmão, porque as vossas mediunidades ficarão muito mais limpas e puras, dignas de qualquer espírito superior que possa baixar, que os vossos aparelhos estejam sempre limpos, que os vossos instrumentos estejam sempre afinados com as virtudes que Jesus pregou na Terra, para que tenhamos boas comunicações, boas proteções, para que todos aqueles que correm em busca de socorro nas nossas casas de Umbanda, nas nossas casas de caridade em todo o Brasil. E a maior parte de todos estes que trabalham em Umbanda, se não passaram por nossa Tenda, passaram por filhos saídos desta tenda e que criaram outros terreiros.

Das sete tendas criadas por mim no Distrito Federal, muitas têm saído para fazer a caridade aos seus semelhantes, a nos seguir.

A lembrança de Jesus veio ao Planeta Terra, na humilde manjedoura, não foi por acaso, não foi porque o Pai assim o quis, determinou, porque podia ter procurado uma casa de um potentado daquela época, mas não, foi escolher aquela que seria a Mãe de Jesus, o espírito que vinha traçar a humildade, os seus passos, para ter paz, saúde e felicidade. Aproveitando o nascimento de Jesus, a humildade que ele baixou neste planeta, em uma humilde manjedoura, o Anjo que anunciou a Maria que ela ia ser mãe sem ser esposa, que a estrela que iluminou aquele estábulo, que levou os três reis magos a sua presença, vinde até vocês iluminando os vossos espíritos, tirando os escuros de maldade, por pensamentos, por práticas e ações que tinham sido pensadas ou praticadas, que Deus perdoe tudo aquilo que vocês tenham feito, que Deus perdoe as maldades que possam ter sido pensadas, para que a paz possa reinar nos vossos corações e nos vossos lares.

Eu, meus irmãos, como menor espírito que baixou na terra, mas amigo de todos, em uma concentração perfeita dos espíritos que me rodeiam neste momento, peço que eles sintam as necessidades de cada um de voz e que ao sairdes deste templo de caridade, que encontreis os caminhos abertos, os vossos enfermos melhores e curados e saúde para sempre nas vossas matérias.

Com paz, saúde e felicidade, com humildade, amor e caridade, sou e serei sempre o humilde Caboclo das Sete Encruzilhadas.

O advento do "Caboclo das Sete Encruzilhadas" e a proposição do culto umbandista constitui um marco histórico na memória dos vários umbandistas espalhados pelo Brasil afora, como bem afirmou o sr. Pedro Miranda em uma entrevista à Revista Espiritual de Umbanda, n° 4:

Podemos dizer que a partir de Zélio, surgiu uma doutrina para a Umbanda. Já existiam manifestações em vários pontos da Cidade do Rio de Janeiro e do Brasil, de médiuns que incorporavam Pretos Velhos e Caboclos, mas não dentro daquele princípio filosófico trazido pelo Caboclo das Sete Encruzilhadas. Esse é um marco doutrinário importantíssimo. Quando ele diz, de forma bem específica, que a "Umbanda é a manifestação do Espírito para a Caridade", é um marco histórico, é a doutrina, mas já existiam as manifestações.

Em 1918, após o fim da Primeira Guerra Mundial, o Caboclo das Sete Encruzilhadas fazia a previsão que camadas negras baixariam ao planeta Terra, e que por volta de 1968/1969 esses espíritos já estariam reencarnados em outros corpos, enviando grandes perturbações a este planeta.

A seguir, transcrevemos uma matéria escrita por Henrique Landi Neto, da Tenda Espírita Fraternidade de Luz e que, segundo Manoel Lopes:

> A história é antiga e como estamos empenhados em "reviver" os elementos básicos da nossa querida Umbanda registramos aqui em nossa Home Page, para que não se perca na bruma do tempo e da nossa memória.

História da encarnação no Brasil do Caboclo das Sete Encruzilhadas

Esta história chegou até nós, da TEFL. Há muitos anos através de uma entidade – um caboclo de Oxóssi – enviado do Caboclo das Sete Encruzilhadas, cujo médium não temos informação se ainda está encarnado. O Caboclo das Sete Encruzilhadas, é uma entidade muito querida na nossa Comunidade, é o mentor espiritual da Tenda Espírita Fraternidade da Luz.

Inicialmente, uma rápida explicação quanto à confusão que alguns irmãos fazem, porque o Caboclo das Sete Encruzilhadas e o Exu Rei das Sete Encruzilhadas,[6] são entidades que possuem nomes semelhantes (são quase homônimos), porém trata-se de espíritos distintos, cada um deles trabalhando espiritualmente em seu nível vibratório. Ambos prestam grandes serviços para a melhoria e desenvolvimento dos espíritos encarnados. Ambos estão em constante

---

6 Mais uma vez fica esclarecido que o Caboclo das Sete Encruzilhadas e o Exu das Sete Encruzilhadas são entidades distintas (nota do autor).

evolução, mas não existe qualquer relação de dependência entre eles.

Ao que se tem informação, é que o Caboclo das Sete Encruzilhadas, é um espírito muito antigo, já encarnado ao tempo da vinda do Mestre Jesus à Terra e que na roda de suas encarnações, jamais apareceu no nível em que trabalham os nossos "compadres" Exus, como alguns, face à semelhança de nomes, tentam explicar.

Ao tempo do Brasil Colônia, mais precisamente no Estado do Rio de Janeiro, em uma localidade às margens do Rio Paraíba do Sul, chamada hoje de Barra do Piraí. Precisamente neste local, o rio atingia uma grande largura e o seu leito tomava um aspecto sinuoso, ali existia uma fazenda de diversas culturas, entre as quais e em maior escala a do café e da cana de açúcar. Tal propriedade era administrada por uma família portuguesa, que ao contrário de outras existentes nas proximidades, ali não era exigido o braço escravo. Os negros que lá trabalhavam, recebiam além da casa e alimentação, uma remuneração em moeda, por isso era a propriedade mais próspera do local, isto graças à forma de administração adotada por seus proprietários. Próximo dali vivia uma tribo de índios da Nação Tupy Guarani, com os quais os fazendeiros mantinham um excelente relacionamento.

O Chefe da tribo era moço e possuía uma razoável cultura, pois fora alfabetizado na Capital, apaixonou-se por uma das filhas do fazendeiro, que correspondeu ao seu afeto vindo a casar-se com ele, contrariando os costumes de ambas as comunidades. Após a união, ela engravidou, tendo que viajar à Capital do Rio de Janeiro para tratamento médico, demorou-se algum tempo e ao regressar recebeu uma horrível noticia: que um grupo de índios estranhos na localidade, de surpresa , tentou invadir a fazenda para saqueá-la, os fazendeiros pediram socorro e os guerreiros Tupy Guarany, vieram, mas não puderam impedir que os pais da moça e seus irmãos fossem mortos. Na batalha, o chefe Tupy Guarany, seu marido, ficou gravemente ferido, vindo também a falecer em consequência.

Ao todo, sete pessoas foram assassinadas pela tribo invasora. E todos foram sepultados, em uma ilha situada no Rio Paraíba do Sul, dentro da fazenda. E a moça grávida, única remanescente da família de fazendeiros, ia todas as tardes rezar na ilha, junto as sete cruzes que demarcavam os locais onde seus pais, irmãos e esposo foram sepultados. Porém, em uma dessas tardes, em que rezava junto ao túmulo do esposo, sentiu-se em trabalho de parto e ali mesmo deu à luz a um menino, seu filho com o chefe Tupy Guarany, cujo corpo estava naquele local sepultado.

O menino cresceu cercado do imenso carinho de sua mãe e recebeu ensinamento proveniente de duas culturas: a cristã adotada por sua mãe e a outra orientada pelo Pajé da tribo de seu pai. Estudou na Capital do Estado e posteriormente na Corte, recebendo instrução superior de Direito. Como advogado teve intensa atividade profissional em defesa de escravos nos Tribunais do Rio de Janeiro, que eram acusados de crimes pelos senhores escravagistas. Na qualidade de chefe de sua comunidade indígena, disfarçadamente, invadia as fazendas de regime escravo, libertando os cativos e colocando-os em local seguro. Na verdade ninguém conseguia identificar o chefe que comandava o grupo indígena libertador de escravos, ora ele se apresentava com o aspecto físico de indivíduo alto, ora baixo, às vezes gordo e outras vezes magro, cada ataque era comandado por uma pessoa diferente e assim ele conseguia se manter no anonimato, consequente a dupla personalidade. O seu verdadeiro nome era Caboclo das Sete Cruzes Ilhadas, por ter nascido no local onde existiam sete cruzes em uma ilha, porém o povo por corruptela o chamava de Caboclo das Sete Encruzilhadas, nome que ele adotou humildemente, até mesmo em sua vida espiritual. Tal nome ficou fixado pelo povo escravo, que o adorava, e quando o grupo surgia na estrada eles cantavam uma toada que tinha a seguinte letra:

"Lá vem, lá vem, bem longe na estrada
Lá vem, lá vem, o Caboclo das Sete Encruzilhadas."

A nossa Casa mantém, desde a sua fundação, em seu ritual de abertura e encerramento de suas sessões espirituais, um ponto ou curimba, com as mesmas características daquela toada, com que era saudado pelo povo escravo:

"*Chegou* (ou *subiu*), *chegou, o Caboclo das Sete Encruzilhadas.*"

Acreditamos que a melodia deste ponto seja a mesma da toada dos escravos.

Após ter desencarnado, voltou através da mediunidade de Zélio Fernandino de Moraes, em novembro de 1908, como espírito mensageiro, colocando as bases da Umbanda, no

Diamantino Fernandes Trindade

Rio de Janeiro.

Antes do ano de 1948, um grupo liderado por Henrique Landi Júnior,[7] nosso fundador, várias vezes dirigiram-se à cidade vizinha de Niterói, na busca de uma entrevista com o Caboclo das Sete Encruzilhadas, que nem mesmo o seu médium Zélio, sabia o dia e a hora em que voltaria a incorporar. Quando aconteceu o encontro o Caboclo forneceu a orientação para a fundação da Tenda Espírita Fraternidade da Luz, fato que ocorreu em 8 de abril de 1948, pautado nas normas umbandistas adotado pela entidade.

E ao terminarmos este relato, não poderíamos deixar de considerar aqui o nosso preito de gratidão a Zélio Fernandino de Moraes, médium do Caboclo das Sete Encruzilhadas, veículo através do qual, esta luminosa entidade nos legou a maravilhosa Umbanda, fundamentada na máxima crística: Fé – Esperança – Caridade.

---

[7] Nasceu em 01/11/1905 em Campinas, São Paulo, filho de Henrique Landi e Maria Augusta Landi. Formou-se Engenheiro Mecânico-Eletricista e com sua família transferiram-se para o Rio de Janeiro. Sua vida espiritual começou no Centro Espírita Caminheiros da Verdade. Foi um dos fundadores da TEFL, presidindo a tenda até o seu desencarne em 03/03/1980.

Figura 42: Atila Nunes Filho e Henrique Landi Jr.

Diamantino Fernandes Trindade

19. Um verdadeiro milagre na Tenda Nossa Senhora da Piedade

Em 1924, o sr. J. P. Brigagão do Abrigo Thereza de Jesus, afirmava serem espíritas os fenômenos provocados nas sessões de magia negra. Há espíritos que procuram satisfazer a sua perversidade, sendo, porém, combatidos por espíritos bons, mas atrasados que, nessa luta, apelam para o recurso de que se utilizam os adversários, opondo-lhes as mesmas armas. Para melhor compreensão de suas palavras, ao encerrar a sua locução, contou o orador o seguinte:

Há poucos dias, na vizinha cidade de Niterói, uma linda moça na flor da idade, cheia de sonhos azuis e ilusões douradas, adoeceu de enfermidade misteriosa. Foram chamados bons médicos e a enferma não melhorou. Antes, piorou. Novos doutores foram consultados, porém a donzela, agravando-se rapidamente o seu estado foi julgada sem salvação possível. Em desespero, seu pai, um comerciante abastadíssimo, ouviu os conselhos de um amigo e solicitou os socorros ao Centro Espírita Nossa Senhora da Piedade, onde se manifestam espíritos de caboclos, mas, acabara de pedir tais auxílios, quando recebeu a notícia do desenlace fatal: sua filha falecera às 5 horas da tarde. Voltou o pai em pranto para o lar abalado. Veio um médico, examinou a moça e lavrou o atestado de óbito. Lavou-se e vestiu-se o corpo. Foi colocado, sob flores, na mesa mortuária, entre velas bruxuleantes. Um sacerdote fez a encomendação. Às

8 horas da noite, ao iniciar a sua sessão, o Centro Espírita Nossa Senhora da Piedade, não tendo sido avisado do falecimento, fez uma prece pela saúde da moça já morta. Manifestando-se o espírito do guia e protetor do centro,[1] disse: "Um grave perigo ameaça a pessoa por quem orais. Continuai vossas preces com fervor e sem interrupção, até que eu volte, pois vou sair para socorrê-la". Os espíritas do Centro Nossa Senhora da Piedade, orando com fervor, esperaram cerca de duas horas, e, ao termo delas, manifestando-se de novo, o espírito de seu guia disse-lhes: "Está salva a moça". Espíritos maus, convocados por motivo de ordem pessoal, haviam envolvido a jovem em fluídos venenosos, que a estavam matando. Não se quebraria, porém o fio que liga o espírito ao corpo.

Às 8 horas da noite, terminou o narrador, a moça continuava na mesa funerária, com todos os sinais da morte. Às 9 horas, uma demonstração de vida animou-lhe a face e, percebendo-a, seu padrinho preveniu seu pai. Retirada a câmara mortuária e reposta em seu leito, a moça reabriu os olhos, e, momentos após, erguia-se curada, completamente boa. Os espíritos dos caboclos, em combate travado nos espaços, tinham vencido os espíritos maus...

Sobre o fato Leal de Souza comentou que o médico que tratou da moléstia e atestou o óbito, observou a moça durante algum tempo e desistiu de penetrar no mistério do seu caso, classificando-o como sobrenatural. A veracidade dos fatos foi atestada por uma autoridade no assunto e o rigoroso inquérito foi publicado no órgão da Federação Espírita do Rio de Janeiro.

Alguns meses depois, em conversa com a família durante o almoço, a moça contestou firmemente a ação espiritual que lhe devolvera a vida. Alguns dias após adoeceu, vitima de indigestão, e desencarnou em poucas horas.

---

1 Caboclo das Sete Encruzilhadas (nota do autor).

Diamantino Fernandes Trindade

20. David St. Claire – tambores e velas

David St. Claire, pesquisador norte-americano, que esteve no Brasil na década de 1960, publicou, em 1969, o livro *Drums and Candles* (Tambores e Velas) editado por Doubleday and Company, Inc. – Garden City, New York (1971). A seguir, mostramos um trecho desse livro, bem como a sua tradução.

The man usually given the credit for organizing Umbanda is Zélio de Moraes. He was tall and blond and whitskinned. He was raised a Catholic but constantly bothered with possessed by the spirit of a Brazilian Indian half-breed named Caboclo of Seven Crossroads. Caboclo was part Negro and part Indian. He was in direct communication with the African spirits of the Candomblé and also on excellent terms with the spirits of the local Indians. The people who came to Zélio for, consultation believed everything said, for after all, he was one of them. He was not the ghost of just any dead half-breed but was a half--breed spirit in the tradition of the African jungle spirits. He was a mixture of bloods. The Brazilians who talked to him were also a mixture of bloods. He knew their nation and had witness their history. He spoke their, language, not some African tribal dialect. In short, he was theirs. He was one of them. That was terribly important.
Zélio had heard about Kardec and had been to some of the macumba meetings that were held in Rio à la Can-

domblé style, but Caboclo told him that leather creed was right and proceeded to dictate a brand-new set of rules, regulations, rituals, chants, drumbeats, herbal cures; curses, dance steps etc. Before Zélio could set up his "tent", or church, Rio police broke up the group. So he moved across the bay into the neighboring town of Niteroi. The police were easier on him there, and his congregation grew with each session. People came to him for advice, for cures and to comforted. His assistant began to be possessed by other native Brazilians spirits, spirits who represented slaves and others Indians. The Yoruba deities also came down and possessed his helpers, and so did the spirits of the Roman Catholic Church. In one session there would be whites, blacks and Indians rolling and chanting, dancing and shouting and ail ready to be consulted and to help the poor and uneducated.

Where the word "Umbanda" originates is also in doubt, but is could have côme from the Sanskrit (!!) Aum-Bandha, wich means "the limit of the unilimited" or "the divine principie". When Zélio inaugurated his church he did not it after either African or Indians spirits, but chose to call "The Tent of Lady Piety".

Texto traduzido

O homem a quem geralmente se atribui o crédito da criação da Umbanda é Zélio de Moraes. Ele era alto, loiro e pele branca. Foi educado no catolicismo, mas era constantemente molestado com a possessão de um espírito de um índio brasileiro mestiço chamado Caboclo das Sete Encruzilhadas. Caboclo é a denominação do ser mestiço de índio e negro. Ele estava em comunicação direta com espíritos africanos do Candomblé e também em excelentes relações com os espíritos dos índios locais. O povo que vinha até Zélio para consultas acreditava em todas as coisas que o Caboclo dizia, por ser ele, antes de tudo, um deles. Ele não era apenas o fantasma de algum mestiço morto, mas era um espírito mestiço na tradição dos espíritos da selva africana. Ele era uma mistura de sangues. Os brasileiros que conversavam com ele também eram uma mistura de sangues. Ele conhecia sua nação e havia testemunhado sua história. Ele falava sua língua, não o dialeto de alguma tribo africana. Em resumo, ele era um deles e isto era terrivelmente importante.

Zélio tinha ouvido sobre Kardec e havia estado em alguns encontros de macumba que ocorreram no Rio no estilo do Candomblé, mas o Caboclo disse a ele que nada do que se criara estava certo, e ditou uma nova série de regras, regulamentos, rituais, cantos, toques de tambor,[1] curas através de ervas, cursos, passos de danças etc. Antes que Zélio pudesse levantar sua "tenda" ou igreja, a polícia do Rio freou o grupo. Então ele cruzou a baía em direção a cidade vizinha de Niterói. A polícia de lá foi maleável com ele e sua congregação crescia a cada sessão. O povo vinha a ele para obter conselhos, curas e conforto. Seus assistentes começaram a ser possuídos por outros espíritos brasileiros nativos, espíritos que representavam escravos negros e outros índios.

Os deuses Yorubás também vinham e incorporavam em seus ajudantes, e também vinham os espíritos da Igreja Católica Romana. Em uma sessão poderiam estar brancos, negros e índios girando e cantando, dançando e gritando e todos prontos para serem consultados e para ajudar aos pobres e incultos.

De onde se origina a palavra "Umbanda" é ainda uma dúvida, mas ela poderia ter vindo do Sânscrito (!) Aum-Bandha, o que significa "o limite do ilimitado" ou o "princípio divino".

Quando Zélio inaugurou a sua igreja ele não colocou o nome de espíritos africanos ou índios, mas escolheu chamá-la de "Tenda Nossa Senhora da Piedade".[2]

---

1 Percebe-se aqui uma falha do pesquisador, pois, na Tenda Espirita Nossa Senhora da Piedade nunca foram utilizados tambores.
2 Texto traduzido, em 1985, por Iara Rita de Gódoi, filha de fé de Ronaldo Antonio Linares (nota do autor).

21. Origens da palavra Umbanda

Sempre que é necessário demonstrar o pouco conhecimento dos umbandistas sobre a própria UMBANDA, pergunta-se inicialmente se os participantes da reunião são médiuns e depois se todos trabalham pela causa umbandista. Quando se recebe a resposta afirmativa, pergunta-se: **O que é Umbanda?** E, geralmente a resposta é um ar ou uma aparência de dúvida ou insegurança ou ainda uma frase sem muita convicção, como por exemplo: Umbanda é paz e amor! Umbanda é caridade! (as outras religiões não praticam a caridade?) Umbanda é humildade! Umbanda é saber transmitir calor humano! E uma série de frases que podem definir algumas virtudes umbandistas, mas estão longe de fornecer ao leigo uma explicação satisfatória e lógica do que seja realmente a Umbanda. Vamos, por isso, explicar a origem, o significado da palavra Umbanda.

A palavra Umbanda, segundo Bandeira,[1] é originária da língua Kimbundo, encontrada em muitos dialetos bantos, falados em Angola, Congo, Guiné, e não é segredo algum, pois, em virtude dos interesses comerciais e do período em que Portugal manteve suas colônias na África, foi devidamente estudada, existindo várias gramáticas de autores insuspeitos, em que são citadas as palavras Umbanda e Quimbanda, nome comum na África. Às vezes é citada como nação poderosa outras vezes

1 O que é a Umbanda.

Diamantino Fernandes Trindade

como o espírito dessa mesma nação.

No livro *Império Ultramarino Português*, editado em 1941, é citada a localidade de *Mucajé ia Quimbanda*, sob jurisdição da Arquidiocese de Luanda.

Bandeira explica que:

> Poderemos, assim, no Brasil, tentar uma definição: A Umbanda é um novo culto brasileiro do século XX, provindo do sincretismo religioso de práticas e fundamentos católico-banto-sudaneses, apresentando algumas fusões ameríndias e orientais, com observância do Evangelho segundo o Espiritismo, constituído de planos espirituais evolutivos pela reencarnação.

Outra possibilidade dá a origem dessa palavra no orientalismo iniciático, no qual o mantra AUMBHANDA, representa um alto significado esotérico como foi discutido no Primeiro Congresso Brasileiro do Espiritismo de Umbanda, realizado em 1941 no Rio de Janeiro. Nesse congresso, Diamantino Coelho Fernandes, da Tenda Mirim, apresentou uma tese intitulada *Fundamentos históricos e filosóficos*, onde discorreu sobre o tema. Em um dos trechos da tese encontramos:

> Umbanda não é um conjunto de fetiches, seitas ou crenças, originárias de povos incultos, ou aparentemente ignorantes; Umbanda é, demonstradamente, uma das maiores correntes do pensamento humano existentes na Terra há mais de cem séculos, cuja raiz se perde na profundidade insondável das mais antigas filosofias.
>
> **AUM – BANDHÃ (OM – BANDÁ)**
> **AUM (OM)**
> **BANDHÃ (BANDÁ)**
> **OMBANDÁ (UMBANDA)**
>
> O vocábulo UMBANDA é oriundo do Sânscrito, a mais antiga e polida de todas as línguas da Terra, a raiz mestra, por assim dizer, das demais línguas existentes no mundo.
> Sua etimologia provém de AUM-BANDHA (Om-Banda) em Sânscrito, ou seja, o limite do ilimitado.

Na gramática de Kimbundo, do Professor L. Quintão, encontramos: *Umbanda: arte de curar* (de Kimbanda: curandeiro). Algumas deformações linguísticas atuais no Brasil atribuem ao feiticeiro o título de Quimbandeiro, que na África, é chamado de Mulogi.

Resumidamente temos: *Umbanda: arte de curar, ofício de ocultista, ciência médica, magia de curar*. Em sua origem participam valores de três culturas principais: a cultura branca europeia (Catolicismo e Kardecismo), cultura negra africana (elemento escravo) e a cultura vermelha ameríndia (índios nativos que o branco tentou escravizar).

Matta e Silva[2] faz um apanhado sobre a origem da palavra Umbanda:

> Em 1894, Heli Chatelain escreveu um livro, intitulado Folk Tales of Angola (Narrativas do Povo de Angola), onde na pagina 268, consta a palavra Umbanda como Força, Expressão e Regra de altos valores. E notem: até esse citado ano foi o único que conseguiu descobrir esse termo e o fez assim: Umbanda deriva-se de Kimbanda pela aposição do prefixo U, como u-ngana vem de ngana. (I) Umbanda é a faculdade, ciência, arte, profissão, ofício de : a) curar por meio de medicina natural (plantas, raízes, folhas, frutos) ou da medicina sobrenatural (sortilégios, encantamentos); b) adivinhando o desconhecido, pela consulta à alma dos mortos ou aos gênios ou demônios, que são espíritos, nem humanos nem divinos; c) induzindo esses espíritos humanos ou não, a influir sobre os homens e sobre a natureza, de maneira benéfica ou maléfica. (II) As forças, agindo na cura, adivinhação e na influência dos espíritos. (III) Finalmente Umbanda é o conjunto de sortilégios que estabelecem e determinam ligação entre espíritos e o mundo físico.

Não devemos esquecer a verdadeira essência da palavra, trazida pelo Caboclo das Sete Encruzilhadas:

"A Umbanda é a manifestação do Espírito para a Caridade."

---

2 *Umbanda e o Poder da Mediunidade.*

Diamantino Fernandes Trindade

22. Leal de Souza - o pioneiro da literatura umbandista

No período de 1984 a 1990 fiz quatro visitas à Tenda Nossa Senhora da Piedade, instalada na época à Rua Dom Gerardo, 51, na cidade do Rio de Janeiro, e duas visitas à Cabana de Pai Antonio, em Boca do Mato, Cachoeiras de Macacu – RJ. Na primeira visita, em 1984, Ronaldo Antonio Linares, recebeu das mãos de Dona Zilméia de Moraes uma cópia do livro *O Espiritismo, a Magia e as Sete Linhas de Umbanda*, de Leal de Souza, publicado em 1933. Pai Ronaldo cedeu-me, então, uma cópia deste precioso material que para nós, durante muito tempo, era o primeiro livro que falava de Umbanda. Dois capítulos desse livro foram publicados, em 1986, na primeira edição da obra *Iniciação à Umbanda*.

Em 2008, consegui um raro exemplar da obra *No Mundo dos Espíritos*,[1] publicado em 1925, do mesmo autor. Este sim é o primeiro livro que aborda o tema Umbanda.

Pouco se sabia, no mundo umbandista, da vida de Leal de Souza até então. Iniciei uma pesquisa e consegui algumas referências de autores que escreveram sobre ele. Comecei, então, uma busca em "sebos" pelo Brasil afora e consegui vinte preciosos livros, além de três outras obras de Leal de Souza. Para minha surpresa, um poema seu foi psicografado por Chico Xavier.

Com este material escrevi o livro *Antonio Eliezer Leal de*

1 Obra reeditada pela Editora do Conhecimento.

175

Souza: o primeiro escritor da Umbanda, que procura resgatar, pelo menos em parte, a vida pessoal e literária deste brilhante escritor que teve papel de destaque no parnasianismo, onde Olavo Bilac foi a figura mais importante, no jornalismo carioca e na literatura espírita e umbandista. Foi um defensor e praticante dedicado do Espiritismo e da Umbanda, tendo feito conferências na Federação Espírita Brasileira e convivido, durante vinte e três anos, com Zélio de Moraes e o Caboclo das Sete Encruzilhadas. Dirigiu, sob as ordens e orientação desta Entidade, a Tenda Espírita Nossa Senhora da Conceição, uma das sete tendas mestras responsáveis pela implantação da Umbanda no Brasil.

Antônio Eliezer Leal de Souza nasceu em Livramento (antiga Santana do Livramento), Rio Grande do Sul, em 24/12/1880 (algumas fontes apontam a data de 24/09/1880). Quando jovem, foi Alferes do Exército Brasileiro e participou da Guerra de Canudos. Cansado de sofrer prisões por combater o governo de Borges de Medeiros, desligou-se do quartel. Ao deixar o Exército, dedicou-se ao jornalismo, tendo sido redator de *A Federação* de Porto Alegre. Depois de algum tempo, foi para o Rio de Janeiro, onde cursou Direito, sem concluí-lo, porém. Nessa mesma cidade, teve destaque como diretor da revista *Careta* e dos jornais *A Noite*, *Diário de Notícias* e *A Nota*.

Foi o precursor de um ensaio de codificação, ou melhor, foi o primeiro que tentou definir, em diversos artigos, o que era Umbanda ou o que viria a ser no futuro esse *outro lado* que já denominava de Linha Branca de Umbanda. Nessa época, para os fanáticos religiosos e espíritas sectaristas, tudo era apenas *macumbas...*

Participou ativamente, durante 10 anos, da Tenda Nossa Senhora da Piedade, dali se afastando, por *ordem* e em boa paz, a mando do Caboclo das Sete Encruzilhadas, para dirigir a Tenda Nossa Senhora da Conceição. Nota-se, então, que ele estava bem familiarizado com a importante missão dessa portentosa Entidade. Ele não poderia ter inventado o Caboclo Curuguçu, como querem alguns, e muito menos falseado a verdade, visto que era fiel adepto do Caboclo das Sete Encruzilhadas.

Em 1932 tentava classificar, segundo o seu conhecimento de então, as Sete Linhas da Umbanda, sincretizada com os Santos da Igreja Católica:

LINHA DE OXALÁ (Nosso Senhor do Bonfim)
LINHA DE OGUM (São Jorge)
LINHA DE EUXOCE (São Sebastião)
LINHA DE SHANGÔ (São Jerônimo)
LINHA DE NHAN-SAN (Santa Bárbara)
LINHA DE AMANJAR (Nossa Senhora da Conceição)
LINHA DAS ALMAS ou LINHA DE SANTO

O Primeiro Congresso Brasileiro do Espiritismo de Umbanda, realizado em 1941, no Rio de Janeiro, aprovou essa classificação das Sete Linhas. W.W. da Matta e Silva[2] escreveu:

> Leal de Souza, poeta, jornalista e escritor, foi o primeiro umbandista que enfrentou a critica mordaz, ostensiva e pública, em defesa da Umbanda do Brasil, ou seja, daquele movimento inicial preparado pelo Caboclo das Sete Encruzilhadas, inegavelmente o primeiro marco oficial do surgimento da Umbanda, lá em Niterói.
> Ele o fez numa época que era quase um crime de heresia se falar de tal assunto. Foi também o precursor de em ensaio de codificação, ou melhor, foi o primeiro que tentou definir, em diversos artigos, o que era a Umbanda ou o que viria a ser no futuro esse outro lado que já denominava de Linha Branca de Umbanda.

Uma série de artigos de Leal de Souza no jornal *Diário de Notícias* deu origem ao livro *O Espiritismo, a Magia e as Sete Linhas da Umbanda*,[3] editado em 1933, com 118 páginas, nas oficinas gráficas do Liceu de Artes e Ofícios, na Avenida Rio Branco, 174, Rio de Janeiro.

Em sua edição matutina de 8 de novembro de 1932, o referido jornal, da então Capital Federal anunciava:

---

2 *Umbanda e o Poder da Mediunidade*.
3 Reeditado pela Editora do Conhecimento.

A larga difusão do Espiritismo no Brasil é um dos fenômenos mais interessantes do reflorescimento da fé. O homem sente, cada vez mais, a necessidade do amparo divino, e vai para onde o arrastam os seus impulsos, conforme a sua cultura e a sua educação, ou para onde o conduzem as sugestões do seu meio. É o que se observa em nosso país, nos Estados Unidos e na Europa, atacada, nestes tempos, de uma curiosidade delirante pela magia. Mas, em nenhuma região o Espiritismo alcança a ascendência que o caracteriza em nossa capital. É preciso, pois, encará-lo com a seriedade que a difusão exige.

No intuito de esclarecer o povo e as próprias autoridades sobre culto e práticas amplamente realizados nesta cidade, o "Diário de Notícias" convidou um especialista nesses estudos, o Senhor Leal de Souza, para explaná-lo, no sentido explicativo, em suas colunas.

Esses mistérios, se assim podemos chamá-los, só podem ser aprofundados por quem os conhece, e só os espíritas os conhecem. Convidamos o Senhor Leal de Souza por ser ele um espírito tão sereno e imparcial que, exercendo até setembro do ano próximo findo o cargo de redator-chefe de "A Noite", nunca se valeu daquele vespertino para propagar a sua doutrina e sempre apoiou com entusiasmo as iniciativas católicas.

O Senhor Leal de Souza já era conhecido pelos seus livros, quando realizou o seu famoso inquérito sobre o Espiritismo: "No Mundo dos Espíritos", alcançando grande êxito pela imparcialidade e indiscrição com que descrevia as cerimônias e fenômenos então quase desconhecidos de quem não frequentava os centros.

Depois de convertido ao Espiritismo, o Senhor Leal de Souza fez durante seis anos, com auxílio de cinco médicos, experiências de caráter científico sobre essas práticas, e principalmente sobre os trabalhos dos chamados caboclos e pretos.

O Senhor Leal de Souza, nos seus artigos sobre "O Espiritismo e as Sete Linhas de Umbanda", não vai fazer propaganda, porém, elucidação, mostrando-nos, as diferenciações do Espiritismo no Rio de Janeiro, as causas e os efeitos que atribui às suas práticas, dizendo-nos o que é e como se pratica a feitiçaria, tratando não só dos aspectos científicos como ainda da Linha de Santo, dos Pais de Mesa, do uso do defumador, da água, da cachaça, dos pontos, em suma, da magia negra e branca.

Diamantino Fernandes Trindade

Esperamos que as autoridades incumbidas da fiscalização do Espiritismo e muitas vezes desaparelhadas para diferenciar o joio do trigo, e o povo, sempre ávido de sensações e conhecimentos, compreendam, em sua elevação, os intuitos do Diário de Noticias.

Na próxima quinta-feira, iniciaremos a publicação dos artigos do Senhor Leal de Souza, sobre "O Espiritismo, a Magia, e as Sete Linhas de Umbanda". É a primeira série desses artigos, escritos diariamente ao correr da pena, que constitui este livro.

Nove anos antes, 1924, o Jornal *A Noite*, também do Rio de Janeiro, promoveu o inquérito sobre o Espiritismo, organizado pelo mesmo jornalista, que deu origem ao livro *No Mundo dos Espíritos*, obra publicada em 1925 com 425 páginas. Desta obra transcrevemos o capítulo onde o autor narra a sua chegada à Tenda Nossa Senhora da Piedade:

O Centro Espírita Nossa Senhora da Piedade

Atravessando, em procura do arrabalde das Neves, a cidade de Niterói, perguntávamos, no bonde, a quanto passageiro ficava ao alcance da nossa voz:
– Conhece, porventura, nas Neves, a farmácia do Senhor Zélio?
– Não.
– E o Centro Espírita Nossa Senhora da Piedade?
Quase ao termo da viagem, porém, ouvimos formulada pelo sr. Eurico Costa, a dupla resposta afirmativa, e, em companhia desse gentil cavalheiro, cujo destino, nessa noite, era o nosso, fomos, primeiro, à farmácia do presidente do centro, e, em seguida, com o farmacêutico, à sede da associação procurada.

Varando, por um corredor, filas compactas de gente, conseguimos aproximarmo-nos da mesa mediúnica, ocupando uma cadeira, à esquerda do presidente, ao lado de uma senhorita que vigiava os médiuns, pronta a socorrê-los, ou auxiliá-los, em caso de transe violento.

Não conhecíamos uma só das pessoas presentes, e a nossa entrada não foi vista pelo diretor da reunião, dr. José Meirelles,[4] que, no momento, de olhos fechados, fazia uma prece.

Apenas ocupamos o lugar designado pelo nosso condutor.

---

4 O dr. José Meirelles viria a ser o fundador da Tenda São Pedro (nota do autor).

Ao findar da oração do dirigente, a senhorita Zaira Heintze, em um grande pulo, e em transe, tentou levantar-se e sair, mas os seus movimentos eram desordenados e incoerentes. Auxiliou-a senhorita de vigia, e a médium, atirando a cabeça para trás, sacudia, como um penacho, os cabelos cortados, e batia com as mãos na mesa, em cadência. Depois, prendendo, com os dois pés, os de sua cadeira, ergueu o corpo e dobrou o busto, inclinando a cabeça sobre a mesa, e, a babar-se, continuou a bater com as mãos. Nessa incomoda posição permaneceu por mais de meia hora, discutindo, por vezes, com o sr. Meirelles. As suas frases, porém, não passavam de repetições pejorativas ou raivosas das do diretor.

– És um espírito infeliz!

– Qual infeliz, seu hipócrita.

Em meio desse debate, entrou em transe o Senhor Zélio de Moraes e, saudado como sendo o Caboclo das Sete Encruzilhadas, chefe espiritual do famoso centro, fez, em linguagem enérgica, uma vibrante exortação, suplicando e ordenando a intensificação da fé.

O médium, nesse transe, parecia dividido, em seu corpo, em duas partes, pela desconexão de seus movimentos. Tinha ereto e firme o busto, alçada a cabeça, o rosto torneado em desenho vigoroso, os braços agitados em gestos apropriados às expressões de seus lábios, mas da cintura para baixo, um tremor convulsivo, abalando-o, fazia-lhe bater com os pés nas tábuas do chão, produzindo um rumor apressado de caixa de guerra, em célere ruflo.[5]

Surpreendendo o dr. Meirelles, o médium pediu para apertar-nos a mão, e, sob o olhar espantado da assistência, acercando-nos do Senhor Zélio ouvimos:

– Pode dizer que apertou a mão de um espírito. À minha esquerda, está uma irmã que entrou aqui como tuberculosa e à minha direita um irmão vindo do hospício. Curou-os, aos dois, Nossa Senhora da Piedade. Pode ouvi-los. Junto ao senhor, naquele canto, está o espírito de uma senhora, que diz ser sua mãe.

– Deve ser engano. Nossa mãe, graças a Deus, vive e goza saúde.

Era a terceira vez que, em uma sessão espírita, médiuns em transe acusavam a presença, a nosso lado, de uma senhora que, afirmavam eles, dizia ser nossa mãe. O Caboclo das Sete Encruzilhadas, porém, bradou:

– Quem é, então? Tem de falar! Há de incorporar e dizer quem é.

5 Ruflar significa fazer tremular (nota do autor).

Diamantino Fernandes Trindade

Despertou-se o Senhor Zélio de Moraes e o dr. Meirelles recomeçou o seu esquisito debate com a senhorita Zaira. Ao fim de minutos, caíram em transe simultâneo aquele médium e uma moça clara, de bom corpo, vestida com elegância. Esta saltou com fúria e tombou de flanco, batendo rijamente com a cabeça no solo, onde, por momentos, ficou estendida. Tornaram-se mais bruscos, então, os movimentos da senhorita Zaira.

Iniciando, com calma, a conversa com o sr. Meirelles, o médium Zélio, entrou, depois, a queixar-se de violências que lhe estavam fazendo dizia, caboclos e pretos invisíveis para nós, e, acendendo-se em cólera contra nossa pessoa, chamando-nos "careca", disse que, com seus companheiros ali incorporados às duas médiuns, anda a seguir-nos, com o intuito de prejudicar o nosso serviço e a nossa vida, desde que fizemos, nesta reportagem, uma injustiça ao centro da Rua Laura de Araújo.

O dr. Meirelles, começando a compreender quem éramos, convidou a entidade presente a definir a injustiça por nós praticada. A resposta foi que havíamos dito que, naquele centro, o trabalho espírita é remunerado.

– Mas é ou não verdade?

– Não é!

Arriscamos, então uma frase em nossa defesa, contestando-nos o médium:

– Ninguém é obrigado a dar. Dá quem quer.

– Foi o que noticiamos.

– Mas não devia ter noticiado! – objetou o médium.

– Por quê? O jornalista não cometeu uma injustiça. Disse uma verdade.

– Mas essa verdade prejudicou o Centro fazendo com que muita gente o abandonasse.

A moça clara, de pé, debatia-se em fúria, segura, pelos braços, por dois cavalheiros e a senhorita Zaira protestava:

– O Encruzilhada não é aquele que esteve ai. Sou eu!

O médium em transe, dirigindo-se ao diretor dos trabalhos, considerava:

– Você acha que o espiritismo não pode ser pago. Mas quem não tem emprego, como é que há de fazer espiritismo?

E, continuando, desenvolveu, em favor do centro da Rua Laura de Araújo, argumentos semelhantes aos que ouvimos, no Centro José de Abreu, à Rua dr. Bulhões, formulado por um dos dirigentes daquela associação. Dirigiu-se, em seguida, às duas moças, chamando-as, respectivamente,

João e Eduardo. Acalmou-se a senhorita Zaira, e a outra, a clara, escapando-se dos braços que a amparavam, caiu sentada na cadeira.

– Bem. Vou-me embora! Vamos, João! Vamos, Eduardo! Convidou o sr. Zélio. Soergueram-se as duas moças, mas o dr. Meirelles declarou:

– É inútil! Não saireis daqui em estado de perseguir alguém. Escutai-me, e proferiu uma prece comovedora.

– Sou Sofia, disse o sr. Zélio. Se for para o nosso bem, iremos. Se formos enganados, pagarás. Vamos, João. Vamos Eduardo.

Despertaram-se, então, os três médiuns. Pediu concentração o diretor, e o sr. Zélio, novamente em transe, curvado, em uma linguagem deturpada, dizendo ser Pai Antonio, tomou as mãos de um enfermo, e, acompanhado pelos presentes, começou a cantar:

Dá licença, Pai Antonio
Eu não venho visitar
Eu estou bastante doente
Venho para me curar

Se a doença for feitiço
Bulalá em seu congá
Se a doença for de Deus
Pai Antonio vai curar

Findo esse ato, e depois de um transe quase mudo da senhorita Severina de Souza, havendo o guia, como se disse, mandado que se realizasse um trabalho especial em benefício de um louco fugido do hospício e ali presente, declarou-se encerrada a sessão.

Retirando-se a assistência, foram afastados os bancos da sala e iniciados os preparativos para o trabalho especial. Só ficaram no recinto os médiuns, o louco, três homens que o acompanhavam e nós.

Uma senhorita, com o defumador fumegante percorreu a sala, envolvendo cada pessoa em ondas de fumaça aromática, e a cantar, acompanhada pelos circunstantes, uma canção cujo estribilho era:

Quem está de guarda é São Jorge
São Jorge é quem está de guarda
Entregou o defumador a um cavalheiro, que saiu e agitá-lo,

caminhou em duas direções e, voltando fechou a porta.

O sr. Zélio, assumindo a direção do trabalho, ocupou, ao lado de seu pai, perto da parede, a cabeceira da mesa, ficando um médium. Por detrás do enfermo, "fechando a concentração", sentaram-se o dr. Meirelles e uma senhorita, e, formando a terceira fila, os três companheiros do doente, ladeavam a mesa as médiuns Severina de Souza e Maria Isabel Morse, enfrentando a senhorita Zaira e a elegante moça clara. A jovem que empunhara o defumador e nós ocupamos lugares à esquerda da mesa.

Falando ao louco, disse o sr. Zélio:

– Vamos fazer um trabalho para o senhor ficar bom. Pense em Deus. Como o senhor não pode fazer uma ideia de Deus, veja se consegue reproduzir na mente a imagem de Jesus.

Fez, com fervor, três orações; a Deus, a N. S. da Piedade, e ao Caboclo das Sete Encruzilhadas, e, convidando para começar, cantou, acompanhado pelos demais:

Santo Antonio é ouro fino
Arria bandeira
Vamos começar

O canto, monótono, melancólico, desdobrando-se em toada embaladora parecia acariciar as almas. Não faltava majestade ao ambiente. O louco, de súbito, rompeu em uma cantoria de sons inarticulados, e entraram em transe, atuadas – disseram-nos, por protetores, as médiuns Isabel e Zaira. Esta informou, então ao sr. Zélio que, no momento, duas entidades agiam sobre o doente.

– Deixa o aparelho e faz incorporar em um deles. Manda o outro para outra máquina. Conto contigo.

Instantaneamente, recobrou-se e caiu em novo transe a senhorita Zaira. Sacudindo-se, a vociferar, quis deixar a cadeira, mas foi dominada pela senhorita de vigia. Ao mesmo tempo, dando uma ruidosa gargalhada, a moça clara, em um pulo, atirava-se de costas ao solo, enquanto o louco, asserenando a face, emudecia.

Entraram em discussão a senhorita Zaira, que dizia haver sido "o padre Alfredo, vigário do Meyer", e o sr. Zélio. Sustentava aquela que perseguir alguém é encaminhá-lo, pelo sofrimento, para o progresso espiritual, e sofria ardente contestação de parte do último.

De pronto abriu o presidente "novo ponto" cantando o coro: "Santo Antonio é Santo Maior". Erguendo-se a pouco e pouco do chão, a moça clara ocupou a cadeira, e, olhos fechados, encarando Zaira, acusou:

– Mentiste! Nunca praticaste a caridade! Não te acompanho mais! Tu me arrastaste!

Falando aos protetores, pediu o sr. Zélio que levassem aqueles irmãos "para o raio de luz" e o cântico entoado pelo coro reproduzia aos nossos ouvidos uma canção da macumba. Sobre esse coro, cantando a meia voz, em tom forte, vibrando, um canto que saia dos lábios de Zaira, e começava: "Oremos. Glória in excelsis Deo"!

Variou, ainda uma vez, o coro, a senhorita Zaira gritou que iria, mas voltaria; a moça clara, em gemidos lamentosos, implorou perdão, e, as duas, quase tombando, saíram de transe, enquanto todos bradavam:

– Viva Deus.

Mas, sem demora, encurvaram-se em novo transe as duas médiuns.

Ambas são moças muito gentis, mas, de face subitamente deformadas, com os maxilares avançando, ficaram quase horríveis. Caminhando dobradas em passos arrastados, com a cabeça abatida na linha dos joelhos, percorreram a sala e fizeram passes no louco.

Zaira, que descalçara os pés e, por estar em transe, não havia, em estado consciente, assistido na primeira sessão, ao caso mediúnico relativo à Rua Laura de Araújo, agora, na segunda, conversando conosco, fazia referências aos três espíritos então reputados presentes.

Tornadas as duas médiuns ao estado de vigília, o sr. Zélio perguntou ao louco se estava melhor.

– Estou bem, respondeu ele serenamente.

– Bem. Vamos encerrar, disse o presidente, e o coro rompeu:

Santo Antonio é ouro fino
Suspende a bandeira
Vamos encerrar

Um dos textos mais marcantes de Leal de Souza é aquele onde aborda a tarefa do Astral Superior nos centros espíritas e terreiros de Umbanda publicado no livro *O Espiritismo, a Magia e as Sete Linhas da Umbanda*:

Os Guias Superiores da Linha Branca

Os centros espíritas são instituições da Terra com reflexo no espaço, ou criação do espaço com reflexo na Terra. Um grupo de pessoas resolve fundar um centro espírita, localiza-o e começa a reunir-se em sessões. Os guias do espaço mandam-lhes, para auxilia-los e dirigi-las, entidades espirituais de inteligência e saber superiores ao agrupamento, porém, afins com os seus componentes. Esses enviados dominam em geral o novo centro, mas não o desviam dos objetivos humanos determinantes de sua fundação.

Os guias do espaço resolvem instituir na Terra, para a realização de seus desígnios, tendas que sejam correspondentes a núcleos do outro plano, e incumbem de sua fundação os espíritos que reúnem e selecionam os seus auxiliares humanos e os dirigem de conformidade com as finalidades espirituais.

Tanto os grupos de origem terrena, como os originários do espaço, ficam, em linhas paralelas, submetidos à direção de guias superiores, que se encarregam de ordená-los em quadros divididos entre eles.

Esses guias são chamados espíritos de luz, que já não se incluem, pela sua condição, na atmosfera de nosso planeta, porém, deslocados para a Terra em missão tanto mais penosa, quanto mais elevada é a natureza espiritual do missionário.

Desses missionários, alguns jamais tem necessidade de recorrer a um médium e exercem a sua autoridade através de espíritos que também muitas vezes não incorporam e transmitem ordens e instruções às entidades em contato direto com os centros e grupos humanos.

Há, porém, espíritos de luz, que pelas exigências de sua missão, baixam aos recintos das nossas reuniões, incorporam-se nos médiuns e dirigem efetiva, e até materialmente, os nossos trabalhos.

Frequentemente, no primeiro caso, há centros que não sabem que estão sob a jurisdição de determinado guia e que chegam a ignorar a sua permanência em nosso ambiente, sem que se lhes possa fazer, por isso, qualquer censura, pois os seus guias imediatos não julgaram necessário ou conveniente fazer essa revelação.

As criações originárias do espaço se caracterizam pela sistematizada solidez de sua organização, pelos métodos e concatenações de seus trabalhos, e pelo inflexível rigor de

sua disciplina.
Dessas criações a que melhor conheço é a fundada pelo Caboclo das Sete Encruzilhadas.

Apresento agora uma matéria muito interessante, publicada no *Diário de Notícias*:

Deflagração espontânea de pólvora
29/12/1932

No interior do Estado do Rio de Janeiro, em sítio tranquilo e quase deserto, pois conta poucos habitantes, uma pequena seção de grandes trabalhos vulgares, de doutrinação de espíritos surpreendidos na prática do mal.

O chefe dos terreiros, isto é, o guia espiritual, havia desincorporado, deixando a reunião, ao menos aparentemente, sob a direção e responsabilidade exclusivas do presidente humano, e tudo corria serenamente, sem incômodos, apenas de outra tentativa de reação dos rebeldes que estavam sendo doutrinados.

Num repente, abalando, com a surpresa, o organismo de seu médium desprevenido, o guia incorporou, pedindo:
– Vamos levar estes infelizes para o espaço. Temos trabalho sério.

Uma a uma, a ligeiro toque na fronte dos respectivos médiuns, as entidades em erro, deixaram os aparelhos, encaminhando-se, conduzidas pelos protetores, a centros especiais da regeneração no plano espiritual.

O guia preveniu:
– Estão queimando as nossas tendas.

E emendou:
– Ainda estão em preparativos. Mais cinco minutos e tocam fogo. Vamos defender-nos, já e já.

Para compreensão do publico, é necessário dizer que as tendas da Linha Branca de Umbanda, na pratica da caridade, são constantemente forçadas a desfazer trabalhos de magia negra e a quebrar arremetidas de entidades espirituais empenhadas em servir ódios e paixões terrenas.

Com isso, irritam esses espíritos e enchem de cólera as criaturas que com eles trabalham, pois não só lhe ferem o orgulho, sempre insolente nestes desventurados, como os prejudicam materialmente, visto como têm eles a infelicidade de mercadejar com a habilidade sinistra dos malfeitores do espaço.

Diamantino Fernandes Trindade

Tais indivíduos, com o auxilio, fazem trabalhos formidáveis com o intuito esta ou aquela tenda da Linha Branca, que os prejudicou, e a tenda alvejada, logo prevenida pelos seus guias, reage com rapidez, à altura da agressão, elevando os recursos da defesa. Travam-se, desse modo, verdadeiras grandes batalhas.

Assim, os adversários da Linha Branca recorrem, com frequência, à pólvora, para perturbá-las, atingindo os médiuns com espessas camadas de fluidos rudes e bruscamente deslocadas, e produzindo outros efeitos.

O guia da pequena reunião ordenara, como vimos, a defesa imediata, e dizia:

– O nosso chefe é bom demais para este planeta. O Caboclo das Sete Encruzilhadas não quer que faça mal nem aos inimigos que nos perseguem. Temos, pois, de limitar-nos à defesa, deixando, apenas, que os perversos sejam atingidos pelo reflexo de sua maldade. E basta isso para castigá-los.

Mandou traçar, prolongado à soleira da porta, uma linha emblemática de pólvora.

– Concentração, pediu. Coração limpo e pensamento firme em Deus, nosso Pai. O nosso fogo vai ser aceso, com o de lá.

Silenciosos, as frontes inclinadas, os assistentes tinham o aspecto grave de pessoas absorvidas por uma ideia, ou presas à engrenagem de um raciocínio, na solução de algum problema.

E na vibração desse silêncio, sem que se lhe chegasse lume, como se se incendesse espontaneamente, a linha emblemática de pólvora explodiu num rápido clarão, enchendo a sala de fumaça.

Obras publicadas por Leal de Souza

O Álbum de Alzira (Porto Alegre, 1899)
Bosque Sagrado (Rio de Janeiro, 1917)
A Mulher na Poesia Brasileira (Rio de Janeiro, 1918)
A Romaria da Saudade (Rio de Janeiro, 1919)
Canções Revolucionárias (Rio de Janeiro, 1923)
No Mundo dos Espíritos (Rio de Janeiro, 1925)
O Espiritismo, a Magia e as Sete Linhas da Umbanda (Rio de Janeiro, 1933)

A Rosa Encarnada – romance espírita (Rio de Janeiro, 1934)
Getúlio Vargas (Rio de Janeiro, 1940)
Transposição dos Umbrais (opúsculo editado pela Federação Espírita Brasileira, editado em 1941, sobre a conferência proferida na mesma instituição em 1924, Rio de Janeiro) Leal casou-se, em 03/10/1918, com Gabriella Ribeiro Leal de Souza.
Faleceu em 01/11/1948 no Rio de Janeiro.
O seu necrológio foi publicado no *Jornal do Brasil*, pagina 11, terça feira, 2 de novembro de 1948.

Tabelião Leal de Souza
(Falecimento)

Gabriella Ribeiro Leal de Souza, Luiz Alberto Leal de Souza, Victor José Leal de Souza, Lauro Walter Leal de Souza, Regina Maria Vairão Leal de Souza, Sonia Gaertner Leal de Souza e Ana Maria Vairão Leal de Souza, esposa, filhos, noras e neta comunicam aos seus parentes e amigos o falecimento de **ANTONIO ELIEZER LEAL DE SOUZA**, ocorrido ontem em sua residência, à Rua Santa Alexandrina n. 255, de onde sairá o féretro às 16 horas de hoje, para o Cemitério de São João Batista.

O jornal *A Manhã* publicou uma matéria sobre o seu falecimento:

Faleceu Leal de Souza
Jornal A Manhã – 02/11/1948

Após curta enfermidade, faleceu, ontem, em sua residência, à Rua Santa Alexandrina n. 255 vitimado por um colapso cardíaco, o conhecido jornalista, poeta e escritor Leal de Souza.
Durante alguns anos, o extinto exerceu o cargo de secretario e redator-chefe do *A Noite* e, mais tarde, exerceu idênticas funções no extinto jornal *A Nota*.
Não foi somente como jornalista vibrante que Leal de Souza se destacou. Seu único livro de poesias *Bosque Sagrado* mereceu os mais alevantados louvores da crítica, quando apareceu. Como cronista deixou páginas de colorido original na revista *Careta*, de que foi diretor.
Tendo, como jornalista, feito uma série de reportagens so-

bre o Espiritismo, acabou se convertendo a este credo religioso e tornando-se dele um fervoroso defensor. Deixa o extinto mais dois ou três livros de prosa.

Ultimamente, tendo sido nomeado para titular de um Cartório de Notas, Leal de Souza abandonou definitivamente o jornalismo.

Tendo sido acometido, há dias de pertinaz enfermidade, ontem veio a falecer em sua residência, rodeado de sua família e pessoas amigas.

Leal de Souza morreu aos 68 anos de idade, deixando viúva D. Gabriella Ribeiro Leal de Souza e três filhos, sendo dois maiores e um menor.

O enterro do saudoso homem de letras sairá, hoje, da residência da família, à Rua Santa Alexandrina nº 255, para o Cemitério São João Batista, às 16 horas.

Em uma de suas entrevistas, no final de 1974, Zélio de Moraes fez referência à presença espiritual de Leal de Souza:

Pois bem, nessa ocasião em que o Caboclo se manifestou, ele fez uma porção de referências do que ia acontecer e infelizmente tem acontecido. Nós estamos perto de 75 e assistimos também alguma coisa pra chamar essa humanidade a acreditar em um Deus poderoso, em um Deus criador e nós devemos vencer com a Umbanda. Aqui estão o dr. Meirelles, Capitão Pessoa, Leal de Souza, Bandeira, salve, são eles que me acompanham, me ajudam na terra, estão no espaço e também estão me ajudando, por isso eu solicito. Anísio também salve.

Em outra entrevista, em 1971, o Caboclo das Sete Encruzilhadas também referenciava Leal de Souza:

Veio então mais tarde a formação de um jornal de propaganda para a nossa Umbanda, aí contamos com o secretario da Tenda, Luiz Marinho da Cunha, contamos com Leal de Souza e outros que eram fervorosamente espíritas pelas coisas que ele sentia e pelas coisas que ele recebeu, das graças de Deus, transmitidas por nós a sua pessoa.

Encerramos este capítulo transcrevendo a entrevista, de 1934, com Leal de Souza, publicada no *Jornal de Umbanda*.

Umbanda – Uma religião típica do Brasil

Diz Leal de Souza: A Linha Branca de Umbanda é realmente a Religião Nacional do Brasil, pois que, através de seus ritos, os espíritos ancestrais, os pais da raça, orientam e conduzem sua descendência. O precursor da Linha Branca foi o Caboclo Curuguçu que trabalhou até o advento do Caboclo das Sete Encruzilhadas que as organizou, isso é, que foi incumbido pelos guias superiores, que regem o nosso ciclo psíquico, de realizar na terra a concepção do Espaço. Esse espírito une a intransigência à doçura. Quando se apresentou pela primeira vez, em 15 de novembro de 1908, para iniciar sua missão, mostrou-se como um velho de longa barba branca; vestia uma túnica alvejante, que tinha em letras luminosas a palavra *caridade*. Depois, por longos anos, assumiu o aspecto de um caboclo vigoroso; hoje é uma claridade azul no ambiente das tendas. A sua missão é, portanto, a de preparar espíritos encarnados e desencarnados que deverão atuar no espaço e na terra, na época futura em que ocorrerá um acontecimento da importância do advento de Jesus no mundo antigo. O Caboclo das Sete Encruzilhadas chama a Umbanda os serviços de caridade e demanda, os trabalhos para neutralizar os desfazer os da magia negra. A organização da Linha é um primor minucioso. Espanta a sabedoria dos espíritos que se apresentam como caboclos e pretos velhos a que são tanto mais humildes e quanto mais elevados. Em geral, as pessoas que frequentam as sessões, não as conhecem na plenitude de sua grandeza, porque tratam do seu caso pessoal, sem tempo para outras explanações. O Caboclo das Sete Encruzilhadas, que é dotado da rara eloquência, quando se manifesta em público, costuma adaptar a sua linguagem à compreensão das pessoas menos cultas, que são consideradas como sendo as mais necessitadas de conforto espiritual. Foi esse espírito que há vinte anos, conforme ficou apurado em inquérito policial, reproduziu o milagre do Divino Mestre, fazendo voltar à vida, uma moça cuja morte fora atestada pelos médicos. Pai Antonio, o principal auxiliar do Caboclo das Sete Encruzilhadas, e que baixa pelo mesmo aparelho, Zélio de Moraes, e que eu já vi discutir medicina com os doutores. É o espírito mais poderoso do meu conhecimento.

A seguir, Leal de Souza referiu-se a outras Entidades que baixaram em Tendas de Umbanda:

Diamantino Fernandes Trindade

Na Tenda São Jerônimo, há entre outros, dois espíritos de grande poder e vasta ciência que utilizam o mesmo aparelho, Anízio Bacinca: Pai João da Costa do Ouro e o Caboclo da Lua. Este, quando saiu da minha Tenda para fundar a de Xangô, estava ditando a um oficial do Exército um livro sobre o Império dos Incas. O Chefe do Terreiro da Tenda Oxalá é Pai Serafim e seus trabalhos têm produzido milagres; baixa por Paulo Lavois, médico como não há muitos. Pai Elias, baixa pelo Doutor Maurício Marques Lisboa, presidente da Tenda Filhos de Santa Bárbara. É velhíssimo e sapientíssimo. Segundo outros guias, esse espírito em uma de suas encarnações, foi Sumo Sacerdote da Babilônia e depois Papa, em Roma, para chegar como Preto Velho no terreiro de Umbanda. Nota-se que Pai Elias foi Sumo Sacerdote, mas seu aparelho não é Sumo Sacerdote de Umbanda. O individuo que se envaidece desse título seria um doente de vaidade e morreria de ridículo... Catumbé, da Tenda São Miguel, baixa pela Sra. Corina da Silva, presidente da Tenda São Pedro, na Ilha do Governador, é um espírito de saber profundo, que abrange a literatura, a filosofia de todos os tempos. Os seus trabalhos produzem efeitos miraculosos. Citei apenas alguns espíritos de meu conhecimento, pois como esses, os há em todas as tendas. Não esqueçamos que o labor desses espíritos tem duas finalidades: atrair a criatura e ensiná-la a amar e servir o próximo. Com a sua manifestação, pelo corpo dos médiuns, provam a imortalidade da alma e os benefícios que fazem, servem para elevar o beneficiário, pela meditação ao culto do amor a Deus e, portanto, à prática de suas Leis.

Para maiores detalhes sobre a vida de Leal de Souza remeto o leitor para a obra *Antonio Eliezer Leal de Souza: o primeiro escritor da Umbanda*, de minha autoria, publicado pela Editora do Conhecimento.

Uma ampla visão sobre a literatura umbandista pode ser encontrada na minha obra *A Construção Histórica da Literatura Umbandista*, também publicada pela Editora do Conhecimento. Nesse livro o leitor encontrará uma abordagem rebuscada sobre: A Umbanda na ótica dos umbandistas; A Umbanda na ótica da Antropologia e da Sociologia; A Umbanda na ótica da Igreja Católica; A Umbanda na ótica do Kardecismo e a Umbanda na ótica das revistas.

Figura 43: Leal de Souza em 1913.

Figura 44: Leal de Souza retratado no livro *Antologia dos Imortais* (Chico Xavier e Waldo Vieira).

Diamantino Fernandes Trindade

Figura 45: Capa do livro *No Mundo dos Espíritos*.

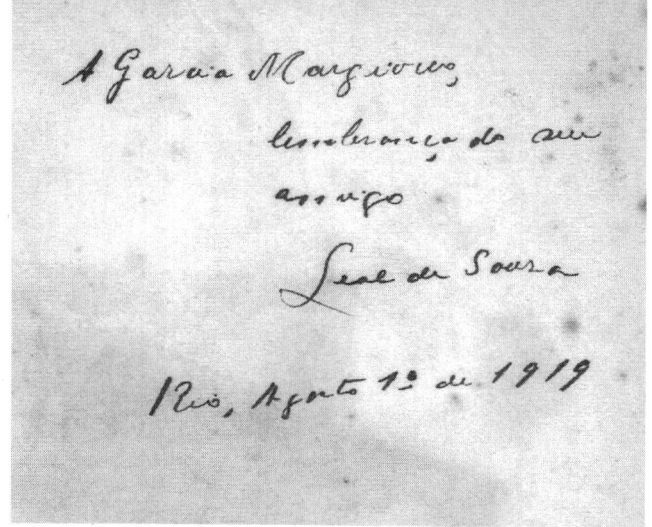

Figura 46: Dedicatória de Leal de Souza (*A Romaria da Saudade*) a um amigo.

História da Umbanda no Brasil

Figura 47: Reunião da Sociedade dos Homens de Letras, em 1915. Olavo Bilac aparece na foto indicado pelo número 15. Leal de Souza é o último à direita (em pé).

Diamantino Fernandes Trindade

Figura 48: Primeira página do jornal *Diário de Notícias*, de 8 de novembro de 1932, que apresentava a série de artigos intitulada *O Espiritismo, a Magia e as Sete Linhas de Umbanda*, de Leal de Souza.

ESPIRITISMO,

Magia e as Sete Linhas de Umbanda

O SR. LEAL DE SOUZA VAE SE OCCUPAR DO ASSUMPTO, NO SENTIDO EXPLICATIVO, PELAS COLUMNAS DO *DIARIO DE NOTICIAS*

UM "DESPACHO"

Figura 49: Detalhe da Primeira página do jornal *Diário de Notícias*, de 8 de novembro de 1932, que apresentava a série de artigos intitulada *O Espiritismo, a Magia e as Sete Linhas de Umbanda*, de Leal de Souza.

Diamantino Fernandes Trindade

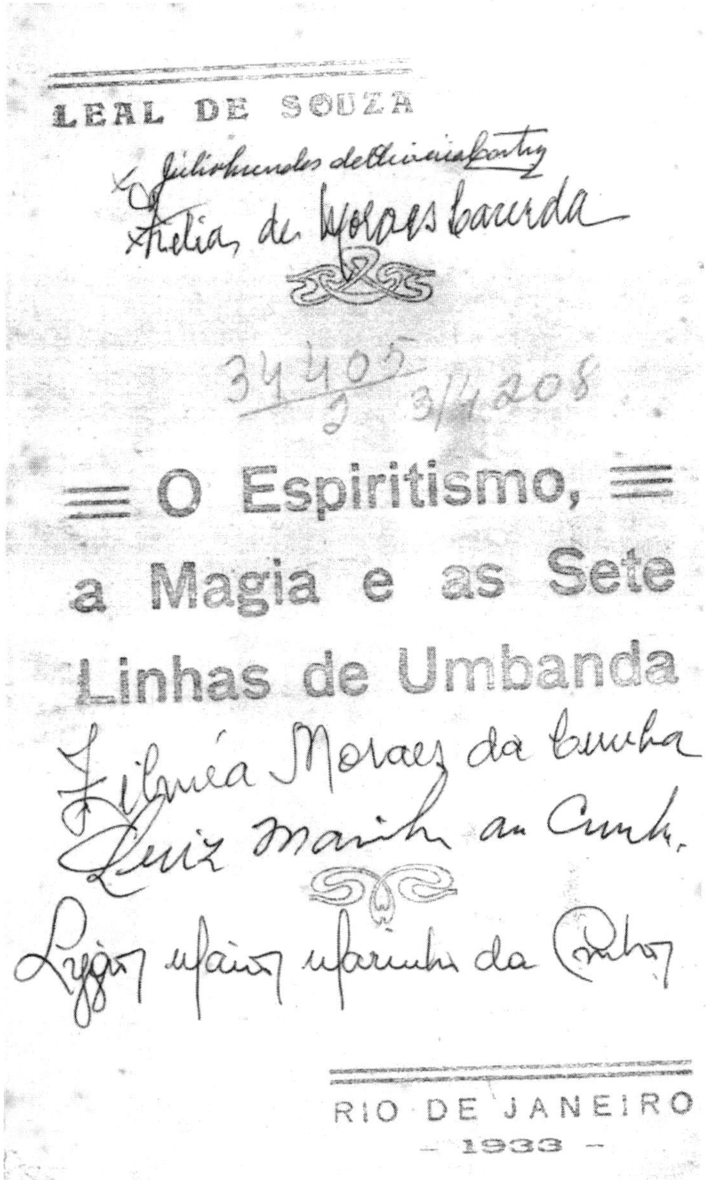
LEAL DE SOUZA

O Espiritismo, a Magia e as Sete Linhas de Umbanda

RIO DE JANEIRO
— 1933 —

Figura 50: Frontispício da primeira edição do livro ***O Espiritismo, a Magia e as Sete Linhas da Umbanda***. Cópia que foi oferecida por Dona Zilméia a Ronaldo Linares em 1984.

23. Orixá Malet – um novo reforço

A partir de 1913 passou a atuar, por meio da mediunidade de Zélio de Moraes, uma Entidade de Ogum, o espírito de um malaio, que se identificava como Orixá Malet. Esse espírito portentoso, emissário da Luz para as sombras, atuava mais no terra-a-terra e trouxe consigo do espaço dois auxiliares, que haviam sido malaios na última encarnação. Ele veio para auxiliar nas curas dos obsedados e no combate a magia negra.

Baixou e permaneceu em missão junto às sete tendas mestras, dispondo, dentre os elementos do Caboclo das Sete Encruzilhadas, de todas as falanges de demanda, de cinco falanges selecionadas do Povo da Costa, semelhante às tropas de choque dos exércitos da Terra, além de arqueiros de Oxóssi, inclusive núcleos da falange do Caboclo Ubirajara.

Esse Caboclo que havia sido um príncipe em uma ilha oriental em sua última encarnação, manipulava com maestria, as energias sutis da Natureza, exigindo para determinados trabalhos, a calma dos campos, a altura das montanhas, o retiro das florestas ou as ondas do mar.

No site da Tenda Nossa Senhora da Piedade[1] encontramos:

> Orixá Malet foi a entidade que trouxe do Astral, a simbologia dos pontos riscados da Umbanda como a magia, e, pos-

1 *www.tendaespiritanspiedade.com.br*

teriormente como identificação das entidades que se manifestavam. Além disso, os ponteiros de aço para firmarem os pontos de magia que eram riscados através da pemba.

Detentor de conhecimentos das forças da natureza, e responsável por introduzir na Umbanda as oferendas para os Orixás, ele também utilizava destas comidas para desmanchar os trabalhos de magia negra dos que buscavam ajuda na Tenda, além de alguns animais, sempre utilizados vivos em seus rituais, destruindo as energias maléficas dos que lhes procuravam.

A sua comunicação ocorria, principalmente, por meio de gestos, sendo os cambonos que trabalhavam com ele há algum tempo os responsáveis pela tradução do que ele transmitia aos consulentes, até de Pai Antonio que trazias as suas ordens.

Leal de Souza, um dos fiéis seguidores de Zélio de Moraes e que conviveu vários anos com essa Entidade, descreve esse espírito e relata dois casos presenciados por ele:[2]

> Cada uma das Sete Linhas que constituem a Linha Branca de Umbanda e Demanda tem vinte um Orixás.[3]
> O Orixá é uma entidade de hierarquia superior e representa, em missões especiais, de prazo variável, o alto chefe de sua linha. É pelos seus encargos, comparável a um general, ora incumbido da inspeção das falanges, ora encarregado de auxiliar a atividade de centros necessitados de amparo, e, nesta hipótese fica subordinado ao guia geral do agrupamento a que pertencem tais centros.
> Os Orixás não baixam sempre, sendo poucos os núcleos espíritas que os conhecem. São espíritos dotados de faculdades e poderes que seriam terríficos, se não fossem usados exclusivamente em benefício do homem. Em oito anos de trabalhos e pesquisas, só tive ocasião de ver dois Orixás, um de Euxóce e outro de Ogum, o Orixá Malet.
> Entende esse "Capitão de Demanda", que as pessoas de responsabilidade nos serviços da Linha, necessitam, a quando em quando, de provas singulares, que lhes revigore a fé, e reacenda a confiança nos guias, e muitas vezes lhes dá, no decorrer dos trabalhos de sua direção. O Orixá Malet, de Ogum, baixou e permanece em nosso ambiente.

2 O Espiritismo, a Magia e as Sete Linhas de Umbanda.
3 Orixá significa "Senhor da Luz" ou "Senhor da Cabeça". Neste caso, Leal de Souza faz referências aos Orixás como entidades superiores e não como divindades tais como Ogum, Yemanjá, Xangô etc. (nota do autor).

Na primeira vez que o vi, a sua grande bondade, para estimular a minha humilde boa vontade, produziu uma daquelas esplêndidas demonstrações. Estávamos cerca de vinte pessoas em uma sala completamente fechada. Ele, sob a curiosidade de nossos olhos traçou alguns pontos no chão, passou em seguida, a mão sobre eles como se apanhasse alguma coisa; alçou a sinistra, e abrindo-a, largou no ar três lindas borboletas amarelas e, espalmando a destra na minha, passou-me a terceira.

– Hoje, quando chegares a casa e, amanhã, no trabalho, serás recebido por uma dessas borboletas.

E, realmente, tarde da noite, quando regressei ao lar e acendi a luz, uma borboleta pousou no meu ombro, e na manhã seguinte, ao chegar ao trabalho, surpreenderam-se todos os companheiros, vendo que outra borboleta, também amarela, como se descesse do teto, pousava-me na cabeça.

Tive ocasião de assistir a outra de suas demonstrações, fora desta Capital, à margem do Rio Macacu. Leváramos dois pombos brancos, que eu tinha a certeza de não serem amestrados, porque foram adquiridos por mim. Colocou-os o Orixá Malet, como se os prendesse sobre um ponto traçado na areia, onde eles quedaram quietos, e começou a operar com fluídos elétricos para fazer chover. Em meio à tarefa disse:

– Os pombos não resistem a esse trabalho. Vamos passá-los para a outra margem do rio.

Pegou-os, encostou-os à fronte do médium e alçando-os depois, soltou-os. Os dois pássaros, em um voo alvacento, transpuseram a caudal, e fecharam as asas na mesma árvore ficando, lado a lado, no mesmo galho.

Passada a chuva que provocara, disse:

– Vamos buscar os pombos.

Chegamos à orla. O Orixá Malet, com as mãos levantadas, bateu palmas e os dois pombos recruzando as águas, voltaram ao ponto traçado na areia.

Príncipe reinante, na última encarnação, em uma ilha formosa do Oriente, o delegado de Ogum é magnânimo, porém rigoroso, e não diverte curiosos: ensina e defende.

Exigem os seus trabalhos, tantas vezes, revestidos de transcendente beleza, a quietude plana dos campos, a oxigenada altura das montanhas, o retiro trescalante das flores ou a largueza do mar.

No site da Tenda Nossa Senhora da Piedade[4] podemos ler:

> Em depoimento de duas pessoas que foram seus cambonos,
> nos contam a seriedade e a rigidez dos seus trabalhos, no
> corpo franzino de seu médium, detinha uma força incalcu-
> lável, fazia coisas que seu aparelho jamais conseguiria se
> não estivesse com uma força superior atuando, e, sempre
> havia alguma surpresa como prova de fé em cada traba-
> lho seu. Por ser um espírito precursor e necessitar provar
> seus "poderes", a habilidade e a força exercidos em seus
> trabalhos, hoje raramente são encontrados nas tendas de
> Umbanda.

Orixá Malet tinha também a responsabilidade pelas sessões
de descarga na Tenda Nossa Senhora da Piedade, realizando as
limpezas fluídicas na véspera da sessão aonde o Caboclo das
Sete Encruzilhadas vinha explanar a sua doutrina. Conforme
os Estatutos da Tenda Nossa Senhora da Piedade,[5] ele tinha
a responsabilidade de classificar os médiuns que entravam na
corrente mediúnica da Tenda.

Algumas testemunhas contam que alguns médicos dos sanatórios de doenças consideradas mentais, como o de Jurujuba,
em Niterói, enviavam uma relação de doentes e o Orixá Malet,
incorporado em Zélio, indicava os que efetivamente eram portadores de perturbações psíquicas e aqueles que eram qualifi-
cados como obsedados pelos malefícios da baixa magia, tendo
a possibilidade de cura imediata, através dos procedimentos
ritualísticos preconizados pelo Caboclo das Sete Encruzilhadas:
"Estes, eu posso curar, podem se direcionar á residência do meu
aparelho. Os outros são realmente enfermos mentais, então a
cura compete à medicina vigente". Pai Juruá cita:[6]

> Somos sabedores que o Orixá Malet, em sua última en-
> carnação, foi um príncipe malaio, seguidor do Islamismo,
> trazendo-o e ensinando-o na África, Indonésia e por fim,
> em sua terra natal, a Malásia. Teve grande influência e ve-
> neração pelos ensinamentos espirituais espalhados princi-
> palmente entre os escravos da Cidade de Cabo. Ele é credi-

---

4 *www.tendaespiritanspiedade.com.br*
5 Vide setor de anexos no final do livro.
6 Umbanda: a manifestação do espírito para a caridade – módulo 1.

tado por ter trazido o Islã para a África do Sul. Pela grande penetração espiritual dada ao povo africano, pode ter recebido o nome – "Malê – que na língua Yorubá quer dizer "muçulmano". Portanto, esse poderia ser efetivamente seu nome correto.

Muitas conjecturas tem sido feitas em relação às práticas trazidas por Orixá Malet. Em 2007, Claudio Zeus entrevistou Dona Lygia Cunha e uma das perguntas foi sobre o tema:

Pergunta: Há pouco tempo uma revista de Umbanda publicou uma reportagem onde Dona Zilméia teria dito que matavam um porco para Ogum uma vez por ano e que isso era feito desde os tempos do senhor Zélio. Por tudo que já conhecia da Umbanda do Caboclo das Sete Encruzilhadas, sempre soube que sacrifícios de animais eram proibidos pelo Caboclo. Como se explica então essa "imolação de um porco para Ogum", se nem seria este o animal adequado, de acordo com os rituais afros? Esse comentário deu origem a diversos debates em que os africanistas afirmavam que o Caboclo das Sete Encruzilhadas também fazia sacrifícios.

Resposta: O ritual para elaboração da comida de Ogum foi trazido por Orixá Malet (uma das entidades que atuavam junto ao Caboclo das Sete Encruzilhadas, também de meu avô) que seria obrigatoriamente um sarapatel, feito com os miúdos de um porco castrado, por isso usava-se o animal com esta característica. Ele era morto por uma pessoa de fora do Terreiro, fora da Tenda Espírita Nossa Senhora da Piedade, habilitado e contratado para tal. A carne era usada como alimento para qualquer refeição. Isto seria sacrifício? Hoje não mais existe esta contratação e a comida é feita, como para todos os Orixás, compra-se os ingredientes nos mercados. E quanto a sua dúvida, não ser o porco adequado nos rituais afro, nada sei; nós estamos falando da Umbanda do Caboclo. Não fazemos sacrifícios; qualquer dúvida é só visitar-nos.

Vejamos mais um dos seus fenomenais trabalhos de materialização do Orixá Malet:

Diamantino Fernandes Trindade

Ação de um espírito sobre um sapo

Leal de Souza – Diário de Notícias
28/12/1932

Tenda Nossa Senhora da Piedade. Sala de oito metros de comprimento sobre três de largura. Os trabalhos, com a assistência de quinze pessoas, correm serenos com a regularidade harmoniosa de sempre, sob a direção espiritual do Orixá Malet, da falange de Ogum, incorporado em seu médium. Um cavalheiro estabelecido em rua do Centro, na Capital Federal, porem morador no subúrbio, em Engenho de Dentro, recorrera aquele espírito, queixando-se, ao mesmo tempo, de males no corpo e desorientação nos negócios e atribuindo a causas espirituais esses infortúnios.

O trabalhador, isto é, o chefe superior das falanges de Demanda das Tendas de Maria, estabeleceu, com precisão rigorosa, as causas espirituais desses malefícios, confirmando as suspeitas da vitima deles: tratava-se de um caso de magia. Continuando a investigar, determinou quem a encomendara, a razão desse recurso às forças ocultas, o preço ajustado e pago para desfechar o golpe, o individuo com que se fez o negócio macabro, as entidades do espaço que o realizaram, o local onde foi executado.

Era necessário neutralizá-lo, desfazendo-o, e esse trabalho não comportava demora ou atraso. E o Orixá começou imediatamente a realizá-lo, sem ferir as atenções, pois todos os presentes estavam mais ou menos habituados a esse gênero defensivo de praticas de caridade.

A sessão durava uma hora. Súbito, o Orixá declarou:

– É preciso um sapo.

Não era possível, aquela hora, naquela sala, arranjar um sapo. Visse se podia fazer o trabalho com outro meio, pediram as pessoas de responsabilidade na Tenda.

– É indispensável um sapo: repetiu o delegado de São Jorge.

Algo irritado, um dos auxiliares humanos exclamou:

– Mas, Orixá, onde é que vamos arranjar um sapo a esta hora?

Outro acrescentou:

– O Orixá deveria ter pedido antes de começar o trabalho.

– Também o senhor R... vem à ultima hora fazer a consulta, e quer logo fazer o trabalho, admoestou outro.

Severo, erguendo-se, o Orixá circungirou o olhar pelos circunstantes, e impondo-lhes silencio, mandou-os que se ali-

nhassem em duas filas, da porta da rua, à janela fechada do fundo. Pediu um copo de vidro, e colocou-o no chão, entre as duas fileiras, no extremo interior, e sentando-se no soalho, solicitou e acendeu um charuto.
– Abram a porta. Escancarem-na ordenou.
Aberta a porta explicou:
– Vamos esperar o sapo. Ninguém sai do seu lugar, ninguém fala. Concentração.
– Concentrar no sapo, Orixá?
Num gesto violento de negação contrariada, sacudiu a cabeça, e, depois, alçando a mão, indicou o alto.
– Deus.
E completou:
– E chamo o sapo...
Quedaram-se, todos, num silencio cheio de vibrações mentais, olhos postos no chão, alguns, outros as pálpebras caídas, muitos mirando, fora, as ramagens das árvores em oscilação sob o sussurro leve da brisa, enquanto, o olhar no copo, o busto do médium apoiado nas mãos espalmadas no soalho, o charuto à boca, o Orixá baforava, envolvendo-se em fumaça.
Transcorreram dez, quinze, quase vinte minutos, e de dentro da noite, como se brotasse da terra, um sapo, aos saltos, chegou à porta, e, transpondo-lhe a soleira, entrou na sala, e, coaxando e pulando, passou entre as duas filas de pessoas, até chegar ao extremo do aposento, para, no salto final, meter-se no copo.
O Orixá, sem espanto, sem espalhafato, disse aquele em cuja defesa trabalhava:
– Pegue esse copo, e na primeira encruzilhada, devolva esse sapo a quem lh'o mandou. E acabou-se o seu mal. Tudo vai melhorar: a saúde e os negócios.
E assim foi de fato. Para o cavalheiro em questão, tudo melhorou: da saúde aos negócios.

Orixá Malet foi a terceira entidade a incorporar em Zélio de Moraes, e como fazia o médium dispender muita energia em seus trabalhos, foi a primeira a parar de incorporar na direção da Tenda Espirita Nossa Senhora da Piedade.

24. Zélio de Moraes

> Zélio de Moraes foi um médium exemplar e com o Caboclo das Sete Encruzilhadas se conjugaram numa brilhante missão. Foram **vanguardeiros ostensivos** que plantaram as primeiras sementes de reação e do protesto doutrinário, contra as práticas fetichistas das matanças e dos sacrifícios a divindades etc.
>
> W.W. DA MATTA E SILVA

O Caboclo das Sete Encruzilhadas, que muitas vezes era chamado *O Chefe* pelos seus adeptos, nunca permitiu que seu médium recebesse qualquer remuneração pelos trabalhos espirituais realizados. Zélio nunca exerceu a mediunidade como profissão e trabalhava para sustentar a família e diversas vezes contribuía financeiramente para a manutenção das tendas fundadas pelo Caboclo. É sempre bom lembrar as suas palavras: *a Umbanda é a manifestação do Espírito para a caridade.*

Zélio nasceu em 10 de abril de 1891, no distrito de Neves, município de São Gonçalo, Rio de Janeiro.[1] Era filho de Joaquim Fernandino Costa, oficial da Marinha, e Leonor de Moraes. Casou-se aos 18 anos com Maria Izabel Morse de Moraes (mais conhecida como Dona Manacá), tendo quatro filhos: Zarcy (jogador de futebol do Botafogo), Zélio,

---

1 No bairro do Camarão, em São Gonçalo, existe a Rua Zélio de Moraes.

Zélia e Zilméia. Casou-se cedo porque o Caboclo das Sete Encruzilhadas não queria que perdesse tempo pelo mundo das ilusões. Após o casamento começou a trabalhar como eletricista do Estado. Mais adiante abriu uma farmácia e mais tarde foi ampliada para drogaria. No jornal *Correio da Manhã*, de 2 de dezembro de 1933 encontramos uma referência a participação de Zélio em uma firma de exploração de hulha:

JUNTA COMERCIAL
Sessão de 27 de novembro de 1933
CONTRATOS

De Hulha Brasileira Companhia Limitada, firma composta dos sócios solidários João Alfredo Ravasco de Andrade, Alda Ravasco Wilson, Celina Pecego Ravasco e Zélio Fernandino de Moraes, para o comércio de jazidas de hulha, com capital de 2.000:000$000, prazo 5 anos.

O pai de Zélio era questionado em diversas ocasiões por pessoas que queriam saber, como ele aceitava o que ocorria em sua residência com as sessões e muitas pessoas na porta de sua casa pedindo ajuda. Sua resposta era sempre a mesma: prefiro ter um filho médium a um filho louco.

Em 1963, após 59 anos de atividade junto a Tenda Nossa Senhora da Piedade, Zélio transferiu a direção dos trabalhos para as suas filhas Zélia e Zilméia e passou a viver em "Boca do Mato", no município de Cachoeiras de Macacu, a 160 quilômetros do Rio de Janeiro, ao lado de sua esposa Dona Izabel, médium do Caboclo Roxo. Nesse recanto privilegiado da Natureza, continuou a atender os necessitados do corpo e da alma, fundando a Cabana de Pai Antonio. Tive o privilégio de ficar hospedado durante três dias nesse santuário da natureza, em 1985, participando do ritual de amaci comandado pelo Caboclo Sete Flechas, incorporado em Dona Zélia de Moraes. Zélio passava os seus dias atendendo os portadores de enfermidades psíquicas e todos que a ele recorriam.

Foi fundador de aproximadamente dez mil tendas a partir da Tenda Espírita Nossa Senhora da Piedade ou das sete tendas mestras que veremos mais adiante. Quando era possível,

Diamantino Fernandes Trindade

acompanhava pessoalmente o processo de fundação das tendas. A mediunidade nunca foi a sua profissão, nunca se valeu da religião para sustentar a família.

Em suas entrevistas, Zélio lembrava o nome de vários de seus colaboradores mais antigos: Júlio Viana, médium excepcional de transporte e incorporação; deputado José Meirelles, que se tornou presidente da Tenda São Pedro; o advogado Belarmino Tati; o seu cambono, General Alfredo Marinho Ravasco; o General Aristóteles Santos; José Bustamante de Sá; José Albino Coelho; Alfredo Rego; Olívio Novaes; Leal de Souza; João Salgado; José Mendes; Paulo Lavois; José Álvares Pessoa e Floriano Manoel da Fonseca.

Dona Zélia de Moraes declarou em 1990 que, além do trabalho nas giras de caridade, Zélio dava muitas consultas através da psicografia. Com a idade avançada e saúde debilitada, retornou à Niterói para tratamento médico. Preparado pelos seus mentores espirituais e prevendo o seu desencarne, um dia antes da sua passagem para o Astral, entregou a guia do Caboclo das Sete Encruzilhadas para sua filha Zilméia. Pouco tempo antes, havia presenteado Ronaldo Linares com a guia do Povo do Oriente.

Depois de 66 anos de mediunidade, Zélio desencarnou em um sábado, dia 3 de outubro de 1975, aos 84 anos, sendo sepultado no Cemitério de Maruí, em Niterói. Em 13 de outubro do mesmo ano, o jornal *Noticias Populares*, de São Paulo, publicou uma reportagem com o seguinte título: "Fundador da Umbanda recebia um ex-padre". Em um dos trechos da reportagem podemos ler:

> Poucos umbandistas de São Paulo foram ao enterro de Zélio de Moraes, o fundador do primeiro terreiro de Umbanda no Brasil. Ronaldo Linares, presidente da Federação Umbandista do Grande ABC, e Norma Linares foram os únicos presentes ao sepultamento de Zélio de Moraes em Niterói, Estado do Rio.

Em outro trecho temos:

> Em agosto de 1939, Zélio de Moraes fundou a Federação Espírita de Umbanda e, em 1949, participou da fundação do Jornal de Umbanda. Depois de meio século dirigindo

os trabalhos, passou a direção da Tenda Nossa Senhora da Piedade à suas filhas Zélia e Zilméia, continuando na Cabana de Pai Antonio. O radialista Ronaldo Linares, que foi seu amigo durante muitos anos e que hoje preside a Federação Umbandista do Grande ABC, gravou a última mensagem dada pelo Caboclo das Sete Encruzilhadas através do médium Zélio de Moraes:

"Meus irmãos: sejam humildes. Tragam o amor no coração para que vossa mediunidade possa receber espíritos superiores, sempre afinados com as virtudes que Jesus pregou na Terra, para que os necessitados possam encontrar socorro nas nossas casas de caridade. Aceitem meu voto de paz, saúde e felicidade com humildade, amor e carinho."

Fato curioso ocorreu durante o sepultamento. O corpo de Zélio, já alquebrado por 84 anos de luta, encontrava-se gasto, magro e ocupava uma urna comum. Todavia, para surpresa de todos, seu caixão não coube na campa a ele destinada. Foi necessário aumentar a campa, demolindo-a parcialmente para dar passagem ao caixão. Até parecia que a terra não queria receber o seu corpo ou não se sentisse digna de recebê-lo. Poderia ser também uma prova do Caboclo das Sete Encruzilhadas a dizer: *vede como é pequeno o vosso mundo para receber tão grande homem.*

Até as vésperas do seu desencarne, continuava atendendo aos necessitados, realizando curas, dando provas constantes de sua clarividência. Enfermo, deixara o sítio de Boca do Mato e permanecia na residência de Neves, em tratamento. No dia 30 de setembro disse ao genro Júlio de Oliveira Castro, que o visitava diariamente:

– Só mais três dias e estarei bom.

Realmente, três dias depois Zélio retornava à vida espiritual.

Entrevista com Zélio de Moraes

Em 1972, a jornalista Lilia Ribeiro realizou uma entrevista com Zélio de Moraes na Cabana de Pai Antonio em Boca do Mato, uma pequena localidade no município de Cachoeiras de Macacu, no Rio de Janeiro. Mostraremos alguns trechos dessa entrevista publicada pela revista Gira de Umbanda, número 1.

Perguntei-lhe como ocorrera a eclosão de sua mediunidade e de que forma se manifestara, pela primeira vez, o Caboclo das Sete Encruzilhadas.

– Eu estava paralítico, desenganado pelos médicos. Certo dia, para surpresa de minha família, sentei-me na cama e disse que no dia seguinte estaria curado. Isso foi a 14 de novembro de 1908. Eu tinha 18 anos. No dia 15 de novembro, amanheci bom. Meus pais eram católicos, mas, diante dessa cura inexplicável, resolveram levar-me à Federação Espírita em Niterói, cujo presidente era José de Souza. Foi ele mesmo quem me chamou para que ocupasse um lugar à mesa de trabalhos, à sua direita. Senti-me deslocado, constrangido, em meio àqueles senhores. E causei logo um pequeno tumulto. Sem saber por que, em dado momento, eu disse: "Falta uma flor nesta mesa; vou buscá-la". E, apesar da advertência de que não me poderia afastar, levantei-me, fui ao jardim e voltei com uma flor que coloquei no centro da mesa. Serenado o ambiente e iniciados os trabalhos, verifiquei que os espíritos que se apresentavam, aos videntes, como índios e pretos, eram convidados a se afastar. Foi então que, impelido por uma força estranha, levantei-me outra vez e perguntei por que não podiam se manifestar esses espíritos que, embora de aspecto humilde, eram trabalhadores. Estabeleceu-se um debate e um dos videntes, tomando a palavra, indagou:

– O irmão é um padre jesuíta. Por que fala dessa maneira e qual é o seu nome?

– Respondi, sem querer:

– Amanhã estarei em casa deste aparelho, simbolizando a humildade e a igualdade que devem existir entre todos os irmãos, encarnados e desencarnados. E se querem um nome, que seja este: sou o Caboclo das Sete Encruzilhadas.

– Minha família ficou apavorada. No dia seguinte, verdadeira romaria formou-se na Rua Floriano Peixoto, onde eu morava, no número 30. Parentes, desconhecidos, os tios, que eram sacerdotes católicos e quase todos os membros da Federação Espírita, naturalmente em busca de uma comprovação. O Caboclo das Sete Encruzilhadas manifestou-se, dando-nos a primeira sessão de Umbanda na forma em que, daí para frente, realizaria os seus trabalhos. Como primeira prova de sua presença, através do passe, curou um paralítico, entregando a conclusão da cura ao Preto Velho, Pai Antonio, que nesse mesmo dia se apresentou. Estava criada a primeira tenda de Umbanda, com o nome de Nos-

sa Senhora da Piedade, porque assim como a imagem de Maria ampara em seus braços o Filho, seria o amparo de todos os que a ela recorressem. O Caboclo determinou que as sessões seriam diárias; das 20 às 22 horas e o atendimento gratuito, obedecendo ao lema: *daí de graça o que de graça recebestes.*
O uniforme totalmente branco e sapato tênis.
– Desse dia em diante, já ao amanhecer havia gente havia gente à porta, em busca de passes, cura e conselhos. Médiuns que não tinham oportunidade de trabalhar espiritualmente por só receberem entidades que se apresentavam como Caboclos e Pretos Velhos passaram a cooperar nos trabalhos. Outros, considerados portadores de doenças mentais desconhecidas revelaram-se médiuns excepcionais, de incorporação e de transporte.
– Na época – prossegue Zélio – imperava a feitiçaria; trabalhava-se muito para o mal, através de objetos materiais, aves e animais sacrificados, tudo a preços elevadíssimos. Para combater esses trabalhos de magia negativa, o Caboclo trouxe outra entidade, o Orixá Malet, que destruía esses malefícios e curava obsedados. Ainda hoje isso existe: há quem trabalhe para fazer ou desmanchar feitiçarias, só para ganhar dinheiro. Mas eu digo: não há ninguém que possa contar que eu cobrei um tostão pelas curas que se realizavam em nossa casa; milhares de obsedados, encaminhados inclusive pelos médicos dos sanatórios de doentes mentais. E quando apresentavam ao Caboclo a relação desses enfermos, ele indicava os que poderiam ser curados espiritualmente; os outros dependiam de tratamento material.

Perguntei então a Zélio, a sua opinião sobre o sacrifício de animais que alguns médiuns fazem na intenção dos Orixás. Zélio absteve-se de opinar, limitando-se a dizer:
– Os meus guias nunca mandaram sacrificar animais, nem permitiam que se cobrasse um centavo pelos trabalhos efetuados. No Espiritismo, não se pode pensar em ganhar dinheiro; deve-se pensar em Deus e no preparo da vida futura.

No final desta reportagem foi transcrito um trecho da mensagem do Caboclo das Sete Encruzilhadas quando da celebração do 63º aniversário da Tenda Nossa Senhora da Piedade:

A Umbanda tem progredido e vai progredir muito, ainda. É preciso haver sinceridade, amor de irmão para irmão, para

Diamantino Fernandes Trindade

que a vil moeda não venha a destruir o médium, que será mais tarde expulso, como Jesus expulsou os vendilhões do templo. É preciso estar sempre de prevenção contra os obsessores, que podem atingir o médium. É preciso ter cuidado e haver moral, para que a Umbanda progrida e seja sempre uma Umbanda de humildade, amor e caridade. Essa é a nossa bandeira. Meus irmãos: sede humildes trazei amor no coração para que pela vossa mediunidade possa baixar um espírito superior; sempre afinados com as virtudes que Jesus pregou na Terra, para que venha buscar socorro em nossas casas de caridade, em todo o Brasil.Tenho uma coisa a vos pedir: se Jesus veio ao planeta Terra na humilde manjedoura, não foi por acaso, não. Foi o Pai que assim o determinou. Que o nascimento de Jesus, o espírito que viria traçar à humanidade o caminho de obter a paz, saúde e felicidade, a humildade em que ele baixou neste planeta, a estrela que iluminou aquele estábulo sirva para vós, iluminando vossos espíritos, retirando os escuros de maldade por pensamento, por ações; que Deus perdoe tudo o que tiverdes feito ou as maldades que podeis haver pensado, para que a paz possa reinar em vossos corações e nos vossos lares. Eu, meus irmãos, como o menor espírito que baixou à Terra, mas amigo de todos, em uma concentração perfeita dos espíritos que me rodeiam neste momento, peço que eles sintam a necessidade de cada um de vós e que, ao sairdes deste templo de caridade, encontreis os caminhos abertos, vossos enfermos curados e a saúde para sempre em vossa matéria. Com o meu voto de paz, saúde e felicidade, com humildade, amor e caridade, sou e serei sempre o humilde Caboclo das Sete Encruzilhadas.

Em 1970, Lucy Plubins entrevistou Zélio de Moraes para o boletim *Macaia* da TULEF, ouvindo as impressões sobre o momento da primeira manifestação do Caboclo das Sete Encruzilhadas:

– Eu não tinha 18 anos. Sentia-me tolhido no meio daqueles senhores de cabeça branca. Ouvia minha voz dizer coisas que eu não entendia. Queria calar e continuava falando. A ideia de dirigir um templo assustava-me. Nunca pensara nisso. E a minha família estava apavorada...

Lilia Ribeiro dizia na década de 1970:

Nestes últimos anos visitamos Zélio frequentemente, na tranquilidade do sítio de Boca do Mato, próximo à sede da Cabana de Pai Antonio, onde ele residiu desde que passou a direção da Tenda da Piedade à filha Zélia, após tê-la dirigido durante 55 anos. Desse convívio guardamos várias orientações e registramos fatos que bem revelam a personalidade do mais velho médium de Umbanda.

De estatura mediana, franzino, cabelos grisalhos, olhar sereno e profundo, Zélio irradiava simpatia. Ao seu lado, sentíamos a vibração que emanava da sua figura miúda quando, entre o café e o cigarro, que não dispensava, na ampla varanda onde os pássaros voavam em liberdade, ao lado da esposa Izabel, médium do Caboclo Roxo e companheira constante do seu trabalho mediúnico, e das filhas Zélia e Zilméia, continuadoras da sua obra, relembrava, com extraordinária lucidez, os pormenores dos primórdios da implantação da Umbanda, evitando citar fatos que pudessem dar um relevo maior à sua atuação pessoal.

Certa vez, dizia ele, na roda de amigos que o visitavam quase todos os sábados:

– Na minha família todos são da Marinha: almirantes, comandantes, um capitão de mar e guerra. Só eu é que não sou nada.

A jornalista Lucy que se aproximava no momento, antes mesmo de se apresentar, retrucou:

– Almirantes ilustres, capitães de mar e guerra há muitos; o médium do Caboclo das Sete Encruzilhadas é um só.

Zélio era muito objetivo. Quando Lilia Ribeiro perguntou sobre o número de guias que deviam ser usados pelo médium, ele respondeu:

> – A guia deve ser feita de acordo com os protetores que se manifestam. Para o Preto Velho deve-se usar a guia de Preto Velho; para o Caboclo a guia correspondente ao Caboclo. É o bastante. Não há necessidade de carregar cinco ou dez guias no pescoço.

Como conheci Zélio de Morais
Ronaldo Linares

Em julho de 1972 eu estava em uma das minhas viagens

ao Rio de Janeiro, com fragmentos de uma informação que havia colhido de uma conversa com o sr. Demétrio Domingues, segundo o qual a mais antiga Tenda de Umbanda seria a Tenda de Zélio de Moraes. Eu me encontrava em São João do Meriti, já de saída para São Paulo, quando decidi que iria procurar essa pessoa, se é que ela realmente ainda existia. Depois de me informar de como chegar a Cachoeiras de Macacu, atravessei a ponte Rio-Niterói e tomando a estrada para Friburgo consegui chegar, depois de várias informações erradas.

Caia a tarde naquela cidade. Era dia de jogo do Brasil na Copa Independência, o que serviu para complicar meu trabalho. Em todo local que pedia informações, todos estavam com os olhos grudados na televisão. Meu carro, embora novo, tinha um mau contato no rádio e a minha companheira Norminha passou metade da viagem dando tapas embaixo do painel para ouvir o jogo. Várias vezes ela me disse que aquilo era uma loucura e que o melhor era voltarmos ao Rio de Janeiro, mas eu estava determinado a esclarecer o assunto de uma vez por todas.

Ao entrar na cidade, que é muito pequena, dirigi-me primeiro a um bar, pedindo as primeiras informações, pois eu contava encontrar uma pessoa muito popular na cidade. Fiquei muito surpreso quando ninguém soube dar-me nenhuma informação, nem quanto à figura de Zélio, nem quanto a sua tenda. Essa pessoa que eu procurava, se ainda estivesse viva, devia ser um ancião e, assim pensando, procurei uma farmácia, pois nessas pequenas comunidades o velho quase sempre frequenta regularmente a farmácia. Nova decepção: ninguém conhecia Zélio e nem havia ouvido falar de sua tenda. Cheguei a procurar a igreja local e indaguei ao padre, apresentando as minhas credenciais de repórter. Este também declarou nada saber a respeito de quem eu procurava (mais tarde vim, a saber, que a família Moraes não só era conhecida do padre, como participava financeiramente das realizações sociais da igreja).

Já quase desistindo, parei na padaria, em uma das travessas da cidade, e foi lá que encontrei o "louco". Demos-lhe este nome porque durante a nossa conversa ele pareceu não ser um indivíduo equilibrado. Afirmou conhecer Zélio e disse-me que ele tinha um bar em Boca do Mato. Contestei imediatamente, pois as informações que eu tinha diziam que Zélio morava em Cachoeiras de Macacu. Depois de muitas explicações, fiquei sabendo que Boca do Mato era um bairro desse município, com praticamente uma única rua que terminava na mata; daí o nome que lhe deram: Boca do Mato.

Um tanto temeroso ainda convidei o "louco" para que nos levasse até o local. Norminha estava apavorada com a minha atitude, achando que estávamos sendo conduzidos a uma emboscada. O cair da tarde era frio e garoava muito, lembrando uma tarde de inverno paulistano. A região serrana talvez propiciasse esse clima. Ao voltarmos à estrada, o "louco" apontava para uma propriedade mais bonita e dizia: "Eu vendi para o deputado, para o gerente do Banco do Brasil etc. Se fato ou não, o certo é que jamais ficaremos sabendo".

Finalmente, em uma curva da estrada, nenhuma casa aparente, ele nos pede para entrarmos à direita. Só a menos de dez metros da estrada é que eu consegui enxergar a saída. O receio transformou-se em medo. Apesar de tudo, fomos em frente: uma rua sinuosa, várias pontes, algumas casas esparsas nenhuma casa de comércio aberta. Paramos e ele disse: "é aqui". A casa estava fechada. Bati palmas várias vezes; em uma casa vizinha uma janela se abriu e uma senhora de meia-idade, muito atenciosa, perguntou:

– Vocês estão procurando quem? – Sem declinar o meu nome, expliquei que era repórter e precisava encontrar o sr. Zélio. Ela então me esclareceu: – O sr. Zélio está muito doente e não há ninguém em casa. Finalmente alguém confirmou que o sr. Zélio existia. Perguntei onde o encontraria e ela disse: – Ele está na casa da filha, em Niterói. Senti como se tivesse pisado em um alçapão, pois havia passado por Niterói e levei duas horas para chegar até ali. Teria de fazer todo o caminho de volta. Perguntei se ela teria o endereço. Ela, muito educada, respondeu: – Não sei exatamente onde eles moram, mas tenho o telefone da filha.

Depois de me assegurar de que realmente o apartamento ficava em Niterói, despedi-me. O louco estava eufórico, a informação era correta. Paramos em Cachoeiras de Macacu e eu o gratifiquei. Ele agradeceu e saiu correndo com o dinheiro em direção ao primeiro bar, "como um louco".

Voltei para Niterói. Norminha dizia que o louco era eu por continuar naquele busca inútil, mas me acompanhava, apesar de tudo. Já não se falava mais em futebol, somente se encontraríamos ou não o sr. Zélio. Chegamos por volta das 19 horas a Niterói. Assim que eu deixei a estrada, cruzei algumas ruas e cheguei a uma farmácia. "Cariocamente", estacionei o carro na calçada, desci, apresentei as minhas credenciais e pedi para usar o telefone. Logo à minha volta estava estabelecida a confusão. – O senhor é repórter? Foi crime? Onde foi? Quem morreu? Tentando ignorar as perguntas, consegui completar a ligação. Do outro lado da linha, uma voz de menina atendeu-me. Disse apenas que era de São Paulo, que queria entrevistar o sr. Zélio e que havia sido informado de que ele se encontrava naquele telefone. A mocinha pediu que eu esperasse um instante, e eu a ouvi transmitindo as informações que eu lhe dera. Outra voz no aparelho, desta vez a de uma senhora: explico os objetivos de minha visita (em nenhum momento declinei meu nome).

Ouço a pessoa com quem estou conversando dirigir-se a outra e explicar: – Papai, há uma pessoa de São Paulo ao telefone, que veio para entrevistá-lo. O senhor pode atendê-la? E, para minha surpresa, ouço lá no fundo uma voz cansada responder: – É o Ronaldo, minha filha, que estou esperando há tanto tempo. – É o homem que vai tornar meu trabalho conhecido em todo o mundo. Eu ouvia e não acreditava. Eu não havia dito a ninguém o meu nome, e, no entanto, ele sabia de tudo, como se estivesse informado. Pedi o endereço, trêmulo e emocionado. Não me saía da cabeça como ele sabia quem era eu. Agradeci ao farmacêutico e sai pisando fundo.

Na Avenida Almirante Ari Parreira, perguntei a um, a outro e finalmente estava defronte ao prédio. Um tanto receoso encostei o veículo. Tomei o elevador, estava tudo escuro. Passam os andares e finalmente o elevador para. Tive a impressão de que meu coração havia parado também. Descemos e à nossa frente havia duas portas. Bati à porta direita. A porta se abriu e era a mocinha gentil que me atendeu da primeira vez:

– Sr. Ronaldo?

– Perfeitamente.

– Um momentinho. A porta da sala é a outra e dona Zilméia vai atendê-lo.

O espaço que separava uma porta da outra não ultrapassava três metros. Com quatro passos estava diante da outra, que já começava a abrir-se. Diante de mim, uma senhora sorriu muito educada e perguntou: – O senhor é Ronaldo? Confirmei e apresentei Norminha, minha esposa.

A sala era um "L" e no canto direito um velhinho, usando pijama e uma blusa de lã por cima, sorriu para mim. O apartamento era modesto; havia um enorme aquário numa das pernas do "L". Ao ver a frágil figura do velhinho, veio-me à cabeça que aquele deveria ser, no mínimo, irmão gêmeo do Chico Xavier, tal a sua semelhança física com o famoso médium kardecista. Tomado de grande emoção, aproximei-me do sr. Zélio. Ele sorriu e disse, brincando: – Pensei que você não chegaria a tempo.

Não sei por que, mas aproximei-me, ajoelhei-me diante daquela figura simpática e tomei-lhe a bênção. Ele tomou minhas mãos, fez-me sentar a seu lado e repreendeu a Norminha, dizendo-lhe: – Por que você não queria vir para cá? Quando consegui falar, disparei uma rajada de perguntas. Eu estava totalmente abalado, o homem parecia saber tudo sobre mim e procurava acalmar-me, dizendo: – Sei perfeitamente o que você quer saber e não há motivo para que você esteja tão nervoso. Sua presença me acalmava. Dona Zilméia, depois de conversar conosco por uns quinze minutos, explicou que era dia de ela tocar os trabalhos e se desculpou, dizendo que precisava sair. Pedi-lhe o endereço da Tenda e depois de tudo anotado ela se retirou e fiquei na companhia do sr. Zélio.

Ele não tinha como saber quem eu era, em momento algum eu havia mencionado o meu nome a quem quer que fosse, que poderia ter lhe informado. Naquela manhã nem eu mesmo sabia que iria a sua procura e, no entanto, ele tinha realmente todas as respostas às minhas perguntas, e na maior parte do tempo se antecipava a elas, coisa que até hoje eu não consigo compreender. Eu estava diante de alguém como nunca havia visto antes. Finalmente eu encontrara o "homem".

Diamantino Fernandes Trindade

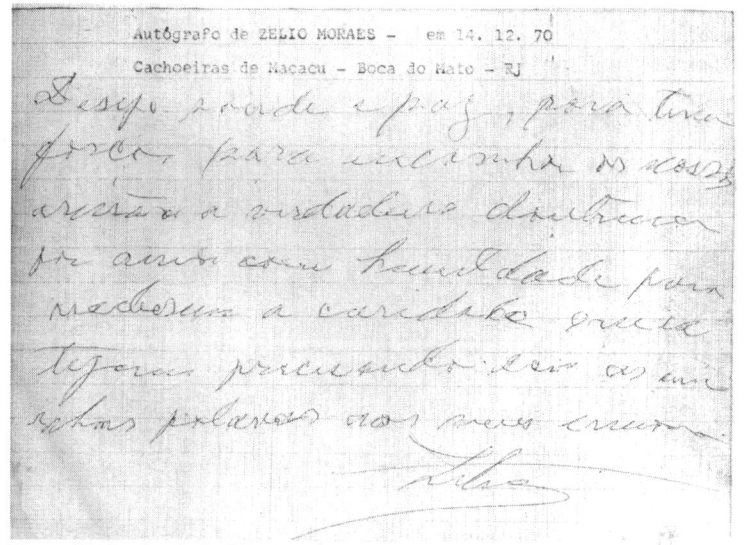

Figura 51: Autógrafo de Zélio de Moraes (14/12/1970).

Figura 52: Zélio de Moraes em 1971

História da Umbanda no Brasil

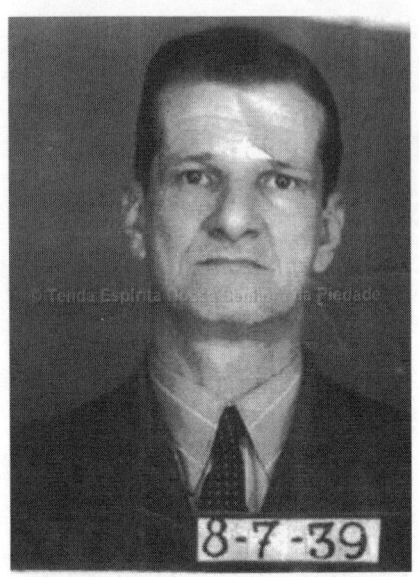

Figura 53: Zélio de Moraes em 1939.
Acervo da Tenda Nossa Senhora da Piedade.

Figura 54: Zélio de Moraes e Dona Izabel de Moraes na década de 1930.
Acervo da Tenda Nossa Senhora da Piedade.

Diamantino Fernandes Trindade

25. Zélio de Moraes no jornal Notícias Populares

O jornal *Notícias Populares*, de São Paulo, publicou uma matéria em 15 de junho de 1977 onde o tema abordado era feitura de santo e de cabeça na Umbanda. Nessa matéria, Zélio de Moraes apresenta uma mensagem aos umbandistas de São Paulo.

Umbanda não faz o santo nem feitura de cabeça

O fundador da Umbanda, o Caboclo das Sete Encruzilhadas (que foi padre em vidas anteriores) ao se incorporar no médium fluminense Zélio de Moraes, ditou as normas de como deviam funcionar os terreiros de Umbanda, praticando a caridade gratuita; sem tocar tambores (atabaques) nem palmas no acompanhamento dos cânticos; fazer desobsessões (descargas) transportando os espíritos maus para os médiuns de incorporação, doutrinando-os e afastando-os, aliviando os doentes, curando-os da falsa loucura.

Zélio de Moraes, que faleceu aos 83 anos, em 1975, aos ser entrevistado por Ronaldo Antonio Linares, presidente da Federação Umbandista do Grande ABC, na Rua Visconde de Inhaúma, 1174, Vila Gerty, em São Caetano do Sul, diz: Não havia Umbanda antes de 1908. Havia a chamada macumba, que era feita pelo Candomblé, por causa das oferendas aos santos. A

Umbanda não é macumba, não é Candomblé. Na Umbanda não se usa isso. Nós não batemos tambor (atabaque). Quem bate é a macumba. Nossa Umbanda não tem tambor e nem palmas, nem roupa de seda. Aqui, em meu terreiro, se usa roupa simples de algodão e sapato de corda ou descalço. Não tem seda, nem luxo. Tenho ouvido que muitos umbandistas aqui na Guanabara estão "fazendo santo". Médium fazer santo? Eu não creio nisso. Nós trazemos isso do berço. Ninguém bota santo na cabeça dos outros. Em nossas sessões, temos a preocupação de curar os loucos (desobsessões). Já foram curados muitos, que estavam em sanatórios e que eram de outras religiões. Eu trabalho com o Orixá Malet, de Ogum, que foi trazido pelo Caboclo das Sete Encruzilhadas para curar os loucos ou obsedados.

Incorporar Orixá?

Zélio de Moraes, na sua entrevista a Ronaldo Antonio Linares, tira a máscara de muitos chefes de terreiro que dizem ter Orixás incorporados.

— Orixá não se incorpora. São espíritos que trabalham na sua irradiação, na sua força. Não são os Orixás que se incorporam, mas os seus enviados. Na Umbanda não existe feitura de cabeça, nem coroação. Eu não acredito nisso. O Caboclo das Sete Encruzilhadas nunca mandou "fazer cabeça" de ninguém. Isso não existe. Nem isso, nem coroação. Existe em São Paulo uma federação de Umbanda, dirigida por falso umbandista, que obriga os chefes de terreiro a "fazerem o santo" e reúne os médiuns do terreiro para lhes tirar o dinheiro para que o pai de santo de "obrigação para o santo". Isso não existe na Umbanda. Estão corrompendo a Umbanda utilizando o ritual do Candomblé, que também não tem fundamento nenhum. Estão transformando os terreiros em rituais de Umbandomblé, e depois os chefes de terreiro não entendem nada de Umbanda, nem de Candomblé, conforme declarou o Senhor Demétrio Domingues, que está lutando para separar a Umbanda do Candomblé. Ele nos dizia:
— Umbanda não é Candomblé. Umbanda é Umbanda. Candomblé é Candomblé. Querer misturar as duas coisas só trás confusões, pois o chefe do terreiro passa a não entender

Diamantino Fernandes Trindade

nem de Umbanda, nem de Candomblé.
A verdade é que estão corrompendo a Umbanda, obrigando santo, dar obrigações para o santo, tirando dinheiro dos filhos de santo.

A mensagem de Zélio

A última mensagem de Zélio de Moraes é de 1973 e foi transmitida através de Ronaldo Antonio Linares pela Rádio Cacique de São Caetano do Sul. Era assim:

— Umbandistas de São Paulo. A vocês todos eu desejo muita paz e felicidade. Há muita gente em São Paulo que me conhece, pois por aí passei muitas vezes, curando doentes com rezas e preces. Com a fé que tenho muita gente ficou curada. Por isso, a esses irmãos de São Paulo, aos umbandistas que praticam a Umbanda sem pensar na vil moeda, no dinheiro, o meu abraço fraternal. O dinheiro estraga os homens e as mulheres. A vocês umbandistas sinceros, eu desejo muitas felicidades. Que Jesus irradie as vossas casas e os vossos corações. Que Jesus permita que as falanges do bem, que assistem a Umbanda de humildade, amor e caridade pura, a Umbanda criada pelo Caboclo das Sete Encruzilhadas, que é uma corrente poderosa, possa levar a cada lar uma centelha de luz, retirando de vossas casas os espíritos que estejam nas trevas, para que todos os enfermos sejam curados. Desejo a vocês paulistas, paz, saúde e felicidade. Salve a nossa Umbanda de humildade, amor e caridade.

Dois anos depois, em 1975, Zélio de Moraes falecia em Neves, próximo de São Gonçalo, no Estado do Rio. Durante toda vida lutou por uma Umbanda pura, não corrompida pelo dinheiro, com médiuns "dando de graça o que de graça estavam recebendo de Deus".

26. As Sete Tendas Mestras

A partir de 16 de novembro de 1908, as sessões da Tenda Nossa Senhora da Piedade seguiram as normas estabelecidas, apenas com algumas praxes doutrinárias do Espiritismo, por força da época e das circunstâncias, as quais foram depois, sendo adaptadas à realidade da Umbanda.

Dez anos após a fundação da Tenda Espírita Nossa Senhora da Piedade, o Caboclo das Sete Encruzilhadas recebeu do Astral a incumbência de fundar sete tendas, que seriam uma espécie de núcleos centrais, de onde se propagaria a Umbanda para todos os lados.

Oportunamente, em uma sessão de desenvolvimento e estudos, o Caboclo das Sete Encruzilhadas escolheu alguns médiuns para fundarem as novas Tendas. Leal de Souza[1] escreveu em 1932:

> O Caboclo das Sete Encruzilhadas fundou e dirige quatro tendas: Nossa Senhora da Piedade, em Neves, subúrbio de Niterói encravado no município de São Gonçalo e as de N. S. da Conceição, São Pedro e a de Nossa Senhora da Guia, na Capital Federal, além de outras no interior do Estado do Rio. O processo de fundação dessas tendas foi o seguinte: – O Caboclo das Sete Encruzilhadas, que é vulgarmente denominado de *O Chefe*, quer pelos seus auxiliares da Terra, quer pelos do espaço, escolheu, para seu médium, o filho

1 O Espiritismo, a Magia e as Sete Linhas da Umbanda.

de um espírita e, por intermédio dos dois, agremiou os elementos necessários à constituição da Tenda Nossa Senhora da Piedade.

Dez ou doze anos depois, com contingentes dessa tenda, incumbiu à Senhora Gabriela Dionysio Soares de fundar, com o Caboclo Sapoeba, a N. S. da Conceição e quando a nova instituição começou a funcionar normalmente, encarregou o dr. José Meirelles, antigo agente da municipalidade carioca e deputado do Distrito Federal, e os espíritos de Pai Francisco e Pai Jobá, com o auxílio das duas existentes, da criação da Tenda de São Pedro. Mais tarde, ainda com o dr. José Meirelles e o Caboclo Jaguaribe receberam a incumbência de organizar, com os egressos da Tenda do Pescador, a de Nossa Senhora da Guia.

A organização espiritual das tendas era a seguinte: cada uma constituía uma sociedade civil e tinha um chefe de terreiro, – presidente espiritual, nomeado pelo Caboclo das Sete Encruzilhadas, um substituto e alguns eventuais, chamados estes, pela ordem de antiguidade na tenda, e todos designados pelo guia geral.

A hierarquia, na ordem material, como na espiritual, era mantida com austeridade. O Caboclo das Sete Encruzilhadas era secundado por diversos espíritos elevados que ele distribuía, pelas diversas tendas, conforme a necessidade. Esses espíritos nunca diminuíam nem assumiam autoridade dos presidentes espirituais e materiais, trabalhando em consonância com eles. Quando "O Chefe" incorporava em qualquer uma tendas, não se investia na direção dos trabalhos, mantendo o prestígio de seus delegados.

Havia uma reunião mensal na Tenda Espírita Nossa Senhora da Piedade, exclusiva para os presidentes, seus auxiliares e médiuns pertencentes a estas tendas para a doutrinação, instrução e orientação dos trabalhos espirituais. As sessões de descarga e de caridade eram realizadas em cada tenda independentemente. Uma sexta-feira por mês era realizada uma sessão em conjunto na tenda mãe.

Em nenhuma tenda era permitido realizar qualquer trabalho sem a autorização expressa do "Chefe", e nenhum presidente podia submeter ao seu julgamento pedido que não fosse inspirado na defesa e no benefício do próximo.

Muitas dificuldades têm sido encontradas para o resgate da memória dessas tendas. Devo aqui louvar e agradecer o esforço e dedicação do Coronel Carlos Soares Vieira[2] que não tem medido esforços para elucidar a história dessas tendas. O coronel cita:

> Apesar do grande esforço, com persistência e vontade que venho colocando neste empreendimento, lamento com tristeza em dizer que encontrei muita falta de vontade e de fraternidade por parte de alguns irmãos, por não entenderem o meu propósito de resgatar a história dessas sete tendas que foram o alicerce básico dessa religião de humildes e oprimidos.

O Coronel relata algumas de suas visitas[3] e dificuldades durante a pesquisa que, segundo ele, está em aberto e ainda tem algumas lacunas para serem preenchidas. Disse também que, em março de 2008, tentou contato com Marizeli, médium da Tenda São Jorge e responsável pelo site e com o seu Dirigente Espiritual Pedro Miranda, também presidente da UEUB, que pouco informaram, mesmo sendo o Órgão de Cúpula criado pelo Caboclo das Sete Encruzilhadas, visto que a UEUB (União Espiritista de Umbanda do Brasil), não possuía os arquivos destas tendas. Em Cachoeiras de Macacu (RJ) recebeu da Sra. Laudelina informações sobre as entidades espirituais de algumas tendas e datas de fundação.

Na CEUB (Congregação Espírita Umbandista do Brasil), D. Fatima, sua presidente, mostrou-lhe os exemplares do *Jornal de Umbanda* onde colheu informações, às vezes contraditórias, sobre as sete tendas.

Dessa pesquisa, feita em algumas dessas tendas ainda em funcionamento, na UEUB, na CEUB e no *Jornal de Umbanda*, o Coronel concluiu o seguinte:

A **Tenda Espírita Nossa Senhora da Conceição** foi a primeira a ser fundada, em 16 de janeiro de 1918, pela senhora Gabriela Dionysio Soares e o Caboclo Sapoeba, assumindo alguns anos depois o cofundador Antonio Eliezer Leal de Souza

---

2 Desenvolvimento da pesquisa sobre as Sete Tendas mandadas criar pelo "Chefe".
3 O Coronel Carlos visitou: a CEUB; D. Laudelina, em Cachoeiras de Macacu; A Tenda Espírita São Jorge; a TULEF; a Tenda Espírita de Oxalá; a Tenda Espírita Nossa Senhora da Guia; a Tenda Espírita São Pedro e a Macaia Tenda de Umbanda.

e o Caboclo Corta Vento. A primeira sede foi na antiga Rua São Pedro, 36 (começava na Rua Visconde de Itaboraí e terminava na Praça da República). Em seguida mudou-se para um sobrado localizado na Rua da Quitanda, 201. Nova mudança para a Rua Primeiro de Março, 99 onde foi extinta. Leal de Souza[4] cita:

> O chefe do terreiro dessa tenda – presidente espiritual, – é o Caboclo Corta Vento, da Linha de Oxalá; seu substituto imediato é o Caboclo Acahyba, da linha de Euxóce,[5] e eventuais Yara, da Linha de Ogum, Timbiri da Falange do Oriente, e o Caboclo da Lua da Linha de Xangô.
> E pelo dever de assumir a responsabilidade social de minha investidura, acrescento que sou o presidente da Tenda Nossa Senhora da Conceição, ou, mais modestamente, o delegado humano incumbido, pelo Caboclo das Sete Encruzilhadas, de coordenar a ordem material necessária à execução dos trabalhos espirituais.

Figura 55: No primeiro andar deste prédio, na Rua da Quitanda, funcionou, na década de 1930, a Tenda Espírita Nossa Senhora da Conceição.

4 O Espiritismo, a Magia e as Sete Linhas de Umbanda.
5 Oxóssi.

Em 5 de março de 1925 foi fundada, por José Meirelles Alves Moreira (ex-Deputado Federal), Pai Francisco, Pai Jobá e Caboclo Jaguaribe, a **Tenda Espírita São Pedro**, instalada na Praça XV de Novembro, 34, mudando-se para a Avenida Presidente Vargas, 1850 e, posteriormente, em junho de 1972, para Rua Visconde de Santa Izabel, 39, onde foi extinta. Teve como último presidente o Senhor Pery, funcionando no local a *Fraternidade Espiritualista Casa de São Pedro*, resultado da fusão da *Tenda Espírita São Pedro* com a *Fraternidade Espiritualista Pai João*, tendo como presidenta a Dona Amélia e Guia Espiritual Pai João, praticando um ritual de Umbanda Branca de Mesa.

Sobre José Meirelles assim se manifestou o Caboclo das Sete Encruzilhadas em 1972:

> Criei sete Tendas na capital da República, no Distrito Federal. A primeira foi criada e entregue à nossa irmã Gabriela. Mais tarde, dois ou três anos depois, passei para o José Meirelles, que era um deputado federal que havia ido à Tenda Nossa Senhora da Piedade em busca da cura de sua filha. E a resposta do velho Pai Antonio: "vá à sua casa; no último canteiro, vai mexer a terra e achar umas raízes. Vai cozinhar as raízes, dar à sua filha e ela estará curada". Eram batatas, porque naquela época ainda não haviam florido e ainda estavam embaixo da terra, cheia de raízes.

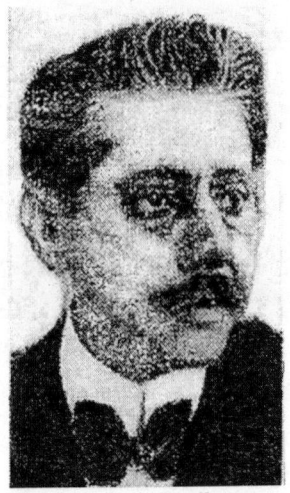

Figura 56: José Meirelles.

José Meirelles Alves Moreira desencarnou em 30 de maio de 1928. Pela importância do seu trabalho com Zélio de Moraes, citamos a notícia do seu desenlace pelo jornal *A Noite*, de 31 de maio de 1928:

> Dr. José Meirelles – Sepultou-se hoje, no cemitério de São João Baptista, com acompanhamento extraordinário, o dr. José Meirelles Alves Moreira, que ontem faleceu repentinamente, em sua residência, à Rua Maria Romana n. 20.
> O dr. José Meirelles foi deputado federal e era agente da Prefeitura, há pouco aposentado, mas o que realmente dava realce a sua personalidade, tornando-o uma figura notável, era o sentimento piedoso da bondade que o transmudava em irmão dos humildes e dos desgraçados. Era um dos homens mais queridos desta capital e poucos, como ele, terão derramado tantos benefícios pelo mundo, em silêncio, obscuramente.
> Dedicando-se aos princípios espíritas, o dr. José Meirelles, que pertencia à famosa Tenda de N. S. da Piedade, fundou, nesta capital, as de S. Pedro e N. S. da Guia consagradas à prática da caridade. O extinto deixa viúva, dez filhos e numerosos netos.

A **Tenda Espírita Nossa Senhora da Guia** foi fundada em 8 de setembro de 1927 pelo dr. José Meirelles Alves Moreira, com egressos da Tenda do Pescador, instalada inicialmente na Rua Camerino, 59. Após a morte de José Meirelles, assumiu Durval Vaz de Souza. Atualmente funciona na Rua Baronesa de Uruguaiana, 173. Tem como dirigente Dona Iva e Caboclo Pena Branca de Yorubá e, provisoriamente, o Caboclo Quelendendê (do Pai Pequeno em exercício). Pratica o ritual de Umbanda com preceitos e assentamentos de Angola ou Omolokô. Mais uma vez citamos Leal de Souza[6] que escrevia em 1932:

> A Tenda de Nossa Senhora da Guia, presidida pelo sr. Durval Vaz, e esplendidamente instalada nesta capital, é uma instituição primorosa, preenchendo, de modo completo, os fins que, pelo prisma humano, inspiraram a sua fundação. Trabalham em seu terreiro, como chefe presidente espiritual o Caboclo Jaguaribe, como seu imediato, o Caboclo Acahyba, e como substitutos eventuais, pela ordem de antiguidade na tenda, Garnazan, o Caboclo Sete Cores, e mais

6 O Espiritismo, a Magia e as Sete Linhas de Umbanda.

Gira Mato e Bagi, todos pertencentes às grandes falanges da Linha de Euxóce. Possuem, ainda, esses trabalhadores tantos auxiliares quantos são os médiuns desenvolvidos.

O labor, nessa tenda, é dos mais profícuos, e o número crescente das pessoas que procuram, cheias de confiança, o seu terreiro, atesta de modo eloquente a eficiência espiritual de seus protetores e o generoso caráter dos seus dirigentes humanos. Esta é a mais nova das tendas do Caboclo das Sete Encruzilhadas, a sua última criação, e o seu advento ainda se liga ao nome do dr. José Meirelles, já desencarnado, que foi, na Terra, o obreiro infatigável ao serviço daquele grande missionário.

Figura 57: Durval Vaz de Souza – Dirigente da Tenda Espírita Nossa Senhora da Guia.

A **Tenda Espírita Santa Bárbara** foi fundada, em 27 de junho de 1933, por João Aguiar Salgado, Pai Fabricio e Caboclo Corta Vento. Foi instalada na Rua Primeiro de Março, 99, sobrado, mudando-se daí para a Rua São Pedro, 133, sobrado, como podemos ver na matéria do jornal *A Noite* de 22 de maio de 1936 (vide capítulo 34). Mais tarde foi para a Rua da Candelária, 78 e, depois para a Rua Barão de São Félix, 122, funcionando neste local nas décadas de 1980/1990 quando provavelmente foi extinta.

Figura 58: João Aguiar Salgado – Dirigente da
Tenda Espírita Santa Bárbara.

A **Tenda Espírita São Jorge** foi fundada, em 15 de fevereiro
de 1935, por João Severino Ramos e o Caboclo Cobra Coral.
João Severino Ramos, seu fundador, foi médium de Ogum
Timbiri, Caboclo Teimoso de Aruanda, Seu Baiano, Pai Felipe
e Exu Tiriri.

Severino trabalhava na Tenda Espírita Nossa Senhora
da Guia, quando recebeu a orientação espiritual para fundar
a Tenda Espírita São Jorge. Durante certo período esteve
afastado, pois foi para a Itália, como suboficial enfermeiro
na Segunda Guerra Mundial tendo servido no 12º Hospital
Geral em Livorno. A Tenda São Jorge foi dirigida, então, por
Henrique Pinto, Feliciano Lopes da Silva e Tia Albina. Severino
desencarnou em 1984.

Instalou-se na Rua Dom Gerardo, 45 e, atualmente funciona na Rua Senador Nabuco, 112. Seu dirigente espiritual é
Pedro Miranda.

Foi a primeira das tendas de Zélio de Moraes a promover
sessões de Exu e fazer uso de atabaques. O primeiro atabaque[7]
utilizado na Tenda São Jorge faz parte do acervo de Mestre
Obashanan que faz o seguinte relato:

7 Vide imagem no setor de anexos.

Pai Pedro Miranda é um dos mais antigos dirigentes umbandistas ainda vivo. Um arquivo vivo de invocações e um dos maiores ogans que já vi cantar. Há quase cinquenta anos é dirigente da Tenda São Jorge, a primeira tenda a ter a autorização, pelo próprio Caboclo das Sete Encruzilhadas de realizar giras com Exus e a utilizar atabaques em seus rituais. Estivemos em sua casa quando da gravação de seu disco por nossa gravadora, o antológico e impressionante registro *Todo mundo quer Umbanda*, um disco duplo onde constam alguns dos mais antigos pontos cantados em nossa religião. Depois de uma emocionante sessão com muita alegria e boas vibrações, Pai Pedro nos levou para conhecer outro terreiro que dirige: a Cabana de Mestre Omolu. Mostrou-nos muitas imagens antigas que lá se encontram, além de outros objetos históricos que deveriam ser guardados para a posteridade.

Qual não foi nossa surpresa quando ele, nos olhando, com aquela alegria contagiante que sempre tem, disse: "o filho é um iniciado do tambor e por isso vou lhe dar um presente que quero que guarde com muito carinho. Estava esperando alguém para entregar, esperei muitos anos, a pedido da Vovó Joana da Bahia (o nome de sua mãe de cabeça espiritual, uma Preta Velha. Pai Pedro é filho de Omolu)."

Levou-nos então a uma sala que nos pareceu estar fechada há muitos anos e de lá saiu com um atabaque vermelho e preto, com um sinal antigo pintado em seu corpo, conhecido na Umbanda como *vencedor de demanda*.

"Olha aqui, meu filho, este foi o primeiro atabaque que foi usado na Tenda São Jorge. É o primeiro atabaque da Umbanda. É um presente meu e do astral para você, que se dedica tanto a preservar a memória dos músicos de terreiro, como eu."

Ficamos tão sobressaltados que não sabíamos o que dizer. Ali estava, na nossa frente, um dos instrumentos mais importantes da história das religiões afro-brasileiras, um verdadeiro marco, um símbolo vivo da resistência e da história da música mundial. Guardamos com carinho esta peça carregada de axé. Em seu couro e em seu casco estão registrados o suor, as vibrações, o sangue e a alma de quase 80 anos de vários alabês anônimos que, com sua dedicação, trouxeram à terra a presença de nossos ancestrais, de nossos guardiões. Obrigado, Vovó Joana da Bahia! Que Ayan, a deusa branca da paz, da música, da dança e dos tambores, zele sempre por seu aparelho, nosso mui querido Pai Pedro Miranda!

Diamantino Fernandes Trindade

Figura 59: João Severino Ramos – Dirigente da Tenda Espírita São Jorge.
Fonte: *http://www.sentandoapua.com.br*

Figura 60: Tenda São Jorge na Rua Dom Gerardo.
Fonte: *http://tendaespiritasaojorge.blogspot.com*

História da Umbanda no Brasil 231

Figura 61: Tenda São Jorge na década de 1960.
Fonte: *http://tendaespiritasaojorge.blogspot.com*

Figura 62: Tenda São Jorge na década de 1990. No centro, sentada, aparece Dona Zélia de Moraes ladeada pelo seu esposo Júlio.
Fonte: *http://tendaespiritasaojorge.blogspot.com*

TENDA ESPÍRITA SÃO JORGE

UMBANDA
E SEUS
CÂNTICOS

Letra dos pontos cantados mais em uso nas Tendas de
Umbanda, coligidos por João Severino Ramos

Edição
da
TENDA ESPÍRITA SÃO JORGE
Rua D. Gerardo, 45-sob.
Rio de Janeiro
BRASIL

Figura 63: O primeiro atabaque utilizado na Tenda São Jorge. Acervo de Mestre Obashanan (doação de Pai Pedro Miranda).

Figura 64: Frontispício do livro *Umbanda e seus cânticos* – João Severino Ramos, publicado pela Tenda Espírita São Jorge em 1952.

Para conseguir os dados relativos a **Tenda Espírita São Jerônimo**, o Coronel Carlos visitou a TULEF (Tenda de Umbanda Luz, Esperança e Fraternidade), fundada por Lilia Ribeiro e dirigida na atualidade por D. Lucy Plubins. A *Tenda Espirita São Jerônimo* foi fundada pelo Capitão José Alvares Pessoa, juntamente com o Caboclo da Lua e Pai Jacó, em 15 de maio de 1935, instalada inicialmente na Rua General Câmara, 26, 2º andar, conforme podemos ver na matéria do *Diário da Noite*, de 7 de novembro de 1936 (vide capítulo 34), transferindo-se em seguida para a Rua Visconde de Itaboraí, 8. O Capitão Pessoa foi auxiliado diretamente na fundação da tenda por Anírio M. Batista, médium do Caboclo da Luz. Na década de 1990 mudou-se para a Rua do Senado, 56, onde foi extinta.

Na TULEF uma placa foi mostrada ao Coronel com a seguinte inscrição:

> Procuramos o melhor, ansiamos por um estado de coisas que atenda aos nossos apelos mais sutis e não abdicamos do ideal que guardamos em nosso coração.
>
> A manifestação mais nobre desses pendores, como ensina a experiência dos séculos, reside exatamente naquela fase em que o homem trata de elevar sua dignidade e areja seus sentimentos.
>
> UMBANDA porfia com as demais manifestações religiosas a pratica do Amor, levando ao coração de todos a palavra de JESUS.
>
> (Introdução ao MEMORIAL, apresentado às autoridades incumbidas da coordenação e fiscalização do culto espírita no Distrito Federal, em maio de 1944, por JOSÉ ALVARES PESSOA, à frente de um grupo de umbandistas, definindo Ritual e Liturgia da Umbanda, e que teve, como resultado a liberdade de funcionamento das Tendas de Umbanda, ainda no Governo Getúlio Vargas).

Antes de falarmos sobre a fundação da última das sete tendas mestras, vejamos as palavras do Coronel Carlos relatando trechos de duas visitas à CEUB para leitura dos exemplares do *Jornal de Umbanda*:

> O *Jornal de Umbanda* de dezembro de 1953 diz que a Tenda Espirita Oxalá comemorou, em 11 de novembro, seu 14° aniversário de fundação. Portanto. 1953 – 14 = 1939. Assim, esta tenda não fora criada entre 1933 e 1935 e sim em 11 de novembro de 1939.
>
> Retornando à CEUB para uma nova leitura dos exemplares do *Jornal de Umbanda* soube por D. Fátima que em Rio Comprido existia uma Tenda Espírita com o nome de Oxalá, a qual, provavelmente, seria uma das Sete Tendas criadas por ordem do Caboclo das Sete Encruzilhadas. Nesse mesmo dia, em uma casa de artigos de Umbanda, o amigo e irmão Rosemildo, falou que já havia estado nessa tenda e lá encontrou Pedro Miranda. Forneceu-me o contato telefônico de sua zeladora que me informou que Tenda Espirita de Oxalá completou 71 anos de fundação. Portanto, 2010 – 71 = 1939, o que confirma o que diz o *Jornal de Umbanda*.

Visitando a tenda, o Coronel conseguiu uma foto do seu fundador, além da cópia dos seus estatutos. Assim, a **Tenda Espírita Oxalá** foi a última das sete tendas mestras a ser fundada, em 11 de novembro de 1939, pelo médico Paulo Lavois, Pai Serafim e Caboclo Acahyba. Funcionou inicialmente na Avenida Presidente Vargas, 2567, mudando-se para a Rua Ambirê Cavalcanti, 293 – Rio Comprido – onde funciona atualmente, praticando um ritual de Umbanda com assentamentos de Angola, Traçada ou Omolokô.

Podemos ver a seguir um trecho dos Estatutos da Tenda Espírita Oxalá que confirma a data da sua fundação:

ESTATUTOS DA TENDA ESPÍRITA OXALÁ

CAPÍTULO I

DA TENDA E SUA FINALIDADE

Art. 1º – A TENDA ESPÍRITA OXALÁ, fundada em 11 de novembro de 1939, com sede na Cidade do Rio de Janeiro, à Avenida Presidente Vargas, 2567, 1º andar, é uma Associação Civil, composta de pessoas físicas de ambos os sexos e adeptos da doutrina espirita.

Art. 2º – A TENDA ESPÍRITA OXALÁ tem por finalidade:

a) A cultura e prática do Espiritismo, da Caridade e da Fraternidade.

b) a prática e difusão dos princípios da doutrina e moral espírita.

c) Prestar indistintamente, sem qualquer espécie de retribuição, todo o conforto moral e material aos irmãos necessitados.

Figura 65: Paulo Lavois – Dirigente da Tenda Espírita Oxalá.

As correntes mediúnicas das tendas eram formadas inicialmente na Tenda Nossa Senhora da Piedade. Muitas vezes Zélio de Moraes se responsabilizava pelo pagamento do aluguel dos prédios que seriam a sede dos novos templos até que adquirissem autonomia financeira por meio das contribuições dos associados.

Além das sete tendas, o Caboclo das Sete Encruzilhadas determinou a criação de um órgão de cúpula que recebeu o nome de *Federação Espírita de Umbanda* (FEU), cujos detalhes apresentamos no capítulo 34. Inicialmente, a Tenda Nossa Senhora da Piedade funcionou em Neves, nos arredores de Niterói. Foi transferida e reorganizada posteriormente na cidade do Rio de Janeiro, se sediando na Rua Theóphilo Ottoni, n° 90, sobrado. No final da década de 1930, instalou-se no Rio de Janeiro, na Praça Duque de Caxias, 231. Em 1960 estabeleceu-se na Rua Dom Gerardo, 51, perto da Cais das Barcas, Rio de Janeiro. No final da década de 1990, mudou-se para Vila Isabel, funcionando no prédio da Tenda São Jorge. Mudou-se novamente, agora para a Rua Teodoro da Silva, 997, bairro do Grajaú. Atualmente funciona em Boca do Mato, Município de Cachoeiras de Macacu, juntamente com a Cabana de Pai Antonio.

Conforme Bandeira:[8]

> Surgiram ainda, neste período, várias tendas, como a Tenda Espírita Nossa Senhora da Rosário, Cabana Espírita Senhor do Bonfim, Tenda Espírita Fé e Humildade, Cabana Pai Joaquim de Luanda, Tenda Espírita Humildade e Caridade, Cabana Pai Tomé do Senhor do Bonfim, Centro Espírita Religioso São João Batista, Tenda Africana São Sebastião, e muitos outros, desde a Praça Onze e Rio Comprido até subúrbios mais distantes, especialmente nos limítrofes do Estado do Rio de Janeiro.
> Em 1926, Otacílio Charão, após uma estadia de dez anos na África, volta ao Rio Grande (RS) e abre o Centro Espírita Reino de São Jorge, onde recebe como médium, os Espíritos do Preto Velho Girassol e do Caboclo Vira Mundo. Em 1932, Laudelino de Souza Gomes, oficial da Marinha Mercante, funda em Porto Alegre a Congregação Franciscana da Umbanda. Este centro praticava o ritual umbandista a seu modo, declarando que seguia o ritual semiromba,[9] tendo como patrono do centro São Francisco de Assis, como continua até hoje (1970). Usava, o seu pessoal, vestes franciscanas, tocando maracás como instrumento para chamar as entidades guias, e alguns ogans batendo com bastões no chão para marcar cadência.

---

8 O que é Umbanda.
9 Raízes do Céu (nota do autor).

Durante e após a criação das sete primeiras tendas, que permaneciam sob a direção do Caboclo das Sete Encruzilhadas, novas tendas foram surgindo no Rio de Janeiro e em outros Estados, favorecendo a rápida expansão da Umbanda. Nos primeiros anos, 23 tendas foram fundadas no Estado do Rio de Janeiro e 19 em Santos. Zélio participava pessoalmente da instalação dos novos templos. Esteve em São Paulo, Minas Gerais, Espírito Santo. Quando não podia ir, enviava médiuns capacitados para cumprir a tarefa.

Em Belém foi fundada a Tenda Mirim de Santo Expedito, dirigida por Joaquim Bentes Monteiro e Consuelo Bentes. Joaquim era capitão do Exército, servindo na antiga Capital Federal. Solicitou transferência para o Pará para poder levar para o Norte a mensagem do Caboclo das Sete Encruzilhadas.

Perceba caro leitor, que quase todas as tendas tinham o nome de Santos Católicos. O Astral Superior aproveitou o sincretismo já existente entre Santos e Orixás para diminuir o choque dos novos adeptos ao culto emergente, visto que sua grande maioria era de formação católica, inclusive Zélio de Moraes.

Em 1999, um litígio entre Dona Zélia de Moraes e Dona Zilméia de Moraes provocou a divisão da Tenda Nossa Senhora da Piedade em duas unidades. A maioria dos médiuns acompanhou Dona Zilméia.

Mais uma vez nos congratulamos com Coronel Carlos Soares Vieira pelo seu desprendimento, persistência e eficiência de sua pesquisa. A comunidade umbandista agradece.

Caro leitor!

A minha intenção, bem como do Coronel Carlos é elucidar por completo a história da fundação das sete tendas mestras. Vimos que isso não é tarefa simples em virtude de uma parte significativa dos registros ter ocorrido de forma oral e não na forma escrita.

Diamantino Fernandes Trindade

27. O Capitão Pessoa

Uma das pessoas que teve grande atividade na Umbanda foi José Álvares Pessoa, já citado anteriormente como fundador da Tenda São Jerônimo. Quando já estavam funcionando quatro tendas, o Caboclo das Sete Encruzilhadas demorava-se na definição do fundador da Tenda São Jerônimo. Dizia o Caboclo que o dirigente adequado ainda não havia aparecido. Em uma noite de quinta-feira, durante uma reunião doutrinária, José Álvares Pessoa, espírita e grande estudioso de todas as correntes espiritualistas, não dando muito crédito aos relatos que ouvira sobre os magníficos trabalhos espirituais realizados na Tenda Nossa Senhora da Piedade, resolveu verificar pessoalmente o que ali ocorria.

Logo que chegou à porta da sala onde se reuniam os médiuns do Caboclo das Sete Encruzilhadas, esse interrompeu a palestra dizendo: *Já podemos fundar a Tenda São Jerônimo. O seu dirigente acaba de chegar.*

O Capitão Pessoa, como era chamado, foi tomado de surpresa, pois era desconhecido naquele ambiente. Não havia anunciado a sua visita, apenas viera para comprovar os fatos que lhe haviam narrado.

Após um breve diálogo, o Caboclo demonstrou conhecer a fundo o Capitão Pessoa que foi convencido a assumir a responsabilidade da fundação e direção da Tenda São Jerônimo.

O Capitão Pessoa, até então, desconhecia o que era Umbanda, fato que podemos observar em sua entrevista a Leal de Souza e que está transcrita na página 439 do livro de Roger Bastide chamado *As Religiões Africanas no Brasil*.[1]

> A fundação da Umbanda foi decidida em Niterói (Estado do Rio) há mais de trinta anos, em uma macumba que ele visitava pela primeira vez. Até ali, ele fora um espírita kardecista. O pai-de-santo investiu-o dos poderes de presidente da Tenda de São Jerônimo, que deveria funcionar na Capital,[2] e lhe disse que importava organizar a Umbanda como religião.

O Caboclo das Sete Encruzilhadas determinou ao Capitão Pessoa a fundação da Tenda de São Jerônimo, bem como a tarefa de organizar a Umbanda, pois até então os templos umbandistas funcionavam como centros espíritas. Além de amigo de Zélio de Moraes, compartilhava também da amizade de W.W. da Matta e Silva.

A Editora Obelisco publicou, em 1968, o primeiro volume da Antologia do Movimento Espiritualista Brasileiro, intitulado *Umbanda, Religião do Brasil*, com matérias, publicadas no periódico *O Semanário*, de José Álvares Pessoa, Nelson Mesquita Cavalcanti, Carlos Azevedo e Madre Yarandasã. No prefácio, Oswaldo Costa cita:

> Esta "Antologia do Movimento Espiritualista Brasileiro" é uma seleção de trabalhos de José Álvares Pessoa, da Tenda Espírita São Jerônimo; Nelson Mesquita Cavalcanti, da Tenda Espírita Irmã Elza; Madre Yarandasã, da Ordem Mística Aglad-Avid e Carlos de Azevedo, do Centro Espírita Damião Diolan, todos eles publicados no *O Semanário*.

Iniciamos este registro histórico abordando um trecho da matéria *O Sacerdócio e a Lei de Umbanda*, de Nelson Mesquita Cavalcanti. É um texto antigo, mas que retrata os mesmos problemas atuais das instituições umbandistas.

---

1 Resposta a uma enquete do Radical, citada por Alfredo Alcântara: Umbanda em Julgamento.
2 O Rio de Janeiro foi a Capital Federal até 1960 (nota do autor).

Um dos motivos fundamentais do crescimento da Lei de Umbanda é o desvelo na formação dos quadros sacerdotais. Cada filho de fé, mercê da aprendizagem barata, simples, acessível pode, em tempo relativamente curto, assumir a responsabilidade de dirigir um "terreiro", transformando-se em sacerdote.

Obtém o grau sem nada pagar,[3] sem sacrifício das ocupações do cotidiano, a não ser o escasso tempo de duas horas por noite[4] e a sombria vestimenta ritualística. Cada "terreiro" tem, assim, dezenas de sacerdotes e dezenas de "terreiros" em potencial.

Os "terreiros" – templos umbandistas – surgem a todo instante, exatamente pela facilidade de obtenção de dirigentes e pelo exíguo custo das instalações, com um mínimo de exigências; o que se quer, na realidade, é espalhar o amor, caridade, praticar o fraternalismo e para esse fim todo local é bom.

Nessas condições não é sonho dizer que a Lei de Umbanda vai criar em prazo mais curto do que se supõe em cada casa, em cada rua, em cada bairro, um "terreiro" e no dia que isso suceder, terá desaparecido essa anomalia religiosa que é a casta sacerdotal, terão desaparecido, por inúteis, todos os templos.[5]

Dando continuidade, o autor escreveu sobre a unificação da Lei de Umbanda:

Afinal, cabe perguntar aos sábios dirigentes de milhares de tendas desta abençoada Terra, se a unificação da Lei é ou não uma necessidade. Se for, devemos deixar de lado nossa vaidade de descobridor ou inventor de alguma picuinha litúrgica ou ritualística; devemos encostar por momentos, o nosso desarrazoado orgulho de ser o cavalo deste ou daquele Guia, porque a sobrevivência da doutrina, face aos perigos que a ameaçam frontalmente, é mais importante do que a convicção, às vezes ingênua, dos nossos pontos de vista.

Nós vemos, no concerto geral do Mundo todas as religiões organizadas, unificadas, lutando cada uma por seu objetivo, enquadradas em um programa, com as suas cerimônias estandardizadas com o pensamento fito em uma meta.

3 Há aqui uma alusão a algumas ordens e religiões que cobram taxas, consideradas exorbitantes por alguns, pelas iniciações de seus filiados (nota do autor).
4 Era comum, na Tenda Nossa Senhora da Piedade e em outras tendas, os trabalhos diários das 20h00min às 22h00min (nota do autor).
5 Estava certo o autor da matéria, pois hoje existem milhares de terreiros de Umbanda no Brasil (nota do autor). No entanto as castas sacerdotais estão cada vez mais presentes causando desunião entre os umbandistas.

Com a Lei de Umbanda está ocorrendo algo "sui generis"; quanto mais cresce em número de "terreiros", tanto mais estas se afastam da ideia de unificação. O curioso é que dirigentes e membros de tendas vem dando belíssimos exemplos de fé, coragem e tenacidade, sacrificando seus interesses, desprezando o conforto de seus lares para levar aos irmãos necessitados, uma palavra de carinho, uma ajuda material ou espiritual. Como vemos, tudo enquadrado dentro da Lei, cujo lema principal é o amor.

É óbvio que a Lei Suprema colocou nas mãos dos umbandistas a bandeira da unificação das religiões e da fraternização.[6] Só uma religião que faça da humildade sua base de ação espiritual; que faça do amor sua base filosófica, que tenha Mestres com a bondade nascida da dor como os Pretos-Velhos; que tenha instrumentos como a pureza dos Caboclos e as Crianças, só uma religião assim pode aspirar ao título de unificadora dos seres humanos.

Ora, sem conseguir unir seus próprios filhos, a Umbanda não pode, logicamente, pretender unir ninguém mais. Mas, afinal, o que tem impedido a unificação? Uma simples coisa: ingenuidade, para não dar o nome verdadeiro – ignorância. Por que vaidade em termos de espiritualismo umbandista é ingenuidade, quando não é ignorância, idiotice, burrice. O que ocorre é o seguinte: um irmão tem a missão de fundar um "terreiro"; sacrifica-se em tempo e dinheiro; sacrifica conforto, sacrifica-se física e espiritualmente, por fim o "terreiro" está funcionando; com qual objetivo? Fazer o bem, ajudar as pessoas que não conhece, nunca viu; não visa o irmão nem prestígio, nem dinheiro, nem agradecimentos, nada. Um autêntico sacerdote. Mas o "terreiro" é sua propriedade; a diretoria é vitalícia, e o próprio presidente é perpétuo. Em face de tão frágeis honrarias sente-se um rei pequeno e começa a descobrir uma liturgia e ritual diferentes com que pensa homenagear seu protetor, tornando-o diferente de outros protetores das outras tendas. Talvez a maneira diferente e até original de trabalhar demais força ao Guia-Chefe. Sim, porque há muitos Guias que só ficam satisfeitos se forem chamados de Guias-Chefes! (segundo seus cavalos). Como veem os leitores, tudo muito ingênuo, tão ingênuo que chega às vizinhanças do ridículo.

Ora, a mais insignificante dose de bom senso nos mostrará que esses cavalos de Guia-Chefes que foram humildes e resignados ontem e são intolerantes, hoje, ou são hipócritas

---

6 Essa era realmente a ideia do Astral Superior, fato que (ainda) não se concretizou (nota do autor).

Diamantino Fernandes Trindade

e, nesse caso não podem e não devem dirigir nenhuma casa de caridade ou o médium já recebeu a entidade e agora está recebendo a si próprio, com todo o cortejo de mazelas materiais e espirituais de que é portador. Qualquer que seja a hipótese tem ela a força e argumento suficientes para impedir que o irmão aceite a unificação. Também é certo e fora de dúvida que o número de ingênuos é realmente pequeno, mas, sendo ativo, influi na grande massa dos indiferentes! Ah! Os indiferentes! Estes são do cordão do "tanto faz". Para eles tanto se lhes dá que a Umbanda suba ou desça, que esteja ou não ameaçada, que as determinações da Lei se cumpram ou não. O que interessa é que o "terreiro" funcione para atender amigos, parentes, pessoas influentes que se esgueiram desconfiadas, na calada da noite, para as quais, quanto menos gente houver, melhor. O resto pouco ou nada interessa.

No final Cavalcanti diz:

> Por fim desejamos fazer uma ressalva: o fato de ser presidente perpétuo não significa que o mesmo necessariamente incida nos erros acima apontados. Muitos conhecemos que são os mais vivos e belos exemplos de fraternidade, compreensão, amor e humildade. E por isso constituem exemplos nobilitantes.
>
> O que sustentamos não é que todo presidente perpétuo seja um errado, mas que todo presidente errado é da classe dos perpétuos.

Vamos abordar agora a preciosa matéria Umbanda, Religião do Brasil, do Capitão José Álvares Pessoa. Fazendo uma leitura das práticas religiosas transportadas para o Brasil pelos negros escravos africanos, o autor refere-se ao rito que, segundo ele, era denominado Umbanda.

> Procurando identificar-se com a sua nova Pátria, o negro começou a estabelecer os seus velhos hábitos e, de noite, no silêncio dos terreiros das fazendas, enquanto seus algozes dormiam, reuniam-se todos para invocar os seus deuses ingratos, que os tinham abandonado à perversidade do branco. E subiam plangentes pela noite afora, os cânticos dos negros implorando força e auxílio para levarem avante a humilhante tarefa que lhes tinha sido imposta.

É possível que, ausentes do seu meio natural, esses humildes colaboradores da civilização brasileira tivessem deturpado o estranho e bárbaro rito a que chamavam "Umbanda" e ao qual pertencia a maior parte.

Entretanto, a semente tinha sido bem plantada e a árvore ainda pequena, começava a dar os seus frutos, pois a estranha religião, ao invés de ser absorvida pela religião dos brancos, absorvia ela própria o que essa tinha de mais lindo, nas suas tradições, identificando os seus deuses com os santos do Cristianismo, fazendo da figura do Cristo o maior entre os seus maiores, com a designação de Oxalá, identificando a Virgem Maria com Oxum e Yemanjá, e dando honras de reis aos três grandes vultos da Igreja Católica – São Jerônimo, São Jorge e São Sebastião, a quem passaram a chamar Xangô, Ogum e Oxóssi.

Amalgamada, pois, com a religião católica, e ainda absorvendo as práticas bárbaras e as tradições dos nossos índios, também foi se propagando por todo o país.

O Capitão Pessoa aponta, em seguida, para a Umbanda como uma religião genuinamente brasileira.

Há uns sessenta anos mais ou menos, aproveitando a enorme aceitação dos fenômenos espíritas por parte dos brasileiros, entidades que presidem o destino espiritual da raça resolveram levar avante a árdua tarefa de lhes dar uma religião que fosse genuinamente brasileira. Porque, filho de três raças – a branca, a negra e a índia – não era justo que coubesse ao brasileiro, como imposição, uma religião 100% importada, fosse ela qual fosse, e que não reunisse os anseios das três raças a que pertence.

A religião que lhes estava destinada deveria ser uma religião eclética, cujas características principais fossem a caridade, a humildade e a perfeita tolerância para com a imensa ignorância dos homens e onde se achassem reunidas a experiência do branco, a tradição do índio e a magia do negro.

Acerca das perseguições e da magia, escreveu:

A principio pequenina, porque tudo lhe era hostil, sofrendo

as mais tremendas perseguições, Umbanda, nome escolhido para a religião do Brasil, cujas reivindicações no panorama espiritualista nacional tem-se processado muito lentamente, cresceu, expandiu-se e hoje se propaga pelo pais inteiro.

Perseguida, humilhada, espezinhada pelos poderosos e pelos cretinos que se julgam autorizados e competentes para criticar o que não conhecem, Umbanda vem resistindo garbosa a todos os embates, saindo ilesa de todas as perseguições, crescendo desmesuradamente dia a dia, procurada por multidões desassombradas que batem à porta de suas tendas, invencível, porque ninguém tem poder suficiente para fazer fracassar uma obra determinada por Deus. As almas dissolventes, quando muito, conseguirão atrair ao seu redor um pequeno número de descontentes, que acabarão por se destruir entre si.

A Umbanda tem sido escarnecida, apedrejada, humilhada, não lhe tendo sido permitido até hoje o direito de nivelar-se às outras religiões que se julgam exclusivas do amor de Jesus.[7]

A magia, esta força indômita e misteriosa que movimenta o mundo e domina a natureza, é a própria alma de Umbanda milenar, eterna. Por isto mesmo, Umbanda terá de sobreviver, porque não há maior força do que a sua.

Umbanda é a avalanche que despenha das alturas e que esmagará os que tentarem se opor à sua trajetória.[8]

A sua missão é de caridade, a mais transcendente; destrói os trabalhos do mal, lutando e vencendo os seus magos poderosos, considerados invencíveis desde o principio o mundo.

A magia é quem move o mundo. É a grande força invencível que pode ser manejada para o bem ou para o mal. É uma força viva, como a eletricidade ou a energia atômica, da qual só duvidam os que não querem ter o trabalho de raciocinar um pouco.

A Umbanda que é, como magia, o instrumento por excelência de que o Rei do Mundo se serve para resolver os problemas dos seus devotos, não se acolhe em templos sublimes cobertos de ouro e pedrarias para a realização dos seus ritos simples, e algumas vezes altamente complexos, com que promove o bem estar e a felicidade dos que a buscam. O "terreiro" significa "espaço de terra", "largo ao ar livre" e ainda mais simplesmente "terra".

A magia que é tão velha como o mundo, ou mais velha, tem

---

7 Após a diminuição significativa da perseguição desferida pela Igreja Católica, a Umbanda recebe, desde a década de 1980, a perseguição das igrejas evangélicas.
8 Inclusive os umbandistas renitentes, enquistados na vaidade e no poder temporal (nota do autor).

tido seus períodos de fastígio e decadência, tem imperado sobranceira e vivido ocultamente, sob mil disfarces, em terríveis épocas de perseguição. Mas nunca deixou de ser exercida, fosse qual fosse a sorte reservada aos seus adeptos, ora chamados de alquimistas, ora de bruxos, feiticeiros, magos negros etc. Umbanda é magia, e magia é a mola que move este mundo. A nossa religião, a Lei de Umbanda, outra não é senão a religião que se perde na noite dos tempos dos gloriosos antepassados da humanidade. O que a Umbanda faz é reviver para uma multidão aquilo que sempre se praticou no mistério dos santuários e para pequeno número de privilegiados. Umbanda não desafia ninguém, mas não esmorecerá na luta que se iniciou através da Igreja Católica, que se sente abalada até os seus fundamentos pela sua implantação no Brasil e pela sua fulminante propagação nesses últimos anos.

O Capitão Pessoa cita também o caráter milenar da religião umbandista:

Umbanda é grande, apesar da humildade com que se manifesta; o seu ritual, a sua liturgia encontram-se a cada passo no Velho e no Novo Testamento, nos templos do Egito e da velha Índia, e da própria Igreja Católica; por mais remota que seja uma religião, nela, sem esforço, encontramos os vestígios de Umbanda.

É um engano pensar-se que Umbanda é uma invencionice dos pobres pretos africanos, arrastados como escravos, pela infâmia dos negreiros, para as terras brasileiras.

Umbanda é milenar; Umbanda não tem idade.

É verdade que o movimento de implantação de Umbanda pura tem pouco menos de meio século; o que se compreenderá quando se dispensar alguns minutos para um raciocínio simples.

O Brasil, que tem pouco menos de cinco séculos, tem sido desde a sua descoberta um campo de fácil conquista dos padres católicos, que aqui aportaram com as primeiras caravelas.

Profundamente inteligentes, tiveram esses senhores a visão do que seria no futuro a Terra de Santa Cruz. E aqui se implantaram e impuseram a sua vontade. É de notar-se que naquela época os nossos colonizadores seguiam a religião dos seus antepassados, a católica, não havia concorrência, portanto tinham os padres de Roma 100% de probabilidade para se imporem e dominarem.

Diamantino Fernandes Trindade

Mas o tempo corre; as coisas mudam; o homem, que é sempre irrequieto, procura ver novos horizontes e busca sempre a novidade.

Com a vinda dos pobres cativos, não imaginavam os seus algozes que também viria a semente da religião que no futuro faria concorrência à que trouxeram da terra mãe. A Umbanda trazida pelos pretos era tão velha ou ainda mais velha do que o continente de onde vinha.

Raça das mais antigas, a negra era por excelência detentora dos segredos invioláveis que não transpunham os umbrais dos seus templos.

Por isso, deturpada pelos seus portadores e sem ambiente para propagar-se rapidamente, demorou a Umbanda até agora a aparecer com a sua característica verdadeira, livre dos erros que no seu rito estavam arraigados, como o ouro que, somente depois de bateado se desprende da ganga a que se acha misturado.

Umbanda é hoje esta magnífica realização que estamos vendo; palpita como um corpo vivo, cujos órgãos são todos perfeitos. É uma máquina cujas peças ajustadas funcionam sem o menor embaraço.

O artigo Pastor de Umbanda[9] também está presente no livro do Capitão Pessoa de forma ampliada. Citamos um trecho que não consta do original:

> Habituados a ouvir dizer: "o Caboclo das Sete Encruzilhadas baixa em tal ou qual terreiro", os adeptos da Umbanda imaginam que ele é "mais um" entre os inúmeros que vem para a sua missão de caridade.
>
> Já é tempo de corrigir-se o erro; ele não é "um entre muitos", em Umbanda ele é o "primeiro entre todos", porque foi comissionado para purificar os seus trabalhos; não há entidade que lhe não preste a sua homenagem, e todos, sem vaidade, sentem-se felizes em auxiliá-lo na sua obra de comissionado, pela qual ele já vem lutando há mais de 40 anos.[10]

Encerramos com a seguinte frase do autor:

"Umbanda é a própria alma do mundo trabalhando em prol da regeneração dos homens!"

9 Inserido no capítulo 18.
10 Este artigo foi escrito, pela primeira vez, em 1942.

Entrevista

Jornal Correio da Noite
17/11/ 1944

Nesta entrevista, José Alvares Pessoa fixa a situação das 500 mil pessoas que se dedicam aos fenômenos psíquicos no Distrito Federal. Nesse momento diversas reportagens abordavam a questão judicial suscitada pela família de Humberto de Campos, a propósito dos direitos autorais referentes às obras psicografadas por Chico Xavier. Tais reportagens aguçaram a curiosidade da opinião pública sobre os temas espiritualistas, tão em voga na época. Mostra ainda a necessidade de licença policial para exercer a função de sacerdote. O Capitão Pessoa era considerado uma autoridade sobre o assunto e, assim se expressou nas suas considerações iniciais:

– É curioso observar o extraordinário aumento que se vem registrando na frequência das casas que entre nós se dedicam aos estudos e à prática do Espiritismo. O fenômeno é sobretudo impressionante no Distrito Federal, onde de dia para dia surgem mais núcleos de irradiação, sejam "centros", "tendas", "cabanas", ou que nome tenham, todos funcionando sempre apinhados e acusando frequência cada vez maior. O fato, a nosso ver, se justifica pelas condições do momento excepcional que vivemos. O mundo passa por uma tremenda crise de sofrimento. Nos campos de batalha imperam a morte e a devastação. Fora deles, choram os indivíduos e as famílias a perda dos entes queridos que morreram na luta e sofrem as angustias da incerteza quanto à sorte dos que ainda permanecem de armas na mão. Há milhões de indivíduos sem pão, milhões de crianças chorando com fome ou definhando por falta de alimentação adequada. A geração que surge vem marcada com os sinais da inferioridade resultante de todas essas coisas, tanto no físico, como no moral, como na esfera espiritual. Nunca se chorou tanto, nunca se sofreu tanto, como nos dias tristes que vivemos. E é justamente a infelicidade, o sofrimento, que mais impele o indivíduo para as coisas do espírito. A doutrina espírita. Abrindo à alma humana horizontes novos, dando-lhe a certeza de que não sejam suscetíveis de redenção, que não há condenações eternas e inexoráveis, que a justiça divina se exerce através da divina misericórdia e que uma e outra são infinitas e perfeitíssimas e a cada pecador, por mais tremenda que seja a falta cometida, por mais fragorosa que tenha sido a queda, proporcionam oportunidades para se redimir completamente, para se aperfeiçoar, para se purificar, e, portanto, para subir na escala espiritual. É a essas condições que atribuímos a vitória sempre crescente da causa espírita e o grande, o formidável impulso que está tomando agora.

O jornalista indaga sobre a diversidade de crenças espíritas; e o entrevistado esclarece:

– Não há, propriamente, diversidade de crenças espíritas. Há diversidade de ritual. Os fenômenos espíritas começaram a ser estudados de maneira metódica, racional, por Allan Kardec, que foi o codificador do Espiritismo. Mas há manifestações espíritas que se realizam sob outro ritual, constituindo o chamado Espiritismo de Umbanda. É o que realizavam nossos antigos africanos, que o trouxeram da África. A sua prática é, por certo, antiquíssima e fora impossível fixar-lhe a origem. O ritual é diferente, as manifestações também são diferentes do Espiritismo de Kardec, mas umas e outras são manifestações espíritas. Como em certas religiões há diversidade de ritual, conforme os povos que a praticam, também no Espiritismo o mesmo se verifica. Mas, em última análise, Umbanda e Kardec são folhas do mesmo tronco – o Espiritismo – que, por sua vez, como as outras crenças, constituem ramos de uma árvore comum – a fé religiosa.

A confraternização dos espíritas

– É verdade, responde o sr. Pessoa a uma pergunta nossa, que vimos trabalhando no sentido de obter-se íntima aproximação entre os que se dedicam ao Espiritismo, seja qual for o ritual que sigam. Se as fontes da nossa doutrina é a mesma, se um só é o nosso objetivo – o aperfeiçoamento espiritual – não se justifica que vivamos isolados uns dos outros. Ao contrário, o que é certo é que nós nos completamos. Nenhuma outra religião pode oferecer ao pensamento humano o que oferecemos – um formidável acervo de verdades comprovadas por cientistas da mais alta responsabilidade e de renome universal, mediante experiência com todos os rigores dos métodos científicos. Sim, porque nós temos o chamado "espiritismo científico", que se dedica a estudar os fenômenos espíritas à luz dos conhecimentos e das técnicas científicas mais exigentes. É só no Espiritismo que isso se vê. Mas, como dizia, procuramos articular entre si todos os que se dedicam ao Espiritismo, para maior segurança do progresso da crença espírita e mais fácil realização dos nossos objetivos, que, como já disse, se resumem no aperfeiçoamento espiritual. O movimento inicial nasceu no Espiritismo de Umbanda. Com essa finalidade, foi fundada a União Espiritualista Umbanda de Jesus, que visa a articulação de todos os centros em que se pratica o Espiritismo de Umbanda em todo Brasil, e principalmente no Distrito Federal, onde, aliás, essa doutrina atingiu surpreendente desenvolvimento. Queremos uniformizar a nossa liturgia, o nosso ritual, a orientação seguida para o preparo dos sacerdotes de Umbanda. Depois virão outros itens do programa, inclusive a assistência social aos que se dedicam à nossa crença. Os nossos irmãos de Kardec já tem as suas agremiações, como essa pujante Federação Espírita Brasileira que congrega centenas de centros de sua especialidade. Têm eles, ainda, obras notáveis que não devem ser esquecidas, pela sua alta benemerência social – o Hospital de Clínicas Allan Kardec, o Abrigo das Crianças, e o Abrigo dos Velhos, pertencentes à União dos Discípulos de Jesus, o Abrigo Tereza de Jesus e outros. Aí está. Congregando todas essas entidades, teremos realizado uma admirável obra de confraternização religiosa, que há de marcar época, permitindo o aperfeiçoamento cada vez maior do nosso corpo de doutrina.

Os espíritas perante a sociedade

– E os espíritas não pretendem arregimentar-se para as suas reinvindicações?
Pergunta o jornalista.

– Com o Divino Mestre, eu lhe direi que o nosso reino não é deste mundo. O que nos preocupa precipuamente é o aperfeiçoamento espiritual. Encaramos a nossa presença neste mundo como uma passagem fugaz, que pedimos a Deus seja a mais curta possível, Aqui estamos para realizar uma tarefa de aperfeiçoamento. Quando adquirimos um corpo humano, com todas as suas deficiências e inferioridades, com todas as suas fraquezas, e todos os males que o acometem, estamos trabalhando pela nossa purificação, através do sofrimento. A morte para nós é uma redenção. Que recebemos com alegria e gratidão. Por isso mesmo, temos os olhos voltados sempre para a eternidade. Mas, aqui estando no desempenho de uma missão que a misericórdia divina nos deu, da melhor maneira possível. Não podemos olvidar os deveres que temos para com os nossos semelhantes, para com as nossas famílias e para com o Estado. A Cesar o que e de Cesar, a Deus o que é de Deus. O espírita, por isso mesmo, deve ser bom cidadão, cumprindo a rigor os seus deveres, para com o país e para com a Sociedade, dentro da ordem, do trabalho e da solidariedade humana. E – digam as nossas autoridades – o espírita é em geral bom cidadão. Não se veem agremiações espíritas perturbando a ordem publica, conspirando contra a estabilidade das instituições, fazendo revoluções. Não se registrou o quinta-colunismo[11] entre os espíritas. Cumpre-nos colaborar na vida com elevação e patriotismo. É justo que também colaboremos no aperfeiçoamento das nossas leis e das nossas instituições. Não falhamos jamais ao cumprimento de nossos deveres cívicos, Atualmente, ainda não dispomos de completa liberdade de ação. O Espiritismo ainda não obteve integral liberdade de culto. Ainda somos olhados com desconfiança, ainda dependemos de autorização e fiscalização policiais para a instalação dos nossos templos e para a celebração dos atos do nosso culto. Os nossos sacerdotes ainda são previamente fichados e licenciados pela Policia. É só o Espiritismo que pode apresentar ao exame de consciência universal esse crisol. Mas, compreendemos ainda nisso uma provação, que um dia há de desaparecer. Todas as religiões foram recebidas com desconfiança, muitas foram perseguidas e oprimidas. Nos primeiros tempos do cristianismo, os cristãos só podiam respirar os ares das catacumbas. O sangue dos mártires ensopou as arenas de Roma. É verdade, porem, que o estoicismo dos cristãos e a sua fé inquebrantável abalaram o ânimo dos seus perseguidores e propiciaram ao cristianismo a vitória magnífica que deu ao mundo a civilização ocidental. O Espiritismo também há de transpor a fase negativa, em que se lhe recusa o elementar direito à liberdade de culto, concedido indistintamente às demais religiões. As leis – bem o compreendemos – retratam o pen-

---

11 Quinta-coluna é uma expressão usada para se designar aquele que atua dentro de um grupo, praticando ação subversiva ou traiçoeira, em favor de um grupo rival. O termo surgiu durante a guerra civil espanhola (1936-1939) para designar a comunidade de madrilenhos simpatizantes do general Francisco Franco.

samento dominante na época em que são feitas, mas o progresso lhes vai indicando e impondo modificações que as aperfeiçoam. O nosso código Comercial, por exemplo, foi feito ao tempo em que a navegação transoceânica se fazia a vela. Isso não impediu que se mantivesse em vigor até hoje, o que prova a excelência da obra, muito embora leis posteriores – e até leis não escritas, mas resultantes dos usos e costumes – viessem ajustando, aqui ou ali, o seu texto às conquistas do progresso. Assim há de ser também com o que interessa ao Espiritismo. O progresso há de vir. Os espíritas não constituem apenas uma meia dúzia desprezível de indivíduos. Mais trinta e seis mil, já preparados, aguardam apenas licença policial para o inicio do seu alto ministério espiritual. Convém lembrar que os nossos sacerdotes, os médiuns, além da preparação religiosa, passam por uma seleção muito rigorosa, do ponto de vista médico, só começando a trabalhar depois de declarados física e mentalmente aptos e de registrados na Policia, o que pressupõe, também, atenta investigação de antecedentes. Só um dos nossos templos – a Tenda Mirim – utiliza mil e seiscentos médiuns, devidamente registrados, e acusa uma frequência mensal superior a quarenta mil pessoas. É preciso notar que não podem frequentar as cerimônias espíritas os menores. Computadas as crianças, filhas de pais espíritas, a quanto montará a população espírita do Distrito Federal? E a do Brasil? Só as estatísticas oficiais poderão revelar com segurança a situação, que nós bem conhecemos. Não pretendemos fundar nenhum partido politico, conforme já se nos perguntou. Não temos preocupações politicas. Examinaremos serenamente os programas com que se apresentarem à consciência cívica do país os candidatos, no momento oportuno, e então fixaremos a orientação a seguir pelos que quiserem ouvir o nosso conselho.

Saravá Capitão Pessoa! A gratidão dos trabalhadores da Umbanda!

Diamantino Fernandes Trindade

Figura 66: Capitão Pessoa.
Foto gentilmente cedida pelo Coronel Carlos Soares Vieira.

Figura 67: Capa do livro *Umbanda Religião do Brasil*.

28. A Tenda Espírita Mirim e o Primado de Umbanda

Umbanda é coisa séria, para quem é sério ou quer se tornar sério!

Caboclo Mirim

Um marco importante para a implantação da Umbanda no Brasil foi a fundação da Tenda Mirim através do Caboclo Mirim e seu médium Benjamim Figueiredo.

A avó de Benjamim foi uma das primeiras pessoas a trazer o Kardecismo da França para o Brasil. Em 1920, a família Figueiredo realizava sessões espíritas na Rua Henrique Dias, nº 26, na Estação do Rocha, Rio de Janeiro.

No dia 12 de Março de 1920, o médium Benjamim Gonçalves Figueiredo, incorporou, pela primeira vez, o Caboclo Mirim, Grande Mestre que veio para ensinar a Escola da Vida, que poucos conheciam na época. Após a sua chegada, o Caboclo Mirim anunciou que aquela seria a última sessão de Kardec e que as próximas sessões passariam a ser de Umbanda.

Não era mais possível, para Benjamim, continuar o seu trabalho com os kardecistas, que recusavam a presença desse tipo de espírito considerado por eles de impuro para desenvolver o progresso da humanidade. Pelas novas orientações recebidas ele poderia praticar a caridade de uma forma mais brasileira, ou seja, próxima das camadas mais baixas da população.

Em uma de suas mensagens ele disse que a partir daquele momento a Tenda Espírita Mirim seria reconhecida mundialmente e advertia que a mesma seria uma organização única no gênero em todo o Brasil, cujo método seria adotado por outras tendas, até mesmo em outros Estados da Federação, o que, mais tarde, teríamos a oportunidade de comprovar.

O grupo escolhido pelo Caboclo Mirim era formado por: José Nunes de Figueiredo Filho, Judith Gonçalves Figueiredo, Benjamim Gonçalves Figueiredo, Eugênia Gonçalves Figueiredo, Hercílio Latino Gonçalves, Abgail Maria Gonçalves, Davi Latino Gonçalves, Benjamim Franklin Gonçalves, José Fróes e João da Mota Mesquita Filho.

Em 13 de outubro de 1924 considerou-se fundada a Tenda Espírita Mirim, por ordem do Caboclo Mirim. Após ter passado pela Rua Bela, 421 e Sotero Reis, 101 (Praça da Bandeira) a Tenda Espírita Mirim transferiu-se para a Rua São Pedro e depois para a Rua Ceará, hoje Avenida Marechal Rondon, 597, bairro de São Francisco Xavier, em 13 de março de 1942.

A Tenda Mirim contava com vários colaboradores, dentre eles, o escritor Diamantino Coelho Fernandes e o Comandante Cícero dos Santos. Da Tenda Mirim saíram vários médiuns que se responsabilizaram pela criação de novas tendas em todo território nacional. A primeira casa dela descendente foi criada, em 30 de junho de 1951, como filial, em Queimados, Nova Iguaçu, na Rua Alegre, s/n. Depois desta, novas casas foram abertas em Austin, Realengo, Colégio, Jacarepaguá, Itaboraí e Petrópolis. A primeira casa, descendente do Caboclo Mirim, aberta fora do Rio de Janeiro foi a de Assai, no Paraná.

O ritual da Tenda Mirim era diferenciado no meio umbandista e trazia influências do Ocultismo e da Teosofia. O Caboclo Mirim aboliu algumas práticas que mantinham relação com as macumbas cariocas, o Catolicismo e à cultura africana. Na Tenda Mirim e suas filiais não haviam altares católicos, apenas a imagem de Jesus localizada acima da altura da cabeça dos médiuns, onde se podia ler a inscrição *O Médium Supremo.* Como vimos no capítulo anterior a Tenda Mirim possuía, em 1944, mil e seiscentos médiuns e uma frequência mensal superior a quarenta mil pessoas.

Benjamim Figueiredo participou ativamente no Primeiro

Congresso Brasileiro do Espiritismo de Umbanda, em 1941. Em 5 de outubro de 1952, fundou juntamente com o Caboclo Mirim o Primado de Umbanda e a primeira Escola Iniciática de Umbanda. O Primado de Umbanda, organização federativa, tinha como objetivos estimular o estudo da Umbanda e a difusão de seus ensinamentos, dando formação sacerdotal e iniciática aos dirigentes dos terreiros filiados, utilizando a terminologia da língua *Nheêngatú* para identificar os respectivos graus de evolução espiritual, resgatando dessa forma os fundamentos esotéricos da Grande Lei de Umbanda. O Primado de Umbanda está localizado na Rua Espirito Santo, 215 – Praça Seca, Jacarepaguá. Atualmente a Tenda Mirim é dirigida pelo seu filho carnal e espiritual, o Comandante Mirim Paulini Figueiredo.

J. Alves de Oliveira[1] entrevistou Benjamim Figueiredo sobre o fato de as tendas não apresentarem o termo Umbanda e sim Espírita e assim se manifestou:

1º – Porque ninguém, até então, sabia do seu significado.

2º – A palavra espírita definia bem que ali havia manifestações de espíritos.

3º – Que era, também, por causa da policia que perseguia tenazmente as tendas de Umbanda e de rituais africanos, também as chamadas macumbas, por isso com a palavra espírita na legenda e na fachada da Tenda, estavam mais acobertados das perseguições da época.

J. Alves de Oliveira argumentou então, por que não alterar agora, já que as perseguições não prosseguem com tanta frequência, e a Umbanda é respeitada e livre para realizar seu trabalho essencialmente de caridade ao povo, e por que não dar agora o nome certo e inquestionavelmente lógico ao movimento umbandista? Benjamim respondeu:

"Não vale a pena mexer nisso, além do mais da muito trabalho para alterar o nome e custa muito caro com averbações no cartório."

---

1 Umbanda cristã e brasileira.

Sobre Benjamim Figueiredo, vejamos as palavras do Espírito Pedro Miguel na Revista Espiritual de Umbanda:

> Trazemos a vocês, da imortalidade, a obra do Caboclo Mirim, na dedicação, determinação e transparência de seu médium, Benjamim Figueiredo, homem que matéria dedicou sua vida à espiritualidade de Umbanda. Homem que levou sua irradiação a centenas de templos, centenas de irmãos. Médiuns em busca de caridade operaram através de suas Entidades. Reconhecer a obra de Caboclo Mirim é reconhecer a espiritualidade. Mesmo no antagonismo dos dias de hoje, não podemos nos esquecer de todos aqueles que dedicaram seus dias no planeta em prol do crescimento universal. Benjamim Figueiredo, sem dúvida, é um desses. Homem que teve em sua vida a maior prova de determinação, pois abriu mão de toda a luxúria pessoal, inclusive, de sua própria história. Porém, que seja feita a justiça através dos canais vibratórios da evolução, não deixando passar em vão essa obra. Por isso, este porta-voz de Umbanda, esta revista, retrata em suas páginas a trajetória desse obstinado homem da paz.

O Caboclo Mirim realizou a grandiosa obra em prol dos necessitados conduzindo o destino da Tenda Mirim por vários anos de doutrinação e formação umbandista.

Sérgio Navarro Teixeira da Fraternidade Umbandista Luz de Aruanda, Barra Mansa, Rio de Janeiro, diz á respeito do Caboclo Mirim:

> Quando se apresentou ao meio umbandista em 1924, é possível que a escola de Caboclo Mirim tenha chocado muita gente. Caboclo Mirim devia mesmo estar muito a frente de seu tempo, já que naqueles dias ainda imperavam rituais muito rústicos tais como matanças de animais, raspagens de cabeça e babalorixás ainda muito afeitos ao Candomblé, e pouco afinados com a verdadeira Umbanda.
>
> Mestre Mirim pôs em prática um ritual mais "limpo", onde não havia o sincretismo com as imagens católicas, seus médiuns se vestiam de forma sóbria, de uniforme branco e sem aquelas centenas de guias ao pescoço. A hierarquia no terreiro foi dividida em sete graus de iniciação, aonde o médium ia ascendendo ao ritmo de seu próprio desenvolvimento espiritual; sem camarinha, "obrigações" ou "recolhimentos".

Benjamim Figueiredo publicou, pela Editora Eco, em 1961, o livro *Okê Caboclo!* Na primeira parte apresenta sábias mensagens do Caboclo Mirim, verdadeiras lições de filosofia influenciada pela cultura hindu. A segunda parte trás um grande número de pontos cantados nas sessões da Tenda Mirim e suas filiadas. A última parte mostra um interessante glossário das palavras empregadas no ritual umbandista e seu significado. Esta obra é um importante repositório de orientações para a vida diária do umbandista dentro e fora do terreiro.

Apresento a seguir um trecho do capítulo *UMBANDA - O terreiro da natureza*:

> O encantamento da Vida que se executa no terreiro da Natureza, é a própria liturgia estabelecida pelo cerimonial executado na Natureza em festa, refletindo-se docilmente no ritual no terreiro da Natureza, quando se apresenta com a sua personalidade para executar os atritos necessários aos organismos materiais, estabelecendo a grande magia propulsora que se torna em vibrações e forma o encadeamento de forças, permitindo a ligação perfeita entre todos os seres.

Um fato interessante precisa ser ressalvado. O jornal *Diário de Notícias* de 30 de dezembro de 1973 publicou uma matéria sobre a Umbanda onde Benjamim foi entrevistado. A seguir um trecho da entrevista:

> Nesta casa, cultuamos somente a Umbanda, não somos sincretizados a qualquer outra religião, mesmo que seja espírita de origem africana. Meu trabalho na Umbanda começou no Centro do "Seu Sete Encruzilhada" na Praça XV, nos meados de 1917. Logo depois foi fundada a Tenda Mirim, e, de lá para cá, estou aqui.

É preciso ponderar que Benjamim pode ter ser traído pela memória, pois a primeira tenda mestra fundada pelo Caboclo das Sete Encruzilhadas foi a Tenda Espirita Nossa Senhora da Conceição em 1918. É possível então que foi esta a tenda que ele frequentou, existindo ainda a possibilidade que ele tenha frequentado a Tenda Nossa Senhora da Piedade, só que estava localizada na época em São Gonçalo e não na Praça XV.

Para maiores detalhes sobre o tema vide o capítulo 32. Como vimos no capitulo anterior, em 1944, a Tenda Mirim tinha mil e seiscentos médiuns, devidamente registrados, e acusava uma frequência mensal superior a quarenta mil pessoas. Benjamim Figueiredo nasceu em 26 de dezembro de 1902 e desencarnou em 3 de dezembro de 1986.

Ponto cantado de chegada do Caboclo Mirim

Quando Ele vem, lá do Oriente
Ele vem com ordem de Oxalá
Sua missão é muito grande
É espalhar a caridade
E a seus filhos abençoar
Eu saravá Mamãe Oxum
Eu saravá Papai Oxalá
Porque Ele é o nosso Rei
É o dono desse Jacutá

Félix Nascentes Pinto e o Primado de Umbanda em São Paulo

O Primado de Umbanda também prosperou em São Paulo com Félix Nascentes Pinto. Excelente médium, nasceu em 1 de abril de 1900 em Macaé, no Estado do Rio de Janeiro. Em 1911, mudou-se para a Capital Federal. Aos 25 anos ocorreu o primeiro sintoma mediúnico. Procurou então Benjamim Figueiredo e começou na Tenda Mirim o seu desenvolvimento mediúnico na Umbanda. Por orientação de Benjamim, foi para Salvador, ficando um ano aos cuidados de José da Silva Costa (mais conhecido como José do Mocotó, pois sua residência era na Rua do Mocotó) da Nação Angola que fez a sua cabeça.

Após a revolução de 1930, mudou-se para São Paulo. Para conhecer melhor a Umbanda retornou à Tenda Mirim para o curso de Formação de Chefe de Terreiro, entre 1937 a 1940.

Depois de um proveitoso aprendizado retornou a São Paulo e passou a trabalhar com um casal que praticava a Umbanda às escondidas, em virtude da forte perseguição policial. Em 1950, fundou a Tenda Tupã Oca do Caboclo Arranca Toco, que funciona até os dias de hoje, prestando a caridade dentro dos ensinamentos deixados por ele. Em 1952, mesmo com as acirradas perseguições aos cultos afro-brasileiros, decidiu levar a Umbanda para a rua, realizando uma grande festa pública para Oxóssi, no SENAC, localizado na Rua Galvão Bueno. Esteve presente uma delegação de 11 tendas cariocas comandada por Benjamim Figueiredo.

Em 1958, convidado por Benjamim, criou em São Paulo, uma Delegacia do Primado de Umbanda. Reuniu algumas tendas em São Paulo e as registrou no Rio de Janeiro. Em 28 de setembro de 1960 fundou o Primado de Umbanda do Estado de São Paulo, com 70 tendas filiadas. Em 1973 essa instituição, sob a direção de Félix, tinha 1200 tendas filiadas. Mais tarde passou a se denominar Primado de Umbanda do Brasil. Desde 2001 a presidência do Primado é ocupada por Maria Aparecida Naléssio.

Félix Nascentes Pinto desencarnou em 20 de setembro de 1975, deixando um grande legado para a Umbanda.

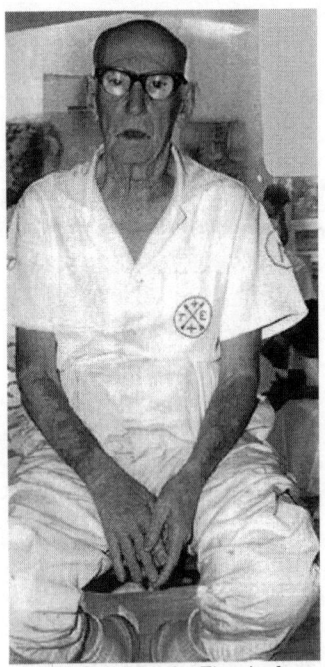

Figura 68: Benjamim Figueiredo.

Figura 69: Caboclo Mirim incorporado no médium Benjamim Figueiredo.

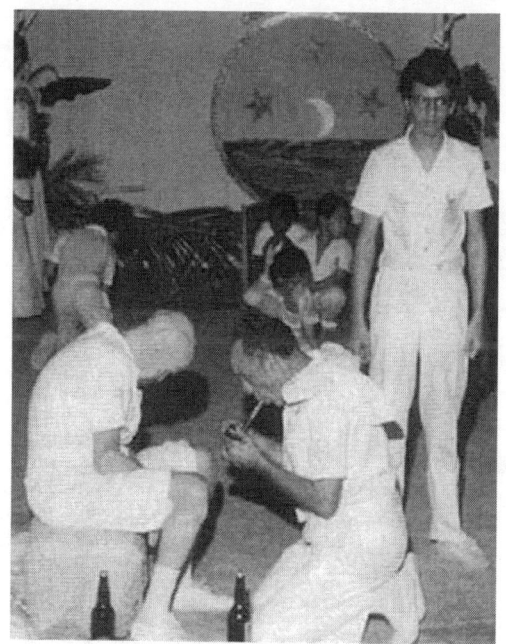

Figura 70: Benjamim Figueiredo incorporado com Preto Velho.

História da Umbanda no Brasil

Figura 71: Benjamim Figueiredo e os médiuns da Tenda Mirim.

Figura 72: Gira de confraternização do Primado de Umbanda, realizada no Maracanãzinho, em homenagem ao IV Centenário da Cidade do Rio de Janeiro, 1965.
Fonte: *http://primadodeumbanda.blogspot.com.br*

Diamantino Fernandes Trindade

Figura 73: Felix Nascentes Pinto incorporado com o Caboclo Arranca Toco.
Em cima, Ronaldo Linares fazendo a gravação para o seu programa radiofônico.
Fonte: *http://www.primado.com.br*

29. O Templo do Caboclo Rompe Mato

Uma das casas responsáveis pela propagação da Umbanda foi o Templo de Oxóssi Rompe Mato. Conforme o registro do informativo Fraternidade Espírita Filhos de Zamby:

> No dia 15 de novembro de 1963, por volta das 15 horas, o Caboclo Rompe Mato, por meio do mecanismo psicográfico, colocou aos ombros do médium Renato José Ferreira, a missão cármica – com ordens do Astral – para que se preparasse, pois teria que dar início a um trabalho voltado para a caridade, com base nas doutrinas da Umbanda. Assim surgiu – depois de muita luta e muitas provações – o Templo de Oxóssi Rompe Mato.
>
> Devemos dar ênfase que "Seu" Rompe Mato, – é claro, em acordo com o portentoso Caboclo Mirim, pois, fez parte do comando da Tenda Mirim – traçou as regras, os rituais a serem seguidos, cabendo ao Caboclo Pedra Branca o comando para a execução das ditar ordens.

Vejamos algumas palavras do Caboclo Pedra Branca a J. Alves de Oliveira:[1]

> É preciso expandir esta Umbanda legítima, simples e objetiva, sem muitos rituais e complicações, nem coisas de-

1 Umbanda Cristã e Brasileira.

moradas. Oxóssi Rompe Mato, o patrono, a tudo previu, inclusive, de outros templos com a mesma orientação, isto à medida que os médiuns vão ficando em condições de assumir a responsabilidade e a capacidade para dirigir. É um programa que se expande em nossa organização com várias filiais espalhadas pelos bairros, subúrbios e cidades satélites como Caxias e Nova Iguaçu. Porém, filho, digo-lhe que outras organizações já iniciaram este trabalho, como o Caboclo das Sete Encruzilhadas, Mirim e nós outros; outras organizações aparecerão para expandir mais e mais a Umbanda que Jesus mandou para cá.

Conforme o número de médiuns foi aumentando, a filiais foram se instalando como os Templos do Caboclo Sete Ondas, Caboclo Sete Cachoeiras, Caboclo Sete Pedreiras, Cabocla Jurema e Caboclo Três Luas.

Oxóssi Rompe Mato deixou, por escrito, através da psicografia do médium Renato, as instruções para o trabalho a ser desenvolvido por ele, com seu companheiro de falange, o Caboclo Pedra Branca; programa que seria modificado se houvesse necessidade, e mais: que o Espírito amigo e protetor estaria sempre presente; que não se atemorizasse com nada, que tivesse confiança no futuro, pois tudo sairia bem dentro das previsões estabelecidas sob o comando espiritual.

Sobre a Umbanda e o seu sincretismo, assim se manifestou o Caboclo Rompe Mato:[2]

> O arco íris só resplandece na curvatura celeste por força das águas, e só assim deslumbra na magnificência das cores, como se fosse preciso beber o conhecimento para espargir luzes.
>
> O multicolorido do desejo de saber para iluminar a mente e irradiar feixes difusos de claridade a se projetar na seara dos trabalhos é a estrada para conhecer a unificação pelos vários caminhos que se concentram numa faixa visível, como se fosse um arco íris.
>
> O simbolismo traduz, melhor do que as palavras, o sentimento de harmonia e a beleza que resplandece dos fundamentos em seus reflexos, em meio à turbulência de rituais transitórios, evidenciando o que todos desejam: a Umbanda como deve ser.
>
> Como todos os cultos, resulta do sincretismo de uma dada

---

2 Trecho do Prefácio da obra O que é a Umbanda, de Cavalcanti Bandeira, 1970.

época histórica. A Umbanda provém de nosso caldeamento de raças e da amálgama de contribuições filosóficas diversas, e tem como síntese, a luminosidade atrativa de um arco íris resistindo às distorções e incompreensões tempestuosas dos que olham apenas o colorido ritual, então conseguem sorver a seiva dos fundamentos.

É preciso encher o cálice do próximo para dar de beber aos que tem sede de saber e mitigar a dos ansiosos da fé.

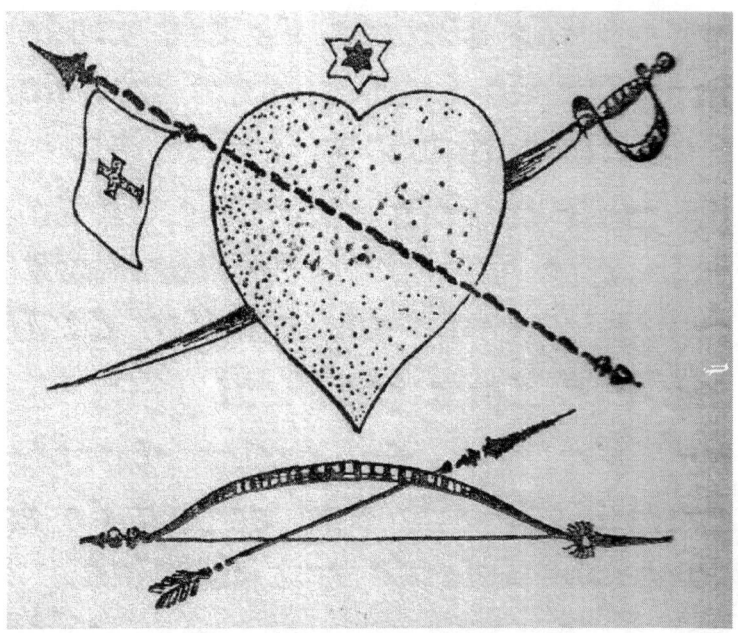

Figura 74: Ponto emblemático do Caboclo Rompe Mato.

As pessoas afeitas aos conceitos esotéricos da Umbanda, de W. W. da Matta e Silva, devem estranhar o nome Oxóssi Rompe Mato, pois segundo esses conceitos, o Caboclo Rompe Mato é da Linha de Ogum. Porém não devemos esquecer que ele é o intermediário de Ogum para Oxóssi. O ponto emblemático mostra elementos de Ogum, como a espada e a lança e elementos de Oxóssi como o arco e a flecha. É interessante notar, também, a presença do coração atravessado pela lança, similar ao ponto emblemático do Caboclo das Sete Encruzilhas que tem o coração atravessado por uma flecha.

30. O Capitão Lauro e a Tenda Estrela do Mar

O Capitão Benedito Lauro do Nascimento foi um pesquisador e estudioso dos temas espirituais. Oliveira[1] cita:

> Na tribuna põe em relevo a sua capacidade de interprete, não só relatando a vida de Santo Agostinho, como deleitando sobre obsessões e obsedados, ou, ainda, referindo-se às desgraças causadas pela magia negra e pelo vampirismo; bem assim, quando preside as sessões de preparo ambiente, transformando-as em vibrações gostosas e sutis, que confortam a alma e nos deixam extasiados entre as ondas magnéticas que a todos envolvem.

Em 1952, o Capitão Lauro recebeu do Astral uma tarefa árdua, porém prazerosa: a fundação da Tenda Estrela do Mar. No site da Tenda podemos ler:

> Não foi uma decisão afeta apenas a pessoas encarnadas que decidiram dedicar esforços em consolidar mais uma casa de caridade vinculada a Umbanda. Surge através de entidade espiritual Pai Ernesto de Moçambique, que com ordens superiores, as transmite ao então Capitão Benedito Lauro do Nascimento, Mestre Rosacruz, que sem ter à época, formação dentro da liturgia hoje praticada, recebeu desta entidade e de Ogum Beira Mar, instruções via transe me-

1 Umbanda cristã e brasileira.

diúnico, através do médium Sidney Magalhães na Rua Eugênio Gudin em Irajá, no Rio de Janeiro, as quais posteriormente comparou com as recebidas pelo Mestre de Iniciação Yapacani,[2] encontrando nelas igualdade de conteúdo. Recebeu a esta época, o Capitão Lauro a incumbência de fundar um templo de Umbanda, que seria por circunstâncias legais registrada oficialmente, para fins de adequação a leis vigentes como Tenda Espírita Estrela do Mar, inaugurada em 27 de setembro de 1952 sob os auspícios de Deus e amparo espiritual das entidades portadoras da mensagem ao Capitão Lauro que se manteve no cargo de presidente desta instituição até o dia de seu desencarne em 1985.

A Tenda foi instalada na Rua Barão do Serro Largo, 21, Irajá, onde funciona até hoje dirigida pelos mestres Yracuera (Mauricio Omena) e Enaciara (Rogério d'Ávila). Em 1954, o Capitão Lauro conheceu W. W. da Matta e Silva e com ele, por intermédio de Pai Guiné de Angola completou sua formação sacerdotal. O mesmo Pai Guiné preparou o atual congá da Tenda Estrela do Mar em 1961. A Tenda segue os preceitos ditados pelo Astral Superior praticando a verdadeira caridade e também funcionando como Escola de Iniciação.

W. W. da Matta e Silva escreveu:[3]

> Conheci o saudoso e muito querido amigo Benedito Lauro do Nascimento, mais exatamente pelos idos de 1956 (quando foi lançada a minha primeira obra, *Umbanda de Todos Nós*). O Capitão Benedito Lauro era, então, presidente da Tenda Estrela do Mar, situada em Irajá.

Um fato interessante, ocorrido na Tenda Estrela do Mar, é narrado por Oliveira:[4]

> Em uma das habituais sessões de caridade, a médium vidente identificou um espírito de elevada estatura, bem vestido, cabelos louros, olhos azuis. O espírito estava ao lado de um médium, melhor diremos: colado, quando, a certa altura, o vulto se eclipsou e atuando na médium, dá o seu saravá característico de Preto Velho!

---

2 W. W. da Matta e Silva.
3 Lições de Umbanda (e Quimbanda) na palavra de um Preto Velho.
4 Umbanda cristã e brasileira.

A vidente espantada, pois era a primeira vez que tal acontecia, ficou muito atenta ao trabalho de Preto Velho, que se identificou como Pai Tomé.

— *Ué, Pai Tomé?*

— *Mas será que homem branco, ou espírito de feições finas, ao demais, louro e de olhos azuis, vira de repente transformando-se em um Preto Velho?*

Será possível?

Isto mostra que os bondosos mentores do Astral podem se travestir de qualquer roupagem fluídica para trabalhar em um terreiro. Nem todos os Pretos Velhos foram negros; nem todos os Caboclos foram índios etc.

Figura 75: Matta e Silva (de terno) ao lado do Capitão Lauro na Tenda Estrela do Mar.

31. A TULEF e o Centro Espírita Caminheiros da Verdade

Tenda de Umbanda Luz, Esperança e Fraternidade (TULEF) foi uma das tendas responsáveis pela divulgação e implantação da Umbanda. A tenda era dirigida por Lilia Ribeiro, médium do Caboclo Oxóssi Mata Virgem e pesquisadora da História da Umbanda. Lilia trabalhou durante vários anos no jornal *Diário de Notícias* do Rio de Janeiro. Foi responsável pelo boletim *Macaia*, de orientação doutrinária e noticiosa da TULEF. Na edição de abril de 1971, a matéria de capa destacava:

> Umbanda – A manifestação do Espírito Para a Caridade – "Homenagem a Zélio de Moraes", que completa, em 10 de abril, 81 anos, dos quais 62 dedicados à Umbanda, como médium do Caboclo das Sete Encruzilhadas, o fundador dos sete primeiros templos desta Umbanda de roupa branca e pés descalços que hoje cultuamos.

Lilia Ribeiro teve um papel de destaque na divulgação da História da Tenda Nossa Senhora da Piedade. Jota Alves de Oliveira cita:[1]

> Ainda na fase de nossa pesquisa em torno do Caboclo das Sete Encruzilhadas e seu médium Zélio Fernandino de Moraes, buscamos a colaboração da diretora do Culto da

---

1 Umbanda Cristã e Brasileira.

TULEF, e médium do Caboclo da Mata Virgem, a fim de conseguirmos nosso intento, a senhora Lilia Ribeiro, que em tempo fez jornalismo pelo *Diário de Noticias*, de parceria com o escritor e médico dr. Cavalcanti Bandeira, autor do livro *O que é a Umbanda*. Lilia Ribeiro nos prestou muita colaboração: graças a ela existe uma breve *História da Umbanda Brasileira*.

Não obstante, foi pelo excelente boletim *Macaia*, de orientação doutrinária e noticiosa da TULEF, do mês de abril de 1971, que fomos despertados para organizar um livro, abordando a História da Umbanda Brasileira, que é devida ao Caboclo das Sete Encruzilhadas e seu operoso médium.

A TULEF foi fundada em 1955, na época com o nome de Tenda Nossa Senhora do Rosário. A denominação atual foi conseguida em 23 de abril de 1965, pois anteriormente os cartórios não aceitavam o registro de Templos com a denominação de Tenda de Umbanda. É uma das tendas filiadas á corrente do Caboclo das Sete Encruzilhadas. Atualmente funciona na Rua Sá Viana, 69 – Grajaú.

O **Centro Espírita Caminheiros da Verdade** foi também um marco da implantação do Movimento Umbandista. Foi fundado em 4 de março de 1932 e até hoje luta com coragem para manter o atendimento às pessoas necessitadas todos os dias da semana. Funciona na Rua Comendador João Carneiro de Almeida, 133 – Engenho de Dentro – Subúrbio do Rio de Janeiro.

Em 1970 contava com 1860 médiuns em atividade e atendia cerca de 2000 pessoas por sessão. Em 1944 passou a adotar sessões de Umbanda onde se manifestavam Entidades espirituais do porte do Caboclo Guaracy, Caboclo Tupinambá, Cabocla Jurema e outros importantes mensageiros do Astral.

Em uma entrevista a J. Alves de Oliveira, em 1970, o Comendador João Carneiro de Almeida, um dos fundadores do Centro Espírita Caminheiros da Verdade, explicava como começaram as sessões de Umbanda:

> Aconteceu em 1944. Uma menina obsedada. Mas uma dessas obsessões raras. Terrível! A menina mordia todos que se aproximassem dela. Era um desespero! As sessões e as

preces não modificaram a situação; quando um médium, exatamente de Umbanda, veio ao meu encontro e, incorporando seu Preto Velho, este mandou preparar algo e também marafa. Depois incorporou um espírito trevoso, mas consciente de todo o mal que fazia. Bebeu a marafa, quebrou a garrafa e reduziu-a a pó. Mais umas poucas palavras e retirou-se, e a menina ficou boa. O fenômeno me levou a dar atenção às práticas umbandistas.

Caro leitor, poderíamos citar centenas de templos importantes no cenário do Movimento Umbandista, porém seriam necessários vários livros para tal tarefa.

Macaia

Macaia era o noticiário da Tenda de Umbanda Luz, Esperança, Fraternidade (T.U.L.E.F.), dirigida por Lilia Ribeiro.

Na capa do número 42, de abril de 1971, tínhamos uma chamada para a homenagem à Zélio de Moraes:

HOMENAGEM

ZÉLIO DE MORAES, que completa, em 10 de abril, 81 anos, dos quais 62 dedicados à UMBANDA, como médium do CABOCLO DAS SETE ENCRUZILHADAS, e fundador dos sete primeiros templos desta Umbanda de "roupa branca e pés descalços" que hoje cultuamos.

Na edição de abril de 1972, encontramos a matéria "Nosso Aniversário", assinada pelo Deputado Atila Nunes Filho:

A T.U.L.E.F. completa mais um aniversário no dia 23. São 17 anos de dedicação e carinho por uma religião que aos poucos ganha terreno, no seio do povo brasileiro, como a autêntica religião natural.
E a T.U.L.E.F. através de todos esses anos, tem implantado uma nova filosofia e doutrina, calcada nos princípios do amor, da verdade e da real caridade, procurando, mediante este noticioso, orientar e esclarecer os pontos falhos das praticas ritualísticas de nossa crença.

MACAIA torna-se aos poucos um veiculo mentor da opinião dos umbandistas, com uma plêiade de jovens jornalistas que dão muito de si para oferecer a cada um de nós, matérias realmente de interesse. A iniciativa pioneira da T.U.L.E.F., lançando um veículo porta voz de umbandistas que desejam tão somente a prática sadia e honesta da Umbanda, deve ser, tem que ser imitada por todos nós. Como já dissemos várias vezes, o esforço dispendido por cada um, beneficiará futuramente aqueles que serão os continuadores do trabalho imenso que é desenvolvido no presente. Não importa o que façamos agora, absolutamente, e sim, o que deixaremos de concreto para os nossos descendentes. Aos meus irmãos e amigos da T.U.L.E.F., que tanto tem contribuído na minha luta por uma Umbanda unida, forte, organizada e respeitada, a minha homenagem e reconhecimento sinceros.
Que Oxalá os abençoe!

Deputado Atila Nunes Filho

Figura 76: Lilia Ribeiro.

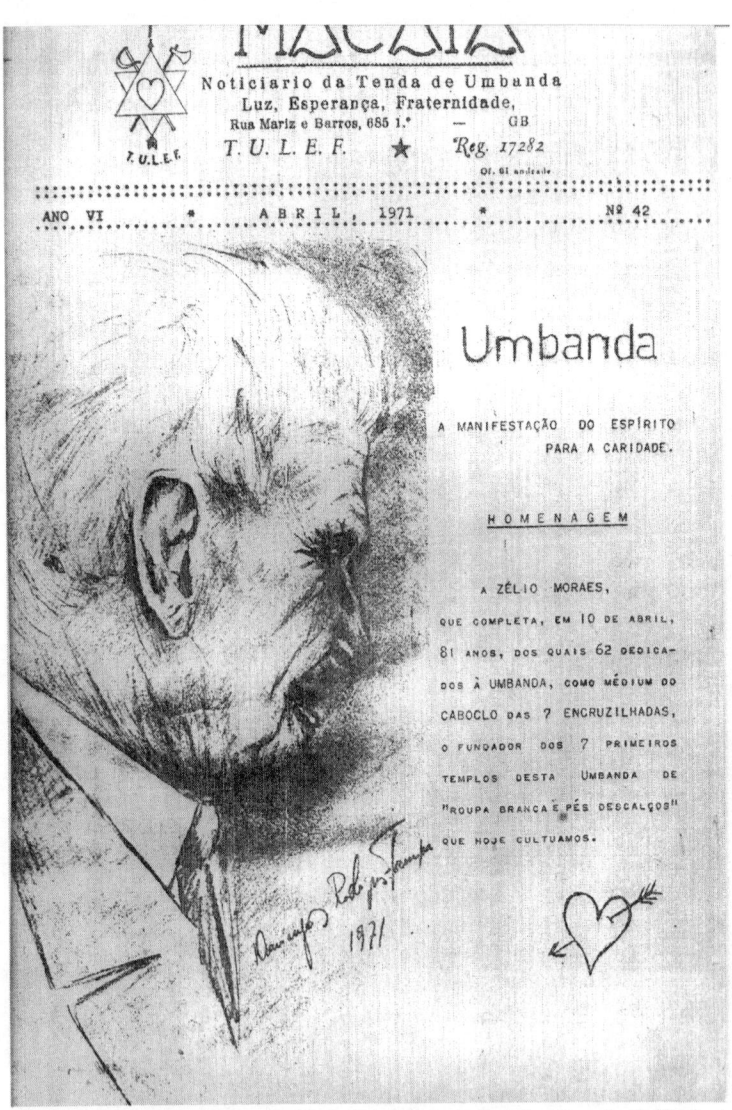

Figura 77: Capa do número 41, de abril de 1971, do Boletim *Macaia*, da Tenda de Umbanda Luz, Esperança, Fraternidade (TULEF), dirigido por Lilia Ribeiro.

32. Revendo a história do início da Umbanda

Renato Henrique Guimarães Dias

Lilia Ribeiro gravou, na década de 1970, diversas fitas com Zélio de Moraes que foram repassadas pela Tenda Espírita Nossa Senhora da Piedade à Mãe Maria, da Casa Branca de Oxalá, que gentilmente se disponibilizou para recuperá-las e digitalizá-las.

Renato Guimarães postou algumas delas no seu blog[1] e fez uma análise interessante sobre o áudio que mostra a ligação de Zélio de Moraes com Benjamim Figueiredo como podemos ver a seguir:

> Amigo leitor! Não sei se vocês perceberam o impacto que o áudio que disponibilizamos na postagem "A ligação de Zélio de Moraes e Benjamim Figueiredo" tem para a história da Umbanda. Aquele áudio joga luz sobre fatos ocorridos nas duas primeiras décadas da Umbanda, que nos obrigará a rever tudo o que já foi escrito sobre aquela época. Analisemos os dois primeiros pontos que chamamos a atenção na postagem supracitada.

O nome da religião

Com base no que ouvimos no áudio da Fita 56 B, disponível na postagem "A ligação de Zélio de Moraes e Benjamim

1 *http://registrosdeumbanda.wordpress.com*

Figueiredo", do blog Registros de Umbanda, teríamos que reescrever parte do que já foi escrito sobre os fatos ocorridos nos dias 15 e 16 de novembro de 1908 e adicionar um fato novo, ocorrido em 1909, relativo à mudança no nome da religião.

No diálogo travado entre um dos presentes e o Caboclo das Sete Encruzilhadas, ocorrido na casa de Zélio no dia 16 de novembro daquele ano, no qual o primeiro indaga o segundo sobre o nome do novo culto, teríamos que reescrever o diálogo para algo do tipo:

> *Um dos presentes*: "Qual será o nome desse novo culto?"
> *Caboclo das Sete Encruzilhadas*: "O novo culto se chamará Alabanda."
> Como era a primeira vez que ouviam esse nome, um deles indagou:
> *Um dos presentes*: "O que quer dizer Alabanda?"
> *Caboclo das Sete Encruzilhadas*: "Alabanda quer dizer Deus ao nosso lado."

Além deste fato, teríamos que acrescer um fato novo sobre o início da Umbanda: a mudança do nome da religião, de Alabanda para Aumbanda, em 1909. Além das referências feitas por Jota Alves de Oliveira (Umbanda Cristã e Brasileira, pág. 41) e, posteriormente, por Diamantino Fernandes Trindade, Ronaldo Antonio Linares e Wagner Veneziani Costa (Iniciação à Umbanda, pág. 24), agora podemos ouvir o próprio Zélio de Moraes falar, entre os minutos 12:25 e 12:50, que o termo Alabanda foi substituído por Aumbanda porque não ficava bem, não soava bem o nome anterior. Analisemos, portanto, a forma como se deu a mudança.

Supomos, com base na fala de Zélio de Moraes naquele áudio, que o primeiro nome da nova religião, Alabanda, foi uma homenagem feita pelo Caboclo das Sete Encruzilhadas a Orixá Malet, que em sua última encarnação havia sido malaio e muçulmano: Alá é um aportuguesamento da expressão árabe *al-Lah*, cujo significado é "O Deus" e é dessa forma que os muçulmanos referem-se a Deus em suas preces.

Ao fazer a referida mudança, o Caboclo substituiu Ala por Aum, que, segundo Zélio de Moraes, seria a expressão grega que teria o mesmo significado da expressão árabe. Sobre a afirmação de Zélio de que AUM significaria "O Deus", em grego, não encontramos nenhum exemplo nessa língua que corrobore essa teoria. Entretanto, segunda a senhora Karen Armstrong,[2] UM é a palavra que os filósofos gregos usavam para se referir a Deus. Talvez, o fato de o nome ter se firmado como Umbanda e não como Aumbanda, tenha sido uma correção posterior feita pelo Caboclo das Sete Encruzilhadas, para adequar o nome da religião a forma correta usada pelos filósofos gregos para se referir a Deus. Mas isso já é uma especulação minha.

Sobre a descendência da Tenda Espírita Mirim e o seu fundador Benjamim Figueiredo (descende da Tenda Espírita Nossa Senhora da Piedade)

No áudio ouvimos Zélio contar que Benjamim passou a frequentar a Tenda Espírita Nossa Senhora da Piedade (TENSP) para que Zélio o desenvolvesse na Aumbanda, e em uma dessas ocasiões, Orixá Malet, incorporado em Zélio, pegou Benjamim e, após carregá-lo nas costas por meio quilometro, o atirou no mar, tendo, logo após o fato, dito que Benjamim já estava pronto pra começar a trabalhar com a Umbanda. Na fita 56 B, Zélio conta que conheceu Benjamim Figueiredo, o qual trabalhava com Kardecismo e o procurou para se desenvolver na Umbanda. Teriam ido à Ilha do Braço Forte, onde, incorporado com Orixá Malet, carregou Benjamim nos ombros e andou meio quilometro com ele nas costas, jogou-o no chão e começou a cantar algo que ninguém entendia. Benjamim foi rolando pela areia, até que o Orixá Malet o pegou outra vez e entrou com ele no mar. "Levou ele até a profundeza, e eu não sei nadar, minha mulher dizia 'Zélio não sabe nadar'... Quando chegou à praia, eu disse a ele: tá pronto para trabalhar com Caboclo Mirim está batizado... agora pode me dizer quem desenvolveu ele?".

Infelizmente, na fita não há o período em que isso teria

---

2 *Uma história de Deus: quatro milênios de busca do judaísmo, cristianismo e islamismo*. São Paulo: Companhia das Letras, 1994.

ocorrido, mas se olharmos a história da Tenda Espírita Mirim (TEM), podemos supor quando isso ocorreu. No antigo site da TEM, que reproduzo parcialmente abaixo, lemos que:

> O Kardecismo veio para o Brasil através da família Figueiredo. Em 1920, esta família realizava sessões de Kardec na Rua Henrique Dias nº 26, na Estação do Rocha, Rio de Janeiro. No dia 12 de Março de 1920, o Médium Benjamim Gonçalves Figueiredo, teve a primazia de incorporar, pela primeira vez, o Caboclo Mirim, Grande Mestre que veio para nos ensinar a Escola da Vida, que poucos conheciam na época. Após a sua chegada, O Caboclo Mirim anunciou que aquela seria a última Sessão de Kardec e que as próximas Sessões passariam a ser de Umbanda. Em uma de suas mensagens ele disse que a partir daquele momento a TENDA ESPÍRITA MIRIM seria reconhecida mundialmente e advertia que a mesma seria uma Organização única no gênero em todo o Brasil, cujo método seria adotado por outras tendas, até mesmo em outros Estados da Federação, o que, mais tarde, teríamos a oportunidade de comprovar.
>
> O Caboclo Mirim, Espírito Missionário, preparou a antena receptiva daquele que seria o intermediário do seu programa, de suas ordens e de suas mensagens, ou seja, o seu médium, que preservaria a sua missão e que cumpriria, religiosamente, a sua tarefa.
>
> Uma família inteira é convocada para preparar a Tenda Espírita Mirim, para nela, firmar os Postulados da nova Organização. Os chamados ou escolhidos foram: José Nunes de Figueiredo Filho, Judith Gonçalves Figueiredo, Benjamim Gonçalves Figueiredo, Eugênia Gonçalves Figueiredo, Hercílio Latino Gonçalves, Abgail Maria Gonçalves, Davi Latino Gonçalves, Benjamim Franklin Gonçalves, José Fróes e João da Mota Mesquita Filho. Foram 12 como os apóstolos de Jesus! Coincidências!
>
> Aos 13 dias do Mês de Março do ano de 1924 considerou-se fundada a Tenda Espírita Mirim, por ordem do Caboclo Mirim, através do seu jovem Médium, Benjamim Gonçalves Figueiredo.[3]

Perceberam que entre a ordem do Caboclo Mirim e a fundação da TEM existe um período de exatos quatro anos? Perceberam, também, que antes da ordem do Caboclo Mirim,

3 Fonte: Tenda Espírita Mirim. Apresentação. Disponível em *http://www.tendaespiritamirim.com.br*

a família de Benjamim não trabalhava com Umbanda, apenas com Espiritismo?

Ora, se:

1 – Benjamim e sua família desconheciam a Umbanda em 1920;
2 – Só iniciaram as atividades da TEM (Tenda de Umbanda e não de Espiritismo) em 1924;
3 – Zélio nos conta que Benjamim frequentou a TENSP para aprender com ele sobre a Umbanda, tendo sido batizado no mar por Orixá Malet e considerado, então, pronto a trabalhar com a Umbanda;
4 – Pelas regras da TENSP, em seu regimento interno, é Orixá Malet quem autorizava ou não a matrícula de pessoas como membros da TENSP, bem como autorizava aquelas que considerava desenvolvidas a dar passes, consultas, auxiliar trabalhos de desenvolvimento mediúnico e outros que se realizavam na tenda.

Podemos supor que nesses 4 anos, entre 1920 e 1924, Benjamim foi membro da TENSP, com autorização de Orixá Malet, tendo sido desenvolvido e considerado pronto por esta entidade a começar a trabalhar com a Umbanda e, só depois disso, é que Benjamim teria fundado a TEM, junto de seus familiares. Ou seja, embora Renato Ortiz tenha escrito que:

> (...) a Umbanda se desenvolve paralelamente em diferentes estados sem que exista, pelo menos de maneira comprovada, uma relação de influências entre os diversos terreiros. Em meados dos anos 20, existe em Niterói a tenda de Zélio de Moraes, no Rio de Janeiro a de Benjamim Figueiredo, e em Porto Alegre a de Otacílio Charão.[4]

E outros pesquisadores tenham se baseado nele quando escreveram sobre o início da Umbanda, podemos afirmar, comprovado pelo áudio em questão, que há, sim, uma relação da TEM com a TENSP, uma vez que a TEM pode ser considerada mais uma tenda de Umbanda descendente da TENSP.

---

4 ORTIZ, Renato. Breve nota sobre a Umbanda e suas origens. Religião e Sociedade. Rio de Janeiro: Civilização Brasileira, 1986.

Talvez, a TEM seja a segunda tenda descendente da TENSP, mas não podemos afirmar isso por enquanto, pois ainda não conseguimos descobrir a data de fundação da Tenda Espírita São Pedro (só sabemos que foi anterior a 04 de março de 1927).[5]

A Entidade Pai Roberto e Benjamim Figueiredo

Pela fita, ouvimos que a entidade Pai Roberto trabalhava com um médium do bairro de Alcântara, São Gonçalo, RJ, antes de passar a trabalhar com Benjamim Figueiredo. Ainda segundo a fita, quando da visita de Benjamim ao terreiro do citado médium, a entidade Pai Roberto, incorporada, disse a Benjamim que ele abandonaria o cavalo (médium) dele e ia passar a trabalhar através da mediunidade do Benjamim, abandonando o médium anterior e os trabalhos de feitiçaria que fazia através dele.

Acho que com essas considerações, conseguimos mostrar a você, leitor, a importância do áudio.

Figura 78: Pintura retratando Pai Roberto.

5 A data de fundação é 5 de março de 1925, conforme pesquisa do Coronel Carlos Soares Vieira (nota do autor).

A provável Tenda de Umbanda mais antiga do Rio Grande do Sul

Na postagem *Revendo a história do início da Umbanda,* de 07 de maio de 2010, fiz o seguinte comentário sobre a provável tenda de Umbanda mais antiga do Rio Grande do Sul:

> Resta, agora, descobrirmos se Otacílio Charão, antes de embarcar para a África, em 1916, frequentava a TENSP (*Tenda Espírita Nossa Senhora da Piedade*) ou alguma casa de macumba carioca. Se frequentava a primeira, então teríamos que o Centro Espírita Reino de São Jorge, fundado em Rio Grande, RS, em 1926, é outra tenda descendente da TENSP, mostrando uma relação entre as primeiras tendas de Umbanda e a antiguidade da TENSP sobre todas as demais.

Com essa indagação na cabeça, resolvi pesquisar mais sobre o assunto, mas como moro bem longe o Rio Grande do Sul e conheço quase ninguém por lá, estava bem difícil encontrar algo a respeito de Otacílio Charão e do Centro Espírita Reino de São Jorge (CERSJ).

Felizmente, por uma dessas agradáveis "coincidências" do destino, pouco tempo depois, no dia 08 de junho de 2010, recebi um comentário na postagem *Um pouco da história da Umbanda - parte 01*, onde o senhor Silvio Cristóvão Torrada Reis me chamou a atenção por um grave erro que havia cometido lá a respeito do CERSJ.

Graças a esse meu erro e a iniciativa do senhor Sílvio Reis em me corrigir, a quem fico profundamente agradecido, consegui novas informações bem interessantes sobre Otacílio Charão e o Centro Espírita Reino de São Jorge, que compartilho com vocês a seguir.

Otacílio Charão era natural da cidade de Santa Maria, no Rio Grande do Sul, tendo ingressado, por volta de 1916, na Marinha Mercante. Em 1926 abandonou a carreira militar e retornou ao Rio Grande do Sul, estabelecendo-se na cidade de Rio Grande, onde abriu uma fábrica de doces e balas.

Ainda em 1926, Otacílio fundou o Centro Espírita Reino

de São Jorge, que é, até o presente momento, a mais antiga tenda de Umbanda fundada no Rio Grande do Sul, tendo sido registrado em cartório em 1932.

É bem provável que Otacílio Charão tenha vindo ao Rio de Janeiro, então capital federal, durante o seu período na Marinha Mercante, mas até agora ainda não consegui provar isso, muito menos que ele tenha frequentado a TENSP, a Tenda Espírita Nossa Senhora da Conceição, a Tenda Espírita Mirim ou alguma macumba carioca.

Apesar disso, pelas características do Centro Espírita Reino de São Jorge, é provável que ele tenha tido contato com a Tenda Espírita Mirim, mas isso é até o momento pura especulação minha. Vejamos, então, como eram as características do CERSJ. De sua origem até meados da década de 1970, o CERSJ seguia uma doutrina de Umbanda de Mesa Branca, com as seguintes características:

• Era proibida a utilização de quaisquer instrumentos de percussão;
• Os cantos só podiam ser acompanhados com o bater de palmas e/ou o pé no chão;
• Era autorizada a incorporação de apenas dois Exus, no caso as entidades Exu Tiriri e Exu de Manegum;
• Era proibido o uso de guias ou colares ritualísticos;
• Todos os trabalhos tinham início às 20:00 horas e encerravam-se à meia noite;
• Pessoas separadas ou divorciadas eram proibidas de fazerem parte do quadro de sócios ou de participarem na corrente de trabalhos mediúnicos.

O uniforme adotado pelo CERSJ da sua fundação até meados da década de 1970 era:

• **Para os homens:** uma camisa branca contendo um distintivo formado por um ponto riscado e o nome do CERSJ logo acima deste; calça branca; cinto branco; meias brancas e sapatos de pano e flanela feitos por alguns membros do CERSJ;
• **Para as mulheres:** vestido branco contendo um distintivo

formado por um ponto riscado e o nome do CERSJ logo acima deste, com decote fechado e comprimento até cinco dedos abaixo do joelho; bombachinha (espécie de calça curta gaúcha) de tergal[6] branco até debaixo do joelho; meias brancas; sapatos de pano e flanela feitos por alguns membros do CERSJ;

• **Para os meninos**, que só eram permitidos na corrente por motivos de saúde: camisa azul, calça branca, um cordão amarrado na cintura e sapatos iguais ao dos homens;

• **Para as meninas**, que só eram permitidas na corrente por motivos de saúde: blusa rosa, vestido branco abaixo do joelho, um cordão amarrado na cintura e sapatos iguais ao da corrente, se fossem meninas.

Além dessas características, o senhor Sílvio me informou que o CERSJ possui, desde a sua fundação, uma mensalidade utilizada para cobrir seus gastos, estando isento do pagamento da mesma todos os sócios carentes ou que se encontram em dificuldades financeiras.

No caso da existência de algum sócio nessa condição, era feito um levantamento para descobrir os motivos do fato e, verificada sua autenticidade, os demais sócios eram concitados a ajudar a família necessitada com doações financeiras, de alimentos, roupas e/ou medicamentos.

Em seus primórdios, o CERSJ não possuía uma sede própria para realizar suas reuniões, utilizando, para tal, a residência de um de seus membros a cada final de semana. Essa situação não perdurou por muito tempo, pois ainda em 1926 foi adquirido o imóvel que serve até hoje como sua sede, o qual está situado na Rua General Abreu, 497, Cidade Nova, Rio Grande, RS.

Na década de 1960, o senhor Jesus Penna Rey doou a construção da atual parte da frente da sede do CERSJ, o qual foi utilizado inicialmente para abrigar uma escola primária que funcionava em convênio com a Prefeitura Municipal da Cidade de Rio Grande, com esta cedendo à professora e aquele, o espaço físico e as carteiras escolares. Tal escola funcionou até a reforma do sistema de ensino municipal.

---

6 É o nome genérico de tecidos produzidos com fios puros ou mistos de poliester de marca Tergal (nota do autor).

Até o momento, essas são as informações que conseguimos a respeito do senhor Otacílio Charão e do Centro Espírita Reino de São Jorge, a mais antiga tenda de Umbanda do Rio Grande do Sul, da qual se tem conhecimento. E para não deixar dúvidas, somos profundamente gratos pelas informações e esclarecimentos prestados pelo senhor Sílvio Cristóvão Torrada Reis, que nos possibilitaram escrever esta matéria.

33. A Umbanda como movimento religioso urbano

> O florescimento das religiões mediúnicas como meios alternativos que facilitam a adaptação do homem brasileiro à sua vida urbana constituem-se em uma alternativa possível no processo de adaptação das personalidades às exigências da vida urbana.
>
> Cândido Procópio Ferreira de Camargo

A descoberta e exploração das minas e a vinda da Família Real para o Rio de Janeiro propiciaram a primeira urbanização do país; entretanto pode-se dizer que a verdadeira urbanização só aconteceu com o aumento da população no século XX, e a partir daí influenciou os valores religiosos.

A abolição da escravidão, a mestiçagem, imigração são algumas das mudanças ocorridas na estrutura socioeconômica brasileira no final do século XIX e início do século XX. Era a urbanização e a industrialização, a formação de uma sociedade moderna.

Ainda que a transição da vida rural-agrária para a urbano-industrial não tenha ocorrido igualmente em todo território brasileiro, alguns centros se destacam nesse período: dentre eles a Cidade do Rio de Janeiro palco principal do surgimento dos terreiros de Umbanda no século XX.

Os negros recém-libertos começaram a migrar para as

cidades, os novos polos econômicos brasileiros, onde se depara com a concorrência dos imigrantes. Por todos os lados o negro se vê derrotado pela concorrência estrangeira. Era um processo de desagregação, tanto do regime social escravocrata quanto da memória coletiva do negro. Ortiz[1] explica que a um processo de transformação da sociedade corresponde um processo de transformação dos símbolos, inclusive no campo das crenças religiosas. De inicio a urbanização desarticulou a comunidade dos membros da etnia negra. Em seguida ela possibilitou uma reorganização, fornecendo a essa comunidade, formas de subsistência e a sua fusão junto ao proletariado.

Neste processo, as antigas tradições afro-brasileiras que não participavam das estruturas comunitárias do Candomblé, mas que estavam espalhadas em práticas mágicas e individualizadas, permanecendo à margem do processo geral de racionalização, foram direcionadas e organizadas. Eliminando o seu caráter mágico, pretendia-se instalar uma religião oficial onde as tradições, para serem mantidas, foram reinterpretadas e codificadas conforme a nova concepção de mundo urbano e industrializado.

Existe uma correspondência entre uma transformação social e um movimento de mudança cultural, ou seja, as crenças e as práticas afro-brasileiras sofreram modificações, ressignificando-se dentro do conjunto da sociedade brasileira. A formação da Umbanda seguiu as linhas desenhadas pelas transformações sociais e tornou-se uma religião essencialmente urbana, com origem histórica no Rio de Janeiro. Ortiz[2] comenta que a Umbanda não é uma religião do tipo messiânico, que tem uma origem bem determinada na pessoa do messias, pelo contrário, ela é fruto das mudanças sociais que se efetuam em uma direção determinada. Ela exprime assim, através de seu universo religioso, esse movimento de consolidação de uma sociedade urbano-industrial. Este autor inscreve as origens da Umbanda nos quadros de um movimento social voltado para uma direção determinada:

> Assim, após um momento de desorganização social segue-se um movimento de agregação social, que corresponde

1 A morte branca do feiticeiro negro: Umbanda e sociedade.
2 A morte branca do feiticeiro negro: Umbanda e sociedade.

à consolidação de uma sociedade de classes urbanas que fundamenta sua existência na produção industrial.

Como demonstram Ortiz e Brown, esta no artigo "O Papel Histórico da Classe Média na Umbanda" (revista *Religião e Sociedade*), a Umbanda, como sistema de crenças organizadas e estruturadas, surgiu nos centros urbanos onde as classes sociais já estavam industrialmente consolidadas. Ocorre, então, uma reinterpretação dos valores tradicionais, segundo um código fornecido pela sociedade urbana e industrial. A atuação da classe média teria, como interventora, excluído da religião suas características mágicas, por meio do controle burocrático das federações umbandistas.

No entanto, a atuação destas organizações teve importante papel durante as perseguições religiosas da Ditadura Vargas, conforme veremos no próximo capítulo.

Encerramos com Cavalcanti Bandeira[3] escrevendo sobre o crescimento da Umbanda em um trecho de sua entrevista ao Jornal *Diário de Notícias* de 30 de dezembro de 1973:

> Há 30 anos, quem quisesse ir a um terreiro de Umbanda, teria de ir, no mínimo a São Mateus ou lá para dentro de Campo Grande. Ir a um terreiro de Umbanda era uma aventura difícil, trabalhosa. Há 20 anos, quem ia a um terreiro tinha vergonha de confessar, ou porque a sociedade achasse que aquilo era um culto inferior ou porque achasse que significava se misturar a gente pobre ou de cor. Há 10 anos, a Umbanda espalhou-se de maneira imprevista, até mesmo em territórios que eram quase sagrados do Candomblé, como a Bahia, por exemplo. Hoje todos usam guias no pescoço como se fosse crucifixo cristão. O uso tornou-se moda, folclore. Hoje, a Umbanda caminha para se transformar em coqueluche. Antigamente, isto é, há uns 20 anos, só se ia à Umbanda em ultimo caso.
> Acontece que a Umbanda, desafiando todos os teóricos, é uma religião que cresceu ao contrário, veio das últimas camadas da massa popular – dos escravos, dos marginais, dos bandidos, dos párias, até chegar à elite. E, o mais curioso

---

3 Armando Cavalcanti Bandeira foi médico, clínico geral, Capitão de Mar e Guerra do Corpo de Saúde da Marinha, chefe do Setor de Emergência do Hospital da Lagoa. Foi supervisor do Jornal de Umbanda, Redator da coluna "Umbanda" no Diário de Notícias e autor do livro O que é a Umbanda.

não foi uma religião imposta por ministro e nem mesmo possui dogmas radicais. Ora, o que mata uma religião, o que a limita, são os dogmas. A Umbanda tem um ecletismo interessante, apresenta recursos de sofrimentos palpáveis de qualquer natureza e, hoje em dia, quando o homem se vê esmagado nas selvas de pedra das grandes cidades e em torno dele se estabelecer um isolamento desumano. Os laços de família, as ligações de vizinhos, tudo tem se diluído. O homem brasileiro encontra, hoje, na Umbanda, uma forma de convivência em grupo, uma integração. Isso tudo cresce ainda de importância, quando pensamos que não se encontra, na Umbanda, as religiões de padrão comum e o sentido de participação é permitido a todos. O fato do indivíduo poder expor, em público, a um pai de santo, a um caboclo ou a um preto velho, as suas mazelas – pode ser encontrado onde, hoje, além da Umbanda?

34. A perseguição da Ditadura Vargas e a primeira federação

O início da expansão da Umbanda coincidiu com a subida ao poder de Getúlio Vargas em 1930. O seu regime autoritário se consolidaria em 1937, com a criação do Estado Novo, de características fascistas. Os primeiros lideres da Umbanda foram direta ou indiretamente defensores desse regime. Alguns terreiros da época exibiam em suas paredes, fotos do ditador.

Apesar do apoio do Governo, os umbandistas sofreram a perseguição e repressão que caracterizava o Estado Novo, que duraria até 1945. Uma lei de 1934, enquadrava a Umbanda, o Kardecismo, as religiões afro-brasileiras, Maçonaria etc., na seção especial de Costumes e Diversos do Departamento de Tóxicos e Mistificações do Rio de Janeiro. Essa seção lidava com álcool, drogas, jogo e prostituição. Essa lei vigorou até 1964.

Todos esses cultos acabavam sendo vitimas da extorsão em troca de *proteção policial*. A policia agia, resguardada na justificativa de que a *macumba* tinha ligações com a subversão e dava cobertura a grupos comunistas.

Segundo esses mesmos policiais, Ogum (divindade guerreira), representado por São Jorge, que usava uma capa vermelha, era identificado, na década de 1930, como Cavaleiro Vermelho.

Os umbandistas da época diziam que a perseguição no Governo Washington Luís (1926/1930) era mais intensa que no Governo de Getúlio Vargas. Contam alguns que Getúlio era frequentador assíduo dos cultos afro-brasileiros, inclusive a Roça de Joãozinho da Goméia.

Pai Jaú declarou, em uma reunião do SOUESP,[1] que várias vezes, durante a repressão policial da Ditadura Vargas, havia sido preso e a sua liberação ocorrera por ordem direta do Presidente, com quem mantinha relações cordiais.

Um fato importante surgiu dessa repressão. Ela concorreu para a união e organização dos adeptos da Umbanda, para sua própria proteção. O Caboclo das Sete Encruzilhadas iniciou uma nova tarefa, determinando que se fundasse uma organização que abrigasse as tendas de Umbanda. As tendas fundadas pelo Caboclo das Sete Encruzilhadas, já citadas anteriormente, se reuniram e, com a liderança de Zélio de Moraes, fundaram a Federação Espírita de Umbanda (FEU) com o objetivo principal de oferecer proteção aos seus filiados contra a repressão policial. No artigo 1º do Estatuto da Instituição podemos ler:

a) Unificar e superintender as suas tendas ou cabanas filiadas;

b) Orientar o ritual e a liturgia de todas essas tendas e cabanas, bem como estudar-lhe os fenômenos que dizem respeito às manifestações espirituais;

c) Proteger e amparar a doutrina de Umbanda, unificando-a em todos os seus aspectos essenciais.

Oliveira[2] explica que:

> Para atingir os objetivos propostos, a FEU assumiu, no artigo 2º, o compromisso de: atuar junto aos poderes públicos federais, estaduais e municipais; propagar o "Espiritismo de Umbanda" editando revistas e realizando congressos; oferecer assistência ambulatorial com terapias alternativas; orientar os filiados no processo de seleção dos médiuns; e, principalmente, divulgar os malefícios da magia negra e do baixo espiritismo.

O primeiro presidente da FEU foi Eurico Lagden Moerback

1 Superior Órgão de Umbanda do Estado de São Paulo.
2 Das Macumbas à Umbanda.

e a primeira sede de fundação, em 26 de agosto de 1939, foi na Rua General Justo, 32. Teve desde então diversas sedes como: Rua São Bento, 28 – 1º andar, Rua do Acre, 47 – 6º andar – sala 608. Em 1942 mudou-se para a Praça Tiradentes, 60, conforme podemos ver no jornal *A Noite*, de 29 de setembro de 1942:

A instalação da sede da Federação Espírita de Umbanda
29/09/1942

A Federação Espirita de Umbanda inaugurou sua sede à Praça Tiradentes n. 60, 3º andar, sábado.
As solenidades obedeceram ao seguinte programa:
Às 15 horas – Inauguração da sede. Sua abertura e franqueamento à Imprensa, sendo nessa ocasião oferecido uma taça de champanhe aos seus representantes.
Às 19 horas – Reunião Confraternizadora – Prece de abertura – Concessão da palavra aos presentes; e
Às 21 horas – Prece de Cáritas para o encerramento.

Atualmente funciona na Rua Conselheiro Agostinho, 52. A partir de 22 de julho de 1947, mudou a sua denominação para *União Espiritista de Umbanda do Brasil*. Destacamos alguns presidentes desta instituição: José Venerando da Graça Sobrinho, Jayme S. Madruga, Reynaldo Xavier de Almeida, Floriano Manoel da Fonseca,[3] Marcos Vinicius Estrela. Atualmente é dirigida por Pedro Miranda. Floriano Manoel da Fonseca acompanhou Zélio de Moraes na instalação de Federações Umbandistas em São Paulo e Minas Gerais.

Foi a pioneira em termos de reconhecimento e afirmação institucionais da Umbanda. Em 1954, Zélio de Moraes atuava na Instituição como inspetor, com a função de supervisionar as entidades estaduais vinculadas com a instituição. Em 1941 a UEUB, promoveu o Primeiro Congresso Brasileiro do Espiritismo de Umbanda. Após o evento sofreu uma temporária desarticulação para em seguida reestruturar-se como União Espiritualista Umbanda de Jesus (UEUJ).

No site *Registros de Umbanda*[4] encontramos:

---

3 Dirigente da Cabana Espírita Senhor do Bonfim.
4 *http://registrosdeumbanda.wordpress.com*

Como União Espiritualista Umbanda de Jesus (UEUJ) teve em 1944 o papel preponderante na organização, edição e elaboração do livro *O Culto de Umbanda em Face da Lei*, entregue ao presidente Getúlio Vargas onde apresentava os anseios e direitos desta comunidade religiosa perante a constituição e a sociedade brasileira; a criação do primeiro periódico sobre o assunto, o "Jornal de Umbanda", em 1949, pelos mesmos organizadores da União Espiritista de Umbanda do Brasil (UEUB) – nome que permanece até hoje.

O livro *O Culto da Umbanda em Face da Lei* foi elaborado por Leal de Souza, Capitão Pessoa e vários umbandistas ilustres, entre eles militares, políticos, intelectuais e jornalistas. Uma das finalidades do longo memorial era obter esclarecimentos sobre o entendimento da Policia em relação à Umbanda para que União apresentasse o pedido de autorização para o se registro e funcionamento. O livro teve grande repercussão no meio umbandista.

Vejamos as palavras do Caboclo das Sete Encruzilhadas, em 1973, sobre a Federação:

Figura 79: Capa do livro *Umbanda em Face da Lei*.

Depois das tendas criadas, criei a Tenda Nossa Senhora da Guia de Euxoce, criei a Tenda de Oxalá, a Tenda de Ogum, a Tenda de Xangô, a Tenda de Santa Bárbara, enfim criei sete tendas. Depois de elas funcionarem, depois de tirar os médiuns dessa tenda, para que os médiuns pudessem trabalhar em outras tendas. Formadas essas tendas, criamos a Federação Espírita de Umbanda. Chamei Idelfonso Monteiro, Maurício Marco de Lisboa, Major Alfredo Marinho Ravajo, hoje general, era major naquele tempo. Enfim, botei cinco pessoas para se fazer a Federação de Umbanda do Brasil. Criou-se a federação e ela começou. Então a Federação Kardecista veio embargando porque não poderia ser espírita, não podia ser o nome, enfim, essas coisas do mundo, mas a Federação de Umbanda foi criada, está criada e está funcionando.

O ano de 1945, que marcou o fim da Ditadura Vargas, foi o ano em que começou a ocorrer a rápida expansão da Umbanda

Figura 80: Reunião na Sede da UEUJ na Rua do Acre na década de 1940. Ao centro Jaime Madruga e Floriano Manoel da Fonseca.

História da Umbanda no Brasil

Figura 81: Sede atual da UEUB.
Fonte: *http://ueub.blogspot.com.br*

em nível nacional. A partir daí passou a ser praticada livremente.

Novos terreiros e federações foram fundados no Rio de Janeiro, São Paulo e Minas Gerais. Em 1950 começou a expansão no Rio Grande do Sul, através de Moab Caldas, que chegou a ser eleito Deputado Estadual.

Um dos objetivos do Primeiro Congresso Brasileiro do Espiritismo de Umbanda era desafricanizar a Umbanda e por isso não haviam sido convidados os lideres das religiões afro-brasileiras. Em 1950, Tancredo da Silva Pinto, defensor dos cultos afro-brasileiros, fundou a Confederação Espírita Umbandista do Brasil, com sede provisória na Rua do Lavradio, 102, aí ficando até o final de 1967.

Após a instauração do Regime Militar no país, a partir de 1964, a entidade vivenciou dificuldades de relacionamento entre elementos da sua administração. Tancredo, insatisfeito, desligou-se, vindo a constituir com outros companheiros, em 20 de janeiro de 1968, a Congregação Espírita Umbandista do Brasil (CEUB).[5]

A fundação da instituição ocorreu na residência de Tata

5 http://pt.wikipedia.org

Diamantino Fernandes Trindade

Tancredo, onde funcionou de forma provisória, transferindo-se em 1968 para a Rua Pedro Alves, 117, no bairro de Santo Cristo, onde permaneceu até 1970. Mudou-se, em seguida para a Rua do Riachuelo, 373, sala 403, no Centro, permanecendo neste local até 1998, quando se instalou na Rua Sampaio Ferraz, 29, no bairro do Estácio de Sá, ali permanecendo até os dias de hoje. Após o desencarne de Tata Tancredo, Martinho Mendes Ferreira assumiu a instituição, a qual transferiu para Fátima Damas, a atual presidente, antes de falecer.

Na metade da década de 1950, outras seis federações foram fundadas no Estado do Rio de Janeiro, dentre elas, a Aliança Umbandista do Rio de Janeiro (AURJ). Três dessas federações defendiam uma forma de Umbanda africanizada.

Tancredo da Silva Pinto, através de sua coluna semanal no jornal *O Dia*, recomendava uma forma africana para os rituais da Umbanda. Conseguiu grande ascendência sobre os setores mais humildes da religião, chegando a receber o título de *Tata de Umbanda*. Mais detalhes sobre Tata Tancredo podem ser lidos no capítulo 42.

Em 1956, os representantes das duas correntes, a Umbanda Pura e a Umbanda Africanista superaram determinadas divergências e formaram uma coligação, que agrupava as principais federações do Rio de Janeiro, e foi denominada de Colegiado Espírita do Cruzeiro do Sul e tinha a UEUB como principal articuladora. Dessa coligação participou também Tancredo da Silva Pinto chegando mesmo a ser um dos seus presidentes.

Essa coligação conseguiu certa influência política. Em 1960, os umbandistas conseguiram eleger vários candidatos em alguns Estados. Anteriormente, em 1958, foi eleito, no Rio de Janeiro, Áttila Nunes.

A Umbanda atravessou bem a ditadura instaurada pelo regime militar de 1964. Foi nesse período que o registro de templos de Umbanda passou da jurisdição policial para a civil e passou a ser citada no Censo Oficial como religião.

Em São Paulo, a expansão da Umbanda teve início na década de 1950. Nessa época a Igreja Católica, através do Frei Kloppenburg, desferiu forte perseguição aos cultos umbandistas e ao Kardecismo, excomungando aqueles que frequentavam essas religiões, enquadrando-os no chamado *pecado mortal*.

Pai Jaú, Sebastião da Costa e o Tenente Vereda, que haviam participado do Primeiro Congresso Brasileiro do Espiritismo de Umbanda, fundaram a Liga de São Jerônimo em 1942. Em 1953 foi registrada em cartório a primeira federação de São Paulo, com o objetivo de enfrentar os ataques do *Poder Escarlate*. Essa organização, a Federação Umbandista do Estado de São Paulo (FUESP), fundada por Costa Moura, abriu o caminho para a criação de novas entidades, tais como: União de Tendas Espíritas de Umbanda do Estado de São Paulo (UTEUESP), fundada por Luís Carlos de Moura Acciolli; Primado de Umbanda, de Félix Nascentes Pinto; Associação Paulista de Umbanda, de Demétrio Domingues. Em 1968, a UTEUESP passou a registrar Roças de Candomblé e mudou a denominação para União de Tendas Espíritas de Umbanda e Candomblé do Estado de São Paulo (UTEUCESP) sob o comando de Jamil Rachid. Em 1973 surgiu a Federação Umbandista do Grande ABC (FUGABC), presidida por Ronaldo Antonio Linares.

Em 1961 ocorreu o Primeiro Congresso Umbandista do Estado de São Paulo, organizado pelo General Nelson Braga Moreira, evento que contou com a participação de aproximadamente 12000 umbandistas. Nesse mesmo ano, ocorreu no Rio de Janeiro o Segundo Congresso Nacional de Umbanda. Nesse evento foi organizado o Superior Órgão de Umbanda do Estado de São Paulo (SOUESP) que abarcava várias federações desse Estado.

Por causa de divergências políticas, algumas federações se uniram em torno do Tenente Hilton de Paiva Tupinambá e, em 1976, fundaram o Supremo Órgão de Umbanda e Candomblé do Estado de São Paulo (SOUCESP) que se tornou forte oponente do SOUESP.

Em 1970, no Rio de Janeiro, ocorreu a tentativa de congregar organizações do tipo Colegiado Espírita do Cruzeiro do Sul, SOUESP, SOUCESP etc., em uma entidade denominada Conselho Nacional Deliberativo da Umbanda (CONDU), fundada em 12 de setembro desse ano e que se instalou inicialmente à Rua Sá Viana, 69, Grajaú. O CONDU, entretanto, fugiu de seus objetivos e passou a aceitar registros de federações. Essa entidade não conseguiu ser o órgão representativo, em nível nacional, da Umbanda, exercendo apenas alguma influência no Rio de Janeiro. A primeira federação, fundada por Zélio de Moraes, estabeleceu certa orientação sobre a padronização de cultos e doutrina. Dentre essas orientações estabelecia a simplicidade do ritual, o uso de uniformes simples de algodão etc. Muitos conflitos internos colocaram por terra estas orientações, em função de cada uma das tendas querer determinar rituais próprios, fortalecendo a vaidade pessoal dos dirigentes.

Cada uma das federações existentes disputavam, junto a cada terreiro, a legitimidade da Umbanda, passando a representar visões diferentes do ritual e deturpando os princípios que justificaram a fundação dessas entidades. Parece que pouca coisa mudou. Alguns continuam criando a sua "Umbanda particular" e tentando convencer os demais que essa é a certa (a deles!).

Vejamos agora duas reportagens do jornal *Diário de Notícias*, de 13 e 14 de dezembro de 1932, que mostram claramente a perseguição policial aos terreiros de Umbanda. Neste caso o alvo foi a Tenda Espirita Nossa Senhora da Conceição, dirigida por Leal de Souza.

O caso da Tenda de N. S. da Conceição
13/12/1932

Como o jornalista Leal de Souza elucida o caso

Um vespertino noticiou ontem que a policia varejara um centro espírita do 2º andar da Rua da Quitanda número 201, constatando que, ao invés de centro espírita, o que ali existia era a prática de "macumba", tão disseminada pelos morros da cidade. Divulgou, ainda, o mesmo vespertino, que os frequentadores do centro obedeciam, no ritual, à exigência de plena nudez.

Alargou-se, ainda mais, em minucias de cunho evidentemente escandalizante.

Como se trata se uma casa que tem o título de Tenda Nossa Senhora da Conceição e de que é chefe o nosso confrade e colaborador Leal de Souza, fomos ouvi-lo sobre o que se teria passado, obtendo dele a seguinte elucidação, em forma de entrevista:

Fala-nos Leal de Souza

– Antes de tudo, quero reconhecer e agradecer a nobreza

de atitude do DIÁRIO DE NOTÍCIAS, facultando, em suas colunas, o meio de explicação ou defesa a um jornalista atualmente sem jornal e contra quem se investe com a certeza de atacar a um combatente desarmado.

A polícia na Tenda

Realmente a policia esteve na Tenda de Nossa Senhora da Conceição, de que sou presidente. Em virtude de uma denuncia malévola, a autoridade foi à nossa Tenda, e ali chegando, depois de realizada a sessão, prendeu e conduziu à delegacia do segundo distrito policial as treze pessoas que lá encontrou. Pela madrugada, às três horas, verificado que não havia motivo para agir contra a Tenda e seus componentes, foram todos postos em liberdade e o comissário Fernandes, que efetuou a diligência, voltou, pessoalmente, à sede da Tenda para restituí-la a seus dirigentes e à regularidade legal de seu funcionamento.

Cortesia dos soldados

Devo salientar a cortesia dos soldados da Policia Militar, que acompanhavam o comissário Fernandes; o cavalheirismo do escrivão e de outros funcionários, que todos reconheceram, instantaneamente, o equivoco de que o delegado distrital, tendo conhecimento do caso, mandou soltar-nos e restituir-nos a Tenda, cujo funcionamento legal foi atestado pela autoridade respectiva.

Mostrando aos espíritos que não tinham responsabilidade no acontecido

Se alguma das pessoas que, nessa noite, agiram contra nós sofrer algo, não será por vontade nossa. Os nossos confrades da policia civil e da militar, isto é, nossos irmãos dessas corporações, é que ficaram aflitos com o que acontecia, e desejaram mostrar aos espíritos que não tinham responsabilidade no acontecido. Talvez, algum deles, se excedesse.

Um ponto na rua com o nome do comissário e uma prece de defesa

Um desses irmãos, que mostrou conhecer certas linhas, alta madrugada traçou, na rua, um ponto, com o nome do comissário, e, quando, disso tive conhecimento, fiz, com os meus companheiros, uma prece de defesa, pois os nossos guias não nos permitem atitudes de vingança. Defendemos, pois, o comissário que nos prendeu.

Diamantino Fernandes Trindade

O guarda roupa da Tenda

– Não conhecemos leis que proíbam o uso de roupas brancas. Nós as usamos, nas nossas sessões, pelos motivos de ordem científica, expostos em meus artigos publicados no *Diário de Notícias* e por um motivo de ordem social. Frequentam a Tenda, como médiuns e auxiliares, ricos e pobres – mas, muitas vezes vestidos com grande elegância, e outros não raro, vestidos com extrema modéstia. Mas, no recinto da Tenda, vestindo a mesma roupa modesta e simples, ficam ao menos pelo vestuário, na mesma condição de igualdade social, e a menina paupérrima não se sente constrangida ao lado da dama riquíssima.

Punhais, fumo, parati, cerveja ou vinho

– Na Tenda, segundo se noticiou, foram apreendidos alguns punhais, fumo, parati,[6] cerveja ou vinho. Os punhais e outras coisas foram deixados por pessoas, que nos solicitaram trabalhos proibidos por nossos guias e que não podemos fazer, conforme já expliquei em artigo do *Diário de Notícias*. Essas pessoas lá os deixaram, prometendo ir buscá--los. Tínhamos de guardá-los, mas não os usávamos, como é fácil provar com o testemunho das autoridades policiais que, a nosso pedido, até a ultima quinta-feira, assistiam às nossas sessões. Quanto ao fumo, nós o fumávamos. O parati usávamo-lo, depois da sessão, para lavagem das mãos, pela razão inserta no *Diário de Notícias*. Vinho e cerveja. É natural que existissem, pois a apreensão foi, no dia 10, e no dia 8 tinha havido uma festa na Tenda, servindo-se, à tarde, um jantar a um grupo de pobres. Representavam, essa cerveja e esse vinho, os sobejos desse festim de caridade.

As imagens

– Assim como temos em nossa casa, um retrato que nos trás á mente a lembrança de nossa mãe, podemos ter, em nossas tendas, imagens que nos trazem à mente a lembrança, de Maria, de Jesus, de São Jorge ou de São Sebastião. E só o materialismo mais grosseiro será capaz de fotografá-las como coisa de feitiçaria, sem respeito à crença alheia. Assim como a igreja usa imagens, o vinho e o turíbulo, isto é, o incenso, nós podemos usar garantidos pelas mesmas leis, as imagens, o parati e o defumador.

Leal de Souza e Irineu Marinho

6 Cachaça.

– O vossos confrades do *O Globo*, noticiando amplamente o incidente, sem nenhuma consideração às senhoras cujos nomes publicaram ontem, escandalosamente, disseram que as autoridades encontraram, na Tenda Nossa Senhora da Conceição gente, em trajes paradisíacos ou estado de nudez. É mentira, e já está apurado que essa informação, e outras, não foram prestadas por nenhuma autoridade policial, mas o diretor do *O Globo* terá oportunidade de comprovar em juízo a acusação. Lamento, não por mim, mas pelo coração que ela desnuda, essa atitude do *O Globo*. Eu fui encaminhado para o Espiritismo pelo seu fundador, sr. Irineu Marinho, então diretor da *A Noite*. No dia em que lhe apresentei as minhas conclusões favoráveis ao Espiritismo, o sr. Irineu Marinho ficou tão satisfeito, que mandou reservá-las para um livro, em cujo êxito confiava, concedendo-me, ainda, uma gratificação de três contos de réis. Depois, quando ordenou a edição do livro "No Mundo dos Espíritos", mandou, no seu desejo de estimular-me, que me adiantassem dois contos de réis.

Dentro de noventa e nove dias o castigo de Deus
– Amo a Deus sobre todas as coisas. Conheço o infinito de sua misericórdia e a infalibilidade de sua justiça. Para essa justiça apelo. Hoje, sou apenas um colaborador do *Diário de Notícias* e o sr. Roberto Marinho é o orgulhoso diretor do *O Globo*. Que Deus nos julgue, nessas circunstâncias, e que o povo possa conhecer esse julgamento pela minha situação e pela do meu acusador, noventa e nove dias depois de publicada a agressão contra as filhas da Tenda de Nossa Senhora da Conceição.
No dia seguinte o mesmo jornal noticiava:

Reconhecida a sua legalidade, continua o seu funcionamento
O caso da Tenda de Nossa Senhora da Conceição, que se reduziu, afinal, a um lamentável equívoco, reparado pelo delegado distrital, na própria noite em que a precipitação do comissário Fernandes realizou a sua infeliz diligencia, está encerrado de modo definitivo.
A segunda delegacia auxiliar, a requerimento do presidente da Tenda, declarou que a sua situação é legítima e legal.
Como nos declarou, na entrevista que ontem publicamos, seu presidente e nosso colaborador, sr. Leal de Souza, a sede da Tenda lhe foi entregue na mesma noite da diligência.
Completou-se, hoje, essa reparação, com a restituição aque-

le nosso confrade de tudo o que havia sido retirado pela policia da sede da Tenda, sem exceção de coisa alguma, desde as imagens até os pregos das estantes ou cantoneiras que as suportavam nas estantes.

É de desejar que não se repitam esses equívocos, que não deixam de representar restrições à liberdade de cultos, podem dar uma expressão errônea do critério da autoridade e expõe à irreverência os sentimentos mais puros da fé.

A Tenda Espírita São Jerônimo, do Capitão Pessoa, também foi vítima da perseguição policial e da imprensa, conforme podemos ver na matéria, de 7 de novembro de 1936, do *Diário da Noite*.

A policia varejou a "Tenda Espírita São Jerônimo"
07/11/1936

Detidas varias pessoas que assistiam à sessão
As autoridades da Secção de Tóxicos e Mistificações da 1ª delegacia auxiliar, ontem à noite varejou a "Tenda Espírita São Jerônimo", à Rua General Câmara, número 26, 2º andar, detendo varias pessoas que assistiam à sessão.
Efetuaram a diligência, motivada por uma denuncia, o subchefe Carlos Lopes e os investigadores Batalha, Cavalcanti e Bezerra.

Em plena sessão
Os policiais irromperam no salão, quando a sessão ia em meio, detendo o presidente da "Tenda", sr. José Álvares Pessoa, que na ocasião atendia a senhora Yolanda Porto e as seguintes pessoas: Elza de Souza, Etelvina Souza, Edgard Fraga, Manoel Rodrigues, Alfredo Laranja, Cecy Silva, Florinda Silva, Antonio Souza, Carmen dos Santos, Rosalina Fonseca, José Gali, Joanna da Silva, Constantino José Janise, Francisco Guimarães, Zélio Teixeira, Aurea Ferreira, Regia do Vale e Mauro Silveira.
Levaram os policiais para a delegacia os seguintes objetos, apreendidos na "Tenda": pembas, charutos, búzios, guias, embrulhos contendo defumadores e várias chapinhas numeradas.

A Tenda Santa Bárbara também foi vítima da imprensa e da policia conforme podemos ver na matéria do jornal *A Noite* de 22 de maio de 1936.

Macumba em pleno centro!

22/05/1936

O Caboclo das Sete Encruzilhadas invocado a cem passos da Avenida Rio Branco – Cerca de quatrocentas pessoas adorando Oxóssi, Ogum e Xangô – Turistas estrangeiros convidados a se submeterem aos "passes" – Assovios, trejeitos batuques

Que a macumba se tenha alastrado pelos morros e rincões afastados da cidade, onde habita gente inculta, é facilmente compreensível. Mas o que parece extraordinário é que em pleno centro urbano, a cem passos da Avenida Rio Branco perante assistências enormes entre as quais se contam crianças, senhoras, turistas estrangeiros, se celebrem sessões de macumba e baixo espiritismo.

É na Rua São Pedro, 133, sobrado, cuja fachada se vê na fotografia. Num vasto salão, de paredes ornamentadas com ramos silvestres presos por fitas vermelhas, alinham-se cerca de quarenta bancos de madeira, toscamente acabados. No fundo da sala há uma espécie de nicho, onde se ergue uma imagem de Nossa Senhora da Conceição. Na parede semicilíndrica do nicho destaca-se uma cruz, num céu escandalosamente roxo. Em baixo, sobre um círculo preto, uma estrela de prata. No centro da estrela uma cruz pequenina. Aqui e acolá arabescos indecifrados, símbolos misteriosos... Sobre a bandeira de uma das janelas, num fundo azul, um coração branco, atravessado por uma flecha. Luzes elétricas, simetricamente dispostas, dão ao conjunto um vago aspecto de altar católico.

Percebe-se claramente, na reportagem, a tendência preconceituosa do repórter e como ele se refere ao culto de Umbanda de maneira jocosa. Pai Juruá explica que tachavam de "Terreiro" todo culto efetuado ao nível do chão, na periferia, e "Tenda" todo culto efetuado em sobrados.

A reportagem refere-se claramente à Tenda Santa Bárbara, pois o *Diário de Notícias* de 28 e maio de 1936 publicou uma matéria onde citava o endereço da Tenda Santa Bárbara como Rua São Pedro, 133.

Diamantino Fernandes Trindade

O presidente da Tenda Espírita Santa Bárbara compareceu
à 1ª delegacia auxiliar
28/05/1936

Naquele centro não se pratica a falsa medicina, nem se realizam sessões de macumba

Demonstrando a falta de fundamento de uma reportagem vespertina focalizando a Tenda Espírita Santa Bárbara, com sede à Rua São Pedro nº 133, o seu presidente, espontaneamente, procurou o dr. Demócrito de Almeida, 1º delegado auxiliar, a quem provou estar aquele centro de caridade, devidamente licenciado e funcionando dentro das normas que justificam a sua existência.

Na Tenda Espírita Santa Bárbara, afirmou o seu presidente, não se pratica a falsa medicina nem se realizam sessões de "macumba", sendo a sua frequência de gente educada e culta, que não aceitaria aquelas práticas.

Ali, como ainda frisou o declarante, só são realizadas sessões de alto espiritismo, exercendo-se a caridade pelos meios que ela dever ser exercida e dando-se o necessário conforto espiritual aos que dele carecerem. Para tratar dos associados enfermos, a Tenda mantem um médico de reputação e competência firmadas, sendo, portanto infundada a alegação da falsa medicina.

Essas declarações foram prestadas ao 1º delegado, estando presente o comissário Lyrio Junior, chefe da Secção de Tóxicos e Mistificações daquela delegacia.

Essas autoridades resolveram apurar o caso, permitindo que o centro continue com a sua vida normalizada.

Um personagem polêmico e controverso que faz parte da história do Rio de Janeiro era o Comissário de polícia Deraldo Padilha. Iniciou carreira nos anos 1940 sendo um policial comum passando por vários distritos. Em 1951 ele foi nomeado para combater a prostituição da cidade. Era truculento, severo e intransigente. Com ele não funcionava o diálogo; era adepto da cadeia e porrada. Percorria a cidade de norte a sul com sua equipe aterrorizando as prostitutas e também os casais de namorados. Padilha confundia namoro com prostituição, casal abraçado e namorando na rua era imoral. Resultado: cadeia.

Invadia terreiros de Umbanda, espancando os médiuns, arrastando os dirigentes para a rua, quebrando atabaques, destruindo imagens, em uma época em que era necessário um alvará e o comparecimento a uma delegacia policial para se abrir um terreiro. Após intensa pressão da imprensa carioca foi deposto do cargo por interferência do Presidente da República.

35. O Primeiro Congresso Brasileiro do Espiritismo de Umbanda

Em 1941, alguns líderes realizaram no Rio de Janeiro o *Primeiro Congresso Brasileiro do Espiritismo de Umbanda* com a participação de alguns umbandistas de São Paulo. Esse Congresso pretendia ser de âmbito nacional, porém acabou sendo apenas um evento local. Nem mesmo estadual. A necessidade do Congresso era, principalmente, fazer frente à perseguição policial aos centros espíritas e principalmente às tendas de Umbanda e aos terreiros ditos de nações africanas. Após o congresso as perseguições policiais tornaram-se mais restritas. Havia também a busca por uma legitimação da religião, por meio da presença de uma elite pensante no evento.

A comissão organizadora foi constituída por: Jayme S. Madruga, Alfredo António Rego e Diamantino Coelho Fernandes.

O jornal *A Noite*, de 18 de outubro de 1941, anunciava a instalação do evento:

1º Congresso Brasileiro do Espiritismo de Umbanda
18/10/1941

Sua instalação no dia 19 do corrente
Comunica-nos a Federação Espírita de Umbanda, que será instalado o 1º Congresso Brasileiro do Espiritismo de Umbanda, ao qual serão apresentados trabalhos de grande valor filosófico, acerca dessa empolgante modalidade de

práticas espíritas.

A solenidade da instalação do Congresso realizar-se-á às 20 horas, à Rua General Câmara, 313, 1º andar, sendo a entrada franca para que possam assistir aos trabalhos deste Congresso todos os interessados, filiados, ou não ao Espiritismo de Umbanda. Das conclusões do Congresso procederá a Federação à codificação da História, Filosofia, Doutrina, Ritual, Mediunidade e Chefia Espiritual do Espiritismo de Umbanda.

Apresentamos em seguida o discurso inaugural pronunciado pelo Primeiro Secretário da Federação Espírita de Umbanda, sr. Alfredo António Rego.

Discurso inaugural

Srs. Diretores e Representantes das Associações filiadas à Federação Espírita de Umbanda:
Srs. Delegados a este Congresso:
Exmas Irmãs:
Prezados Confrades e Irmãos em Jesus:

A obra que neste momento vamos dar início, com o pensamento inteiramente voltado para Jesus, Nosso Mestre e Senhor, é daquelas que, pelo vulto de sua grandiosidade, não podem ser concluídas numa única encarnação.

A ideia a que, neste Congresso pretendemos dar corpo, com a ajuda valiosa de todos os confrades que se dignaram comparecer ou nos enviaram seus trabalhos, demanda tempo e espaço para a sua ampla compreensão por todos os povos deste lado do mundo. Ela deve sair daqui, porém, vestida com as roupagens simples que a pobreza dos nossos espíritos lhe puder talhar, mas impregnada deste grandioso sentimento que anima, neste momento histórico da humanidade terrena, os trabalhadores encarnados do Espiritismo de Umbanda.

Umbanda deixará de ser agora em diante, aquela prática ainda mal compreendida por numerosos dos nossos distintos confrades da Seara do Mestre, para se tornar, assim cremos, a maior corrente mental da nossa era, nesta parte do continente sul americano.

Enquanto os nossos distintos confrades do chamado Espiritismo de Mesa se desdobram, num esforço louvabilíssimo para esclarecer e conduzir aos planos da Verdade, do Amor

Diamantino Fernandes Trindade

e da Luz, os espíritos perturbados, conseguindo-o à custa de esforços sem conta, – nas práticas do Espiritismo de Umbanda isto se consegue muito facilmente, pela circunstância de ser a doutrinação feita no Espaço pelas falanges de trabalhadores invisíveis, dispondo para tal fim de recursos adequados à sua situação de espíritos.

É precisamente neste particular – a produção – que se caracteriza a eficiência do Espiritismo de Umbanda. Enquanto, pela modalidade conhecida como Espiritismo de Mesa, são necessárias algumas vezes várias sessões para o esclarecimento de uma só entidade perturbada e perturbadora dos nossos irmãos encarnados. No Espiritismo de Umbanda algumas centenas e até milhares de entidades em tal estado podem ser conduzidas em cada uma das nossas sessões de trabalhos.

Nós, os adeptos desta modalidade, sabemos, pelos conhecimentos recebidos dos nossos maiores do Espaço, Entidades que nos assistem, orientam, dirigem e superintendem as tendas de Umbanda, – que sua prática foi deliberada nos planos superiores da atmosfera terrena, como uma necessidade inadiável ao mais rápido adiantamento do nosso progresso espiritual.

De uma dessas Entidades ouvimos, por exemplo, que a população invisível de uma cidade como a do Rio de Janeiro, é quase três vezes superior à população de encarnados. E isto por quê? Pela simples razão de que, em sua grande maioria, as pessoas desprovidas de conhecimentos espirituais passam pelo fenômeno da morte na absoluta inconsciência do seu estado, e, ao abrirem os olhos do espírito do outro lado da vida, supõem-se ainda possuidoras de seu corpo físico.

E aí ficam a vagar pelas ruas da cidade, sofrendo as consequências de sua ignorância da vida espiritual, tornando-se assim, as mais das vezes inconscientemente, transmissoras de moléstias aos parentes e amigos que cá ficaram, ou outras pessoas com quem encontrem afinidades.

Para a mais rápida condução e encaminhamento de todos esses espíritos para os planos que lhes competem, segundo o seu grau evolutivo, foi deliberada no Espaço a intensificação dos trabalhos espíritas sob a modalidade de Umbanda, cujo estudo, paralelamente, está contribuindo para o esclarecimento e, consequentemente, mais rápido progresso de seus trabalhadores encarnados.

Senhores Congressistas: A Federação Espírita de Umbanda rejubila-se com a vossa presença neste Congresso, saúda-

-vos efusivamente pelo interesse que os trabalhos preparatórios lograram despertar em vossos espíritos, e roga a Jesus, o Médium Supremo, que derrame sobre todos vós, sobre vossas famílias, vossos parentes, vossos amigos e inimigos, largas messes de bênçãos e fluidos puríssimos, para que possais, vós e todos eles, dar fiel e integral cumprimento à missão que vos trouxe na presente encarnação.

Relação dos trabalhos apresentados

• *O Espiritismo de Umbanda na evolução dos povos: fundamentos históricos e filosóficos.* Tese apresentada pela Tenda Mirim, por intermédio do seu Delegado ao Congresso, Senhor Diamantino Coelho Fernandes, na sessão inaugural a 19 de outubro de 1941.

• *A liberdade religiosa no Brasil.* Tese apresentada pela Tenda Espírita São Jerônimo, por intermédio do dr. Jayme Madruga, seu Delegado, na sessão de 20 de outubro de 1941.

• Utilidade da Lei de Umbanda. Tese apresentada pela Cabana de Pai Joaquim de Loanda, na sessão de 21 de outubro de 1941, por intermédio de D. Martha Justina, sua Delegada ao Congresso.

• *Umbanda e os Sete Planos do Universo.* Tese apresentada pela Tenda Espírita Humildade e Caridade, por intermédio do seu Delegado ao Congresso, sr. Alfredo António Rego, na sessão de 21 de outubro de 1941.

• *Umbanda: Suas origens - Sua natureza e sua forma.* Memória apresentada pelo dr. Baptista de Oliveira, na reunião de 22 de outubro de 1941.

• *Banhos de descarga e defumadores.* Estudo apresentado pela Tenda Espírita Fé e Humildade, na reunião de 22 de outubro de 1941, por intermédio do sr. Eurico Lagden Moerback, seu Delegado e Presidente do Congresso.

• *Numerologia egípcia - modalidade mediúnica.* Contribuição do professor A. Brasílico, representante do *Diário Carioca* e do professor Mirakoff, apresentada na sessão de 23 de outubro de 1941.

• *O Espiritismo de Umbanda como Religião, Ciência*

e Filosofia. Tese apresentada pela Tenda Espírita Mirim, por intermédio de seu Delegado, Senhor Diamantino Coelho Fernandes, na sessão de 23 de outubro de 1941.

• *A Medicina em face do Espiritismo*. Tese apresentada pela Tenda Espírita São Jorge, por intermédio do seu Presidente, dr. Antonio Barbosa, na reunião de 23 de outubro de 1941.

• *Cristo e seus auxiliares*. Tese apresentada pela Tenda Espírita Mirim, e relatada oralmente na sessão de 24 de outubro de 1941 pelo sr. Roberto Ruggiero, membro da sua Delegação.

• *Pontos cantados e riscados, no Espiritismo de Umbanda*. Tese apresentada pela Tenda Espírita Humildade e Caridade, na sessão de 24 de outubro de 1941, pelo seu Presidente, sr. Aoitin de Souza Almeida.

• *O Ocultismo através dos tempos*. Tese apresentada pela Tenda Espírita de São Jorge, na reunião de 24 de outubro de 1941, pelo sr. Tavares Ferreira, da sua Delegação.

• *Introdução ao estudo da Linha Branca de Umbanda*. Memória apresentada pela Cabana de Pai Thomé do Senhor do Bonfim, na sessão de 26 de outubro de 1941, pelo seu Delegado sr. Josué Mendes.

Conclusões

• **Primeira**: O Espiritismo de Umbanda é uma das maiores correntes do pensamento humano existentes na terra há mais de cem séculos, cuja raiz provém das antigas religiões e filoso-fias da Índia, fonte e inspiração de todas as demais doutrinas religioso-filosóficas do Ocidente.

• **Segunda**: Umbanda é palavra *sânscrita*, cuja significação em nosso idioma pode ser dada por qualquer dos seguintes con-ceitos: *Principio Divino*; *Luz Irradiante*; *Fonte Permanente de Vida*; *Evolução Constante*.

• **Terceira**: O Espiritismo de Umbanda é Religião, Ciência e Filosofia, segundo o grau evolutivo dos seus adeptos, estando sua prática assegurada pelo art. 122, da Constituição Nacional de 10 de novembro de 1937 e pelo art. 208 do Código Penal a entrar em vigor em 1º de Janeiro de 1942, e bem assim o ritual que lhe é próprio, no mesmo nível de igualdade das demais religiões.

• **Quarta**: Sua doutrina baseia-se no principio da reencarnação do espírito em vidas sucessivas na terra, como etapas necessárias à sua evolução planetária.

• **Quinta**: Sua Filosofia consiste no reconhecimento do ser humano como partícula da Divindade, dela emanada límpida e pura, e nela finalmente reintegrada ao fim do necessário ciclo evolutivo, no mesmo estado de limpidez e pureza, conquistado pelo seu próprio esforço e vontade.

• **Sexta**: O Espiritismo de Umbanda reconhece que todas as religiões são boas quando praticadas com sinceridade e amor, constituindo-se todas elas em raios do grande círculo universal, em cujo centro a Verdade reside – Deus.

• **Sétima:** O reconhecimento de Jesus como Chefe Supremo do Espiritismo de Umbanda, a cujo serviço se encontram entidades altamente evoluídas, desempenhando funções de guias, instrutores e trabalhadores invisíveis, sob a forma de "Caboclos" e "Pretos Velhos".

O jornal *Diário Carioca*, de 28 de outubro de 1941, fazia menção ao encerramento do evento:

> A surpresa levantada em muitos dos espíritas desta capital, quando foi anunciado o Congresso do Espiritismo de Umbanda, encerrado no domingo ultimo, deve ter a estas horas desaparecido, diante da magnitude dos trabalhos apresentados àquele certame.
>
> Acompanhando o desenvolvimento de suas reuniões, desde a instalação a 19 deste mês, até o encerramento, pudemos constatar o esforço dispendido pelos seus organizadores para levar a cabo tão empolgante tarefa.
>
> Ali se debateram assuntos de grande transcendência e oportunidade, apoiados em dados autênticos, rebuscados em fontes de conhecimento perfeitamente identificadas, para só chegar à conclusão desta verdade: o Espiritismo de Umbanda, em vez de uma pratica de magia vulgar, como a muita gente poderia parecer, é, ao contrario, uma corrente de pensamento com raízes históricas profundas, mergulhadas em fontes de incontestável autoridade no mundo.

Discurso de encerramento

Pronunciado pelo Primeiro Secretário da Federação Espírita de Umbanda, sr. Alfredo António Rego, na reunião de 26 de outubro de 1941.

Srs. Congressistas;
Srs. Representantes das Autoridades;
Srs. Delegados das Associações presentes a esta magna Assembleia;
Exmas. Senhoras;
Meus Senhores:

Quando, no domingo passado, aqui nos reunimos pela primeira vez, para proceder á instalação do Primeiro Congresso Brasileiro do Espiritismo de Umbanda, tínhamos diante de nós uma tarefa tão grande, tão árdua e difícil, que os nossos corações como que descompassavam o seu ritmo habitual.

Defrontávamos, nessa ocasião, a responsabilidade que o destino nos colocou sobre os ombros, de realizar algo de desconhecido para nós, algo que alguém jamais realizara neste país, não tendo, por isso, em que nos apoiarmos, para levar a cabo semelhante tarefa.

Realizar um Congresso de altas finalidades espirituais, como este, do qual deve sair uma codificação nova, atualizada, do Espiritismo de Umbanda no Brasil, era, Senhores Congressistas, o fantasma que no domingo passado defrontávamos, e que de alguma forma nos atemorizava, ante as nossas fracas capacidades.

No decorrer dos nossos trabalhos, porém, nestes oito dias de sessões consecutivas, uma nova afirmação daquela grande verdade se manifestou, plena e amplamente, daquela verdade que nos ensina a confiar em Deus, fazendo de nossa parte o melhor que pudermos. "Faze por ti, e eu te ajudarei" – disse Jesus ao pobre homem que lhe pedia auxilio para a sua empresa.

E foi também o que fizemos. Dirigindo o nosso pensamento ao Mestre, no início das nossas reuniões deste Congresso, recebemos dele todo o auxilio necessário para levar a cabo a nossa tarefa, que já agora se apresenta deveras insignificante.

Ocorre-nos á mente aquela parábola sublime, em que Jesus declarou aos discípulos, que se eles tivessem fé do tamanho de um grão de mostarda, poderiam ordenar à montanha que se afastasse, que ela se afastaria.

Foi precisamente o que fizeram os responsáveis por este Congresso: cônscios de suas fracas forças, mas de sua grande fé, apelaram para Jesus, o Mestre e Chefe Espiritual da Umbanda, recebendo d'Ele tudo o mais por acréscimo, para o êxito completo, absoluto, insofismável, deste Primeiro Congresso Brasileiro do Espiritismo de Umbanda.

Realmente, Srs. Congressistas: que mais poderíamos desejar além da harmonia em que decorreram todas as nossas assembleias, e do alto valor dos trabalhos que aqui foram apresentados?

Tendo estabelecido como pontos fundamentais deste Congresso, a codificação da História, Filosofia, Doutrina, Ritual, Mediunidade e Chefia Espiritual, temos hoje a imensa satisfação de proclamar o pleno cumprimento do programa que nos comprometemos, o qual foi executado fiel e rigorosamente, durante as oito noites de nossas reuniões.

Ainda é cedo para vos apresentarmos conclusões definitivas, pois que só nestes próximos dias, uma semana talvez, poderemos estudar mais atentamente os trabalhos apresentados, e as indicações feitas em plenário, extraindo, de uns e de outras, a codificação daqueles pontos fundamentais.

Já podemos, porém, assegurar a todos os nossos irmãos em Jesus, espíritas ou não, que o Primeiro Congresso Brasileiro do Espiritismo de Umbanda, a ser encerrado daqui a alguns minutos, realizou uma obra que há oito dias nos parecia gigantesca, e da qual se irradiará uma nova era para o Espiritismo no Brasil.

Não desejamos fazer profecias; entretanto, tanto quanto a visão das coisas do momento nos é possível desvendar, estamos de certo modo convencidos de que a Umbanda ultrapassará em breve as fronteiras do Brasil, e se irradiará pelos demais países deste Continente, como uma nova luz a iluminar a consciência dos nossos irmãos sul-americanos.

Porque Umbanda é, realmente, uma Luz irradiante, como foi dito num dos trabalhos apresentados a este Congresso, e assim sendo, sua ação se processará, intensamente, onde quer que exista um espírito alquebrado ao peso de suas faltas pesadas. Esta luz se projetará em sua consciência, iluminando-a e expulsando de lá as trevas de sua ignorância acerca das leis divinas que nos regem, atraindo ao redil do Mestre todas as ovelhas dispersas, sem distinção de raça, de cor ou de nacionalidade.

Srs. Congressistas: satisfeitos nos sentimos em poder dizer-vos, e o fazemos com o coração nas mãos, que todo o

Diamantino Fernandes Trindade

êxito deste Congresso, se deve em grande parte, à simpatia que os nossos trabalhos lograram despertar em vós desde o primeiro dia, e ao entusiasmo com que aqui vos mantivestes durante as oito noites de nossas reuniões, animando-nos e encorajando-nos com o calor da vossa fé nos nossos trabalhos; e de outra parte, ao apoio espiritual dos nossos guias e instrutores invisíveis, cuja presença todos sentimos, noites após noites, intuindo-nos, inspirando-nos, guiando-nos nas discussões, para que não desperdiçássemos o nosso tempo inutilmente.

Dando, porém, por encerrados os nossos trabalhos, queremos elevar uma prece fervorosa ao nosso Grande Chefe Espiritual, Jesus, e a Maria Santíssima, cujos eflúvios puríssimos nos foram trazidos, e aqui espargidos pelos seus enviados; a todos os Guias e Chefes Espirituais de nossas tendas, pedindo-lhes que continuem a inspirar-nos, intuir-nos e guiar-nos, para que possamos dar plena conclusão à tarefa que nos foi confiada.

Que o Espiritismo de Umbanda possa, igualmente, iluminar todas as consciências, inspirar, guiar e proteger as nossas autoridades na sua difícil missão de preservadoras da Ordem e do Progresso do Brasil, especialmente ao Exmo. Senhor Presidente da Republica, Ministros de Estado, Membros do Poder Judiciário, Chefe de Policia, seus Auxiliares e todos os demais colaboradores da Administração Publica, e bem assim as suas Exmas. Famílias. Imploremos a Jesus que assim seja![1]

Foi muito importante a participação dos intelectuais da Umbanda no evento. Isaia[2] cita:

O papel da literatura umbandista para a formação de uma empatia nacional, capaz de predispor a elevação do índio e do negro a figuras culturais na Umbanda é ressaltado em documento entregue às autoridades governamentais em 1944. Nessa direção, os intelectuais da Umbanda, autores do documento, teciam encômios, entre outros, a José de Alencar, Gonçalves Dias e Castro Alves, por trazerem a temática do índio e do negro para a literatura brasileira e, assim, para a consciência nacional.

---

1 O livro sobre o Congresso foi publicado em 1942. O texto completo pode ser acessado na Internet em: *http://ebooks.brasilpodcast.net/autor.php*
2 Umbanda, intelectuais e nacionalismo no Brasil.

Leal de Souza, quando apresentava a Umbanda como uma religião tipicamente brasileira, que enaltecia o *caráter nacional* por meio do elogio à formação histórica de aspecto tríadico e conciliador assumia a função percebida por Mônica Veloso aos intelectuais adeptos do Estado Novo: o de descobridores do veio de autenticidade nacional. Mais uma vez recorremos a Isaia quando diz que esses intelectuais seriam os representantes perante o estado de uma religião que assumia a representação miscigenada da nacionalidade, compartilhando-a com regimente vigente. Assim, Leal de Souza encarava o trabalho dos escritores brasileiros do século XIX e sua funcionalidade com os interesses da Umbanda em meados do século XX, na obra *O culto de umbanda em face da lei*:[3] assim se expressou Leal de Souza:

> Trabalho literário e de energética sem dúvida, porque um processo, o da palavra escrita [...] encastoada no mais puro estilo de brasilidade, que iria despertar na consciência do povo sequioso de sensações essa amorável simpatia pelo índio perdido nas selvas, acuado nas brenhas profundas, e pelo negro de cachaço nu, batendo enxada para a riqueza do branco e para a sepultura de sua liberdade. Não é de se admirar, portanto, que as tendências dessa miscigenação étnica consagrem a "Linha Branca de Umbanda", religião necessária aos nossos ancestrais, espiritualizada como as que mais espiritualizadas forem, dirigida aos humildes para a conquista do bem e da virtude.

Buscando alinharem-se com o Estado Novo, os intelectuais que participaram do Congresso, chegaram a endossar a concepção socializada pelo governo, conforme a qual a Ditadura Vargas traduzia as verdadeiras liberdades democráticas, em uma "democracia" adequada à realidade do povo brasileiro. De acordo com Isaia:[4] da mesma forma como ocorreu com o Espiritismo, os intelectuais umbandistas tinham, dentro da ditadura vigente, interlocutores de porte. Um documento de 1944 (*O culto de umbanda em face da lei*) deixava transparecer a interlocução desses intelectuais da Umbanda e o Estado Novo. O documento foi endereçado ao Chefe do Departamento

---

3 Vários umbandistas.
4 Umbanda, intelectuais e nacionalismo no Brasil.

Federal de Segurança Pública, Coronel Nelson de Melo e tinha a intenção de apresentar o projeto de fundação de um órgão unificador da Umbanda: a União Espiritualista Umbanda de Jesus (UEUJ). Era uma estratégia de aproximação com o governo e com as autoridades policiais e o reconhecimento de sua liberdade, separando-a daquelas manifestações rituais associadas ao enquadramento legal, fazendo ainda uma separação entre a liturgia e os ritos umbandistas.

Isaia comenta ainda que o documento continha um comentário muito interessante, pois revelava a opinião de um funcionário do Departamento Federal de Segurança Pública, o dr. Carlos de Azevedo que via com bons olhos a petição dos umbandistas, demonstrando no seu comentário uma grande simpatia pela Umbanda e pelo espiritualismo em geral.

O dr. Carlos era, na verdade, um dos intelectuais e militante da Umbanda, tendo participado da importante obra *Umbanda: religião do Brasil*, da Antologia do Movimento Espiritualista, publicado pela Editora Obelisco em 1968, onde escreveu o capítulo *O Espiritismo da Umbanda*. No documento fazia a oposição entre a Umbanda e a Quimbanda, credenciando a primeira e separando-a dos fundamentos julgados aéticos da segunda:

> A Umbanda, plêiade de seres superiores fraternos, tem por missão principal a defesa dos seres terrenos contra a ação maléfica invisível. A Quimbanda é, realmente, a praticante da magia negra dos catimbozeiros profissionais consoante afirmam os signatários do Memorial, contrapondo-se a ela a Umbanda, cuja plêiade benéfica, respeitabilíssima, digna de aplausos e de ser prestigiada pelas autoridades, está reunida na denominada Linha Branca de Umbanda. Linha Branca, isto é, o oposto à Linha Negra. Assim como um médico prescreve um antitóxico curador do organismo intoxicado, a Linha Branca pratica atos de neutralização do exercício maléfico da Linha Negra, sendo esses medicamentos só na aparência confundíveis. Daí o ritual da Linha Branca conter práticas que aos leigos se antolham condenáveis, mas que os adeptos sabem serem dignas do mais elevado respeito.[5]

Carlos de Azevedo fazia ainda uma comparação entre a

---

5 O culto de umbanda em face da lei.

Umbanda e a polícia, frente a um regime onde as atividades policiais e repressoras eram muito importantes. Devemos ressalvar, no entanto, que a comparação era completamente funcional aos objetivos do documento, já que tinha como destinatário a autoridade máxima do Departamento Federal de Segurança Pública, anteriormente denominado Chefia de Polícia do Distrito Federal:

> A Umbanda exerce no mundo invisível uma atividade equiparável à da Polícia e da Justiça entre os homens, com a vantagem de não incidir nos erros cometidos pelos encarnados, pois seus agentes aparentemente pequenos são seres elevadíssimos, sábios e bondosos [...] Se os atos da magia negra só se formam no plano invisível onde têm origem e seus efeitos incontestáveis se objetivaram no plano visível, somente elementos também do plano invisível poderão destruí-los e esses elementos estão na prática do Espiritismo, notadamente na Umbanda.[6]

Esse interlocutor foi o mais adequado para a viabilização dos interesses do grupo que não tiveram problemas para chegar até a Ditadura Vargas, apesar da tão decantada repressão às religiões afro-brasileiras. Em 1960, o Capitão Pessoa encaminhou uma interessante carta aberta ao, então Presidente Juscelino Kubitschek de Oliveira, que naquele momento deixava o Poder.

Carta aberta ao Chefe da Nação

José Álvares Pessoa

O Semanário – ano V – número 225 – 09 de Setembro de 1960

Exmo. sr. Presidente Juscelino Kubitschek de Oliveira

Em meados de 1955, tive a honra de ser levado à presença de Vossa Excelência por um amigo comum. Era então Vossa Excelência candidato da oposição à Presidência da República e a sua campanha se processava num clima de inseguranças e de incertezas, com mil boatos a correr, como é de praxe nesta terra carioca.

6 O culto de umbanda em face da lei.

Diamantino Fernandes Trindade

Vossa Excelência acolheu-me com a sua natural simplicidade, que põe à vontade até mesmo a mais tímida criatura, e tivemos oportunidade de conversar uns bons quinze minutos sobre o que era de vital interesse, para Vossa Excelência como candidato, para mim como seu eleitor.

Espiritualista que sou, presidente de uma Tenda Espírita, a de São Jerônimo, com sede na Rua Visconde de Itaboraí, bem no centro da cidade, com uma frequência de mais de trinta mil pessoas mensalmente, eu desejava, naquele momento, sabendo-o católico praticante, obter da própria boca de Vossa Excelência a declaração de que, se eleito, Vossa Excelência não permitiria jamais, como relação à questão religiosa, que a nossa Constituição fosse ferida.

Vossa Excelência, com a hombridade e sinceridade que tão bem o caracterizam, fez a declaração, que me foi gratíssimo ouvir, de que jamais no seu governo poderia haver perseguição a este ou aquele credo.

É para lembrar a Vossa Excelência as suas próprias palavras, e pedir-lhe que não as renegue no momento em que se acha prestes a deixar o Poder, que volto hoje à sua presença. E volto convicto de que Vossa Excelência, até o presente momento, se acha absolutamente isento de culpa quanto a perseguição que o Departamento Federal de Segurança Pública está realizando contra as Tendas Espíritas, que se contam aos milhares no Estado da Guanabara, sob o ridículo pretexto de combater os maus espíritas e a macumba.

Presidente, a polícia nunca se lembrou de que no seio de todas as classes, de todos os credos, quer religiosos, quer políticos, há bons e maus.

A polícia, ao pretender expurgar os meios espíritas cariocas dos seus maus elementos, não se lembra de que também deveria usar dos mesmo meios de repressão contra os maus elementos de outras confissões religiosas.

É contra esta atitude de dois pesos e duas medidas que, neste momento, me dirijo a Vossa Excelência. Nós espíritas, nesses atribulados quarenta anos em que nos firmamos em todo o país, temos sido as vítimas prediletas da prepotência policial, que, nós o sabemos, é bem dirigida pela mão oculta do clero romano. Mas, mesmo quando este pobre país viveu dias de terror durante a época da ditadura, nós conseguimos sobreviver e nenhum poder prevaleceu contra nós. Não há de ser agora, quando vivemos num período constitucional de calma e tranquilidade, governado por Vossa Excelência, o mais generoso dos homens, dotado de sentimentos da mais alta nobreza e de um espírito de justiça de escol, que nós espíritas vamos temer a ação da polícia, que, de abuso em abuso, vem fechando Centros Espíritas, perseguindo criaturas indefesas, na persuasão de que o mais alto Poder ficará surdo ao clamor que se levanta contra esses atos de prepotência.

Venho hoje, pois, a presença de Vossa Excelência, reclamar o cumprimento de sua promessa de candidato, de que jamais permitiria a perseguição religiosa no país. Chegou o tempo de agir, por isso mesmo, estou agora pedindo as providências enérgicas de Vossa Excelência, junto ao sr. Chefe de Polícia, a fim de que seja posto termo, imediatamente, às medidas que foram e continuam a ser postas em prática contra os adeptos do Espiritismo, que, como todos os adeptos de outros credos, têm o direito de amar a Deus do modo que melhor lhes parecer.

Certo de que Vossa Excelência, que tem uma memória privilegiada, não esqueceu a promessa feita a um patrício que foi seu cabo eleitoral junto aos espíritas ora perseguidos, e de que agirá para que cesse a perseguição policial, antecipo a Vossa Excelência, os meus melhores agradecimentos, que representam também os agradecimentos de alguns milhões de espíritas brasileiros.

Figura 82: Capa do Livro sobre o Congresso.

Diamantino Fernandes Trindade

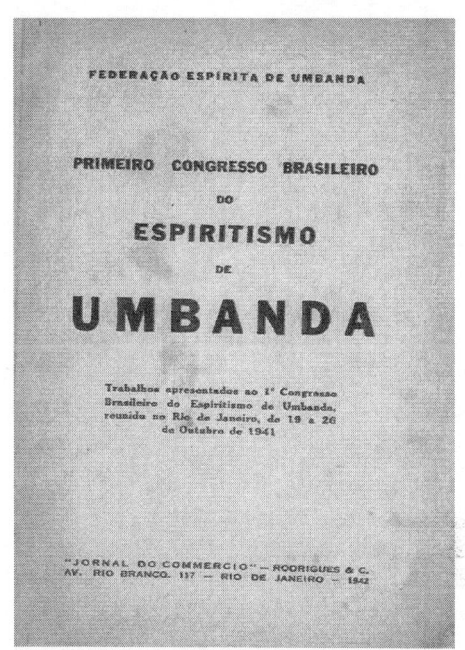

Figura 83: Frontispício do Livro sobre o Congresso.

Figura 84: Detalhe do Primeiro Congresso Brasileiro do Espiritismo de Umbanda, em 1941, no Rio de Janeiro.
Arquivo da Tenda Espírita São Jorge.

História da Umbanda no Brasil   319

Em 1947, a UEUB lançou um periódico denominado *Jornal de Umbanda* que chegou a contar com a colaboração de W.W. da Matta e Silva, José Álvares Pessoa, Olívio Novaes, Floriano Manoel da Fonseca, J. Alves de Oliveira, Reynaldo Xavier de Almeida, João Severino Ramos e Cavalcanti Bandeira. Funcionou durante duas décadas e foi o porta voz da UEUB, além de importante veículo de divulgação do Movimento Umbandista. Foi editado até 1968.

A divulgação da Umbanda ganhou corpo quando entrou em cena o radialista e escritor Áttila Pereira Nunes. Na literatura conseguiu sucesso com a obra *Antologia de Umbanda*,[7] porém foi através do programa *Melodias de Terreiro* que se tornou popular. Foi uma importante personalidade do rádio brasileiro e um defensor incansável da liberdade religiosa.

Estudou jornalismo e começou sua carreira na imprensa em 1935. Trabalhou no *Diário Fluminense*, *Gazeta de Notícias*, *O Dia*, *A Notícia* e *Revista do Disco*. Foi sócio fundador da Associação Guanabarina de Imprensa.

O Programa Melodias de Terreiro continua no ar até hoje com a família de Áttila Nunes. Neste programa a Umbanda e os cultos afro-brasileiros são defendidos fervorosamente.

Para maiores detalhes sobre Áttila Nunes e sua família, remeto o leitor para o capítulo 53 (Parte 8) e para a obra *A Construção Histórica da Literatura Umbandista*, de minha autoria, publicado pela Editora do Conhecimento.

Para encerrarmos este capítulo, transcreveremos um artigo de Áttila Nunes do jornal *Gazeta de Noticias*.

Gira da Umbanda
08/10/1967

Áttila Nunes

MUITA GENTE da nossa "anda" tem se apresentado na televisão. Chefes de terreiros, presidentes de Federações, representantes de Confederações, dirigentes de organizações, grupos de médiuns paramentados com suas miçangas, suas guias etc. A presença desses irmãos nas apresentações televisionadas, nem sempre tem oferecido motivo para merecer

---

7 Obra publicada pela Editora Eco e disponível apenas em sebos.

o aplauso geral. A participação de alguns de nossos irmãos em determinados programas, especialmente nos de entrevistas (O Homem de Sapato Branco e outros), tem sido, de um modo geral, um fracasso.

JÁ VI muita bobagem, muita tolice, já assisti coisas na televisão que até hoje me fazem estremecer pelo total *non sense*, dos participantes. Indivíduos despreparados, cidadãos sem a mínima base e conhecimento da religião de Umbanda no seu aspecto doutrinário e científico, pessoas, enfim, sem traquejo para o diálogo, sem o preparo mental e psicológico para o debate, sem a mínima prática de falar em público e até mesmo sem a cultura que se faz necessária para as dissertações ou para responder aos entrevistadores da TV, têm comparecido a alguns programas e as tolices que proferem só têm contribuído para o demérito da nossa religião.

MINHA decepção (e a de milhares de irmãos umbandistas) é total quando vejo um presidente de uma entidade federativa ou um chefe de Tenda (programa O Homem do Sapato Branco, caso Isaltina etc.), gaguejar, titubear, e finalmente, ser derrotado num debate ao qual não deveria ter comparecido jamais. Sinto-me triste, fico desanimado quando vejo um babalaô com seus filhos se exibindo na televisão (ou nos campos de futebol), dançando para uma plateia de leigos, desmoralizando a Umbanda (ou o Candomblé) com a amostragem de aluás, de "incorporações", com demonstrações (na TV) dos nossos rituais, com tudo aquilo que jamais deveria ser exposto em público, isto é, fora de nossos Templos, dos nossos Terreiros.

REGISTRO, ainda – com profunda tristeza – a inconsciência de alguns companheiros que, com suas exibições na TV, acarretam males terríveis à nossa Umbanda. Muito sofremos. Muitas vitórias conquistadas pela nossa Umbanda ao longo desses últimos 20 anos, têm-se diluído, vem se transformando em derrotas com as exposições de vaidade de certos malungos, com o exibicionismo de alguns irmãos nossos, com a mania de determinados cavalheiros (desejosos de fazerem seu cartaz a qualquer preço) de se projetarem, de se fazerem notados, de criarem uma popularidade *a toque de caixa*. Por tudo isso jamais darei meu apoio a sonhos mirabolantes, jamais concordarei com exibições na televisão e combaterei, até o último instante de minha vida, os desfiles nos palcos ou nos estádios de esporte.

NÃO SOU radical no meu ponto de vista, contrário a exteriorização de nossos rituais. Não chego ao ponto de achar que devemos nos aprisionar em nossos abassás.[8] Reconheço que não podemos ficar adstritos exclusivamente ao recesso de nossos terreiros. Não somos prisioneiros, não somos fanáticos, pesamos na balança do bom senso os nossos atos, as nossas ações. Nossos bacuros,[9] nossos trabalhadores, não vivem manietados, não são escravos. Não impomos em nossa religião os rigores que são impostos aos frades, às freiras, aos pastores, aos batistas, aos budistas etc. Ao contrário somos livres, praticamos o culto dentro de normas bastante liberais e até mesmo mais evoluídas do que as de outros cultos, de outras crenças.

SOU inteiramente favorável (e venho estimulando há 20 anos) as reuniões nas praias no dia 31 de dezembro, acho imprescindível as peregrinações às matas (macaias), preconizo constantemente, a necessidade de seguirmos os nossos preceitos com rigor; devemos manter os velhos hábitos, devemos fazer as nossas obrigações, nossos assentamentos, devemos ir à cachoeira, à praia e até mesmo (quando necessário) devemos ir à Calunga Pequena (cemitério), ao Cruzeiro das Almas, à Calunga Grande (mar). Devemos salvar Olukum, Aloxum, Dandalunda, Inaê Mabo, Yemanjá, Janaína, as Iaras etc. Devemos entregar nossos padês,[10] nossos ebós,[11] nossas oferendas, nossas "mesas", nossos "barcos", em suma, devemos continuar umbandistas como foram nossos pais e nossos avós. É nosso dever mostrar a nossa convicção mantendo as nossas tradições e tudo aquilo que herdamos dos nossos antepassados.

SOU totalmente favorável ao exposto nas linhas acima, já que no seu cumprimento sincero de nossas obrigações – não há o mínimo resquício de vaidade, não há exibição nessas atividades, nesses preceitos que fazemos fora de nossos terreiros.

W.W. da Matta e Silva, o renomado escritor umbandista, o autor de numerosas obras dentre as quais destaco Doutrina Secreta da Umbanda, compareceu à televisão. Sua presença no grande programa de J. Silvestre, Show Sem Limite, marcou mais uma vitória para a nossa Umbanda. Valorizou a nossa crença, revigorou as nossas convicções, reforçou as bases do grande Templo umbandista, representado por cerca de 80.000 tendas espalhadas em todo país.

MATTA E SILVA enfrentou as câmeras da TV Rio com dig-

---

8 Terreiros (nota do autor).
9 Filho ou protetor no culto dos negros bantos (nota do autor).
10 Despachos para os Exus (nota do autor).
11 Oferenda dedicada a algum Orixá (nota do autor).

nidade, com respeito, com energia, com profundo conhecimento de causa, com o destemor dos guerreiros indômitos.
Ressaltou o poder da crença umbandista. Reafirmou sua fé,
não titubeou, não gaguejou, argumentou com firmeza, com
consciência, em linguagem simples e, ao mesmo tempo, eru-
dita. Fez-se compreender pelos leigos, pelos irmãos de fé e
por todos aqueles que tiveram a felicidade de vê-lo e ouvi-lo
no famoso Show Sem Limite.

ESTOU quase certo de que o insigne escritor e Tatwa W.W.
da Matta e Silva está de acordo com os meus pontos de vista no que tange às exibições de Terreiros nos palcos ou nos
estádios esportivos. O querido Mestre Matta e Silva (que é
rigoroso em suas apreciações sobre a prática do umbandis-
mo) é, sem dúvida, uma das vozes mais autorizadas, é um
arauto do bom-senso, e um malungo, a quem devemos prestar a nossa homenagem e, sobretudo, devemos respeitar
(mesmo que às vezes discordemos de um ou outro ponto)
a sua pregação que sabemos sincera. Nosso dever é ouvi-lo
atentamente, devemos ler os seus livros com a certeza de
estarmos ouvindo a voz de um mestre. Devemos nos curvar
respeitosamente diante de sua cultura, dos seus profundos
conhecimentos da Umbanda como religião, como filosofia
e como ciência.

HOMENS como W.W. da Matta e Silva, João de Freitas,
Henrique Landi Jr., Cavalcanti Bandeira, Pena Ribas, Mauro Rego Porto e João Guimarães deviam ser convocados,
de vez em quando, para nos proporcionar aulas de umban-
dismo, para fazerem pregações de alto nível como a que
ouvimos segunda-feira última na TV Rio. Os depoimentos,
as considerações, as explicações que esses autênticos líderes podem nos fornecer diante das câmeras e microfones,
viriam desfazer a má impressão deixada por alguns cidadãos que tanto diminuíram a Umbanda quando de suas
aparições no horrível programa O Homem do Sapato Branco e nos entreveros sobre o "affaire" Isaltina e seu parceiro
Sebastião Pedra d'Água (Bolha d'Água como disse nosso
irmão Aranha).

As grandes vozes têm que ser ouvidas. Lutemos contra a
palhaçada, contra a bisonhice, contra os vaidosos, contra
os exibicionistas. Ergamos uma muralha invencível contra
os destruidores da Umbanda! Utilizemos o poder dos nossos Guias, usemos as nossas forças espirituais para deter a
onda de insensatez que ameaça nossa Religião. Não podemos manter posição contemplativa diante das tolices arqui-

tetadas pelos vaidosos, pelos fariseus, pelos "profiteurs" da ingenuidade de alguns que se aliam a tudo sem medir as consequências. Acima de tudo, a nossa gloriosa Umbanda; ACIMA DE TUDO A DIGNIDADE DA NOSSA CRENÇA, DOS NOSSOS IRMÃOS, DE TANTOS QUE DÃO TUDO DE SI PELO BEM DE TODOS!

Parabéns! Áttila Nunes. Afastemos os marginais da UMBANDA. Conte conosco para o que der e vier. Manoel Aranha – Coronel Gameliel de Oliveira – Flávio Costa – Henrique Landi.

36. Jamil Rachid e Pai Jaú

Estes dois personagens estiveram em destaque, durante muitos anos, pelo trabalho incansável e pela disseminação da Umbanda em São Paulo.

Jamil Rachid foi iniciado na Umbanda por Euclides Barbosa, o Pai Jaú, em 1948. Dois anos depois fundou o Templo Espiritualista e Confraternização de Umbanda São Benedito, na Rua Teodoro Sampaio, 774 no Bairro de Pinheiros em São Paulo. Em 1955 participou da fundação da União de Tendas Espíritas de Umbanda do Estado de São Paulo.

Em 1960 foi iniciado nos cultos afro-brasileiros, na Nação Jeje Mahi, por Antonio Pinto, Doté Fomotinho, em São João do Meriti, Rio de Janeiro. Três anos após, o seu templo mudou-se para sede própria no bairro de Pinheiros, na Rua Alves Guimarães, 940. Em 1967 assumiu a presidência da União de Tendas Espíritas de Umbanda do Estado de São Paulo.

Em 1970 assumiu a presidência do Superior Órgão de Umbanda do Estado de São Paulo (SOUESP), eleito após o desencarne do General Nelson Braga Moreira. Em 1981 publicou a obra *A Força Mágica da Mediunidade na Umbanda*.

Ao assumir a presidência da União de Tendas, Pai Jamil Rachid, prometeu realizar a mais importante festa de Ogum do Brasil, na cidade de São Paulo, e cumpriu a promessa.

Durante 50 anos de festas de Ogum, 37 deles foram realizadas no Ginásio do Ibirapuera. Atualmente as festas são realizadas ao ar livre no Vale dos Orixás em Juquitiba.

No dia 16 de novembro de 2009 recebeu o titulo de cidadão Paulistano na Câmara Municipal de São Paulo. Continua em plena atividade sempre lutando pela Umbanda.

Figura 85: Jamil Rachid.
Fonte: *http://www.uniaodetendas.com.br*

Euclides Barbosa, figura simpática e folclórica, o conhecido Pai Jaú, ficou famoso por causa da Umbanda e do futebol. Nasceu em 15 de dezembro de 1906. Foi jogador do Santos, do Corinthians e do Vasco da Gama e participou da Copa do Mundo de 1938, na França.

Conta-se a história que em um jogo do Campeonato Paulista, em uma dividida de bola, sofreu um ferimento grave na cabeça. Foi nesse momento que recebeu, pela primeira vez, uma mensagem espiritual, e a levou a sério. Estava deitado na maca, fora do campo. O médico dizia ao técnico que ele não poderia retornar ao jogo, pois a hemorragia era intensa e havia sofrido uma concussão cerebral, temendo pela sua vida.

Quando olharam para o lado, estava ajoelhado, olhando para o infinito, como se estivesse ouvindo mensagens astrais. Passou a mão no gramado, arrancou um chumaço de grama, colocou no ferimento, e enfaixou a cabeça. Depois, encostou a testa na terra e levantou-se, como se estivesse sendo impulsionado, retornando em triunfo ao campo, com o médico e o técnico perplexos. O gesto de tocar o solo do gramado com a testa passou a ser a sua marca registrada. Nenhum jogador pisava o gramado sem que ele primeiro fizesse o seu toque de sorte.

Um dos pioneiros da Umbanda Paulista, foi bastante perseguido e discriminado pela polícia e pela Ditadura Vargas, apesar de ser um defensor declarado do presidente Getúlio. Na sua linguagem simplória dizia:

> Foi em 1942. Eu já tava jogando futebol. Tava no Santos. Eu fui pegado. É, em 43 também fui pegado. Em 48 foi quando o Getúlio caiu. Voltou, Getúlio voltou e eu fui pegado novamente e veio a carta do Getúlio Vargas para mim. Daí nunca mais mexeram comigo. Morro por ela (a Umbanda), fui preso por ela e a prisão minha não foi uma vez, nem duas. Fui umas quatro ou cinco vezes preso, viu? Aqui mesmo dentro de São Paulo e agradeço a um grande Presidente da República, que este senhor mandou uma carta pra aqui para o gabinete, viu? Então, com uma carta do dr. Getúlio Vargas foi, posso dizer, que eu digo que nós tivemos até liberdade de nossa religião.[1]

No texto de Saraceni e Xaman encontramos as seguintes palavras de Pai Jaú:[2]

> Foi preso diversas vezes, sob alegação de estar praticando feitiçarias. Passou por muitas torturas, como ficar horas ajoelhado no milho; dias e noites sem comer, recebendo apenas goles de água. Por fim, acabavam libertando-o, pois os filhos-de-santo se aglomeravam defronte à delegacia e, cantando pontos de Umbanda, pediam a libertação de Pai Jaú. Uma das torturas mais cruéis ocorreu quando o Timão estava disputando uma final e Pai Jaú, ao acabar de fazer sua mandinga de sorte, disse ao técnico que o zagueiro deveria ficar mais solto, pois o gol da vitória estaria em seus pés. Não

---

1 História de vida elaborada por Marisa R. S'antana apud Lisias Nogueira Negrão.
2 Os Decanos: os fundadores, mestres e pioneiros da Umbanda.

deu outra e o Timão foi campeão daquele ano. Não mencionaremos o nome do time adversário para não causar constrangimento, pois temos certeza de que o ato praticado por alguns indivíduos não era a vontade de todos os torcedores. À noite, Pai Jaú estava fazendo seu trabalho espiritual, quando seu pequeno terreiro foi invadido por policiais, que alegaram ter recebido uma denúncia de que no local estavam promovendo uma orgia pela vitória do Timão. Pai Jaú foi arrastado para o camburão e levado para a delegacia, não na mesma de sempre, o que dificultou aos filhos localizarem prontamente e pedirem sua soltura. Até que fosse encontrado, na noite seguinte, Pai Jaú passou pela humilhação de ficar no *pau de arara*, levando choques e foi jogado entre marginais de outros times, que o espancaram.

A relação entre Umbanda e futebol era inevitável na imprensa, principalmente na imprensa paulista. A importante revista da época, *Manchete Esportiva*, publicou uma reportagem, em 05/10/1957, com o título *Jaú agora é do Scratch*[3] *de Umbanda*, onde o repórter dizia:

> ...agora chama-se "David Congo" pois tornou-se pai de santo. Mas desde que se iniciou na Umbanda, ainda em seu tempo de jogador, aprendeu, desde logo, a procurar o caminho do bem, embora soubesse que muita gente usava para o mal aqueles poderes sobre-humanos de que é dono [...] orgulhosamente, diz que jamais fez o mal a ninguém e em seus terreiros nunca foram traídas as finalidades mais puras da Umbanda [...] Não. Jaú não faz o chamado baixo espiritismo. Muito menos pode ser chamado, como aconteceu – de macumbeiro. Ele protesta contra isto, lembrando o seu trabalho na organização de uma verdadeira Federação Umbandista. Os frequentadores de seu terreiro protestam também, lembrando o bem que tem sido feito, ali, durante tantos e tantos anos.

Quando se afastou do futebol, dedicou-se totalmente a sua tarefa mediúnica, mantendo o mesmo espírito de luta que tinha nos gramados. Desencarnou em 26 de dezembro de 1988, aos 82 anos, de insuficiência respiratória, em São Paulo.

---

3 Termo utilizado para indicar jogadores selecionáveis de determinado time.

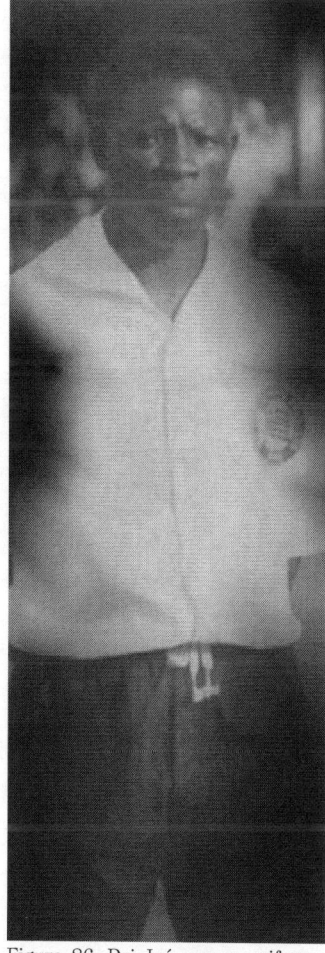

Figura 86: Pai Jaú com o uniforme
do Corinthians.
Fonte: *www.centroespiritauruba-
tan.com.br*

37. W.W. da Matta e Silva e o advento do Pai Guiné

Como vimos anteriormente, O Movimento Umbandista teve dois eventos marcantes: o primeiro, no final do século XIX, com o Caboclo Curuguçu e o segundo, na primeira metade do século XX, com Zélio de Moraes e o Caboclo das Sete Encruzilhadas. O evento do Caboclo das Sete Encruzilhadas trouxe para os umbandistas a parte prática da Umbanda. Era o primeiro passo para o abarcamento geral, não havendo preparo da grande maioria da massa umbandista para receber os ensinamentos esotéricos da Doutrina. No entanto, devemos ressaltar que isso já estava previsto e alguns dos médiuns preparados pelo *Chefe* já sabiam do fato.

No livro de João Severino Ramos,[1] editado, em 1953, pela Tenda Espírita São Jorge, encontramos o seguinte:

> Um movimento de aglutinação se opera entre as agremiações de Umbanda. Busca-se um denominador comum para todos. Caminha-se a largos passos para uma necessária uniformização das normas de trabalho, no que elas possuem de fundamental. Delineia-se, em nítidos contornos, a estrutura de uma doutrina que nos revelará, afinal, a Umbanda Esotérica: os tempos são chegados.

Na década de 1950 ocorreu o terceiro evento marcante do Movimento Umbandista por meio de W.W. da Matta e

1 Umbanda e seus cânticos.

Silva, Mestre Yapacani,[2] que além de revolucionar conceitos doutrinários da Umbanda praticada até então, possibilitou através da sua mediunidade, as manifestações do Pai Guiné, o terceiro grande enviado do Astral para direcionar o Movimento Umbandista. Vejamos então quem foi este homem que, por meio de sua mediunidade e nove obras literárias, modificou substancialmente os aspectos doutrinários da Umbanda.

Woodrow Wilson da Matta e Silva nasceu em Garanhuns, Pernambuco, em 28 de julho de 1917 e foi, com a família, para o Rio de Janeiro aos cinco anos de idade. Entre 12 e 13 anos passou a experimentar as primeiras manifestações mediúnicas (algumas visões). A primeira manifestação ocorreu quando tinha 16 anos, incorporando o Preto Velho Pai Cândido. Nessa fase da vida trabalhava como auxiliar de um jornal do Rio de Janeiro e residia no centro da cidade.

Nas noites de quinta-feira, realizava sessões mediúnicas, incorporando Pai Cândido, para atender as pessoas da república onde morava, na Rua do Costa, 75. Diversas vezes programou atividades profanas para quinta-feira, porém Pai Cândido se manifestava mostrando a ele a sua tarefa para com as pessoas, que aguardavam essa noite para serem consultadas.

Aos 17 anos passou a visitar alguns terreiros de Umbanda em busca de um lugar para trabalhar mediunicamente. O Preto Velho, entretanto, pedia que ele tivesse paciência e dizia que ele teria sua própria casa espiritual.

Aos 21 anos passou a residir na Rua Capitu, 1191, bairro da Pavuna, onde montou seu primeiro terreiro, aos 38 anos. A partir de 1954, Pai Guiné se manifestou e deu direcionamento a sua mediunidade. Nessa época, recebeu dessa Entidade a mensagem *Sete Lágrimas de Pai Preto*, conhecida pela maioria dos umbandistas. Essa mensagem mostra a realidade do cotidiano de um terreiro e as diferentes consciências que a ele acorrem, procurando auxílio espiritual. Ainda nesse ano passou a escrever para o *Jornal de Umbanda*.

Iniciou também a obra que mostrava uma nova visão da Umbanda. Nessa época teve vários transes mediúnicos em que

2 Epiaga, no livro Muito Antes de 1500, de 1932, faz menção a uma ave amazônica denominada Yapacani que significa Correio das Almas. Matta e Silva cita este livro várias vezes nas suas obras.

se via numa grande mesa, onde em uma das extremidades havia um Velho Pajé que folheava um grande livro. Próximo dele, algumas Entidades Espirituais discutiam o momento propício para a publicação do livro. Decidiram então, que a hora oportuna havia chegado e, em 1956, essa fabulosa obra foi trazida a público.

Umbanda de Todos Nós foi lançado, a expensas do autor, pela Gráfica e Editora Esperanto, localizada na época, à Rua General Argolo, 130, Rio de Janeiro. A primeira edição saiu com 3.500 exemplares e rapidamente se esgotou. A partir da segunda edição a obra foi lançada pela Livraria Freitas Bastos. Atualmente, oito das suas nove obras são publicadas pela Ícone Editora. A sua família não permitiu a reedição do livro *Macumbas e Candomblés na Umbanda*.

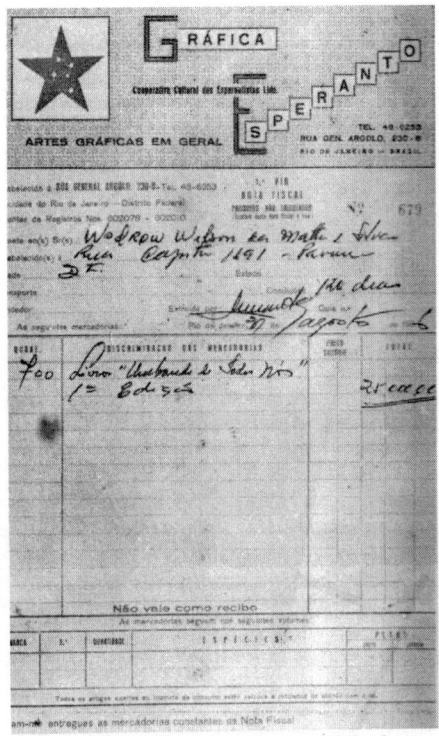

Figura 87: Nota fiscal da primeira edição de *Umbanda de Todos Nós*.

Diamantino Fernandes Trindade

Esta obra agradou a muitos umbandistas, que nela encontraram os verdadeiros fundamentos em que se podiam escudar, principalmente nos aspectos mais puros da Doutrina. Entretanto, esta obra incomodou muitos seres encarnados e desencarnados ligados ao astral inferior, principalmente os pretensos lideres umbandistas da época e de todos os tempos, interessados no comércio de ilusões.

Vejamos um trecho da apresentação de Matta e Silva para *Umbanda de Todos Nós*:

Jamais nos passou pela ideia, até certo tempo, escrever algo sobre a Umbanda, muito menos um livro. No entanto, de repente, uma "Voz" nos incentivou a isto e, sabemos que, assim procedendo, estamos no complemento de um karma, para onde viemos com certos esclarecimentos e princípios, sem julgar a quem quer que seja que nele não se situe, com o intolerante personalismo dos que não compreendem a "razão de ser" das afinidades de plano a plano.

Assim, desejamos frisar que nada temos pessoalmente com as formas religiosas pelas quais os indivíduos situam estas ditas afinidades. Simplesmente, no imperativo de uma missão, resolvemos sair de silenciosa posição para lançar estes esclarecimentos no meio da chamada "Umbanda da atualidade".

Temos ainda a dizer que a dissertação deste livro não é sobre "os galhos de uma árvore e suas ramificações", pois outros já o fizeram e muito bem, escrevemos sobre a Raiz. Dissertamos a respeito da água de um rio em sua Fonte Original, isto é, onde é encontrada no estado imediato de pureza – enfim, de água cristalina –, ou seja ainda, da água da fonte que não levou os produtos químicos, não passou pelos encanamentos, não tomou contato com a "ferrugem", que não precisa ser filtrada para uso.

Afinal, este livro não fala de cultos africanos e suas práticas, que, há vários séculos, na própria África, perderam o contato direto com sua "fonte original", que a tradição iniciática de seus primitivos sacerdotes conservaram dentro de uma sequencia de Princípios, Fundamentos, Sistemas e Regras inerentes a uma só Lei, que sempre se chamou Umbanda.

O ataque incessante sobre a obra serviu apenas para divulgá-la. Esse fato propiciou a ira de seus inimigos que começaram a atacar o médium por meio da magia negra. Nessa batalha astral, as sombras e as trevas recorreram a todos os meios agressivos e contundentes disponíveis, arrebanhando para suas fileiras de ódio e discórdia tudo o que de mais nefando encontrassem, encarnados ou desencarnados.

Esses ataques atingiram sua esposa, Dona Carolina da Silva, e seus filhos Ubiratan e Eluá. Muitas vezes balançou, mas não caiu. Uma boa parte de seus perseguidores sofreu a cobrança cármica da Lei. Esses fatos causaram muita tristeza a Matta e Silva, que recebeu permissão do Astral para interromper temporariamente o seu trabalho para restaurar suas forças. Diversas vezes comentava que só não tombou porque Oxalá não quis. Após o recesso, Pai Guiné assumiu toda a responsabilidade pela manutenção e reequilíbrio espiritual de seu filho, para em seguida orientá-lo na elaboração de mais uma obra. Por intermédio da Gráfica e Editora Esperanto publicou *Umbanda: Sua Eterna Doutrina*, com conceitos esotéricos nunca divulgados. Esta obra agradou os estudiosos e intelectuais, porém não logrou boa aceitação pela maioria dos umbandistas da época. Para complementar e ampliar os conceitos tratados nesse livro publicou, em seguida, o livro *Doutrina Secreta da Umbanda* que também agradou a muitos umbandistas.

Apesar de suas obras serem lidas e estudadas pelos adeptos e estudiosos do Ocultismo, seu terreiro em Itacuruçá era frequentado por pessoas simples e humildes que nem imaginavam ser Matta e Silva um escritor renomado do meio umbandista.

Em seu Santuário junto à natureza, escreveu outro livro importante: *Lições de Umbanda e Quimbanda na Palavra de um Preto Velho*, obra mediúnica que apresenta um profícuo diálogo entre um discípulo, Cícero[3] e um Preto-Velho. Essa obra apresenta uma linguagem mais simples para a maioria dos umbandistas.

O Terreiro do Pai Guiné, em Itacuruçá, estava sempre lotado. Ali eram atendidas pessoas da região e de locais distantes do Brasil. Nessa casa espiritual, os problemas do ser humano eram tratados à luz da razão e da caridade. Durante 10 anos,

---

3 O médico Cícero Faria de Castro.

W.W. da Matta e Silva atendeu pessoas da localidade e das ilhas próximas, ministrando medicamentos vegetais e alopatias simples que ele mesmo comprava no Rio de Janeiro.

Prosseguindo em sua missão, escreveu seu quinto livro: *Mistérios e Práticas da Lei de Umbanda* onde explica, com linguagem simples e acessiva, as raízes da Umbanda, aprofundando-se no sincretismo dos cultos afro-brasileiros. Em seguida, publicou a sexta obra: *Segredos da Magia da Umbanda e Quimbanda* onde fez uma abordagem da Magia Etéreo-Física e revelou, de forma simples e prática, alguns rituais da Magia de Umbanda.

Sua sétima obra: *Umbanda e o Poder da Mediunidade* explica a necessidade da restauração da Umbanda no Brasil, mostrando suas verdadeiras origens. Aborda ainda, aspectos importantes da Magia.

Em 1969, publicou o livro que sintetizava os sete anteriores: *Umbanda do Brasil*, esgotado seis meses após o lançamento. Em 1975, Matta e Silva lançou sua última obra: *Macumbas e Candomblés na Umbanda*, onde fez o registro das vivências místicas e religiosas dos denominados cultos afro-brasileiros, mostrando os graus de consciência de seus praticantes, nos níveis mais populares da Umbanda.

Vejamos dois trechos das páginas iniciais de *Umbanda de Todos Nós*:

> Meus irmãos espirituais. Jamais esqueceremos o dia dois de abril de 1958 às 14:15 horas, hein? Com um pito e três baforadas trouxe o velho G. hein? Wanda. Lembras? Oh, que sublime intuição e proteção a tua, naquele instante crucial, minha irmã! Como a "coisa" pegou fogo, daí por diante. Assim, dedico-lhes esta página, para que saibam que jamais esqueci um só minuto, a nossa passada e presente amizade, da qual, deram provas, em carinho e dedicação, durante o tempo que privamos, testemunhando juntos... naquela luta de março a junho de 1959.

> Nesta página o mais sincero dos meus "saravá" para o digno confrade e amigo capitão José Alvares Pessoa, Presidente e Diretor de Doutrina da Tenda São Jerônimo.
> A este umbandista de fibra, pela sinceridade com que emi-

tiu o conceito abaixo sobre esta obra, quando por ocasião do lançamento da 1ª edição – o mais fraterno dos meus "saravá".

Sendo o primeiro que, desassombradamente e por escrito assim procedeu, causou-me singular satisfação, visto que, em sã consciência ninguém lhe pode negar autoridade, fruto dos profundos conhecimentos que tem sobre o movimento externo e interior da Umbanda, revestidos pela sua cultura e pela experiência de mais de 30 anos, como militante, nesse meio.

Matta e Silva era muito humano e avesso a mitificação e a mistificação de sua pessoa. Era muito sensível e possuía personalidade forte, acostumado que estava a enfrentar as lutas da própria vida. Era muito inteligente e tinha os sentidos muito apurados. Mas era um ser solitário, apesar de estar sempre rodeado por muitas pessoas. Seu espírito voava, interpenetrando as causas dos sofrimentos e mazelas das humanas criaturas. Para todos tinha uma palavra amiga e individual. Não tratava problemas, tratava almas. E, assim, tinha para cada ser humano um modo de agir, segundo o seu grau de consciência.

Era incrível na mediunidade. Seu famoso copo da vidência apresentava nuances tridimensionais. Em perfeita ligação fluídica com Pai Guiné ou Caboclo Juremá, revelava mensagens importantes do Astral e diversos fenômenos magísticos. Seu terreiro, uma construção simples e humilde, em um prédio de 50m², denominava-se Tenda de Umbanda Oriental (T.U.O.), verdadeira *Escola de Iniciação de Umbanda Esotérica de Itacuruçá*, na Rua Boa Vista, 117 no bairro Brasilinha.

Durante 50 anos de incessante trabalho mediúnico, nunca se curvou aos ataques do submundo astral. Sua palavra e sua escrita foram armas fiéis defensoras da verdadeira Umbanda.

Vejamos um trecho da sua introdução de sua obra *Umbanda do Brasil*:

Nós jamais tivemos a pretensão de querer impor uma sistemática doutrinária "da nossa Umbanda de elite" a presunçosos "Chefetes de Terreiro" manipulados por kiumbas e tampouco a "pseudobabalaôs" analfabetos, chafurdados no meio vibratório grosseiro que criaram, cheirando a pi-

Diamantino Fernandes Trindade

poca, sangue e galo preto. Desses que se multiplicam por toda a parte, ostentando "diplomas" de fontes escusas, a fim de fazerem da Umbanda uma industriazinha rendosa. De conluio com certas "casas" que vendem artigos religiosos de Umbanda. Tampouco jamais esperamos influir e muito menos aceitar a "linha doutrinária" dessas pseudo-organizações de "cúpula" ditas Uniões, Confederações etc. – pois cada uma tem seu "dono" enquistado e cercado de sua camarilha.

Nós somos realmente intransigentes em nosso ideal e no cumprimento da tarefa que recebemos de Caboclo e Preto Velho de verdade, e estamos dentro de uma conscientização que não teme nada, quando se faz preciso defender a Sagrada Corrente Astral de Umbanda. E não importa continuemos sozinho – há mais de 20 anos – nessa luta até o fim de nossos dias terrenos. Outros surgirão e retomarão o encargo. Continuaremos escrevendo, elucidando e combatendo a astúcia dos espertalhões e de certos "visionários", uns até de formação iniciática ou esotérica consolidada em outros setores e que pretendem arreglar o meio umbandista para fins ocultos... Isto é, políticos, arvorando-se até em "juízes" dos fundamentos da Sagrada Umbanda, como se nós – iniciados dela – déssemos "bola" para esse tipo de capatazes do "esoterismo, orientalismo e teosofismo" que se achegaram com a tola pretensão de nos dar lições.

A década de 1960 foi um período difícil para o Movimento Umbandista, em virtude do enxovalhamento que certos programas de televisão, jornais e revistas fizeram às entidades umbandistas. Os "diretores" e "presidentes" de tais Federações e Uniões contemplavam tal afronta covardemente, sem levantar um dedo para defender a sua religião.

Em 1967, as importantes revistas *Realidade*, *O Cruzeiro* e *Fatos e Fotos* publicaram reportagens sobre o conhecido médium mineiro Zé Arigó, enaltecendo as "suas maravilhosas" curas e cirurgias espirituais por meio de seu mentor, chamado dr. Fritz. As vantagens financeiras passaram a envolver o médium, através de milhares de receitas mensais, que implicavam em um maior consumo de medicamentos de determinados laboratórios.

Essas reportagens traziam além da fotografia do sr. Arigó,

um enorme cartaz pregado na parede e que dizia: *Espiritismo de Kardec, sim! Umbanda e Macumbas que não curam e causam doenças, não! Nada de Terreiros.* Ass: dr. Fritz.

Vejamos o que dizia Matta e Silva sobre o assunto:

Que fizeram esses pseudolideres, esses "donos" de Organizações da "cúpula" umbandista, diante disso; Nada! Absolutamente nada! Ficaram a "ignorar", uns cinicamente, outros "inocentemente", semelhante achincalhe. Suportaram tudo, agachados, de quatro pés, silenciosamente. Engoliram a moral umbandista – "com Caboclo, Preto-Velho, Orixá e tudo"... Ah! Fariseus! É por essas e por outras que eles não toleram o tal do Matta e Silva.

E quando surgimos (a convite) num famoso programa de televisão – *Show Sem Limite* – inicialmente na TV Rio, depois na TV Tupi – (outubro e novembro de 1967) debatendo vários assuntos, entrando até na polêmica, pois visava sempre elucidar sobre a Umbanda e fizemos a sua defesa, desassombradamente, desafiando duramente o tal Arigó (ou o dr. Fritz) a que viesse provar aquela indignidade (definindo o que ele entendia por Umbanda), agitando e apaixonando o meio umbandista digno, consciente, sincero, foi o que aceitamos tomar contatos no citado meio.

Nessa circunstância recebemos o apoio direto de alguns irmãos umbandistas, que julgamos dignos, sinceros, assim como o dr. Henrique Landi e outros, e muito especialmente o digno Deputado Áttila Nunes.

Com esse confrade e valoroso umbandista, através de seu programa radiofônico *Cânticos de Umbanda - Melodias de Terreiro*, pela Rádio Rio de Janeiro, debatemos a questão, em longas entrevistas, intimando os responsáveis para que tirassem dali – do "Gabinete de Curas" do sr. Arigó – aquela tabuleta, o que foi feito, segundo comunicações e retratações posteriores, por carta e jornais.

Mas não foi só isso! Certos outros "lideres" que tinham o dever moral de já terem feito de alguma forma o que nos coube fazer (pois alguns deles têm coluninha fixa em jornais), em vez de se acercarem nesse objetivo, o que acharam de fazer, nessa ocasião foi babarem as peçonhas da inveja e do despeito, "assombrados", pensando que pretendêssemos tomar de "assalto" a tal "liderança" deles, no dito meio – desse mesmo que jamais tiveram a dignidade nem a convicção de defender, mesmo que o fizessem "com pipoca, dendê e galo preto", que é o que sabem fazer e ensinar.

A esses despeitados tradicionais aqui vai um bom tranquilizante: não se assustem! Entre o Matta e Silva e eles, nunca haverá um denominador comum. Conhecemos vocês muito bem. Sabemos o que fazem pelo que doutrinam e usufruem. Jamais pretendemos ser o "dono" de organizações saturadas de ebó e da menotoxina dessas "babás do santo rebolado" e nem desses "babalaôs deslumbrados, vigaristas, feitinhos no Keto – filhinhos de Iansã, de olhares de peixe morto". A quem vocês vivem dando "diplomas" e cursos de "sacerdotes". Agora, essa que temos há anos de defender – a dignidade da verdadeira Corrente Astral de Umbanda – essa é a nossa mesma. Dessa liderança moral, intelectual, espiritual, não abrimos mão, nem de uma só vírgula, para arreglos espúrios; nem ontem, nem hoje, nem amanhã. Portanto, continuaremos influenciando o meio umbandista evoluído, através de nossas obras, conforme já é um fato inegável, na certeza de que cada vez mais crescerá o número dos que estão se elucidando nelas.

A primeira esposa de Matta e Silva foi a Sra. Carolina Correa da Matta e Silva, mais conhecida como Dona Loló, médium do Caboclo Ogum Yara. Desse consórcio nasceram seus dois filhos: Ubiratan, desencarnado em 2007, e Eluá. Casou-se, em segundas núpcias, com Dona Salete, mais conhecida como Mãe Salete. Dona Terezinha, ou Dona Nenê, foi sua terceira esposa.

O "Velho Matta" desencarnou em 17 de abril de 1988, em Jacarepaguá. Durante 25 anos visitou mais de 600 Terreiros para poder relatar, em suas obras, o que se passava no seio do Movimento Umbandista. Trouxe à luz os aspectos esotéricos da Umbanda que, infelizmente, é praticada na atualidade por poucos Terreiros.

Apresentamos a seguir, duas matérias escritas por W.W. da Matta e Silva para o *Jornal de Umbanda* e as *Sete Lágrimas de Pai Preto*.

Vozes sobre a Umbanda
Setembro de 1954

Silencioso na humildade do "congá", trabalhava, carregando a Missão da noite escura das dívidas, a alvorada do resgate, quando vi seus clarões iluminarem mais um "caminho", por onde minha alma extenuada tinha de passar, porém, antevendo os desenganos vacilava. Mas... O chamado era imperioso e dizia; anda, vá, escuta, observa e cumpra a tua parte. E assim sendo, fui e cheguei; e pus-me a escutar as "Vozes" que falavam de Umbanda. De umas as palavras fluíam eloquentes, empolgavam pelo conhecimento, buscando origens e explicações. Era a "cultura da doutrina"; de outras o Verbo se esparramava vibrante, mostrando causas e coisas, citavam exemplos e interrogavam. Era a ânsia de Saber; e outras mais que refletiam inteligências de mentes ágeis explanando teorias belas, em cujas imagens se podiam identificar o reflexo dos livros; e ainda outras se fizeram ouvir, veementes, na imposição do "Eu Sei", emissoras de vagas concepções. E todas pareciam penetradas pela fé. Entretanto a tristeza, filha da decepção, apoderou-se de mim, e fez com que eu descobrisse o porquê; então, elevando o pensamento ao Astral, fi-lo chamar angustiado: OH! SENHORA DA LUZ VELADA – UMBANDA de todos nós, faltam aqui as "VOZES" daqueles que são teus filhos diletos. Poderias TU, levar aos "quatro ventos" pelos sons dos clarins da Falange de Jorge, uma pequenina e humilde voz, com essa mensagem. Ogans, "Babás", Pais-pequenos, Mães-pequenas, Médiuns que o forem de fato e de direito, meus desconhecidos confrades: ONDE ESTAIS? Desçam de suas "tendas" de sonho e perfume e venham "ver" e ouvir a Realidade. Por acaso não chegaram a seus ouvidos, as notícias do que está se passando? Senão, ouçam e "entendam" o que quero dizer: Nós que somos trabalhadores de todas as noites, veículos desses "Orixás" que nos ensinam a existência dessa mesma Umbanda; nós, primeiro a sermos esclarecidos em seus fundamentos, que amassamos seu "pão de cada dia" e nos sentimos ferir os seus espinhos é que somos os mais indicados a distribuir suas Pétalas, pois, sabemos, Ela existe no jardim da Luz e do Merecimento, espargindo sua essência aos sequiosos e aflitos, que buscam seu seio como guarida. Assim, devemos reconhecer essas VERDADES e despertarmos do ridículo em que ficamos quando certas interrogações nos são feitas do porquê – "em cada canto é uma coisa diferente"? Unifiquemos nossos "pontos de vista", para não darmos o triste espetáculo, visto e revisto, do "cada um por si" com uma banda própria. Sim. Porque APENAS numa coisa somos unos, é na Fé. E fortalecido nela, com a Vontade irmanada em um ideal, na inspiração de algo que está em mim e não é meu, ouço sempre uma "VOZ", em uma súplica a dizer: OH! SENHORA DA LUZ VELADA! Tu que acalentas nos braços os sofrimentos de todos os planos, desvelando e dando a cada um, segundo seu grau, as verdades que estão em Ti. Olhai e vigiai sobre "esses" que vão ser encarregados de colher Teus ensinamentos por aí. Não permitas que, nessa hora, Teus "Congás" permaneçam mudos, pois, BEM O SABES, quase todos estão "quedos", testemunhas silenciosas de "panoramas e cenários." Ai! Quão doloroso é senti-los assim. E por quanto tempo ainda, OH! UMBANDA! Teus "congas" ficarão em funeral?

Senhora da Luz Velada
Janeiro de 1955

OH! SENHORA DA LEI, este humilde caminheiro sente-se cansado. Tem o desânimo a medir-lhe os passos, e mal começou a trilhar Tua Grande Estrada.
O sono da tristeza envolve-lhe a alma que se agita presa aos grilhões da matéria. Deixai então que adormeça e na VISÃO DE UM QUERER, veja Teu Lirial Manto abrindo-se em pétalas de Luz, cobrir os diletos filhos Teus.
Pois que, de alguns, já divisei a tímida presença, quando em defesa de Tuas mais simples VERDADES, afrontavam ainda vacilantes os "espinhos mentais," frutos de um arraigado fetichismo, que em turbilhões saracoteiam e atacam de toda parte. Por certo vi "um ou outro fugir da liça, apavorado com o entrechocar das armas", mas, bem o sei, não ficarei eternamente só. Quando surgirão eles e os outros, para Tua Lei confirmar. Porque, tão somente a mim coube iniciar?
Assim, no imperativo de uma VOZ, que vibra e ordena dos Espaços Siderais, a interpretação de "uma Ciência do Verbo", desejaria que Ela "falasse" também a inúmeros que por aí, Chefes de Terreiro são, e perguntasse a cada um, baixinho, suave e humildemente a seus ouvidos. Oh! Tu que dizes incorporar a Entidade X, enfeitado de cor berrante, com um, três ou mais colares de LOUÇA E VIDRO pendurados no pescoço, iguaizinhos a esses que se usam nas fantasias baianas, balangandãs que são inerentes aos folguedos "do cara suja", comprados nos balcões da descrença, feitos por mãos impuras, copiado, de livros que nenhum Orixá garantiu que fosse "mironga" da sua Lei, e te pões em frente ao

congá, mandando bater os tambores, com palmas e pontos gritados; dize irmão meu, em que realidade irás "receber"? Reflete serena teu mental. Será um protetor da vibração de Ogum, Xangô ou um Pai Preto? Poderás então responder, cheio de brios, que é um desses, que teu "Pai de Santo foi ou é o tal, e que jamais ninguém duvidou dessa Entidade." Sim, mas como estás enganado, OH! FILHO DE ORIXÁ! Ninguém duvida de sua existência, "mas dela em ti", DESSA MANEIRA, inclusive tu mesmo, que vives num dilema, isto é, no Ser Real onde fala aquela voz que se chama consciência, ela te diz não estares "interpretando" bem esse Guia. E está certo; tudo isso que praticas NÃO FOI DIRETAMENTE ENSINADO POR TEU PROTETOR ATRAVÉS DE TEU MEDIÚNICO; aprendeste copiando de outros. Senão vejamos: essas guias coloridas que ostentas no peito e que adquiriste como se fosse da Linha A ou B, e que não expressam nem relacionam as vibrações das Entidades de acordo com a Natureza, pois não são "objetos virgens", oriundos da Mata, dos Rios ou do Mar etc., e não têm nenhuma fixação de forças ordenadas não sendo preparadas com valores dos sinais da Lei de Pemba, foi ele mesmo, teu desenvolvedor "de verdade" que determinou usares; ainda dentro de tua concepção, ou com a dita imperante no momento, analisa isso: Caboclos e Pretos Velhos, que tem as suas mirongas nas favas, folhas e raízes (ervas) e nas estrelas do mar, conchas, búzios, e semelhante, todas originárias desses mesmos elementos da Natureza, possuíam MÁQUINAS APROPRIADAS para fabricarem LOUÇA e VIDRO e disto, lindas e multiformes continhas de cores variadas? Sabes que não. Esses pontos riscados, cópias simbólicas comercializados por terceiros, tipo standard, é "ele mesmo em ti" que traça? Sabes que não. Essa quase maioria que samba em teu redor, exibindo uma mediunidade que tu não acreditavas real, foi escolhida por teu Chefe Espiritual? Sabes que não. Então filho, medita; não mais exponhas ao ridículo a nossa Umbanda, equiparando-a a uma festa africana; não interprete nossas Entidades pensando serem "realmente" os tais pretos escravos, e os caboclos ferozes das selvas, de mentes atrasadas que ainda são engabelados com as TAIS MIÇANGAS INFANTIS.

Os componentes da Lei tomam essas formas para expressarem a HUMILDADE em realidade, os Orixás, isto é aqueles que têm Chefes de Linha e Falange, são espíritos altamente evoluídos, verdadeiros Magos, senhores de conhecimentos

Diamantino Fernandes Trindade

profundos, e mesmo os demais integrantes desses setores são também de Luz e grande saber.

Por isso, deves começar desde já, a te amoldares nessa sublime Missão qual seja a de praticares a Religião como deve ser, quer pela sua MAGIA, quer pela sua FILOSOFIA, como Eles mesmos ensinaram e ensinam, pois que UMBANDA não é criação recente, nem de poucos séculos.

É a Religião primitiva, QUE SE FEZ DIFUNDIR EM RAMA, por MOISÉS seguida e por JESUS confirmada, cujos ensinamentos ficaram esparsos e interpelados pelas cisões através dos tempos; portanto, sempre existiu, desde quando "esse mundo" começou a ter "vida consciente".

As Sete Lágrimas de Pai Preto

Este texto é precedido por uma pequena introdução explicativa de W. W. da Matta e Silva:

Nestas páginas, estão gravadas as impressões vividas e sentidas por mim, diretamente, de um humilde e leal amigo do Astral – o Pai G. a quem rendo a minha eterna gratidão, como seu veículo mediúnico desde a infância.

Desse "Preto Velho", colhi esse lamento e essa lição, sobre a natureza das humanas criaturas que "Giram" nos Terreiros ou Tendas de Umbanda.

Isso foi há muitos anos. Quando a experiência ainda não tinha encanecido minha alma nesse mister.

Naturalmente, ele, ao proporcionar-me esse "passeio-astral" e ao falar assim numa demonstração direta, quis que eu visse a coisa como ela era e é. Pois eu tinha ilusões e bastante ingenuidade ainda.

Assim, quero dedicar essas suas lágrimas, a meus irmãos de Umbanda, aparelhos sinceros, para que, meditando nelas e vibrando a doce paz desses Pretos Velhos, possam haurir forças e compreensão e, sobretudo a indispensável experiência, para que sejam, realmente, baluartes das verdades que eles tanto ensinam. Quando, têm a oportunidade.

Foi uma noite estranha aquela noite queda; estranhas vibrações afins penetravam meu Ser Mental e o faziam ansiado por algo, que pouco a pouco se fazia definir.

Era um que desconhecido, mas sentia-o, como se estivesse

em comunhão com minha alma e externava a sensação de um silencioso pranto.

Quem do mundo Astral emocionava assim um pobre "eu"? Não o soube, até adormecer e "sonhar".

Vi meu "duplo" transportar-se, atraído por cânticos que falavam de Aruanda, Estrela Guia e Zamby; eram as vozes da SENHORA DA LUZ-VELADA, dessa UMBANDA DE TODOS NÓS que chamavam seus filhos de fé.

E fui visitando Cabanas e Tendas, onde multidões desfilavam. Mas, surpreso ficava, com aquela "visão" que em cada uma eu "via", invariavelmente, num canto, pitando, um triste Pai Preto, chorava.

De seus "olhos" molhados, esquisitas lágrimas desciam-lhe pelas faces e não sei por que, contei-as. Foram sete. Na incontida vontade de saber, aproximei-me e interroguei-o: fala Pai Preto, diz a teu filho, por que externas assim uma tão visível dor?

E Ele, suave, respondeu: estás vendo essa multidão que entra e sai? As lágrimas contadas, distribuídas estão dentro dela.

A primeira eu a dei a esses indiferentes que aqui vêm em busca de distração, na curiosidade de ver, bisbilhotar, para saírem ironizando daquilo que suas mentes ofuscadas não podem conceber.

Outra, a esses eternos duvidosos que acreditam, desacreditando, na expectativa de um "milagre" que os façam "alcançar" aquilo que seus próprios merecimentos negam.

E mais outra foi para esses que creem, porém, numa crença cega, escrava de seus interesses estreitos. São os que vivem eternamente tratando de "casos" nascentes uns após outro.

E outras mais que distribuí aos maus, aqueles que somente procuram a Umbanda em busca de vingança, desejam sempre prejudicar a um seu semelhante – eles pensam que nós, os Guias, somos veículos de suas mazelas, paixões, e temos obrigação de fazer o que pedem. Pobres almas, que das brumas ainda não saíram.

Assim vai lembrando bem, a quinta lágrima foi diretamente aos frios e calculistas – não creem, nem descreem; sabem que existe uma força e procuram se beneficiar dela de qualquer forma. Cuida-se deles, não conhecem a palavra gratidão, negarão amanhã até que conheceram uma casa da Umbanda. Chegam suaves, têm o riso e o elogio à flor dos lábios, são fáceis, muito fáceis; mas se olhares bem seus semblantes, verás escrito em letras claras: creio na tua Umbanda, nos teus Caboclos e no teu Zamby, mas somente se vencerem o "meu caso", ou me curarem "disso ou daquilo".

A sexta lágrima eu a dei aos fúteis que andam de Tenda em Tenda não acreditando em nada, buscam apenas aconchegos e conchavos; seus olhos revelam um interesse diferente, sei bem o que eles buscam.

E a sétima, filho, notaste como foi grande e como deslizou pesada? Foi a ÚLTIMA LÁGRIMA, aquela que "vive' nos "olhos" de todos os Orixás; fiz doação dessa, aos vaidosos, cheios de empáfia, para que lavem suas máscaras e todos possam vê-los como realmente são. Cegos, guias de cegos", andam se exibindo com a Banda, tal e qual mariposas em torno da luz; essa mesma LUZ que eles não conseguem VER, porque só visam a exteriorização de seus próprios 'egos".

"Olhai-os" bem, vede como suas fisionomias são turvas e desconfiadas; observai-os quando falam "doutrinando"; suas vozes são ocas, dizem tudo de "cor e salteado", em uma linguagem sem calor, cantando loas aos nossos Guias e Protetores, em conselhos e conceitos de caridade, essa mesma caridade que não fazem, aferrados ao conforto da matéria e à gula do vil metal. Eles não têm convicção.

Assim, filho meu, foi para esses todos que viste cair, uma a uma, AS SETE LÁGRIMAS DE PAI PRETO! Então, com minha alma em pranto, tornei a perguntar: não tens mais nada a dizer, Pai Preto? E, daquela "forma velha", vi um véu caindo e num clarão intenso que ofuscava tanto, ouvi mais uma vez.

Mando a luz da minha transfiguração para aqueles que esquecidos pensam que estão... ELES FORMAM A MAIOR DESSAS MULTIDÕES.

São os humildes, os simples; estão na Umbanda pela Umbanda, na confiança pela razão. SÃO OS SEUS FILHOS DE FÉ.

São também os "aparelhos", trabalhadores, silenciosos, cujas ferramentas se chamam DOM e FÉ, e cujos "salários" de cada noite. São pagos quase sempre com urna só moeda, que traduz o seu valor em uma única palavra – a INGRATIDÃO.

Mestre Yapacani

Figura 88: W.W. da Matta e Silva.

Figura 89: Conga da T.U.O. em Itacuruçá.

Diamantino Fernandes Trindade

Figura 90: Pai Matta, Mãe Sallete e um grupo de médiuns na T.U.O.

Figura 91: Mário Tomar, Pai Matta, Mãe Sallete e os iniciados Mãe Marielza e Pai Jairo na T.U.O.

História da Umbanda no Brasil

Figura 92: Iniciação de sacerdotes na T.U.O.

Figura 93: W.W. da Matta e Silva faz preleção em dia de Gira de Caridade na T.U.O.

Figura 94: Parte externa do Templo de Umbanda Oriental em Itacuruçá.

Figura 95: W.W. da Matta e Silva oficiando batismo de uma criança (1986).

História da Umbanda no Brasil

Figura 96: Pai Matta e sua neta.

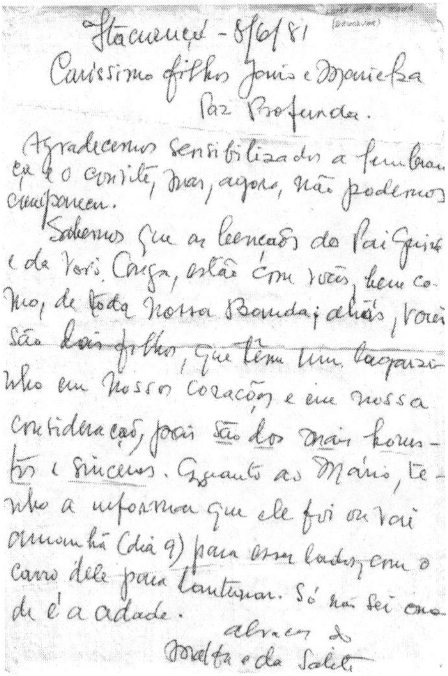

Figura 97: Carta escrita por W.W. da Matta e Silva ao filhos de santo Jairo e Marielza (1981).

Diamantino Fernandes Trindade

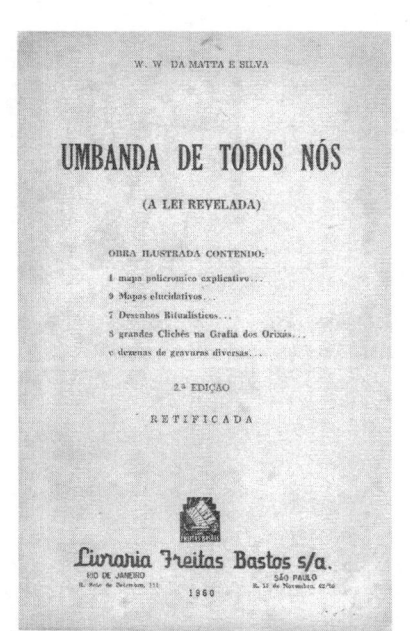

Figura 98: Frontispício da segunda edição do livro *Umbanda de Todos Nós* (1960).

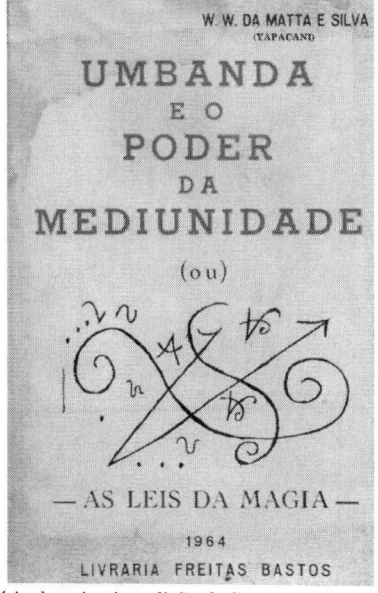

Figura 99: Frontispício da primeira edição do livro *Umbanda e o Poder da Mediunidade* (1964).

Figura 100: Capa do livro *Mistérios e Práticas da Lei de Umbanda* (1962).

Figura 101: W.W. da Matta e Silva com um grupo de médiuns do Terreiro da Pavuna. Fonte: *http://umbandadeportasabertas.blogspot.com.br*

Diamantino Fernandes Trindade

38. As origens do Babá

Ivan Horácio Costa (Mestre Itaoman)

Neste texto, Mestre Itaoman relata as varias etapas históricas da Tenda de Umbanda Oriental (T.U.O.) e a sua vivencia com seu mestre W.W. da Mata e Silva.

> Registro que se relaciona com a fundação da Tenda de Umbanda Oriental que, sob a orientação espiritual de Mestre Yapacani (Woodrow Wilson da Matta e Silva), veio a tornar-se a Primeira Escola Iniciática de Umbanda Esotérica do Brasil e sua conotação direta com o Círculo de Estudos Umbandísticos – Ordem do Círculo Cruzado.

Uma teia de entrelaçamentos kármicos

A real história da antiga T.U.O. – a Tenda de Umbanda Oriental –, que proporcionou suporte à obra mística de W.W. da Matta e Silva (1917-1988) por quarenta anos de seu mestrado umbandista, confunde-se com a própria história de seu fundador, mais as de seus familiares, as de alguns de seus filhos de fé e, também, as de outros seus amigos.

Como a T.U.O. existiu por mais de quarenta anos e teve muitas fases diferentes, muitos foram os que beberam da mesma fonte, mas em épocas e por caminhos diferentes. Eu fui um deles e me afirmo como um dos irmãos-de-fé da Corrente das Santas Almas Benditas do Cruzeiro Divino e, por isso, pertenço à Raiz de Pai Guiné de Angola da Tenda de Umbanda Oriental, fixada na Terra da Pedra da Cruz de Fogo – Itacuruçá – Estado do Rio de Janeiro, Brasil.

1ª Etapa: A T.U.O. que não conheci!

A Tenda de Umbanda Oriental – (T.U.O.) tem sua memória coletiva tripartida: uma primeira parte, a inicial, está contada pelo próprio W. W. da Matta e Silva em alguns de seus livros; outra segunda parte, muito mais recente, vai ensaiada nos livros dos Mestres Arapiaga e Hanamatan, enfocada sob o prisma pessoal de cada um deles. Mas, existe uma terceira parte, mais antiga e intermediária, ainda de todo não escrita e que se refere a real participação de familiares e filhos de fé de Mestre Yapacani que eu conheci e, também, as de outros anteriores seus amigos com os quais não mantive convivência e cuja relevância desconheço ou me escapa da memória, mas que o próprio Mestre afirmou-me que houve.

E é para que não mais se me escape da memória, o real valor dessas contribuições prestadas ao Mestre Yapacani, sobretudo nos anos em que ainda não haviam chegado o prestígio e o poder, que eu resolvo agora prestar este meu claro e firme depoimento, em virtude de ser eu – **Mestre Itaoman** – o mais antigo Mestre de Iniciação da **T.U.O.** e, também, um dos fundadores da Primeira Ordem Iniciática do Esoterismo de Umbanda (1968) – **Ordem do Círculo Cruzado** – que emergiu dos Ensinamentos Esotéricos propostos por **Mestre Yapacani**.

Assim, é por faltar tal tipo de depoimento dos fundadores da **T.U.O.** que, hoje em dia, a parte mais antiga desta história somente poderia ser parcialmente contada por **Dona Carolina da Silva**, a primeira esposa de Matta e Silva, por ele mesmo citada em seu livro – *Umbanda de Todos Nós* – como "testemunha silenciosa".

Na página dedicatória deste livro, verdadeira vertente original da codificação da Umbanda Esotérica do Brasil, ele próprio diz: – "Dedico esta página à Carolina – esposa, amiga e irmã dentro desta mesma Umbanda. Assim afirmo, porque tu fostes e és a testemunha silenciosa da luta tremenda que tive de manter, por causa deste livro – e do outro mundo, também – com o baixo mundo, encarnado e desencarnado".

Desta forma, como afirmei antes, a história da **T.U.O.** está intimamente ligada à dos seus protagonistas e, por isso mesmo, prefiro considerar como data referencial de sua fundação, não a data temporal, mas sim o fato místico relatado pelo próprio Matta e Silva à página 14 de sua sétima obra *Umbanda e o Poder da Mediunidade*: – Sempre tive uma tendência irrefreável, desde muito jovem, 16, 17 anos de idade, que me impulsionava a ver as chamadas "macumbas cariocas". Claro está que não estava ainda conscientizado do "por que" de semelhantes impulsos (se bem que, desde nove anos de idade éramos acometidos por fenômenos de ordem espírito-mediúnicos e aos 16 anos já acontecia a manifestação espontânea de nosso preto velho, que baixava num quarto onde morávamos, na Rua do Costa, nº 75).

Como Matta e Silva nasceu em 1917, a minha referência para a fundação mística da **T.U.O.** passa a ser, portanto, o ano de 1933.

Mas, em algum lugar e com alguém, deve existir a documentação civil da fundação desta **T.U.O.** da qual não participei, porque mesmo este extraordinário Mestre Yapacani (Matta e Silva) não podia fazer tudo sozinho: ele teve muitos companheiros nessa empreitada, dos quais nomeia quatorze na 2ª edição de seu livro *Umbanda de Todos Nós*: Cícero Faria Castro, Clara Landesman, Ernestina Magalhães Corrêa, Ery Carvalho de Miranda, Geraldo Dias Carneiro, Ivone Pereira, José Campos Filho, João Antônio Pereira, Jessé Nascimento, Manoel Rodrigues da Silva, Maria Soares Cortes, Nelson Ribeiro, Sebastião Fernandes Corrêa, Wanda Alves Ribeiro.

Dentre estes nomes, referentes a esta primeira etapa, ressaltarei os de Wanda, Nelson e Cícero que permaneceram ao seu lado, mesmo depois que, por ordens do Astral Superior, Matta e Silva dispensou a todos os companheiros de suas obrigações para com ele, como se lê na página 7 do referido livro: – "Nelson, Wanda: vocês, meus Irmãos, foram valentes e diretas testemunhas de minha prova crucial. Vocês, meus amigos, foram intrépidos auxiliares na tremenda luta que mantive, quase contra tudo e contra todos."

Sim, "quase" contra tudo, pois do Astral Superior, em hora e data por ele próprio precisada, em seu socorro **Pai Guiné** "desceu na Gira de Umbanda" pela primeira vez para auxiliar o anterior Guia Espiritual, **Pai Cândido**: – "Meus irmãos espirituais. Jamais esqueceremos o dia dois de abril de 1958 as 14, 15h, hein? Com um pito e três fumaradas trouxe o velho G. Hein? Wanda. Lembras? Como a "coisa" pegou fogo, daí em diante. Assim, dedico-lhes esta página, para que saibam que jamais esqueci um só minuto, a nossa passada e presente amizade, da qual, deram provas em carinho e dedicação, durante o tempo que privamos, testemunhando juntos naquela luta de março a junho de 1958".

Outra vez, sim, "quase" contra todos, pois em seu auxílio também acorreram nomes respeitáveis do Movimento Umbandista à época, tais como o **Capitão Benedito Lauro do Nascimento** (Diretor da Tenda Espírita Estrela do Mar); **Nelson Machado** (Diretor da Tenda Pai Tibiriçá e Caboclo Sete Estrelas do Mar); **Capitão José Álvares Pessoa** (Presidente e Diretor de Doutrina da Tenda São Jerônimo).

E aí o Mestre pode, como ele próprio disse, "**cruzar suas armas**" e recuperar-se da luta astral e física que lhe custara a publicação do livro *Umbanda de Todos Nós*, à sua própria expensa, em 1956, para então terminar com as suas próprias mãos e mais as de sua esposa, a casa simples da Rua Boa Vista nº 157, no Bairro Brasilinha, em Itacuruçá-RJ, onde, no último pequeno aposento dos fundos, plantou o Axé da segunda etapa da **T.U.O.**, firmado numa "**Otá**" (pedra alongada de cachoeira), fincada à meia altura da parede, sobre a qual repousava a estátua de **São Miguel**, tão pequeno era o espaço físico disponível naquele aposento que se abria para a imensidão do Astral Superior e para a Ancestralidade da Umbanda!

E, em 1960, com a 2ª edição daquele livro, agora lançado por aquela que se tornaria a sua editora permanente, a Freitas Bastos, Matta e Silva pode dizer, no prefácio, aos seus "filhos de fé": – "E, se algum dia, necessitarem de sua palavra para assuntos de alta relevância espiritual, podem procurar este velho irmão – seu "aparelho", que ainda tem seu "congá" e a sua presença".

2ª Etapa: A T.U.O. que eu conheci!

Não demonstre tanta surpresa assim, meu irmão leitor que não viveu aqueles tempos e que pensa conhecer um pouco desta história. À época, ainda se orava a **São Miguel** e não a **Mikael, o Arcanjo**. Também lamento, não poder aqui mostrar fotos do "terreirinho" dessa época que eu ainda conheci: elas existem, mas foram parar nas mãos de outro irmão-de-fé, após o desencarne de Matta e Silva! Por último, mas não menos importante, nesta época ainda se "batia" um pouquinho de "atabaque", vez por outra, coisa pouca!

Pois eu cheguei às portas da **T.U.O.**, naquele então "fim-de-mundo" da Baixada Fluminense, no auge do verão de 1963, muito acalorado e empoeirado, pois a estrada ainda era de saibro batido e a única alternativa, o trem, nem sempre trafegava uma vez por dia. Profundamente angustiado, trazia como única bagagem espiritual a leitura dos livros de Matta e Silva e as estranhas manifestações espontâneas de um **Preto Velho**, as quais eu não compreendia, não gostava e, ainda mais, eu temia!

Primeira decepção e primeira alegria: Matta e Silva não estava e recebeu-me sua esposa, Dona Loló, como aprendi a chamá-la depois de melhor conhecê-la e à sua bondade e alegria de viver. Vendo-me decepcionado pela ausência de quem eu procurava, caridosamente ela insistiu comigo (um estranho mal vestido, empoeirado e angustiado) para que não fosse embora e entrasse no pátio de sua casa para esperar a volta de seu marido, servindo-me, de sua pequena cozinha, água fresca (Ah! Era a primeira vez que eu bebia a água que vinha de nossa cachoeira sagrada), café, bom humor e muita esperança, desta forma agindo como uma autêntica "Mãe" para um novo "filho" que ali chegava pela primeira vez. E foi assim que sempre eu a considerei.

Depois, conheci Matta e Silva e na primeira vez em que falei com **Pai Guiné** ainda no pequenino **Terreiro** da segunda etapa do **T.U.O.**, ao começarmos a falar, o canto de um galo soou ao longe e ele apenas sorriu. Não me perguntou de onde eu vinha, nem que religião eu professava ou o que eu ali esperava encontrar. Sempre interrompido pelos sucessivos cantares do galo, cada vez mais perto, perguntou-me apenas se eu estava agora disposto a enfrentar meus próprios erros para corrigi-los, enquanto o galo, já agora bem na soleira da porta, cantava pela sétima e última vez.

Sim, houve testemunha desse fato (lembra-se, meu amigo Roberto "Gordo"?) e o cantar do galo foi gravado por ele, mas esta fita, muito antiga e que o próprio Matta guardava com carinho, também sumiu.

Não me lembro das palavras com que dei meu consentimento, mas sei bem que, apesar de homem feito, eu chorei e muito! E esse foi o começo da cura dos males que me afligiam, pois era a primeira vez que alguém me fazia confrontar a máxima esotérica: – **Conhece-te a ti mesmo**. Foi a primeira vez, também, em que ouvi um Preto Velho, no mesmo momento, compor e cantar uma canção, um **Ponto de Raiz**, o qual nunca mais esqueci:

> Deu meia-noite e o galo canta,
> Oi, na Aruanda e no Terreiro.
> Dizem a Umbanda tem mironga, tem mironga
> E Pai Guiné é feiticeiro.
> Canta e canta, "minha" galo,
> Que a folha da Jurema ainda não caiu!
> Que a folha da Jurema ainda não caiu!

Permaneci ao lado do Mestre de 1963 a 1988, não só beneficiando-me de seus ensinamentos e aprendendo a Antiga Sabedoria dos Povos, bem como conhecendo seu lado humano e familiar: era um homem inteligente, caridoso e bom, de hábitos simples, bom pai de família, canhestro na cobrança da Lei de Salva e com um peculiar senso de humor nordestino que só se manifestava entre amigos.

Tornei-me seu discípulo, colaborador, divulgador e amigo.

E atesta sua grandeza de alma o fato de que por duas vezes, nesses 25 anos de íntima convivência, ele tenha permitido que eu me "licenciasse" temporariamente de seu convívio por discordar de algumas de suas opiniões particulares e atitudes não doutrinárias, bem como tenha me perdoado todas as vezes que, por não compreender bem suas lições, discuti suas ordens e demorei em cumprir as instruções delas decorrentes.

Sim, também aprendi que a "sombra" do Mestre pode ser muito pesada para um discípulo fiel, mas de mente aberta e inquisitiva! Hoje compreendo que aquelas provocações eram sua forma de preparar-me para a responsabilidade e a solidão de um mestrado que eu, à época, pensava ser composto apenas de poder e prestígio: ele queria formar discípulos conscientes de seus livres arbítrios e não autômatos bitolados e serviçais!

E embora eu não tenha sido um "trabalhador da undécima hora", também não fui dos primeiros a lá chegar. Já no ano de 1963, lá encontrei muitos dos que me honraram com a Irmandade da Fé: **Sílvio, Manoel Sardinha, Gerson, Oswaldo, José Vieira, Eduardo Costa Manso** já estavam ou haviam estado junto ao Mestre.

É verdade que alguns deles não tinham a compreensão da verdadeira importância de Mestre Yapacani dentro do Movimento Umbandista, mas todos tinham pleno conhecimento da bondade e da caridade daquele homem que sempre tinha uma palavra de conforto para atender a uma multidão de desamparados sociais da região, com seu conhecimento das profundezas da alma humana e do poder curativo das ervas. Desta forma, como eu mesmo, eles não viam a **T.U.O.** como uma "Escola Iniciática" e sim como um "Pronto-Socorro Espiritual" para os aflitos, os desesperançados e os doentes!

3ª Etapa: A T.U.O. em que militei!

Assim, talvez apenas porque fosse a hora certa, eu estava presente e fui um dos rateantes da quantia com que se adquiriu o terreno baldio contíguo à sua simples residência-santuário e rapidamente se levantou o novo espaço da terceira etapa da

T.U.O., o pequeno templo independente que a maior parte dos filhos de fé posteriores frequentou entre 1967 e 1988 e, sobre o qual, hoje tanto se fala.

E fui eu que nele plantou a muda da árvore Cajazeira para o Orixá Ogum e tive o prazer de vê-la crescer entre baforadas de fumo do cachimbo de "meu" Preto Velho Pai Vicente de Angola que, agora, eu não mais temia:

A fumaça do cachimbo do vovô
Paira no ar, só não vê quem não quer!
Preto velho trabalha com fé!
A mandinga do velho é debaixo do pé!

Ah! Sim. Eu ainda não era um "makrom",[1] mas já havia aprendido alguns pontos cantados de raiz e começava a aprender os Símbolos Sagrados da Umbanda.

E, por estar ali, naquela hora, tive a felicidade de ser aquele que recebeu do **Caboclo Juremá** as instruções para a feitura do novo congá, o qual ajudei a instalar, fisicamente, tijolo por tijolo, e astralmente, pintando **Pontos de Pemba** em ritual próprio, cujas **réplicas** hoje estão instaladas nos "Centros" de todo o Brasil que seguem ou dizem seguir a Linha Ritualística da **T.U.O.**

E foi **Pai Guiné**, incorporado em Matta e Silva, naquele ritual, quem me autorizou a sobreriscar seu **Ponto de Pemba**, que era visível a todos sobre o congá e do qual, muitas vezes ao longo dos anos, reavivei com Pemba Consagrada os "riscos" que se desgastavam com o tempo e uso público em muitos rituais e consagrações.

E essa honra não era só minha: também a tinha meu irmão de santo e mestrado Yassumy (Mario Tomar) e, quiçá, alguns outros que já me criticaram por não guardá-lo só para "nós".

Mas é que eu assisti Mestre Yapacani autorizar, (da mesma forma que a mim quando fundei o primeiro Terreiro da Linha da **T.U.O.** em São Paulo, juntamente com José Vieira e Eduardo Costa Manso), a outros filhos de fé copiarem-no e usarem-no em seus Terreiros como símbolo de suas filiações espirituais à **Raiz de Pai Guiné** no **Santuário de Umbanda Esotérica de Itacuruçá**.

---

1 Aquele que se destaca no conhecimento dos pontos cantados de Umbanda (nota do autor).

Por isso, sempre dei de graça aquilo que de graça recebi. E, naqueles tempos, não se usava pedir a um Mestre algum papel que comprovasse filiação, tal como se faz numa transação comercial.

Este **Ponto de Pemba**, riscado por Pai Guiné após sua primeira incorporação ("às 14:15 horas do dia 02 de abril de 1958", segundo as próprias palavras de Matta e Silva), foi, é e sempre será o símbolo astral que reflete, por si próprio, a ligação espiritual que um Mestre da Raiz de Pai Guiné, ou qualquer outro seu filho de fé, pode fazer sincera, direta e livremente com o Astral Superior sem interferência de qualquer Pai de Santo, porque esta solene ligação é feita no único templo verdadeiro que existe: o coração de cada um de nós (lê-se exatamente isso em Matta e Silva).

Portanto, tal **ponto** nunca foi não é e nunca poderá ser propriedade exclusiva de ninguém, seja qual for o grau que esse "ninguém" mereça, ostente ou atribua-se. E, justamente, por ser de visão pública e para refletir sobre todos os filhos de Pai Guiné, tenho certeza, ele **não** foi um dos objetos escolhidos acompanhar o Mestre por quem fez seu Axéxé. E por último, mas não menos importante, sua irradiação astral será sempre atuante e exclusivamente benéfica, pois foi "riscado" por uma Entidade de Luz do Astral Superior em Missão Sacrificial. E nenhuma Entidade de Luz castiga seus filhos de fé, mesmo que eles sejam transgressores, transviados ou mesmo ofensores: isto é atribuição do **Imole Exu** e este é um dos motivos por que esta última Entidade Astral é um **Imole** e não um **Orixá**, mesmo que se o considere como "telúrico".

E, para minha melhor recordação desse tempo, coube a mim guardar para sempre aquela **otá** da Cachoeira Sagrada do antigo "terreirinho", sobre a qual repousou a estátua de São Miguel, o Arcanjo e em contato com a qual, nos tempos difíceis, muitos filhos de fé "**bateram suas cabeças**", nisso encontrando alívio, perdão e renovada força, enfim, o **Ashé** da Corrente Espiritual das Santas Almas do Cruzeiro Divino.

E, esta, foi a única "herança" do **Santuário de Umbanda Esotérica de Itacuruçá** que pedi a meu Mestre (além de seu

Aguiri da Costa[2] que ele me destinou e que nunca me entregaram), após longos anos de aprendizado, obediência, convivência e companheirismo em lutas astrais. Nenhuma mais desejo possuir, muito menos as "botinas" do Mestre!

Sim, pode ser que sejam recordações saudosistas da **T.U.O.**, uma Época de Ouro da Umbanda Esotérica com que eu fui agraciado por Deus em conviver, mas também são o atestado público de um mestrado que dispensa qualquer documentação civil. Nesse meio tempo, a obra religiosa do Mestre aumentava e com a divulgação de seus outros livros (nove, ao todo), muitos foram os umbandistas que para lá começaram afluir. Também os Chefes de Terreiro de várias partes do Brasil, no decorrer dos anos subsequentes, lá foram procurar ajuda e/ou em busca de uma filiação espiritual que legitimasse a sua anterior formação espontânea. E, agora, muitos deles, apesar de terem estado com nosso Mestre apenas um curto período de tempo, aparecem solenemente portando grandes espadas e Pontos de Pemba elaboradíssimos em pedaços de tábuas, falando com muita intimidade sobre Woodrow Wilson da Matta e Silva, dizendo aos quatro ventos: –"Eu sou um Mestre da Raiz de Guiné!"

Mas, só em se reunindo todos os depoimentos autênticos acharemos a verdade e ajudaremos a compor um nítido mosaico de um momento histórico da Umbanda Esotérica que poderá vir a ser, com o trabalho dos Mestres vindouros, o grande "vitraux" esotérico da **Corrente Astral do Aum Bhan Dan** para filtrar somente a mais pura Luz Espiritual sobre esta antiga **Terra de Pindorama**.

Em verdade, poucos foram os que ficaram, estudaram, aprenderam e realmente foram consagrados por Mestre Yapacani, tornando-se irmãos-de-Santo e queridos do coração dos humildes que eram a verdadeira razão da **T.U.O.** existir.

Entre eles, lembro-me de citar, em ordem cronológica:

– **Mestre Yassuamy** (Mário Tomar), meu irmão de coração e verdadeiro amigo, um dos fundadores da Ordem do Círculo Cruzado e que foi mais que um filho carnal poderia ter sido, secun-

---

2 Amuleto dos negros brasileiros descendentes de escravos sudaneses. Segundo eles, o aguiri protege do perigo a pessoa que o use sob o braço direito. E também dá sorte. Compõe-se de três caixinhas de couro unidas por um cordão e cheias de objetos mágicos (nota do autor).

dando o Mestre quando a sua visão física começou a embaciar.

– **Outros iniciados e discípulos mais antigos:** Professor Rodrigues, Tatá Mironga, Lourdes, Aline, Mirian, Gavião, Caparelli e Mirela Faur, Ivan e Maria Estela, Burtiol, Leonídio, Arlindo que foram a coluna dorsal do atendimento à multidão de aflitos.

– **Mestre Itassoara** (Valter Lima e Silva), um dos Mestres no Estado do Espírito Santo. – **Mestre Arabayara** (Ovídio Carlos Martins), que foi o fiel depositário das disposições testamentárias do Mestre.

– **Dona Sallete**, a segunda esposa de Matta e Silva que foi Mãe Pequena para muitos dos posteriores "filhos" e que emprestou ao Mestre cuidados pessoais, polimento e verniz social. – **Mestre Norberto Nadalini**, a quem Matta e Silva autorizou, por escrito e com firma reconhecida, em 04 de dezembro de 1987, a fundação de uma "escola sobre os fundamentos da Aumbandam Esotérica", na região de Votuporanga – SP;

– **Mestre Arapiaga** (Francisco Rivas Neto), que dá continuidade organizada à obra do Mestre Yapacani com a fundação da Ordem Iniciática do Cruzeiro Divino em São Paulo. Nasceu dentre esses coirmãos, muitos anos depois, a compreensão de que a terceira etapa da **T.U.O.**, embora nunca deixasse de atender aos pobres, aos doentes e aos aflitos, na realidade, foi uma **Escola Iniciática** que cumpriu sua missão e deu seus frutos na criação, codificação e divulgação dos Ensinamentos da Umbanda Esotérica.

4ª Etapa: O ocaso da T.U.O.!

Em 1988, com o passamento repentino de Woodrow Wilson da Matta e Silva, seus últimos herdeiros físicos desfizeram-se da propriedade do terreno do Santuário de Umbanda Esotérica, preservando-se dele apenas o espaço físico do congá, por determinação do próprio Matta e Silva. Nada a contestar: eles valeram-se de um direito legal que os assistia.

E tenho a tendência em concordar com isso, tendo em vista as palavras anteriores do próprio Matta, em referência à primeira **T.U.O.**, constantes da segunda edição de *Umbanda de*

Todos Nós: "Tive ordens de não deixar a direção da Tenda com ninguém. Ninguém podia e nem devia. E continuo aguardando ordens, é só."

Assim, por saberem que tal congá ainda estava preservado por seu ponto riscado de raiz e defendido por sua espada magística, aqueles seus discípulos que hoje são Mestres de Iniciação também continuaram esperando: tudo bem, eles são autossuficientes. Mas, por outro lado, após anos do passamento do Mestre, preocupa-me os **Iwa** (Destinos) de meus irmãos de fé que poderão entrar em desorientação, pois naquele congá não mais poderão militar nenhum dos reconhecidos Mestres de Iniciação formados por Mestre Yapacani, pois, finalmente seus herdeiros desativaram e destruíram tal "relíquia": eles pensam que, assim, desativaram, também, o Vórtice Astral e Espiritual da antiga **T.U.O.**

Pobres daqueles que não preservam suas tradições, mas, talvez que esta tenha sido a última lição de Mestre Yapacani a seus discípulos: **sua vontade de que cada novo Mestre devesse seguir seu próprio caminho, como novas mudas daquela majestosa Árvore de Sabedoria e Compaixão que um dia vicejou nas matas de Itacuruçá.**

Pois, o que jamais poderá ser desativado são os lugares sagrados na Natureza aos quais o **Santuário de Umbanda Esotérica** estava ligado: as praias e a Mata Atlântica, onde estão situadas nossas cachoeira, pedreira e encruzilhada dos caminhos, cuja localização de difícil acesso é conhecida apenas por poucos iniciados e sobre as quais, em suas contrapartidas astrais, os reais Mestres de Iniciação continuam a preceituar em benefício de todos aqueles que necessitam das Entidades Espirituais que militavam na T.U.O. Cremos firmemente que é nesses sítios naturais sagrados é que os Orixás realmente manifestam-se na Terra; o congá é apenas um lugar temporário de seus pousos entre os humanos.

E foi por ter tido, há muito tempo, a premonição de que esses fatos ocorreriam (eu tive um bom Mestre) que decidi criar meu próprio caminho, fundando a **Ordem do Círculo Cruzado,** hoje em dia obedecendo apenas ao Astral Superior, através de minha consciência e livre arbítrio, tendo debitada ou creditada esta minha decisão apenas em meu próprio carma, sem prejudicar a nenhum de meus irmãos.

Por isso mesmo, hoje, relembrando tudo isso, à distância no tempo e no espaço (que me perdoem meus Irmãos Mestres de Raiz ou que assim se dizem), não me surpreende que minhas saudades se voltem muito mais para a figura humana de meu amigo Matta e Silva do que para a sua figura de meu Mestre Yapacani. Surpreende-me, isto sim, o fato de ter sido possível que tanta Luz e Energia Espiritual fluíssem por tanto tempo de um lugar tão pequeno e de um homem tão franzino e que tão pouco de nós as tenhamos bem aproveitado.

Sim, "meninos", eu vi, senti e vivi essa Era de Ouro da Umbanda de Todos Nós!

Ashé, minha **T.U.O.**!

Saravá, meus irmãos de santo!

Sua Benção, meu Pai Matta! Descanse em paz!

Deixe-me agora descansar, meu Pai Xangô, o Senhor da Justiça!

Rio de Janeiro, 29/02/1996.

ITAOMAN
(Mestre de Iniciação da T.U.O.)
Círculo de Estudos Umbandísticos – Ordem do Círculo Cruzado.

39. Ronaldo Antonio Linares e o Santuário Nacional de Umbanda

Ronaldo nasceu na década de 1930, na cidade de São Paulo e, quando jovem sofreu um sério acidente que lhe comprometeu a coluna vertebral. Conheceu e frequentou o primeiro Centro Espírita na Rua Luís Gama, no bairro do Cambuci, em São Paulo, o *Centro de Seu Fabrício*, como era conhecido na região. Frequentava as sessões espíritas, mas não deixava de ir à missa aos domingos.

Certo dia resolveu ir para o Rio de Janeiro. Foi uma época difícil, pois não conhecia ninguém naquela cidade. Em função do acidente, usava muletas e tinha muitas dificuldades de locomoção e certa facilidade de comunicação. Sonhava em fazer carreira no rádio. Não conseguiu emprego e passou a dormir na gare da Central do Brasil. Um dia, uma mulher, a Maria, o acordou e disse que ali não era um bom lugar para dormir. Chamou um táxi e o levou para um barraco no Morro do Pinto onde fizeram uma refeição e pode dormir, pela primeira vez no Rio de Janeiro, em uma cama. Com o passar dos dias passou a fazer pequenos serviços que lhe possibilitava ganhar alguns trocados.

Maria, preocupada com a sua saúde levou-o a um médico conhecido dela, o dr. Nelson. Depois de algum tratamento, ele disse que já havia feito tudo que era possível pela medicina. Perguntou então, se não queria conhecer um Pai de Santo que, segundo algumas pessoas, fazia milagres. Foi apresentado a

João Alves Torres Filho, o famoso Joãozinho da Goméia, o Rei do Candomblé, figura polêmica e que era muito procurado por artistas, políticos e outras celebridades. Passou a morar na sua Roça de Candomblé, onde foi raspado, cortado, catulado, feito no santo e consagrado Babalaô.

Durante o convívio diário com Joãozinho da Goméia, percebeu que quando as coisas ficavam difíceis, no âmbito espiritual, este procurava o "velho" na Pedra de Sepetiba. Com o tempo, Ronaldo foi se aproximando do "velho" que morava nas areias da praia. Sua cama era o fundo de uma canoa e seu teto algumas folhas de palmeira. Tinha uma memória extraordinária e conhecia como ninguém a arte do jogo de búzios. Foi com ele que Ronaldo aprendeu esta arte milenar e que exerce até hoje com maestria.

No âmbito da Umbanda, Ronaldo destaca-se como presidente da Federação Umbandista do Grande ABC, desde novembro de 1974. A FUGABC foi fundada em 13 de maio de 1972, por orientação do general Nelson Braga Moreira e tem atualmente mais de duas mil tendas filiadas, não só na região do Grande ABC, em São Paulo, mas em várias cidades brasileiras.

Radialista especializado em programas de divulgação da Umbanda e do Candomblé na Rádio Cacique de São Caetano do Sul, participou dos seguintes programas: *Yemanjá dentro da noite*, *Ronaldo fala de Umbanda* e, por quase dezoito anos consecutivos, *Umbanda em Marcha*, além da programação diária *Momento de Prece*.

Foi o primeiro a mencionar a figura de Zélio de Moraes em jornais de grande circulação em São Paulo: *Diário do Grande ABC* e *Notícias Populares*. Foi colunista do jornal *A Gazeta do Grande ABC*.

Na televisão participou durante quase quatro anos do programa *Xênia e você* na TV Bandeirantes. Participou como produtor e apresentador, durante seis meses, do programa *Domingos Barroso no Folclore, na Umbanda e no Candomblé*, programa dominical com duas horas de duração, na TV Gazeta.

Foi porta-voz oficial do Superior Órgão de Umbanda do Estado de São Paulo (SOUESP), título que lhe foi concedido pelo General Nelson Braga Moreira. É membro permanente desta entidade desde 1970. Recebeu diversas honrarias, dentre as quais destacamos a de Cavaleiro de Ogum, concedida pelo Círculo Umbandista do Brasil. No entanto considera a maior honraria de sua vida, haver conhecido em vida e privado da amizade do senhor Zélio Fernandino de Moraes, considerando-se filho espiritual de sua filha Zilméia de Moraes Cunha. Em 1982, no *Terceiro Congresso Paulista de Umbanda*, apresentou uma tese sobre a proibição da matança de animais nos cultos umbandistas. A tese foi aprovada, porém conhecemos muitos terreiros de Umbanda que fazem sacrifícios animais.

Em 25 de janeiro de 2013, durante os eventos comemorativos do aniversário da Cidade de São Paulo, foi celebrada uma missa na Catedral da Sé onde autoridades de diversas religiões estiveram presentes a convite do Padre José Bizon, cônego da Arquidiocese de São Paulo. Pela primeira vez uma autoridade umbandista foi convidada para o evento: Pai Ronaldo Linares. Dom Odilo Pedro Scherer, Cardeal Arcebispo de São Paulo, recebeu Pai Ronaldo pessoalmente no centro da nave da catedral.

A Federação Umbandista do Grande ABC é uma entidade beneficente que tem a finalidade de congregar templos de Umbanda da região do ABC Paulista. Em razão da excelência de seus serviços, transformou-se na maior entidade federativa de Umbanda no Brasil, estando apta para registrar templos em todo território nacional. A sua sede localiza-se à Rua Visconde de Inhaúma, 354 – Vila Gerty, São Caetano do Sul, São Paulo. O templo sede, Casa de Pai Benedito de Aruanda, está situado no mesmo município, na Rua Marechal Cândido Rondon, 21 – Bairro Oswaldo Cruz.

O Santuário Nacional de Umbanda

> O umbandista não precisa de uma catedral como só o gênio humano é capaz de construir. Ele só precisa de um pouco de natureza, como só Deus foi capaz de criar.
>
> Ronaldo Antonio Linares

Quando há quase quarenta anos, Ronaldo Linares observou uma enorme cratera formada pela exploração da brita na antiga pedreira Montanhão, vislumbrou que, com muito trabalho e dedicação, poderia transformá-la num local ideal para cultuar os Orixás.

A FUGABC promoveu a recuperação ambiental desta área de 645.000 m² localizada na Estrada do Montanhão, 700, no Parque do Pedroso, em Santo André, São Paulo. O Santuário Nacional de Umbanda é parte integrante do Santuário Ecológico da Serra do Mar.

No site da FUGABC podemos ler a respeito da missão do Santuário:

> A missão do Santuário Nacional de Umbanda é construir e disponibilizar um espaço propicio para o desenvolvimento humano e espiritual de todos aqueles que fazem parte de nossa da comunidade umbandista ou aos que desejam conhecer nossa religião, preservando o meio ambiente (fauna e flora), cultuando a religião de forma respeitosa, levando a palavra e os ensinamentos de Deus e de Zélio de Moraes a todos, zelando para que as práticas umbandistas sejam realizadas sempre para o bem.

Tudo é muito grande, muito bonito e, sobretudo, muito bem cuidado. São ao todo, atualmente, onze monumentos medindo, em média, 10 metros de altura cada. Ronaldo está construindo o monumento do século. O coroamento de sua vida consagrada a Umbanda: uma réplica do Cristo Redentor com 12 metros de altura. O responsável pelo projeto é o escultor Heije Takata.

Christiano Carvalho, do Diário do Grande ABC, escreveu em 2000:

> Natureza e religião se unem em uma área verde de 645 mil m² na Estrada do Montanhão, em Santo André. Trata-se do Santuário Ecológico da Serra do Mar, mantido há 20 anos pela Federação Umbandista do Grande ABC, cujas instalações para a realização de cultos religiosos se espalham por 5% da área. O restante, composto por Mata Atlântica intacto, é preservado por meio de um esquema de segurança montado pela Federação.

Há um posto de observação, fincado em um dos muitos morros do terreno. Nem os usuários do Santuário Nacional da Umbanda, como é chamado o complexo religioso lá instalado – onde são praticados os cultos –, tem acesso a essa área de proteção de manancial.

No início dos anos 60, uma pedreira que funcionava em uma parte do terreno foi desativada. Nesse local, houve um grande desmatamento com o consequente empobrecimento do solo. A preservação da natureza é o principal lema do presidente da Federação, Ronaldo Linares, 66 anos, que fundou o Santuário Ecológico. "Temos inclusive um minhocário para a produção de húmus, usado para o replantio de diversas espécies vegetais nativas", afirmou Linares. O samambaiaçu, responsável pela produção do xaxim, está ameaçado de extinção e é cultivado no santuário. E outras espécies como as bromélias também são plantadas. "Regenerando a vegetação evitamos que haja desmoronamento de terra, por causa da fixação das raízes no solo", explicou.

As festas de Yemanjá

Tanto na Umbanda quanto no Candomblé, as festas de Yemanjá atraem multidões às praias brasileiras. A festa que ocorre todo final de ano na praia de Copacabana faz parte do calendário turístico do Rio de Janeiro. Na Bahia, a festa de Yemanjá do dia 2 de fevereiro é uma das mais populares do ano e atrai às praias do Rio Vermelho, em Salvador, uma multidão imensa de fiéis e admiradores.

No entanto, as festas de dezembro, no litoral paulista são as mais tradicionais, para os adeptos da Umbanda e do Candomblé. A primeira festa em homenagem à Yemanjá, na Praia Grande, foi realizada em 1953 por Félix Nascentes Pinto, fundador do Primado de Umbanda em São Paulo. O local foi denominado oficialmente de Vila Mirim, em homenagem ao Caboclo Mirim.

Os festejos à Yemanjá, de cunho oficial, na Praia Grande, tiveram inicio em 1969, na administração do prefeito Dorivaldo Lória Junior e contou com aproximadamente 15 mil pessoas.

Em entrevista concedida à Marques Rebelo, da Revista

Espiritual de Umbanda, Ronaldo Antonio Linares fala sobre os aspectos históricos dessa importante festividade:[1]

Por volta de 1957, 1958, iniciaram-se as festividades umbandistas em uma faixa do litoral sul de São Paulo. Criou-se, posteriormente, na cidade de Santos, uma federação, mas nesse início ainda não existia. A Federação Umbandista do Estado de São Paulo tentou realizar alguns eventos, mas sem sucesso. Depois, a Cruzada Federativa do Estado de São Paulo, na pessoa de seu presidente, o sr. Barbosa, começou a realizar as festividades na Praia Grande. Mas o germe disso tudo foram algumas tendas que faziam as homenagens à Yemanjá sem a participação de federações. Não existiam ainda a Federação Umbandista do Grande ABC, nem a Associação Paulista de Umbanda, que depois viria a se tornar líder nessa área. As poucas federações que existiam, como a União das Tendas e o Primado de Umbanda, não haviam ainda demonstrado interesse. Nessa época, as festividades eram realizadas na Praia das Vacas, que fica entre a Ponte Pênsil e a Praia Grande. Ali havia alguns estabelecimentos militares, e, a princípio, não se importavam que o pessoal fizesse ali os seus ritos à noite. Por volta de 1964, no período posterior à revolução, começaram a criar dificuldades para que se fizesse as festividades naquela região, que era considerada militarmente estratégica. Passou-se então a se realizar as festividades na Praia Grande; primeiramente, começavam no Boqueirão e iam até a outra extremidade, sem muita organização.

Algumas tendas se estabeleciam aqui e ali, sempre no dia 8 de Dezembro. O erro do dia 8 de Dezembro, diferente de 2 de Fevereiro, que é a data em que é festejada na Bahia, e o sincretismo lá é feito com Nossa Senhora dos Navegantes, e não com Nossa Senhora da Conceição, aconteceu porque, na verdade, a primeira entidade que se interessou em organizar e realizar as festividades foi a Liga Umbandista do Estado de São Paulo, dirigida pelo saudoso Pai Jaú, que tocava um rito que nós poderíamos hoje classificar como Umbanda Mista ou "Umbandomblé", porque tinha muito mais elementos do Candomblé. Mas era um visionário, e tinha um interesse saudável nas festividades. Ele imaginou fazer uma festa que fosse o encontro de Oxum e Yemanjá, por isso era realizada na data em que se comemora a Imaculada Conceição. Esse encontro era feito no fim da Avenida Costa

1 Revista Espiritual de Umbanda, n.8.

e Silva, bem na entrada da Praia Grande, porque dali para frente ainda era muito selvagem, não estava tão edificada, não existia ainda Cidade Ocian. Pai Jaú realizou essa festa por vários anos naquele local e eu descia, naquela época, só com a Casa de Pai Benedito. Não havia a Federação do Grande ABC.

Por volta de 1967, conheci o Demétrio Domingues, e, naquela época eu fazia um programa de Umbanda na Rádio Cacique. Fizemos amizade e ele me levou ao Superior Órgão de Umbanda. Lá eu conheci muita gente boa, contávamos com um pessoal muito bom, principalmente o General Nelson Braga Moreira que, por orientação do Demétrius, o coordenador geral do SOUESP foi quem realmente organizou os festejos à Yemanjá. O grande mérito das festas devemos ao sr. Demétrio Domingues.

À medida que essas festividades foram avançando, conseguimos levar um número impressionante de gente para lá, havia um terreiro de Umbanda em cada quadra de São Paulo. Nessa fase, chegamos a levar aproximadamente 750 mil pessoas para a Praia Grande, o que causava um transtorno, pois a ocupação da praia era total, praticamente uma tenda a cada 15 metros. Foi o grande *boom* da Umbanda, isso, a partir de 1970. As décadas de 1970 e 1980 foram as mais ricas, foi a época das grandes festividades no litoral. Em 1972, quando foi criada a Federação Umbandista do Grande ABC, nós já tínhamos organizado, em nome do programa radiofónico que eu comandava, uma alegoria para a festa. Transformamos um enorme caminhão em uma escuna, onde ficava a imagem de Yemanjá, e percorríamos a praia toda, inclusive fazendo um trabalho social para a prefeitura, recolhendo crianças perdidas, mantendo, através do serviço de rádio, contato com a municipalidade. Nós éramos acompanhados por dois carros de serviço, e, quando juntávamos quatro a cinco crianças, levávamos até a casa do prefeito.

Quando a Federação Umbandista do Grande ABC começou a realizar suas festividades, foi justamente no momento em que o Pai Jaú parou e o espaço que ele ocupava ficou vago, que ia da entrada da Praia Grande até o Boqueirão, com uma faixa grande de terra. No primeiro trecho, junto ao Boqueirão, ficava a federação do Mário Paulo, que ocupava uma área de quase seis quadras, mas, como tinha poucas tendas filiadas e geralmente o espaço ficava vazio, e ele me pedia para preencher a área. Dando uma melhor ocupação, nós ficamos com o espaço que o Pai Jaú ocupava mais quatro quadras à direita e seis à esquerda. Era o maior espaço de areia concedido a uma única federação. Nessa época nós cercávamos as tendas com estacas de madeira, que tinham um orifício na parte de cima para encaixar uma vela. Nós descíamos uma semana antes da festa, passávamos os fios, dividíamos os espaços e cavávamos os buracos para as estacas. Quando a tenda descia, seu espaço já estava lá, separado, prontinho, era só entrar e trabalhar.

A Federação Umbandista do Grande ABC ocupou esse espaço por muitos anos, e, em 1989, a prefeitura de Praia Grande decidiu restringir o uso da praia pelos muitos abusos cometidos por umbandistas que desprestigiaram o nome da Umbanda. Os ônibus paravam em qualquer lugar, qualquer rua. Corria muita bebida alcoólica, e as federações não demonstravam nenhum interesse em restringir a atividade de seus filiados, não havia esse espírito. Os poucos que tentavam, e entre eles eu me incluo, eram muito mal vistos pelos demais, e eu cheguei a perder filiados que achavam que eu dava palpite demais. Havia terreiros que faziam trabalho para Exu na praia, e, infelizmente, isso ainda acontece até hoje. Naquela época eu cheguei a ver matarem cachorro na praia para Ogum, que é uma prática candomblecista, havia toda uma distorção, a bagunça era muito grande e a prefeitura começou a se assustar com a nossa presença e decidiram restringir a área, e as festas passaram a ser realizadas da Cidade Ocian, para frente. A prefeitura, por causa dos abusos, passou a cobrar taxas cada vez mais altas e propiciar cada vez menos. Ainda hoje, quando acontecem reuniões em Praia Grande, discute-se de tudo, as coisas mais absurdas. A parte prática mesmo é preciso que o secretário de cultura pare a reunião e puxe novamente o assunto principal. A taxa que foi cobrada neste último ano, em dezembro de 2004, foi em torno de R$ 240,00 por templo de Umbanda, isso para a entrada de apenas um ônibus. Quando foi feita e colocada na Cidade Ocian, a imagem de Yemanjá, em princípio eu considerei errada, achei que ela deveria estar de costas para o mar. Foi a época em que deixei o Superior Órgão de Umbanda, bati de frente com o Demétrio, brigamos feio mesmo. Quando eles passaram a fazer a festa a partir da estátua de Yemanjá, o espaço já foi encurtado. De 28 km, passou a serem apenas 8 km e hoje não tem nem 1,5 km de praia à disposição dos umbandistas. Depois de dois anos eu abri mão do espaço, e em

1990 eu não fazia mais as festividades na Praia Grande. Nessa época, a federação do Pai Jamil participava de todas as festas, mas nunca fez nada na Praia Grande até 1990. O pessoal dele ia e trabalhava em qualquer lugar, e muita federação fazia isso, brigava por um espaço e cada um trabalhava onde bem entendesse. Quando eu saí da Praia Grande, o Jamil ficou com metade da minha área e o restante ficou com o Hilton de Paiva Tupinambá.

Foi então que nós nos mudamos para Mongaguá, e, nessa época, o filho do prefeito, Jacob Neto, era meu filho de fé, e eles me abriram as portas da cidade, me deram uma alternativa. Fiz um acordo com a prefeitura e ali eu cuido de tudo. Só pedi para que o espaço que eles estavam destinando ficasse só para nós, senão, vem o pessoal de fora, apronta e a responsabilidade é nossa. Nós assinamos um termo de compromisso com a prefeitura de deixar a praia limpa, pelo menos na área ocupada pelas tendas que participam das festividades. Todos devem levar um determinado número de sacos de lixo para realizar essa limpeza, e deixá-los na calçada, em lugar fácil para o serviço de coleta da prefeitura retirar.

Hoje, em Mongaguá, já estão outras federações além da Federação do Grande ABC; descem conosco a União das Igrejas Reunidas de Umbanda e Candomblé de Osasco, Primado de Umbanda do Estado de São Paulo e Associação Umbandista e Espiritualista do Estado de São Paulo. Nós nos preocupamos em conceder a todo esse pessoal as mesmas regalias que nossos filiados têm, tratando-os igualmente. O importante é que somos todos irmãos e temos que trabalhar com o mesmo objetivo, essa é a minha preocupação como presidente de federação.

A festa de Yemanjá, realizada em dezembro no município de Mongaguá é a maior festa do gênero do Brasil.

Diamantino Fernandes Trindade

Figura 102: Inauguração da Imagem de Yemanjá em Praia Grande (1976).

História da Umbanda no Brasil

Figura 103: Procissão durante os festejos à Yemanjá em Praia Grande-SP (1978).

Figura 104: Festa de Yemanjá em Santos – SP, Imagem publicada pelo jornal *A Tribuna*, em 12 de agosto de 1972.
Foto: *Almanaque de Santos* – 1969, de Olao Rodrigues, Santos-SP – 1969. Exemplar no acervo do historiador santista Waldir Rueda.

Figura 105: Detalhe da Festa de Yemanjá na Praia Grande-SP (1979).
Fonte: *http://www.guiapraiagrande.com.br*

Figura 106: Ronaldo Linares com Dona Izabel, esposa de Zélio de Moraes, no Auditório Paulo Machado de Carvalho em São Caetano do Sul – SP.

História da Umbanda no Brasil 377

Figura 107: Imagem de Cosme e Damião no Santuário Nacional da Umbanda em Santo André – SP.

Figura 108: Casa dos Pretos Velhos no Santuário Nacional de Umbanda em Santo André – SP.

Diamantino Fernandes Trindade

40. As Sete Linhas da Umbanda

De todos os assuntos discutidos na Umbanda, um dos que mais provoca controvérsias é o das inúmeras linhas ou mais propriamente "pseudolinhas" de Umbanda, que via de regra, encontramos nos mais diferentes terreiros ou federações, que procuram "criar" seus próprios conceitos sobre as Sete Linhas. Erroneamente, costuma-se chamar linha de Umbanda, toda e qualquer manifestação espiritual. Determinadas pessoas costumam enquadrar espíritos que em vida pertenceram a determinadas categorias profissionais, como pertencentes a certa linha de Umbanda. Um exemplo disso é a "linha" de Baianos.

Existem ainda os que consideram as mil e uma subdivisões existentes em uma mesma linha, como sendo também uma linha de Umbanda. Como exemplos podemos citar a linha de Oxóssi e as "pseudolinhas" correspondentes tais como: linha das Matas, linha de Pena Branca, linha de Jurema etc.

Sobre o assunto, W.W. da Matta e Silva escreveu o seguinte, em 1957:

> Reconheço que a Umbanda está "grávida" a 53 anos de sete filhas gêmeas. Numa gestação aflitiva... Um parto que os "doutores do Santé ainda não conseguiram fazer".

Como vimos anteriormente, Leal de Souza classificou as Sete Linhas da seguinte maneira:

LINHA DE OXALÁ (Nosso Senhor do Bonfim)
LINHA DE OGUM (São Jorge)
LINHA DE EUXOCE (São Sebastião)
LINHA DE SHANGÔ (São Jerônimo)
LINHA DE NHAN-SAN (Santa Bárbara)
LINHA DE AMANJAR (Nossa Senhora da Conceição)
LINHA DAS ALMAS ou LINHA DE SANTO

Pelos conhecimentos da época, é uma interessante classificação. Vejamos o que ele escreveu em seu livro,[1] em 1933.

As Sete Linhas Brancas

A Linha Branca de Umbanda e Demanda, compreende sete linhas: a primeira, de Oxalá; a segunda, de Ogum; a terceira, de Euxoce; a quarta, de Xangô;[2] a quinta de Nhan-San; a sexta, de Amanjar;[3] a sétima é a Linha de Santo, também chamada Linha das Almas.

Essas designações significam, na Língua de Umbanda: a primeira, Jesus, em sua invocação de Nosso Senhor do Bonfim; a segunda, São Jorge; a terceira, São Sebastião; a quarta, São Jerônimo; a quinta, Santa Bárbara, e a sexta, a Virgem Maria, em sua invocação de Nossa Senhora da Conceição. A Linha de Santo é transversal, e mantém a sua unidade através das outras.

Cada linha tem o seu ponto emblemático e a sua cor simbólica. A de Oxalá, a cor branca; a de Ogun, a encarnada; a de Euxoce, verde; a de Xangô, roxa;[4] a de Nhan-San, amarela; a de Amanjar, azul.

Oxalá é a linha dos trabalhadores humílimos; tem a devoção dos espíritos de pretos de todas as regiões, qualquer que seja a linha de sua atividade, e é nas suas falanges, com Cosme e Damião, que em geral aparecem as entidades que se apresentam como crianças.

---

1 O Espiritismo, a Magia e as Sete Linhas da Umbanda.
2 Como podemos ver, em 1933, ele já havia mudado a grafia de Shangô para Xangô (nota do autor).
3 Yemanjá (nota do autor).
4 Só alguns anos mais tarde, começou a ser utilizada a cor marrom para Xangô (nota do autor).

A linha de Ogun, que se caracteriza pela energia fluídica de seus componentes, caboclos e pretos da África, em sua maioria, contém em seus quadros as falanges de Demanda.

A linha de Euxoce, também de notável potencia fluídica, com entidades frequentemente dotadas de brilhante saber, é, por excelência, a dos indígenas brasileiros.

A linha de Xangô pratica a caridade sob um critério de implacável justiça: "quem não merece, não tem; quem faz paga".

A linha de Nhan-San consta de desencarnados que na existência terreal eram devotados a Santa Bárbara.

A linha de Amanjar é constituída dos trabalhadores do mar, espíritos das tribos litorâneas, de marujos, de pessoas que perecem afogadas no oceano.

Retomando as palavras de Leal de Souza, temos:

> Na falange geral de cada linha figuram falanges especiais, como na de Euxoce, a de Urubatan; e na de Ogun, a de Tranca Ruas, que são comparáveis às brigadas dentro das divisões de um exército.
>
> Todas as falanges têm características próprias para que se reconheçam os seus trabalhadores quando incorporados. Não se confunde um caboclo da falange de Urubatan com outro da de Araribóia, ou de qualquer legião.
>
> As falanges dos nossos indígenas, com os seus agregados, formam o "povo das matas"; as dos marujos e mais os espíritos da linha de Amanjar, o "o povo do mar"; os pretos africanos, o "povo da costa"; os baianos e mais negros do Brasil, "o povo da Bahia".
>
> As diversas falanges e linhas agem em harmonia, combinando os seus recursos para eficácia da ação coletiva.

A organização de linhas e falanges obedecia a uma necessidade dos adeptos da Umbanda que sincretizaram os Orixás com os Santos Católicos no início da religião. Não devemos esquecer que no final do século XIX e início do século XX, era comum classificar, racionalizar, organizar. Também é bom ressalvar que nos Cultos de Nação não existem as Sete Linhas. Linhas e falanges constituem divisões que agrupam as Entidades em função das afinidades intelectuais e morais, origem étnica e, principalmente, segundo o estágio de evolução espiritual em que se encontram, no Plano Espiritual.

O terreiro é um órgão adaptador de consciências. Assim, quando perguntam a um filho de fé, quais são as linhas da Umbanda, a grande maioria não saberá responder. O que sabem é que vão às sessões e recebem o Caboclo, o Preto Velho, a Criança, o Exu. Esta é a vivência popular do Movimento Umbandista.

Falam na Linha dos Caboclos, dos Pretos Velhos, das Crianças, de Xangô, de Oxum, na Linha do Mar, da Mata, das pedreiras, na Linha dos Baianos, dos Marinheiros, dos Boiadeiros, dos Ciganos, dos Esquimós etc.

Nesses terreiros, as Entidades do Astral Superior utilizam alimentos psíquicos, por meio de analogias simples, para que no futuro esses filhos de fé estejam já fortalecidos em seus conceitos mais puros e mais sutis. Essas adaptações visam interpenetrar o mental e o coração de todos, de forma serena e suave, de modo a não agredir o grau de consciência de cada um.

O quadro a seguir mostra cada uma das Sete Linhas, no aspecto tradicional, com as respectivas cores e Entidades que se manifestam:

LINHA	COR	SINCRETISMO	ENTIDADES
OXALÁ	Branco	Jesus	Santos e Santas em geral
YEMANJÁ	Azul	Nossa Senhora da Conceição	Entidades do mar, Caboclos, Marinheiros etc.
OGUM	Vermelho	São Jorge ou Santo Antonio	Cablocos, Guerreiros em geral
OXÓSSI	Verde	São Sebastião	Caboclos
XANGÔ	Marrom	São Jerônimo	Caboclos
IBEJI	Azul ou Rosa	São Cosme e Damião	Crianças
AFRICANOS (OMULU ou OBALUAIÊ)	Preto e Branco	São Lázaro e São Roque	Pretos Velhos e Pretas Velhas

Analisando as Sete Linhas da Umbanda sob a ótica dos aspectos esotéricos temos:

Diamantino Fernandes Trindade

ORIXÁ	PAR VIBRATÓRIO	COR
ORIXALÁ	ODUDUA	Branco ou amarelo-ouro
OGUM	OBÁ	Alaranjado
OXÓSSI	OSSAIM	Azul
XANGÔ	IANSÃ	Verde
YORIMÁ	NANÃ	Violeta
YORI	OXUM	Vermelho
YEMANJÁ	OXUMARÉ	Amarelo

A Umbanda é um grande cadinho onde se amalgamam muitas consciências. Com certeza há um conceito de Sete Linhas para cada grupo, sem que isso afronte o seu grau de entendimento. Por vezes me perguntam se os umbandistas cultuam os Santos ou os Orixás? Não sou dono da verdade, mas a minha vivência me permite responder que cultuam os Santos e os Orixás. Por exemplo: cultuam São Jorge e Ogum, achando que é a mesma entidade. Projetam mentalmente o Orixá Ogum na imagem de São Jorge. Mas, São Jorge não é Ogum e este não é São Jorge.

Matta e Silva explica que alguns santos católicos, principalmente alguns mártires do cristianismo possuem importante função na Grande Lei da Umbanda. Não na qualidade de Santo, porém como Orixá Intermediário (Senhor da Luz) que está situado na função de chefia inerente a três planos: o de Chefe de Legião, Chefe de Falange e Chefe de Subfalange. Diz ainda:

No entanto, os únicos que sabemos, por já termos comprovado na identificação dos verdadeiros sinais riscados da Lei de Pemba (a grafia celeste ou dos Orixás), através dos seus enviados incorporantes, são as entidades que se chamaram (quando no mundo da forma tiveram sua fase de sofrimento, martírio ou elevação espiritual e religiosa) Jorge, Sebastião, Jerônimo, Miriam ou Maria de Nazaré, Cosme e Damião, e principalmente Jesus, que consideramos como Orixalá (Senhor da Luz de Deus), porque reflete diretamente a Vibração Original de Orixalá, o Supremo "Khristos" e supervisiona esta Linha, bem como as demais, em sua fase de ação no Planeta Terra.

Com exceção de Jesus, os demais são Orixás não incorporantes que dirigem, cada um, uma Legião, entre as sete que compõem uma Linha. Assim, a entidade de Jorge é o que projeta sua identificação como Ogum de Lei (a justiça executante). A entidade de Sebastião é o que projeta sua identificação como Caboclo Arranca Toco (em analogia com a árvore em que amarraram esse mártir). Jerônimo identifica-se como Xango Kaô (Kaô quer dizer o éter do Céu, a pedra do Céu, e ainda o Senhor que julga). Maria de Nazaré (Aquela que teve a graça) identifica-se como a Cabocla Yara ou a Mãe das Águas. Cosme e Damião (os puros, os iluminados pela bondade) identificam-se como os próprios Cosme e Damião. Estas identificações se processam por intermédio de enviados denominados Orixás intermediários da mesma Vibração e nome, que são incorporantes.

Para maiores detalhes sobre o tema encaminho o prezado leitor para a obra *Umbanda de Todos Nós*, de W. W. da Matta e Silva.

Diamantino Fernandes Trindade

41. Linha de Santo

De acordo com Leal de Souza a sétima linha é a denominada Linha de Santo ou Linha das Almas. Como esta linha é de vital importância para os trabalhos de demanda, é conveniente ler as suas considerações sobre o tema.[1]

A Linha de Santo ou das Almas é formada de "pais de mesa", isto é, de médiuns "de cabeça cruzada", assim chamados porque se submeteram a uma cerimônia pela qual assumiram o compromisso vitalício de emprestar o seu corpo, sempre que seja preciso, para o trabalho de um espírito determinado, e contraíram "obrigações", equivalentes a deveres rigorosos e realmente invioláveis, pois acarretam, quando esquecidos, penalidades aspérrimas e inevitáveis. Os trabalhadores espirituais da Linha de Santo, caboclos ou negros, são egressos da Linha Negra, e tem duas missões essenciais na Branca – preparam, em geral, os "despachos" propiciatórios ao Povo da Encruzilhada, e procuram alcançar amigavelmente de seus antigos companheiros, a suspensão de hostilidades contra os filhos e protegidos da Linha Branca. Por isso, nos trabalhos em que aparecem elementos da Linha de Santo disseminados pelas outras seis, estes ostentam, com as demais cores simbólicas, a preta, de Exu. A missão da Linha de Santo, tão desprezada quanto ridicularizada até nos meios cultos do Espiritismo, é verdadeiramente apostolar.

1 O Espiritismo, a Magia e as Sete Linhas da Umbanda.

Os espíritos que a constituem, mantendo-se em contato com a banda negra, de onde provieram, não só resolvem pacificamente as demandas, como convertem, com hábil esforço, os trabalhadores trevosos.

Esse esforço se desenvolve com tenacidade, em uma gradação ascendente.

Primeiro, os conversores lisonjeiam os espíritos adestrados nos malefícios, gabam-lhe as qualidades, exaltam-lhe a potência fluídica, louvam a mestria de seus trabalhos contra o próximo, e assim lhes conquistam a confiança e a estima.

Na segunda fase do apostolado, começam a mostrar aos malfeitores o êxito de alcançar a Linha Branca, com a excelência de seus predicados.

Aproveitando para o bem um atributo nocivo, como a vaidade, os obreiros da Linha de Santo passam a pedir aos acolhidos para a conversão, pequenos favores, consistentes em atos de auxílio e benefício a esta ou aquela pessoa, e, realizado esse obséquio, levam-nos a gozar, como uma emoção nova, a alegria serena e agradecida do beneficiário.

Convidam-nos, mais tarde, para assistir aos trabalhos dessa Linha Branca, mostrando-lhes o prazer com o que efetuam em cordialidade harmoniosa, sem sobressaltos, os operários ou guerreiros do espaço, em comunhão com homens igualmente satisfeitos, laborando com a consciência em paz.

Fazem-nos, depois, participar desse labor, dando-lhes, na obra comum, uma tarefa à altura de suas possibilidades, para que se estimulem com o seu resultado.

E quanto mais o espírito transviado intensifica o seu convívio com os da Linha de Santo, tanto mais se relaciona com os trabalhadores do amor e da paz, e, para não se colocar em esfera inferior àquela em que os vê, começa a imitar-lhes os exemplos, elevando-se até abandonar de todo a atividade maléfica.

Depois que esse abandono se consumou, o converso não é incluído imediatamente na linha, mas fica como seu auxiliar, uma espécie de adido, trabalhando sem classificação.

Geralmente, nessa fase, exalta-o o desejo de se incorporar efetivamente às falanges brancas e a seu trabalho de fé se reveste daquele ardor com que se manifestam, pela ação ou pelo verbo, os crentes novos.

Permitida, afinal, a sua inclusão na Linha de Santo, ou em alguma outra, o antigo serventuário do mal vai resgatar as suas faltas, corrigindo as alheias.

42. O Omolokô

A tentativa dos umbandistas em demarcar seu distanciamento das práticas religiosas da matriz africana, aproximando-se do Kardecismo, vai além das teses do Primeiro Congresso Brasileiro do Espiritismo de Umbanda, ocorrendo nas obras de seus intelectuais. Termos como Umbanda Branca, Umbanda Pura, Umbanda de Linha Branca são contemporâneos desse Congresso, que sugeriam a purificação da Umbanda de seu passado africano.

A partir da década de 1950, setores dessa religião provenientes dos extratos mais baixos da população começaram a contestar o distanciamento da Umbanda das práticas africanas. Oliveira[1] faz menção à comparação, efetuada por Diana Brown,[2] ante as divergências doutrinárias no interior do Movimento Umbandista e dos conflitos de classe. A autora destaca o livro *Camba de Umbanda* (1957), de autoria de Tancredo da Silva Pinto e Torres Freitas, como exemplo representativo do pensamento de um segmento mais afeito as práticas africanizadas.

Caio de Omolu[3] escreve que:

O Omolokô ou Omolocô (filhos da natureza) surge na his-

---

1 *Das macumbas à Umbanda: a construção de uma religião brasileira* (1908-1941). Uma história da Umbanda no Rio.
2 *Umbanda & Política.*
3 *Os filhos da natureza estão órfãos e não sabem!*

tória do movimento umbandista com o objetivo claro de responder as constantes tentativas de aproximação, que alguns procuravam fazer da Umbanda com o Espiritismo. Neste período, lá pela década de 1940, existiam praticamente dois grupos de intelectuais umbandistas que trabalhavam em sentidos quase opostos: um, procurava o reconhecimento da Umbanda como uma religião espírita ou pelo menos com tais características, o outro defendia as origens africanas da Umbanda e uma completa independência do Espiritismo. Em contrapartida, o Espiritismo condenava de forma veemente quaisquer ligações com a Umbanda e os cultos Afro-Brasileiros.

Não devemos esquecer as explicações de Zélio de Moraes no sentido de que os ritos de Umbanda, trazidos pelo Caboclo das Sete Encruzilhadas, fundamentavam-se nas práticas espíritas e com fortes influências católicas. As pessoas de etnia negra que começaram gradativamente a frequentar as giras de Umbanda foram gradualmente introduzindo práticas dos Cultos de Nação, o que acabou por fazer que os rituais umbandistas as incorporassem. Com certeza não havia, por parte do Astral Superior, a intenção de criar uma Umbanda Branca e uma Umbanda Negra. Umbanda é Umbanda! De início, não se cultuavam os Orixás e sim, os Santos Católicos.

Voltando aos dois grupos anteriormente citados, o primeiro apresentou suas teses no Primeiro Congresso Brasileiro do Espiritismo de Umbanda, em 1941, e reconhecia a origem africana da religião umbandista, mas defendia a matriz espírita kardecista com bases católicas.

Um dos objetivos deste Congresso era mostrar as raízes genuínas da Umbanda do Oriente. Uma análise do conteúdo simbólico das teses apresentadas durante o Congresso mostra que os intelectuais de Umbanda, em busca de legitimidade, tentavam construir uma identidade mais próxima do Espiritismo do que das origens africanas.

Novamente recorremos aos importantes escritos de Caio de Omolu:

Em pleno Estado Novo (assim chamou-se o período de governo da ditadura de GetúlioVargas), os umbandistas desse primeiro grupo, se preocupavam em revestir a Umbanda com qualificações que acabassem com a discriminação e o preconceito (baixo espiritismo e macumba) e evitassem as perseguições que ocorreram até os anos 1950. Foi nesta época, 1937 a 1945, em que a política deVargas já tolerava e reconhecia a importância do Espiritismo no Brasil, que fortemente se trabalhou o enbranquecimento da Umbanda, buscando teses[4] que a demonstrassem como um salto evolutivo de suas raízes africanas e com uma origem que antecedia a existência dos cultos religiosos em África (os continentes perdidos de Lemúria e Atlântida). Dessa vertente de pensamentos surgiu o que se chamou de Umbanda de Caritas e a denominação Umbanda Branca.

O segundo grupo, caminhava na direção oposta, defendendo a origem e as raízes africanas, não aceitando a aproximação com o Kardecismo. Procuravam resolver o problema da perseguição religiosa por meio do sincretismo com o Catolicismo, que já havia sido incorporado pelos candomblés e pelos Cultos de Nação em geral. A figura de maior destaque nesse grupo foi Tancredo da Silva Pinto, considerado o principal articulador do Culto Omolokô no Brasil.

Tancredo da Silva Pinto (*Tatá Ti Inkice*) nasceu em 10 de agosto de 1904, na Cidade de Cantagalo, Rio de Janeiro. Em 1950, fundou a Confederação Espírita Umbandista do Brasil como forma de resistência às muitas perseguições que a Umbanda sofria em vários estados brasileiros. Escreveu mais de trinta livros sobre a divulgação da Umbanda, dos quais podemos destacar: *Camba de Umbanda*, *Catecismo de Umbanda*, *Negro e Branco na Cultura Afro-Brasileira*, *As Mirongas de Umbanda*, *Cabala Umbandista*, *Doutrina e Ritual de Umbanda no Brasil* e a *Revista Mironga*. Faleceu no dia 2 de setembro de 1979, no Rio de Janeiro.

O culto Omolokô possui uma ritualística própria e reverencia os Orixás, com uma similitude aos Cultos de Nação e os candomblés, cultuando também as Entidades conhecidas na Umbanda como Caboclos, Pretos-Velhos, Crianças, Exus etc. Existe também nos seus rituais um sincretismo com os

---

4 Primeiro Congresso Brasileiro de Espiritismo de Umbanda (nota do autor).

Santos Católicos. Os assentamentos desse culto são similares aos do Candomblé de Caboclo. O local onde ocorrem os rituais é denominado de **Roça de Santo**. O termo é de origem colonial, período onde os escravos cultuavam as suas divindades às escondidas nas roças e fazendas dos senhores de engenho. O recinto profano é chamado de **quintal**. O recinto sagrado tem várias divisões:

- **Sala**: local onde ficam os atabaques, executa-se o *xirê do santo*,[5] saídas e obrigações.
- **Peji**: local onde são guardados os objetos ritualísticos e as roupas dos Orixás.
- **Roncó**: local onde são guardados os segredos da *Roça de Santo* e onde ocorrem as iniciações.
- **Cozinha de Santo**: local onde são preparadas as comidas de Santo.
- **Quartos de Santo**: local onde ficam os igbás.[6]

Vários autores apontam o Omolokô como um dos pilares da formação da Umbanda junto com o Candomblé de Caboclo, a Cabula e o próprio Candomblé.

Tancredo da Silva Pinto dizia que Omolokô é uma palavra yorubá que significa: Omo (filho) e Oko (fazenda), zona rural onde esse culto, em virtude da perseguição policial da época, era realizado. Estudos mais atuais encaminham para a origem do termo Omolokô ligado ao povo Lokô, em Serra Leoa, O termo Lokô foi registrado pela primeira vez em 1606.

O Omoloko organizou-se majoritariamente na Zona da Mata em Minas Gerais, no Estado do Rio de Janeiro, no nordeste do Estado de São Paulo e em parte do Espírito Santo. O seu início ocorreu a partir do conhecimento dos povos de etnia negra provenientes da África e seus descendentes, sendo fortemente influenciado pelos cultos aos Orixás e aos Inkices.

---

5 Festa para os Orixás.
6 Vasilhas que contém os objetos de culto e de louvação a um Orixá.

Figura 109: Tata Ti Inkice Tancredo da Silva Pinto
Fonte: *http://omoloko.blogspot.com.br*

Figura 110: *Camba de Umbanda*. Um dos mais importantes livros de Tata Tancre-do, em parceria com Byron Torres de Freitas

História da Umbanda no Brasil

43. O Segundo e o Terceiro Congressos Nacionais de Umbanda

O Segundo Congresso Nacional de Umbanda

Vamos voltar um pouco aos dois grupos citados no capítulo anterior: os que defendiam a matriz kardecista e os que defendiam a origem africana da Umbanda. Os dois eram mutuamente hostis e os conflitos ritualísticos eram aprofundados pelas diferenças raciais e de classe. Aparentemente, não havia grandes possibilidades de articulação entre essas "duas Umbandas".

No entanto, em 1956, o *Jornal de Umbanda* anunciou que os líderes e as federações que representavam esses dois grupos, reuniram-se formando uma organização denominada **Colegiado Espírita do Cruzeiro do Sul**, que abarcava as cinco federações mais atuantes do Rio de Janeiro, e cujo objetivo era trabalhar pela unidade da Umbanda. A iniciativa desta articulação partiu da UEUB e incluía também a federação liderada por Tancredo da Silva Pinto, que chegou a ser um dos presidentes dessa organização.

Além da superação das diferenças de classe, raciais e ritualísticas, essa união representou a possibilidade da eleição de líderes umbandistas para cargos públicos. Com a criação do Colegiado, o *Jornal de Umbanda* começou a intensificar as atividades políticas entre os umbandistas. Uma longa lista de candidatos (especificados apenas como espíritas) aparecia nas páginas do periódico.

O **Colegiado Espírita do Cruzeiro do Sul** organizou o *Segundo Congresso Nacional de Umbanda*, em 1961, no Rio de Janeiro. Um dos objetivos desse evento era fazer uma avaliação das mudanças ocorridas no panorama umbandista nos vinte anos que se passaram desde o primeiro evento, em 1941. O Congresso ocorreu na Associação Brasileira de Imprensa e no Maracanãzinho e milhares de umbandistas estiveram presentes, incluindo desta vez, representantes de dez Estados e vários políticos municipais e estaduais. Henrique Landi Jr. foi o presidente do evento, secretariado por João de Freitas. A organização do evento ficou a cargo de Leopoldo Bettiol, Oswaldo Santos Lima e Cavalcanti Bandeira. A comissão paulista foi a mais numerosa e representativa, com a participação de Félix Nascentes Pinto, General Nélson Braga Moreira, dr. Armando Quaresma e dr. Estevão Monte Belo.

Cavalcanti Bandeira apresentou a tese, aprovada, de que o vocábulo Umbanda é oriundo da língua quimbundo e significa "arte de curar". Os políticos recém-eleitos ficaram felizes com o potencial político da religião, no âmbito local e nacional. Brown[1] cita o seguinte:

> Umbandistas, "declarou um deputado estadual", isto é apenas o início. Se todos vocês se unirem, poderemos eleger deputados federais e até mesmo governadores de Estado. "A Umbanda é a religião nacional do Brasil" afirmou outro deputado; "Sua força eleitoral tornou-se uma realidade... não apenas nas pequenas cidades do interior, mas também nas grandes cidades".

Este fato foi relevante para o Movimento Umbandista, pois não podemos esquecer que quinze anos antes, a Umbanda não era capaz de proteger-se da perseguição policial. Um dos resultados do evento foi a mudança da insistência estreita da chamada Umbanda Pura para uma situação de heterodoxia ritualística. Alguns jornais da época mostravam a significativa mudança em relação aos preconceitos contra a Umbanda. O jornal *O Estado de São Paulo* (16/06/1961) publicava uma

---

1 Uma história da Umbanda no Rio. In: Umbanda & Política.

nota sobre o Congresso fazendo alusão a elaboração do "código que orientará a feitura da carta sinódica da Umbanda".

O *Diário de São Paulo* (19/11/1961) estampava uma manchete com o título "Saravá meu Pai Xangô, Saravá Mamãe Oxum", descrevendo a sessão assistida pelos repórteres convidados pelo Deputado Estadual do Rio Grande do Sul, Moab Caldas. O jornal *A Noite*, de 15 de abril de 1961, anunciava a realização do evento:

Congresso de umbandistas no Rio
15/04/1961

O Segundo Congresso Brasileiro de Umbanda será realizado nesta cidade, de 16 a 23 de julho próximo com participação das organizações do Rio Grande do Sul, Paraná, Santa Catarina, São Paulo, Minas Gerais, Espírito Santo, Estado do Rio e Bahia. Até lá, outros Estados poderão pronunciar-se, pois o Congresso é de âmbito nacional.

Uma das finalidades da reunião, tal como expôs a A NOITE o presidente da Comissão Organizadora, é congregar as Tendas e Terreiros, sem distinção de ritos e de liturgias, para, através, do Conselho Supremo dos Cultos Afro-Brasileiros discutir todas as matérias, e sobre elas deliberar, atinentes aos cultos praticados em nossa terra, de índios e negros.

Com isto, em conceitos semestrais ou trimestrais, os representantes dos Estados que formarão o Conselho Superior, em igualdade de condições elaborarão a Carta Sinódica ou, melhor, o Código Orientador para obter a uniformidade ritualística dos cultos, acrescentou o sr. Henrique Landi Junior.

No domínio da literatura umbandista, o Conselho Superior opinará sobre a obra antes de conceder-lhe o *imprimatur*. Por isto, só serão consideradas obras oficiais aquelas que tiverem sido aprovadas pelo órgão máximo, conclui o entrevistado.

O Segundo Congresso Nacional de Umbanda não foi tão importante, sob o ponto de vista ritualístico, como o Primeiro, porém trouxe grande contribuição para a união dos umbandistas. No evento, o potencial de crescimento da religião ficou evidente pela quantidade de adeptos que, aos milhares, lotaram o Maracanãzinho. Após este certame tivemos uma grande difusão do movimento umbandista. O período compreendido entre 1958 e 1967 é conhecido como a fase de reconhecimento social da religião. No encerramento do evento, o Deputado Áttila Nunes fez um discurso de grande entusiasmo no qual destacou devidamente a grandiosidade do encontro.

No dia 28 de Junho de l961 realizou-se no Maracanãzinho a festa de encerramento do Congresso, onde estavam presentes cerca de quatro mil médiuns uniformizados, além de grande público assistente.

O escritor Decelso registrou, de forma não tão positiva, algumas considerações sobre o Primeiro e o Segundo Congressos:[2]

> Que se conseguiu? Nada. Pois, paradoxalmente, ocorreu com o II Congresso o que já ocorrera com o Primeiro, a divisão, pois após aquele conclave, fundaram-se novos órgãos: Primado de Umbanda; foi o primeiro; após o II, fundaram-se o Supremo Órgão de Umbanda e outros mais, ainda que, alguns, com existência efêmera ou inconsistente.
> Quanto aos resultados, não foram os que se desejavam, visto não se ter nada concluído quanto à estrutura doutrinária e orgânica.
> Predominou, como ainda predominam, pontos de vistas pessoais, pois ainda se sustentam teses mais ou menos assim: – "minha Umbanda", ou então, o que vem sustentando o operoso e respeitável irmão, Primaz Benjamim Figueiredo, para quem não se deve acender velas, pois para ele, Umbanda não acende velas.

Em 1973, a revista *Mundo da Umbanda* (ano I, nº1) publicava:

> O Segundo Congresso teve como organizadores Leopoldo Betiol, Oswaldo Santos Lima e dr. Cavalcanti Bandeira. A comissão paulista foi a mais numerosa e representativa nesse encontro de 1961 e contou com a participação de Felix Nascentes Pinto, General Nelson Braga Moreira, dr. Armando Quaresma e dr. Estevão Montebelo.

---

2 Umbanda de Caboclos.

O temário abordou os seguintes tópicos: Umbanda Religiosa, Umbanda Filosófica e Umbanda Científica. Ficou ainda resolvido nesse congresso, a criação do Superior Órgão, em cada estado do país, que deveria congregar todas as Federações Estaduais, para que o último congresso pudesse contar com a participação de todos os superiores órgãos de cada estado. Mas, unicamente São Paulo tomou a sério essa resolução, o que propiciou sua participação destacada e valiosa no 3º Congresso da Guanabara.

Logo após o Segundo Congresso Nacional, em São Paulo foi realizado o Primeiro Congresso Paulista.

O Primeiro Congresso Paulista de Umbanda

Em 8 de dezembro de 1961 ocorreu, na Cidade de Santos, a solenidade de abertura do Primeiro Congresso Paulista de Umbanda, organizado pelo General Nelson Braga Moreira (na época ainda tenente-coronel), presidente da pouco conhecida Congregação Umbandista do Estado de São Paulo. Foi convidado por ser um nome neutro frente à acirrada competição entre federações mais prestigiadas, mas principalmente pela autoridade e respeito que sua patente militar impunha, tanto no âmbito interno quanto no âmbito externo do movimento umbandista paulista. Foi incentivado por diversos umbandistas presentes ao **Segundo Congresso Nacional de Umbanda**, que se destacou pela liderança e pela organização do Superior Órgão de Umbanda do Estado de São Paulo (SOUESP), tendo sido eleito o seu primeiro presidente.

O Congresso contou com a presença de aproximadamente 12000 umbandistas. Neste evento também se destacou Demétrio Domingues, que foi a alavanca mestra da fundação do SOUESP. Foi dele a ideia de unir as Federações então existentes, em uma instituição idônea, que pudesse cuidar da Umbanda Paulista. Foi ele que convenceu o então coronel Nelson Braga Moreira a assumir o comando da nova instituição que congregava boa parte das federações de Umbanda do Estado.

Figura 111: General Nelson Braga Moreira.
Imagem publicada no *Jornal de Umbanda*
Sagrada – ano VI – n° 82.

O encerramento do congresso ocorreu no dia 10 de dezembro no Ginásio do Ibirapuera, na Cidade de São Paulo, após a realização de sessão plenária no dia 9 do mesmo mês, na Rua 24 de Maio, no Salão Nobre da União Brasileira dos Escritores. Em 1965, durante as comemorações do 5° aniversário do Primado de Umbanda do Estado de São Paulo, Nelson Braga Moreira fez um brilhante discurso onde ficou patente a sua preocupação com a codificação e unificação da Umbanda.

Salve o Primado de Umbanda!
Salve todas as Organizações Federativas!
Salve todas as Tendas de Umbanda!
Salve todos os irmãos umbandistas!
Meus prezados irmãos, novamente tenho o coração transbordante de alegria e felicidade.
Muitas vezes mais, ainda, tal emoção invadirá o meu corpo e atingirá o meu espírito.
Isto porque, reuniões como a que ora presenciamos amiúde passaremos a assistir irmanando os umbandistas sob o feliz pretexto de comemorar datas festivas.
Desta maneira conseguiremos contribuir, efetivamente para

o que nos propusemos, desde a primeira hora do Segundo Congresso Umbandista Nacional, apoiado e corroborado por São Paulo, através do seu Primeiro Congresso realizado em Dezembro de 1961 – A UNIFICAÇÃO DA UMBANDA! Alcançado este anseio que, para nós é de capital importância, teremos derrubado o maior obstáculo à codificação que, conseguida, proporcionará a nossa querida Umbanda, o direito de ser considerada e colocada no lugar que lhe compete no conceito das demais religiões.

Deixaremos de ser olhados como um aglomerado para verdadeiramente constituir-nos em um corpo solidamente organizado, sem fendas, por onde possam penetrar maledicências corrosivas à moral, à fé e ao amor que dedicamos ao nosso Culto.

Congratulando-me pela oportunidade a mim proporcionada pelo nosso irmão Félix Nascentes Pinto, Digníssimo Presidente do Primado de Umbanda que nesta data completa o seu 5° aniversário de profícua ação no seio da Comunidade Umbandista de São Paulo, formulo em meu nome, no Superior Órgão de Umbanda do Estado de São Paulo, que tenho a honra de, presidir e do qual é o irmão Félix membro ativo, bem assim, em nome da Congregação Umbandista e no da Tenda Espírita de Umbanda Mensageiros, formulo disse, os agradecimentos do convite que nos enviou assegurando na pessoa do seu presidente felicidade, continuidade proficiente e honesta ao Primado e a todos os seus membros e colaboradores.

Solicito de coração a Zambi, que esparja sobre o Primado, manancial de luzes e esclarecimentos, cada vez maiores, para que continue a transmitir ensinamentos de fé cristã, de amor ao próximo e de humildade diante de Deus.

Que o Primado de Umbanda se constitua, unindo às demais organizações federativas, verdadeiro Baluarte na defesa, intransigente, do direito, da justiça, do respeito e do amor ao nosso Culto.

Ao terminar desejo, Oh! Pai Oxalá! Humildemente, dirigir-te um pedido que do meu coração antes o fizera à nossa adorável Mãe Yemanjá, quando das festividades comemorativas do seu glorioso dia 15 de agosto passado.

Pai!

Ajuda-nos no que pretendemos para firmação da nossa fé. Concede-nos forças, coragem e energia para enfrentarmos com resignação, as vicissitudes da vida material; permita-nos conseguir meios para auxiliar aos que sofrem; que

Diamantino Fernandes Trindade

os Teus emissários de luz, venham em socorro desta humanidade, ingrata e sofredora, dando-nos a oportunidade de recuperação cristã.

Que os responsáveis pela direção dos povos, sejam inspirados em Teus divinos princípios, a fim de que não seja esquecido o Teu fundamental mandamento: "Amar a Deus sobre todas as coisas e ao próximo como a si mesmo".

Que o bálsamo da Tua proteção, seja sobre todos nós derramado, para que nunca nos falte o pão, a paz, a harmonia e a fé; e lança finalmente sobre toda a humanidade e sobre todos nós aqui presentes a tua sacrossanta e Divina benção!

SALVE A NOSSA UMBANDA!
São Paulo, 19 de Setembro 1965.
Nelson Braga Moreira.

Este texto foi publicado na revista *Acontecimentos de Umbanda* – Ano I – número 1, de novembro de 1965.

O General Nelson Braga Moreira desencarnou em 1974, sendo substituído na presidência do SOUESP por Jamil Rachid que fez realizar, em 1975, o I Seminário Paulista de Umbanda que padronizou os ritos fúnebres, de batismo e de casamento. Diversos terreiros acabaram por aceitar e praticar esses rituais. Em 1976 foi realizado o II Seminário Paulista de Umbanda, com ambições maiores, como a padronização das Sete Linhas da Umbanda. Apesar da padronização conseguida no evento, os terreiros continuaram utilizando o conceito de Sete Linhas que já seguiam anteriormente.

O Terceiro Congresso Nacional de Umbanda

O **Terceiro Congresso Nacional de Umbanda** foi realizado no Estádio de São Januário, no Rio de Janeiro, entre 15 e 21 de Julho de 1973. Para a realização do evento foi constituída uma Comissão Organizadora presidida por Cavalcanti Bandeira, auxiliado por Mario Barcelos (Presidente do Supremo Órgão das Religiões Espíritas), José Raimundo de Carvalho (Presidente Delegado da Federação Campista das Sociedades Religiosas de Umbanda) e Benjamim Figueiredo (Presidente da Tenda

Mirim). Como sempre, a força de São Paulo se fez sentir com seu apoio total e irrestrito nas pessoas do General Nelson Braga Moreira e dr. Estevão Montebelo, presidente e vice-presidente, respectivamente do Superior Órgão de Umbanda do Estado de São Paulo. A revista *Mundo de Umbanda*, número 1, de 1973, publicada pelo Primado de Umbanda, fazia referências às destemidas atuações de Cavalcanti Bandeira e outros umbandistas para a realização do evento. A revista citava:

> Os umbandistas desejam consolidar o dia da Umbanda e preservar os rituais comuns e afins, proclamando o desejo de congregarem em um colegiado nacional os órgãos associativos e federações estaduais, a fim de evitar as distorções e os abusos que são cometidos em nome da Umbanda.

Segundo a revista, os temas propostos abordavam:

> Aspectos doutrinários e filosóficos; sincretismo religioso; teologias e crenças; moral e ética religiosas; práticas e rituais; iniciação e desenvolvimento; organização religiosa; música, dança e cânticos; simbologia; aspectos administrativos; os cultos e a legislação oficial; órgão nacional interfederativo; temas livres e teses sobre a Umbanda.

O Rio de Janeiro foi representado pelas mais importantes autoridades da Umbanda. São Paulo foi representado pelo SOUESP. Outros estados representados foram: Paraná, Rio Grande do Sul, Piauí e Santa Catarina. Wheatstone Pereira propôs a criação da *Cartilha Umbandista* e José Maria Bittencourt apresentou um trabalho sobre *Casamento e Batismo na Umbanda*, ambos aprovados por unanimidade.

Nesse evento, a religião umbandista afirmou-se como uma das que mais crescem no Brasil e uma força significativa no campo das atividades sociais. Nessa época, diversos terreiros contavam com escolas, creches, ambulatórios etc. Ainda durante o evento foi declarada a data de 15 de novembro como Dia Nacional da Umbanda.[3] Foi nesse congresso que o Hino da

---

3 Em 16 de maio de 2012 a presidente Dilma Rousseff assinou a Lei 12.644 que decreta o Dia Nacional da Umbanda, a ser comemorado anualmente, em 15 de novembro.

Diamantino Fernandes Trindade

Umbanda foi oficialmente adotado em todo o Brasil.
Este congresso coincide com a forte perseguição que o
jornal *O Estado de São Paulo* movia contra a Umbanda, bem
ao estilo dos anos 1950, em particular contra os setores do
governo estadual que apoiavam as festas umbandistas com
fins eleitoreiros como o governador Laudo Natel que apoiou as
Festas de Oxóssi e de Ogum. Segundo matéria de 05/05/1973,
os setores mais conservadores da Igreja Católica estavam
preocupados com o apoio de Laudo dado às festividades da
Umbanda, sendo que alguns bispos da Província Eclesiástica
de São Paulo, tendo Dom Lucas Moreira Neves como voz oficial, queixaram-se se referindo a separação entre o Estado e as
igrejas. Em 19 de maio do mesmo ano, o jornal noticiava que a
"A Igreja condena as festas de Umbanda do Governo".

Após o Congresso foram fundadas onze novas organizações
federativas, dentre elas a **Associação Paulista de Umbanda** e a
**Federação de Centros Espíritas e de Umbanda do Estado de
São Paulo.**

A Segunda Convenção Nacional da Umbanda

Este evento importante foi realizado entre 25 e 27 de agosto de 1978, no Rio de Janeiro, na sala de Convenções do Hotel
Flórida, na Rua Ferreira Viana, 71. Foi organizado pelo CONDU
e pela Sociedade Civil do Bem Estar Familiar (BEMFAM) do Rio
de Janeiro. Lilia Ribeiro, secretaria, Atila Nunes Filho e Floriano
Manoel da Fonseca foram figuras de destaque do evento.

Na ata do evento podemos ler que o Conselheiro José
Raimundo de Carvalho (RJ) sugeriu que, em vista do elevado
número de Entidades-Membro de São Paulo, a coordenação
fosse confiada a um elemento desse Estado. O Conselheiro
Geral pediu que a bancada paulista indicasse o Coordenador,
o que foi feito, recaindo a escolha no Conselheiro Abrumólio
Wainer, representando o Círculo Umbandista do Brasil (SP).

Figura 112: Detalhe da II Convenção Nacional da Umbanda onde aparece Floriano Manoel da Fonseca, segundo da esquerda para a direita.

Figura 113: José Beniste, Atila Nunes Filho e Lilia Ribeiro durante a II Convenção Nacional da Umbanda

Diamantino Fernandes Trindade

Os temas discutidos foram: reencarnação e planejamento familiar, o Caboclo das Sete Encruzilhadas e as raízes da Umbanda, Código de Ética da Umbanda, Fundamentos da Umbanda, Código Litúrgico, Classificação de Cultos, Culto da Jurema e métodos anticoncepcionais clássicos modernos. O encerramento do conclave aconteceu no Centro Espírita Caminheiros da Verdade cabendo a Bambina Bucci as palavras finais.

O Terceiro Congresso Paulista de Umbanda

Este evento, realizado nas dependências da Câmara Municipal de São Paulo, nos dias 19, 24, 25 e 26 de março de 1982 fez parte do encerramento das festividades do 20º aniversário do SOUESP e contou com a presença de altas autoridades civis e umbandistas. A abertura ocorreu pelo presidente do SOUESP, dr. Sérgio Celeste que fez uma demonstração do que era o Superior Órgão de Umbanda de São Paulo e os serviços prestados pela instituição em 20 anos de atividades.

Palestras interessantes fizeram parte da programação: Jamil Rachid abordou a mediunidade na Umbanda; o dr. Romão Gomes Portão, umbandista e coordenador geral da Secretaria de Segurança Pública falou sobre Polícia e Umbanda; o Procurador da Justiça Militar explanou sobre a Umbanda e os aspectos legais; o dr. Osmar Silveira discorreu sobre a influência de Zélio de Moraes e Caboclo das Sete Encruzilhadas na formação da Umbanda; Francisco Synésio Filho apresentou o tema Tributo aos Fundadores da Umbanda no Estado de São Paulo; o Comendador Abrumólio Wainer abordou a responsabilidade dos chefes de terreiro na sua missão.

O ponto alto do evento foi a tese sobre a proibição de sacrifícios animais na Umbanda, brilhantemente proferida por Ronaldo Antonio Linares que ao final de sua explanação falou:

> Pelo exposto e considerando que os sacrifícios animais, embora existindo em quase todas as formas primitivas de culto, sempre foram abolidas à medida que a religião evolui;

considerando que não temos ainda um órgão disciplinador que possa garantir da mesma regra, do mesmo rito, e do mesmo culto a todos os umbandistas; considerando que o ideal de fraternidade expresso em nossa doutrina não se coaduna com os sacrifícios animais ainda que dirigidos a espíritos inferiores; considerando ainda as deturpações e o desprestígio que isto causa para o bom nome da Umbanda, venho propor a essa egrégia mesa: a PROIBIÇÃO DOS SA-CRIFÍCIOS ANIMAIS, em nome da Umbanda, pois que um homem só não pode mudar o rito, mas a vontade soberana deste plenário religioso, SIM!

A tese foi aprovada pelo plenário.[4]

As solenidades do evento contaram com a presença da Escola de Curimba Félix Nascentes Pinto, comandada por Nilton Fernandes e Gleise Gongorá. O encerramento do Congresso aconteceu no dia 29 de março, no Ginásio do Pacaembu, com o Primeiro Festival de Curimbas de Umbanda e gira de encerramento com a participação de 100 terreiros de Umbanda. Este foi o último evento paulista e nacional que contou com os grandes trabalhadores e divulgadores da Umbanda da era de ouro.

Na cidade de São Paulo, a segunda metade dos anos 1980 é marcada pelas sandices do Prefeito Jânio Quadros em vários setores da sociedade paulistana, não faltando a perseguição aos adeptos dos cultos afro-brasileiros. Um fato curioso, ocorrido em um cemitério de São Paulo, é descrito por Lísias Negrão:[5]

> Em um cemitério, a mãe de santo Dona Rosa chegou trazendo três litros de cachaça, charutos, vela, duas galinhas pretas e um leitão vivos e amarrados. Quando se preparava para sacrificá-los, chegam os guardas da Patrulha Armada Repressiva Contra Crimes nos Cemitérios, com "um insólito distintivo nos bonés: uma caveira, cruzada por uma pá e uma espingarda". Travou-se entre eles curioso diálogo:

> – Ei dona. O prefeito Jânio Quadros não quer que sacrifiquem animais aqui na porta do cemitério.

---

4 A tese pode ser lida na íntegra no livro *Iniciação à Umbanda*, de autoria de Ronaldo Antonio Linares, Diamantino Fernandes Trindade e Wagner Veneziani Costa, publicado pela Madras Editora.
5 *Entre a Cruz e a Encruzilhada: formação do campo umbandista em São Paulo.*

– Quem? Jânio? Aquele velho maluco?

–Vê lá como fala.

– Eu comprei as galinhas com o meu dinheiro e faço o que quiser com elas.

– Mas saiu no *Diário Oficial*. Não se pode fazer bagunça no cemitério.

– E quem é que está fazendo bagunça? Estou trabalhando com os meus Exus, que vão acabar mandando esse Jânio pro fogo do inferno. Além do mais, Exu não lê *Diário Oficial*.

44. Umbanda e catolicismo

Um dos objetivos do Astral Superior, quando determinou a fundação da primeira tenda de Umbanda com o nome de Nossa Senhora da Piedade e a utilização de imagens de Santos Católicos, era amenizar o choque dos consulentes que, em sua maioria, era de origem católica. Não havia muita diferença entre o altar de uma igreja e o congá de um terreiro de Umbanda. O próprio Caboclo das Sete Encruzilhadas determinou a fundação de outras tendas com o nome de Santos Católicos.

Não devemos esquecer, entretanto, que muito antes do advento do Caboclo das Sete Encruzilhadas, a própria Igreja Católica incentivou por interesse próprio, o sincretismo religioso dos Orixás com os Santos Católicos.[1]

As relações entre a Igreja Católica e a Umbanda sempre foram delicadas. Desde o final do século XIX, as comunicações oficiais da Igreja Católica apontavam contra a heresia do Espiritismo; entretanto, só a partir de 1945, começaram a fazer referências diretas à Umbanda. Em 1950, o censo religioso mostrava que o Catolicismo perdia terreno para as religiões protestantes e o Espiritismo. A partir destes dados, a Igreja iniciou uma pesada investida contra essas religiões. A CNBB,[2] recém-fundada, proclamou o Espiritismo como principal amea-

1 Geraldo Pignaton (*http://jornaldedebates.com.br*) diz: Os Jesuítas praticaram o sincretismo religioso, associando Preto Velho de Angola com São Benedito, indígenas com São Sebastião etc., criaram folguedos, manifestações culturais cenográficas, incentivaram a musicalidade nacional.
2 Conferência Nacional dos Bispos.

ça à hegemonia da Igreja Católica.

Em 1953, Frei Boaventura Kloppenburg[3] escreveu sobre o alarmante crescimento do *baixo espiritismo*:

> Mas por que a polícia não obstante *continua a registrar e legalizar* estes antros de superstições, intoxicação e mistificação que levam tanta gente às práticas bárbaras de verdadeira idolatria e paganismo, e também ao manicômio? O que na verdade notamos não é apenas essa criminosa tolerância, veremos mais: o Rio inteiro acha as macumbas pitorescas, elas são até mesmo incentivadas como espetáculo de valor turístico.

A CNBB criou uma comissão para elaborar uma campanha nacional[4] contra o Espiritismo que denunciava a heresia espírita e as articulações católico-espíritas, uma alusão direta aos umbandistas que tinham uma tendência, maior do que os kardecistas, a uma dupla filiação religiosa. Palestras e programas televisivos mostravam a Umbanda como uma fraude. O principal porta-voz destes ataques foi o Frei Boaventura Kloppenburg, em um livro intitulado *Umbanda no Brasil*: orientação para os católicos, lançado no dia da abertura do Segundo Congresso Nacional de Umbanda, em 1961. No livro, Kloppenburg fez ataques nos campos religioso, moral, racial e político, dizendo ainda que era prejudicial à saúde mental dos participantes do culto.

Quanto ao sincretismo e a dupla filiação religiosa encontramos na página 7:

> O sincretismo religioso, por sua própria natureza e definição, é um absurdo filosófico e só pode ser defendido por quem desconhece os elementos essenciais da religião. Não é possível ser ao mesmo tempo católico e muçulmano, católico e espírita, católico e umbandista. Basta analisar os elementos essenciais de cada parte para ver a oposição.

Concordamos que não é possível ser umbandista e católico ao mesmo tempo. O sincretismo religioso com os Santos Católicos

---

3 O alarmante crescimento do baixo espiritismo.
4 Campanha Nacional Contra a Heresia Espírita. Ainda em 1953, é criada a Secção Anti-Espírita do Secretariado Nacional da Defesa da Fé e da Moral, da qual Kloppenburg tornou-se diretor.

não faz dos umbandistas, católicos. O que a Igreja Católica não explica aos fiéis é que poucas pessoas tornam-se católicas ao longo da vida, recebendo a religião por herança dos pais. No tópico *A confusão na Umbanda* encontramos: *cada um dirige seu terreiro ou escreve seu livro inteiramente por conta própria*. Mais adiante continua a destilação de veneno:

> Dificílima tarefa dizer qual é exatamente a doutrina, a filosofia ou pensamento dos umbandistas. Analisando milhares de estatutos de entidades que, todas elas, se dizem "umbandistas", veremos que há, entre elas, tendências não apenas diferentes, mas diretamente contrárias e até contraditórias. Para poderem congregar-se num só movimento nacional, realmente coeso e unido, terão necessidade de um poderoso liquidificador.

Concordo com as observações e como sempre escrevo: as tentativas de codificação da Umbanda tem sido infrutíferas, pois esta religião é um *grande cadinho* onde se amalgamam pessoas de todos os níveis sociais, culturais e intelectuais. Enquanto para alguns, os cultos mais populares falam mais alto ao seu grau de consciência, outros se encontram espiritualmente nos ritos esotéricos e iniciáticos umbandistas.

Uma critica constante no livro é a apropriação, por parte de alguns escritores umbandistas como Lourenço Braga, Emanuel Zespo e outros, de conceitos dos rosacruzes, teosofistas e esoteristas sobre a essência divina. No tópico *Teodicéia do Babalaô,*[5] podemos ler:

> No Primeiro Congresso do Espiritismo de Umbanda foi unanimemente aprovada a quinta resolução: "Sua filosofia consiste no reconhecimento do ser humano como partícula da divindade, dela emanada límpida e pura, e nela finalmente reintegrada ao fim do necessário ciclo evolutivo, no mesmo estado de limpidez e pureza, conquistado pelo seu próprio esforço e vontade".
>
> Eis o *panteísmo* de teósofos, esoteristas e ioguistas endossado pelos umbandistas.

---

5 A palavra Teodicéia vem de duas palavras gregas que significam justificação de Deus, e era reservada inicialmente às obras destinadas a defender a Providência contra as dificuldades que se levantam com o problema da existência do mal.

No tópico *Confusão Católico-Umbandista* cita:

> No Espiritismo de Umbanda encontramos uma particularidade que precisa ser denunciada e desmascarada com toda a energia. É vezo comum a todos os espíritas do Brasil apresentar uma fachada cristã. Poder-se-ia pensar que o Espiritismo de Umbanda, que pretende introduzir no Brasil um verdadeiro politeísmo pagão, não encontraria jeito de encobrir seus intentos "sob a pele de ovelha".

Renato Costa[6] explica que:

> O termo "Cristão" foi inicialmente usado por Paulo, por sugestão de Lucas, para designar os seguidores dos ensinamentos do Mestre Jesus sem discriminação, uma vez que era assim que eles vinham sendo chamados pelo povo nas comunidades onde atuavam. Naquela época, o Cristianismo, com este nome, inexistia, pois os cristãos eram vistos pelos romanos como membros de uma nova seita oriunda do Judaísmo e, portanto, como Judeus.

Como a Entidade Maior da nossa religião é Jesus Cristo, ela é sim cristã. Quando o Caboclo das Sete Encruzilhadas anunciou o nome do primeiro templo da religião, explicou que se chamaria Tenda Espírita Nossa Senhora da Piedade, porque *assim como Maria acolheu Jesus em seus braços, da mesma forma a Umbanda acolheria seus filhos*. Todo o trabalho e doutrina ensinados por Zélio de Moraes são cristãos.

Com a "pele de ovelha" agiu o Vaticano, sob os auspícios de Pio XI [7] e Pio XII, mantendo-se passivo perante o Holocausto, perpetrado, durante a Segunda Guerra Mundial, pelo governo do Terceiro Reich, contra a população judaica da Europa submetida aos caprichos homicidas de Adolf Hitler.

No capítulo XIII o autor apresenta as normas para os católicos perante a Umbanda:

---

6 *Somos Espíritas Cristãos*.
7 Seu nome era Achille Ratti. Apoiado pelo secretário de Estado Eugenio Pacelli (o futuro Pio XII), Pio XI procurou consolidar a presença política da Igreja Católica com numerosos acordos, entre os quais se destacaram os pactos com a Itália fascista (Tratado de Latrão, 1929) e com a Alemanha nazista (1933). Só depois de receber importantes manifestações de protesto é que se pronunciou contra o nacional socialismo na encíclica Mit Brenneder Sorge (1937).

1. Perante os umbandistas, a atitude do católico é de respeito cristão e de prudente discrição.

2. Perante a Umbanda como doutrina, a atitude do católico é de franca e total condenação.

3. Perante a Umbanda como prática, a atitude do católico é de enérgica e declarada repulsa.

4. Perante as sessões de Umbanda, a atitude do católico é de completa abstenção.

5. Perante os livros de Umbanda, a atitude do católico é de desaprovação e censura sem restrição.

6. Perante a diagnose umbandista, a atitude do católico é de absoluta reserva.

7. Perante a terapêutica umbandista, a atitude do católico é de repúdio integral.

8. Perante o culto umbandista, a atitude do católico é de decidida reprovação.

9. Perante o culto aos Exus, a atitude do católico é de santo horror e ele o repelirá sempre com apostólico vigor.

10. Perante os despachos, a atitude do católico é de soberano desdém.

11. Perante os demais meios supersticiosos de defesa contra a atuação dos maus espíritos, os amuletos, as figuinhas, a ferradura, a pemba, a arruda, o guiné, a espada de São Jorge etc., a atitude do católico é de simples e formal desprezo.

12. Perante o Espiritismo de Umbanda, portanto, a atitude do católico é de absoluta, total e frontal oposição.

Pelas normas expressas parece que uma boa parte dos católicos seria excomungada. Ao final o autor diz que *os católicos devem rezar muito pela conversão dos umbandistas e espíritas: todos devem salvar-se*.

O crescimento da Umbanda foi pouco afetado pelos ataques da Igreja Católica, porém contribuiu para uma imagem publica negativa da religião. O *Jornal de Umbanda* foi um dos veículos que contestavam veementemente a ação da Igreja Católica. Tais ataques criaram um forte sentimento anticlerical, por parte dos umbandistas, e possibilitaram uma maior articulação para a entrada da Umbanda na política.

Com o advento do Concílio Vaticano II, em 1962, a Igreja Católica precisou fazer uma revisão nas suas posições contra a Umbanda, o Espiritismo e os Cultos Afro-Brasileiros, em função das diretrizes propostas pelo conclave. Ocorreu uma mudança significativa no tom e a Umbanda passou a ser reconhecida como uma religião válida em si mesma. A Igreja tentou capitalizar os aspectos sincréticos afro-brasileiros, autorizando inclusive uma missa popular afro-brasileira denominada *Missa do Morro*. Kloppenburg,[8] desencarnado em 8 de maio de 2009, disse então:

> A Igreja considera com muito respeito os valores morais e religiosos da tradição africana, não só pelo seu significado, mas também porque neles vê *a base providencial sobre que transmitir a mensagem evangélica.*

A perseguição dos evangélicos

Ao longo do tempo não foram apenas os católicos que atacaram a Umbanda, pois os evangélicos já fazem isso há muito tempo. Jefferson Magno da Costa, da Assembleia de Deus, no seu livro *Porque Deus condena o Espiritismo*, de 1987, procura mostrar que é possível doutrinar espíritas, umbandistas e adeptos do Candomblé.

Na capa do livro podemos ler:

> Você está preparado para evangelizar adeptos do Kardecismo, da Umbanda e Candomblé no maior país espírita do mundo, o Brasil? Você sabe como demonstrar que a evocação dos espíritos de pessoas falecidas, a reencarnação, o jogo de búzios, a cartomancia, os horóscopos e as doutrinas espíritas são condenados por Deus? Se não sabe, este livro lhe ensinará.

O pastor Geziel Gomes escreve no livro:

> Devemos reconhecer que temos sido tomados de certa indiferença ante o enorme perigo que representa a disseminação do Espiritismo no Brasil. Agora, no entanto, Deus nos permite ser munidos e municiados para uma batalha que se afigura extremamente árdua, mas de vitória garantida por Jesus Cristo. Este livro pode e deve ser recomendado para leitura devocional, para estudo em classe, para aulas regu-

8 Vozes ecumênicas em Defesa da Fé.

lares de seminários e colégios afins, bem como para classes bíblicas especialmente criadas para este propósito. Não nos basta saber que Deus condena o Espiritismo. É conveniente expor as razões. Este livro responderá a inúmeras perguntas, combaterá inúmeras heresias, dirimirá inúmeras duvidas e iluminará inúmeras mentes. Tal será a sua missão.

Podemos perceber a intolerância religiosa tão em moda nos dias de hoje.

É possível também constatar que o autor é um pesquisador como vemos no capítulo intitulado "Porque Deus condena a Umbanda e o Candomblé" onde aborda a origem da Umbanda:

> Os dirigentes umbandistas tem procurado apresentar essa manifestação do culto espírita em nosso país com uma fachada atraente, popular, reunindo também elementos do Catolicismo Romano e do espiritismo kardecista.
> Segundo os umbandistas, o inicio da Umbanda tem uma data: 15 de novembro de 1908, através do médium Zélio Fernandino de Moraes (Israel Cysneiros. *Umbanda: poder e magia*. Rio de Janeiro. 1983. p. 100).

Ao longo do livro o autor mostra relatos de umbandistas descontentes com a religião e aponta como é possível doutriná-los. Diz ainda que é necessário que as igrejas evangélicas no Brasil organizem grupos específicos de evangelização de espíritas. É importante que entre os componentes desses grupos haja evangélicos convertidos do espiritismo kardecista ou de qualquer uma das tendências espíritas afro-brasileiras.

Não podemos esquecer que alguns desses milionários pastores da atualidade foram umbandistas, por isso sabem como "doutrinar os Exus" nos seus cultos televisivos.

Concordo que em função do sincretismo religioso e da nossa herança católica, muitos umbandistas vão ao terreiro e à igreja. No entanto, algumas práticas católicas não devem e não precisam fazer parte da rotina de um terreiro como, por exemplo, a suspensão dos trabalhos durante a quaresma. Ronaldo Linares escreveu sobre isso em 2006.

Diamantino Fernandes Trindade

Devem os templos de Umbanda trabalhar no período da Quaresma?

Ronaldo Antonio Linares

A Umbanda e o Candomblé tem tudo a ver com o período colonial brasileiro, ou seja, com a época que, para a vergonha de todos nós, o poder branco europeu instituiu a escravidão dos negros para a salvação de suas almas. Dizia-se que era a forma de fazer com que os negros, com suas crenças nos Orixás, se tornassem bons cristãos para salvarem suas almas.

Com esse pensamento hipócrita e, depois de fracassarem nas tentativas de se escravizar os índios brasileiros, a Igreja Católica Apostólica Romana, atendendo às solicitações do Bispo espanhol Dom Bartolomeu de Las Casas, conseguiu do Papa a autorização para que se importassem da África os negros escravos, alegando que a Igreja de Cristo não permitia que se fizesse escravo um homem livre, mas, nada tinha a opor que se utilizasse (ou que se comprasse, como se fosse qualquer mercadoria), um homem que já era escravo. Desta forma, contrariando o verdadeiro ensinamento de Cristo, a igreja importou milhões de negros nos trezentos e cinquenta anos que durou a escravidão. Depois, o Papa pediu perdão e ficou tudo por isso mesmo.

Ironias e hipocrisias à parte, as cortes europeias, com o apoio dos padres tentaram impor aos negros, mestiços e mesmo aos brancos desafortunados, seus valores e sua religião mesmo que, invocando Nosso Senhor Jesus Cristo, mantinha a riqueza da nobreza europeia, à custa da dor, do sofrimento e do sangue destes infelizes africanos.

Obrigados a se tornarem cristãos, os negros eram obrigados a renegar suas crenças, a tomarem nomes cristãos e a cumprir todo o ritual cristão para não serem punidos pelos senhores brancos.

A escravidão tornou o Brasil um país de mestiços. Cinquenta por cento, ou mais, de sua população é de origem africana. Por isso é que, mesmo mantendo por todo esse tempo sua verdadeira crença nos Orixás, Inkices ou Voduns, foi preciso esconder suas práticas religiosas nos rituais cristãos. Nosso calendário litúrgico é cristão, então, São Jorge passou a ser Ogum; Nossa Senhora virou Yemanjá, Oxum e assim por diante, sempre ocultando dos brancos suas verdadeiras crenças, pois sabiam que, se um dia conseguissem se libertar, só seriam aceitos de volta em sua terra se mantivessem seu próprio idioma, suas crenças, seus hábitos e costumes.

Como parte dessa cultura religiosa imposta, ficou para nós o já elaborado calendário cristão e, como ponto alto desse mesmo calendário, está a prática medieval de se observarem os quarenta dias de resguardo da Quaresma que antecedem a Sexta-Feira Santa e a Páscoa.

A princípio a Igreja se mantinha de luto por quarenta dias, começando na Quarta-Feira de Cinzas. Os altares e as capelas menores eram cobertos com panos roxos, toda espécie de atividade artística alegre cessava e os terreiros que funcionavam escondidos, temendo represálias por serem descobertos, cessavam suas atividades.

Apesar disso e, considerando que, as atividades com os chamados Guias de Luz e com os Orixás estão paradas, valem-se disso os que trabalham nas sombras, os espíritos dos kiumbas, que se aproveitam de estarem desprevenidos os homens bons para promoverem o mal.

A tradição de se fechar os Templos de Umbanda quando não havia liberdade de crença, não tem razão de ser no mundo atual. Muito ao contrário, não podemos parar, pois é nessa época em que as hostes do mal trabalham à vontade, que os Templos devem estar preparados para que, com o auxílio das Entidades de Luz, denunciar qualquer trabalho negativo que tenha sido feito para atrapalhar seus Filhos de Fé ou frequentadores.

Atualmente, interromper os trabalhos do Templo na Quaresma é descabido, é ingenuidade, é desconhecer que os inimigos trabalham nas trevas e que, se não temos o Preto Velho, o Caboclo ou outras entidades que possam nos avisar do mal feito, estaremos desprotegidos, descobertos, ou seja, nas mãos dos inimigos.

É preciso esclarecer que já não é preciso se esconder de ninguém, pois nossa Constituição nos assegura o direito à liberdade de crença e os padres já não podem mais nos queimar nas fogueiras da inquisição.

Por isso, vamos abrir nossos Templos de Umbanda na Quaresma e cuidar com amor dos nossos Filhos de Fé.

Diamantino Fernandes Trindade

45. Chico Xavier e a Umbanda

Para entendermos como a Umbanda era vista por Francisco Cândido Xavier, apresentamos parte da entrevista concedida à jornalista Alcione Reis, em 19 de abril de 1976, editora da Revista *Seleções de Umbanda* com a presença do Babalorixá Omolubá, recebido com muito carinho pelo médium espírita. Presentes na ocasião, entre outros, o Professor Paulo Garrido, presidente da Fraternidade Espírita Bezerra de Menezes.

Seleções de Umbanda: A Umbanda e o Espiritismo caminharão juntos na evolução do Brasil?
Chico Xavier: Acreditamos que todos nós os cristãos estamos caminhando para a vitória do Cristianismo no Brasil.

Seleções de Umbanda: Por que a mediunidade no Brasil é mais do que no resto do mundo? Estará esse fenômeno incluído na evolução do povo brasileiro?
Chico Xavier: Os espíritos amigos sempre nos informaram que estes fenômenos se devem a características de povo cristão que marca a comunidade brasileira. O espírito do Cristo é profundamente assimilado pela maioria daqueles que nasceram na terra abençoada do Brasil. E por isso mesmo a revelação tem aqui dimensões talvez maiores que em outras partes do mundo até que o espírito de Cristo consiga também ser assimilado no Brasil e até outros países.

Seleções de Umbanda: A seu ver como sente a Umbanda atual?

Chico Xavier: Eu sempre compreendi a Umbanda como uma comunidade de corações profundamente veiculados a caridade com a benção de Jesus Cristo e nesta base eu sempre devotei ao movimento umbandista no Brasil o máximo de respeito e a maior admiração.

Seleções de Umbanda: Chico, cada religião, traz ou deve trazer algo de verdadeiro que possa contribuir a salvação de seus profientes (o Hinduísmo trouxe o dharma para os Hindus, o Hermetismo a ciência e o poder das forças ocultas, o Orfismo é a religião da beleza para os gregos, o Cristianismo o amor e assim por diante) o que traz de positivo a Umbanda?

Chico Xavier: A meu ver o movimento de Umbanda no Brasil está igualmente ligado ao espírito de amor do cristianismo. Sem conhecimento de alicerces umbandísticos para formar uma opinião específica eu prefiro acreditar que todos os umbandistas são também grandes cristãos construindo a grandeza da solidariedade cristã no Brasil para a felicidade do mundo.

Seleções de Umbanda: O que você acha do mediunismo na Umbanda através de "caboclos" e "pretos velhos?".

Chico Xavier: Acredito que o mediunismo no movimento de Umbanda é tão respeitável quanto à mediunidade das instituições kardecistas com uma única diferença que eu faria se tivesse um estudo mais completo de Umbanda; é que seria extremamente importante se a mediunidade recebesse a doutrinação espírita do evangelho com as explicações de Allan Kardec fosse onde até mesmo noutras faixas religiosas que não fosse a Umbanda. Porque a mediunidade esclarecida pela responsabilidade decorrente dos princípios cristãos é sempre um caminho de interpretação com Jesus de qualquer fenômeno mediúnico.

Cinco horas da manhã do dia 19 de abril de 1976, despedimo-nos de Chico que atendera perto de 2.000 pessoas totalizando assim 18 horas de trabalhos ininterruptos na Comunhão Espírita Cristã de Uberaba.

– Apareçam amanhã para conversarmos mais. Quero saber das novidades da Guanabara.

Foram as últimas palavras, sempre amáveis que ouvimos do médium espírita Francisco Cândido Xavier.

Figura 114: Omolubá com Chico Xavier em 19 de abril de 1976 após a entrevista.

46. Caboclos e Pretos Velhos da Umbanda

João Severino Ramos. Jornal "O Semanário" – 1956 – ano II – número 70

Um dos motivos até a pouco alegados por numerosas pessoas espíritas ou não, para justificar as aplicações para forma de trabalhos dentro das Tendas Espíritas de Umbanda dirigidas por Guias "Caboclos", por elas considerados em uma categoria inferior aos que atuam nos demais Centros Espíritas. Sente-se, entretanto, por toda parte, que tais reservas estão desaparecendo diante da surpreendente eficácia das atividades benéficas dos nossos Caboclos e Pretos Velhos, nos trabalhos nas Tendas de Umbanda, de cura e de desobsessão, realizando não raras vezes em menos de um mês, o que na antiga modalidade científica levaria talvez mais de um ano. A razão por que tal fenômeno se verifica é que constitui em si mesmo um dos objetivos dessa grandiosa organização espiritual. No presente capítulo desejo elucidar o quanto possível, a natural curiosidade do povo a respeito dessas personalidades por vezes exóticas, em sua forma de falar e de agir, sempre envoltas numa grande modéstia, quando os Caboclos e Pretos Velhos nos falam de si próprios, atribuindo-se invariavelmente ausência absoluta de conhecimentos mais altos.

A verdade, porém, é que um Espírito "Caboclo" que chegue a obter permissão de incorporar num médium, entre nós, para trabalhar pelo bem do próximo, está muitos graus acima da cultura mais aprimorada de qualquer ente humano por mais sábio que este se julgue. E a prova disto é que nenhum homem culto ainda conseguiu "derrubá-los" com a sabedoria, sendo pelo contrário, por eles elucidado sob múltiplos fenômenos cuja causa muitas vezes desconhece.

Os Caboclos e Pretos Velhos são em geral Espíritos que completaram o seu curso de aperfeiçoamento moral através de sucessivas encarnações na Terra, a última das quais teve lugar no recesso das matas seculares, com a finalidade precípua de se familiarizarem com as variadíssimas propriedades terapêuticas da flora americana. Daí uma das razões pelas quais esses bondosos amigos sempre recorrem às plantas medicinais para a cura de moléstias que a atual farmacopeia não consegue debelar.

Sua linguagem simples e ao alcance de todas as inteligências, caracteriza-se algumas vezes pelo exotismo de dialetos absolutamente desconhecidos entre nós, recorrendo esses Espíritos frequentemente à parábola para nos obrigarem a exercitar, desenvolvendo a nossa capacidade de raciocínio. Usando habitualmente desta nas sessões de trabalhos de cura e desobsessão, cuja média de frequência é de pessoas menos cultivadas, os Espíritos chamados Caboclos e Pretos Velhos podem transformá-la por completo, empregando expressões da mais alta intelectualidade, com uma eloquência e riqueza de imagens capazes de encantar as pessoas de cultura aprimorada. Tem assim, estes abnegados trabalhadores do espaço infinito a faculdade de utilizar a linguagem que melhor se adapte ao ambiente em que tenham de operar.

Casos existem, e não poucos, de médicos notáveis, absolutamente descrentes do Espiritismo, comparecerem às Sessões da chamada Tenda Espírita de Umbanda com a intenção preconcebida de colher argumentos para combater cá fora essa organização que tantos adeptos vem criando por toda a parte, e, ao cabo de alguns minutos de conversação com o Guia Chefe dos trabalhos, converterem-se sem reservas, tal a sabedoria demonstrada por esses Guias Espirituais, elucidando, os quais sempre nos misteres mais árduos de sua clínica. E assim se explica o ingresso nos trabalhos das Tendas de Umbanda, nela exercendo abnegadamente elevadas funções mediúnicas, de verdadeiros Espíritos de escol ao serviço da medicina na presente encarnação, cuja clínica grandemente se desenvolveu pelo acerto e precisão.

É que, sendo médico um Espírito essencialmente intuitivo, cujo acerto no exercício da profissão tem de depender do grau de desenvolvimento desta faculdade mediúnica, a intuição, o seu ingresso em uma organização espiritual, como a de Umbanda, faculta-lhe a aproximação de entidades especializadas na arte de curar, capazes de esclarecê-lo, instruindo-o para o bom êxito da sua elevada missão de curar os enfermos do corpo. Um fato recente, registrado nesta capital, pode bem servir para demonstrar o grau de elevação desses nossos amigos invisíveis que se acham incumbidos de difundir entre nós a doutrina salutar do Espiritismo, através das Linhas Espirituais da Umbanda.

Relatando-o, omitirei os nomes das pessoas nele envolvidas, por não ser meu intuito senão o de exemplificar para esclarecimento dos mestres estudiosos, acerca do valor dos Guias, Espíritos que se nos apresentam em forma de Caboclos e Pretos Velhos.

Como é natural, pratica-se a forma de trabalhos característicos dentro dos seus rituais. Seus dirigentes prosseguiam satisfeitos, na faina abençoada de poder socorrer a quantos lhes batiam à porta; enfermos do espírito e do corpo, ajudados no espaço infinito por algumas falanges de grandes Caboclos, um dos quais as guiava e protegia, por delegação de entidades superiores. E os trabalhos caminham, segundo a capacidade de produção da Tenda em referência.

Como, porém, todos quantos na Terra nos dedicamos ao Serviço do Mestre, como obreiros da Seara Divina, temos, porém, de ser experimentados a todos os momentos em nossa capacidade de resistência às influências do mal que nos espreitam a oportunidade de nos desviar do bom caminho, os dirigentes daqueles núcleos deram ouvidos a certa influência que lhes dizia ser a Linha de Umbanda uma forma inferior de praticar o Espiritismo, sugerindo-lhes a transformação da

Tenda em Centro Científico, onde poderiam gozar da presença de entidades realmente superiores ao invés de Caboclos atrasados. Mal seguros na sua diretriz, e certamente pouco elucidados ainda acerca do valor e finalidades desta grandiosa organização espiritual que é a chamada União Espiritista do Brasil, as diretorias das Tendas decidiram apelar para a União Espiritista de Umbanda aceitar a sugestão, e após ter dado conhecimento do seu propósito ao Guia Espiritual Chefe desta organização, um Caboclo autêntico, com a adoção da orientação e forma de trabalhos do último quartel de século passado.

Iniciadas as suas sessões sob a nova modalidade, tiveram os dirigentes das antigas Tendas a satisfação de constatar segundo a palavra dos novos Guias Chefes, que ali estavam diversos luminares, prontos a cooperar para o maior êxito dos trabalhos. Se alguma dúvida pudesse existir no espírito dos dirigentes, acerca da veracidade eloquente em que mostravam pródigos os antigos doutores da Terra, cuja linguagem e elevação de sentimentos tanto deliciavam os ouvidos da diretoria e pequena assistência no novo Centro. E as sessões prosseguiram, sempre assistidas pelos grandes nomes que tanto fizeram pela doutrina em sua última estada entre nós, até que, meses decorridos, algo de anormal começava a empanar a alegria da direção da antiga Tenda de Caboclos.

É que os negócios materiais de alguns de seus membros estavam tomando aspecto desagradável, que os seus Guias de então não conseguiam modificar. O homem inteligente e dotado de várias capacidades agarrou-se a tudo quanto pudesse honestamente, e contribuir para atender às necessidades imperiosas do lar. Fez-se pintor, e nessa arte conseguiu dominar de certo modo a adversidade que tanto o preocupava. Seu espírito refletiu em sua situação e concebeu a ideia de invocar o antigo Chefe Espiritual da Tenda, o desprezado Caboclo, para ouvi-lo acerca do que se passava. Talvez ele tivesse meios de tirá-lo da dificuldade em que se debatia com sua família. Assim decidido, atraiu-o a uma consulta amiga em sua própria residência, o recinto sagrado da família, onde só a verdade, a pureza, a harmonia e o amor devem existir.

"Não estas, então, satisfeito com o teu espiritismo científico? Foi indagando logo de começo, o velho amigo Caboclo. Meu Filho; continuou: vós brancos da Terra sois muito fáceis de iludir. Na vossa ignorância e na vossa vaidade, nem sequer vos apercebeis de estardes sendo levados para o abismo, na suposição de estardes subindo para Jesus; que te aconteceu, foi à consequência lógica da tua resolução, abandonando uma forma de trabalhos que tanto beneficiava esses sofredores da Terra para te dedicares ao espiritismo de conversa, em que se aprende, mas não se produz. Mas fica sabendo, agora, que aqueles doutores que vocês escutavam com tanto orgulho, éramos nós mesmos, "os Caboclos atrasados" das matas virgens, que lá nos apresentávamos com nomes supostos, para satisfazer a vossa vaidade e a vossa ignorância; mas, descansa porque Jesus não despreza ninguém. Trata de organizar as nossas Tendas de Umbanda. Vamos voltar ao que éramos; simples humildes, e tudo se transformará para ti".

Foram, mais ou menos, essas palavras do velho Caboclo aos seus amigos da Terra. A transformação operou-se com a restauração das Tendas de Umbanda. Como que por milagre, foi reintegrado no seu posto de tabelião, restabelecendo-se também a normalidade de suas vidas. São Guias, Espíritos de grande valor de chefes espirituais, os que muita gente ainda chama desprezivelmente de Caboclos.

Certo intelectual, escritor e jornalista de mérito, mas curioso, apenas, das coisas transcendentes, lembrou-se de perguntar certa vez a um dos Guias Chefes Espirituais de maior projeção entre nós, que operam sob a forma de Caboclos, qual a razão, a imperiosa necessidade por que assim se manifestam nos médiuns, quando todos sabiam da sua grande elevação espiritual, e do imenso poder que já dispunha entre os abnegados trabalhadores nas Tendas de Umbanda; a entidade interrogada, que pitava no momento o seu charuto, tocou o charuto de leve, a parte acesa sobre a mesa que estava sentada uma pessoa para aliviar a cinza alongada, salivou calmamente para o lado, deixando que a saliva caísse perpendicularmente no recipiente apropriado, e esclareceu:

"Nego; você vai dizer uma coisa para o Caboclo. Se você que é um nego limpo, inteligente e gosta de andar sempre de branco, tiver um serviço a fazer dentro de uma oficina onde os utensílios sejam de natureza grosseira, e cujo ambiente enfumaçado ou impregnado de resíduos graxosos lhe possam sujar o terno; você irá com ele para trabalhar de uma a duas horas por dia nessa oficina? O intelectual respondeu-lhe prontamente: "Está visto que não". Nesse caso eu vestiria um macacão apropriado". "Pois é isto exatamente que nós fazemos, informou o Caboclo. Para vir trabalhar no meio de vocês, brancos da Terra, nós, por maior que seja a nossa elevação espiritual, preferimos recorrer ao nosso macacão que é o nosso períspirito, de quando fomos Caboclos, para podermos suportar as vibrações grosseiras do vosso ambiente terreno, ainda impregnadas de ódio, inveja, egoísmo, e que só o nosso grande desejo de vos ajudar a melhorá-lo, dá forças para suportar". Ai está nessa pequena elucidação, uma síntese perfeita do que são os Caboclos da Linha de Umbanda.

47. A Kimbanda

Pellizari[1] explica que Kimbanda significa algo como "curandeiro" em kimbundu, um idioma banto falado em Angola. O Kimbanda é uma espécie de xamã africano, o grão-sacerdote, a um só tempo médico, adivinho e feiticeiro. Ramos[2] cita que em Angola há uma distinção entre o *Kimbanda Kia Diamba*, o verdadeiro chamador ou invocador dos espíritos e o *Kimbanda Kia Kusaka*, ou feiticeiro que cura doenças. Costumam, ainda em algumas regiões de Angola, fazer a distinção entre o *Nganga* ou *Ganga* (derivada de *Ngana*, senhor) que seria o cirurgião principal, o verdadeiro sacerdote, e o *Quibanda*, ou feiticeiro da localidade. Na África, o Kimbanda faz a ponte entre os Makungu (ancestrais divinizados), os Minkizes (espíritos sagrados da Natureza) e os seres humanos.

Para Bandeira[3] a palavra Kimbanda, oriunda da língua Quimbundo, não pode ser confundida com feiticeiro, pois designa funções diferentes: o curandeiro é o *Kimbanda*, aquele que celebra o culto dos espíritos. O feiticeiro é o *Muloji*. Para afirmar isso se vale das palavras do Padre Antonio Miranda de Magalhães, que viveu muitos anos em Angola e publicou o livro "Alma Negra", editado em Lisboa, em 1936, no qual afirma que

---

1 *Kimbanda e Quimbanda* (texto).
2 *O negro brasileiro*.
3 *O que é a Umbanda*.

o mezinheiro, preparador de ervas, não deve ser confundido com o feiticeiro. Ilustra isso com uma expressão, em Quimbundo, que define muito bem a diversidade funcional entre os dois: *O Kimbanda eki ki muloji é* (Este curandeiro não é feiticeiro) e outra frase: *Ngejiami Umbanda* (Conheci a arte de curar). O *Kimbanda* é o sacerdote que celebra o culto dos espíritos.

Figura 115: Um kimbanda atendendo um cliente em Lunda Sul – Angola (década de 1960).

O ponto de Pai Antonio evidencia a atuação de um Kimbanda:

Dá licença, Pai Antonio
Que eu não vim lhe visitar...
Eu estou muito doente
Vim pra você me curar...
Se a doença for feitiço
Bulalá em seu congá
Se a doença for de Deus
Pai Antonio vai curar!

Coitado de Pai Antonio
Preto Velho curandô
Foi parar na detenção
Por não ter um defensor
Pai Antonio é Kimbanda, é curandô

História da Umbanda no Brasil 425

Pai Antonio é Kimbanda, é curandô
É Pai de mesa, é curando
É Pai de mesa, é curandô

Os negros bantos trouxeram para o Brasil sua herança espiritual, inclusive a prática magística denominada Kimbanda. Não devemos confundir a Kimbanda com a Quimbanda, um culto afro-brasileiro com forte influência banto e permeado pela magia negra europeia. O quimbandeiro trabalha com entidades que em vida foram feiticeiros, malandros, mercadores, homens ou mulheres comuns etc.

Omotobàtálá[4] fez uma interessante interpretação da gênese do Universo segundo a mitologia da Kimbanda. Vamos nos deter apenas no tocante a Exu. No inicio só existia Nzambi, o incriado, senhor de todos os segredos. Nzambi era uma grande massa semimaterial armazenada de forma latente e prestes a explodir a qualquer momento. Decidiu que se encontrava em estado de maternidade e repentinamente produziu milhões de partículas de matéria que giravam no sentido anti-horário a partir do centro, criando assim o Universo. Nzambi transformou-se em Ngombi, o Universo visível. Cada pequeno pedaço de matéria transformou-se em um planeta, uma estrela etc.

A partir de então começaram a separarem-se todos os componentes do Universo tornando-se cada vez mais extenso. Por isto Nzambi decidiu que devia criar um Ser para percorrer os distintos espaços. Começou a concentrar-se em um ponto fixo e deu vida a Exu ou Aluvaiá, criado como par, homem e mulher ao mesmo tempo, igual a Nzambi. No momento de sua criação, com uma pequena parte de Nzambi, deu-lhe sete faculdades especiais:

1. Para que possas percorrer os espaços vazios onde eu mesmo não posso chegar, te dou a chave que abre os limites entre um espaço e outro, entre a luz e a escuridão, o quente e o frio...
2. Te dou a liberdade de escolher entre o bem e o mal...
3. Terás o conhecimento de tudo e a memórias de todas as coisas a partir do teu nascimento, podendo enriquecer teu conhecimento com experiências próprias...
4. Te concedo o poder de criar seres precipitando tua pró-

4 Reino de Kimbanda.

pria energia sobre a matéria inerte...

5. Poderás viajar no tempo, podendo deste modo saber o passado e o futuro de todo ser inferior a ti, mas não teu próprio futuro...

6. Possuirás a inteligência de entender a qualquer tipo de criatura inferior ou superior a ti...

7. Em caso de necessidade, poderás dividir-te a ti mesmo, criando seres semelhantes a ti, porém inferiores em poderes e faculdades. Tem cuidado com isto, pois uma vez que te dividas, não poderás voltar a unir-te, pois este segredo está comigo.

Exu tinha a missão de percorrer todos os espaços onde Nzambi não podia chegar, especialmente na zona onde reinava a escuridão, e como Nzambi era uma grande Luz, nunca podia ver as sombras. Exu foi feito de uma cor vermelho escuro que continha um número inimaginável de partículas em movimento que brilhavam como as brasas. Este tipo de coloração lhe permitia estar em qualquer espaço de luz ou de trevas.

Após algum tempo de percorrer espaços escuros, Exu começou a sentir-se vaidoso e decidiu que não voltaria mais para perto de Nzambi, coroando-se a si mesmo como o *Rei das Zonas Escuras*.[5]

Com o tempo percebeu que estava só, e querendo igualar-se a Nzambi, criou sete seres a partir de si mesmo, outorgando a cada um os seus poderes e faculdades, porém com menor intensidade. Disse-lhes então: vocês foram criados para que cada um seja responsável por um espaço, já que há sete dimensões distintas e esta é a forma de estar em todas elas ao mesmo tempo. Cada um dos sete seres corou-se a si mesmo Rei de um espaço. Nasceram assim os primeiros sete reis coroados da mitologia da Kimbanda:

1. Rei das Sete Encruzilhadas/Rainha das Sete Encruzilhadas
2. Rei dos Sete Cruzeiros/Rainha dos Sete Cruzeiros
3. Rei das Sete Liras/Rainha Maria Padilha
4. Rei da Kalunga/Rainha da Kalunga

---

5 Nota-se aqui certa similaridade com a rebelião de Lúcifer.

5. Rei das Almas/Rainha das Almas
6. Rei das Matas/Rainha das Matas
7. Rei das Praias/Rainha das Praias

Cada reino estava dividido em sete regiões e cada um dos reis decidiu dividir-se a si mesmo em sete para poder estar em todos ao mesmo tempo. O poder de Exu para dividir-se, tinha como consequência que cada uma das partes novas que iam se separando dividiam-se em sete, e a divisão continuou como uma reação em cadeia. Isso continuou até que os últimos não tiveram energia suficiente para dividir-se, nem poderes. Nesse momento cessou a divisão e começaram a ser criados os seres humanos.

O termo Kimbanda também pode ser interpretado como a polaridade executora da Lei – A Paralela Passiva da Umbanda. Não é sinônimo de Magia Negra como se apregoa por aí. Tais ritos praticados com o nome de Kimbanda são próprios da Quimbanda e deveriam, na verdade, ser chamados de Kiumbanda.

Matta e Silva[6] explica que a Kimbanda é composta de legiões de espíritos, na fase de elementares, ou seja, dos espíritos em evolução dentro de certas funções kármicas e das condições que lhes são próprias.

A Kimbanda é comandada pelos Exus Guardiões, espécie de *polícia de choque* para o baixo astral, que combatem as legiões de seres espirituais insubmissos,[7] que estão debaixo do seu comando. Esses Exus Guardiões da Lei Kármica são executores diretos das Entidades Superiores, tais como Caboclos, Pretos Velhos e Crianças. Seus comandados podem atuar em um médium com a finalidade de que o mesmo só trabalhe com determinado Exu. Quando isto ocorre dizemos que é um kimbandeiro, mas não no sentido inferior que lhe atribuem. Por meio de métodos mais densos, esse Exu e o seu médium podem praticar o bem. Apenas que neste caso, por afinidade, tem a proteção e a cobertura de um Exu de verdade que, embora em

---

6 *Umbanda do Brasil.*
7 Kiumbas. Espíritos atrasados de todas as classes, muitas dessas até compostas pelos que ainda não encarnaram uma só vez. São chamados também de rabos de encruza. São perigosos quando mistificam os Caboclos, Pretos Velhos e Crianças etc., e mesmo os próprios Exus. São os marginais do Astral.

planos inferiores, vai incrementando em seu médium a evolução de modo lento e gradual.

No entanto, na maioria das vezes, não é isso que ocorre. Médiuns que trabalham com um Caboclo ou com um Preto Velho, de repente, descambam no intuito de conseguir vida fácil por meio da mediunidade. Rapidamente chama sua atenção o trabalho do Exu que lhes assiste.

Passam a incorporar cada vez mais Exu, até o momento de não mais realizarem giras de Caboclo e Preto Velho. Pensam que Exu lhes dá destaque e traz dinheiro fácil, pois os consulentes, não tendo tempo para adquirir o material necessário, pagam diretamente ao médium, que começa a utilizar o dinheiro para outros fins.

Apesar dos constantes alertas do Caboclo e do Preto Velho persiste no erro e começa a perder a *sintonia fina* necessária para o contato com essas Entidades e o Exu Guardião, entrando em sintonia vibratória com Exus de planos inferiores, com os quais já faz contato mais fácil. Nesse terreiro continuam as imagens que representam os Orixás e até Oxalá, mas quem manda mesmo é o tal Exu que se sintonizou com o médium. O nível dos trabalhos vai baixando até chegar na Quimbanda, na Bruxaria etc.

Com estas atitudes vai decaindo também na saúde, chegando às vezes a adentrar no mundo das drogas e do alcoolismo, além do caos familiar e das quedas morais, um exemplo típico de alguém que foi rejeitado pelo cósmico em virtude da violação das leis do Universo. Na ilusão de crescer e subir, fica aprisionado em seu próprio desespero. Torna-se vítima de suas obsessões, pois a vaidade, a inveja, a tentação de procurar poder e a ânsia pela popularidade leva-o à queda espiritual, material e física e começa a receber os choques de retorno. Geralmente costuma ser assim o fim desses médiuns.

48. Exu! Poder e perigo!

Exu é aquele que faz o mal e o bem, sem nenhum constrangimento!

Ele tinha que vir, se existisse. Naquela hora, existia. Tinha de vir demorão ou jájão. Mas, em que formas? Chão de encruzilhada é posse dele, espojeiro de bestas na poeira rolarem. De repente, com catrapuz de sinal, ou momenteiro com silêncio das astúcias, ele podia surgir para mim. Feito o Bode-Preto? O Morcegão? O Xu? E de um lugar tão longe e perto de mim, das formas do inferno – ele já devia de estar me vigiando, o cão que me fareja. Como é possível se estar, desarmado de si, entregue ao que outro queria fazer, no se desmentir de tapados buracos e tomar pessoa? Tudo era para sobrosso, para mais medo; ah, aí é que bate o ponto. E por isso eu não tinha licença de não me ser, não tinha descansos do ar. A minha ideia não fraquejasse. Nem eu pensava em outras noções. Nem eu queria me lembrar de pertencências, e mesmo, de quase tudo quanto fosse diverso, eu já estava perdido provisório de lembranças; e da primeira razão, por qual era, que eu tinha comparecido ali. E, o que era que eu queria? Ah, acho que não queria mesmo nada, de tanto que eu queria só tudo. Uma coisa, a coisa, esta coisa: eu somente queria era – ficar sendo!

João Guimarães Rosa, Grande Sertão Veredas

Este é, sem dúvida, o assunto mais polêmico e confuso na Umbanda e nos cultos afro-brasileiros, sendo raro encontrarmos opiniões iguais, pela variação de entendimento e correntes de seguidores dentro dos cultos.

Os próximos parágrafos que, à primeira vista, pode parecer uma *colcha de retalhos*, é na verdade uma tentativa de mostrar as convergências e divergências dentre os mais variados autores da Umbanda e cultos afro-brasileiros, para alertar os amigos leitores que Exu não é algo tão simples de explicar como querem alguns pesquisadores ligeiros.

Fontenelle[1] explica que:

> Os Exus exercem, desde os primórdios da criação do mundo, um domínio intenso sobre os homens, e, pela lei da compensação, Deus permitiu aos descendentes que outros elementos, cuja denominação é conhecida como entidades guias espirituais, Orixás etc., lutem tenazmente contra os elementos do mal, para livrar-nos das perseguições e de tudo quanto nos retarda o progresso espiritual.

Magno[2] cita que Exu é a energia ou força primitiva; é a substância prima; é o subconsciente de Deus; é o grande fluido ou energia que tudo abrange e envolve.

Entre os africanos Yorubá e Fon, o princípio dinâmico da existência cósmica e humana é Exu.

É o representante deste àṣẹ encontrado em todos os elementos, definindo a ação e a estrutura desses elementos. Exu executa o transporte dessa força, mantendo a intercomunicação entre os diferentes domínios do Universo. O universo africano é concebido como energia expressa no conceito de força vital. A força vital é única e várias são as suas manifestações, sendo transmitidas por intermédio de Exu aos seres e domínios do Universo. Bastide[3] diz que Exu é a divindade dos caminhos horizontalmente ordenados no Universo, mensageiro nas relações entre os deuses e dos caminhos verticais, estabelecendo as relações entre as diferentes categorias ordenadas.

Itaoman[4] explica que os mitos da criação dos yorubá dizem que no principio nada mais existia que *Olórún* no *Àiyé*. *Olórún* era uma massa infinita de ar, terra e água; movendo-se lenta-

---

1 *A Umbanda através dos séculos.*
2 *A Umbanda Esotérica e Iniciática.*
3 *O Candomblé da Bahia.*
4 *Pemba: a grafia sagrada dos Orixás.*

mente, uma parte dessa massa formou a lama. Dessa lama, originou-se um rochedo avermelhado sobre o qual soprou *Olórún*, insuflando-lhe o hálito da vida. Assim, surgiu a primeira forma dotada de existência individual: *Exu Yangi*, tornando-se o símbolo por excelência do elemento procriado. Por se relacionar com o infinito, ele é o Mensageiro Divino, o *Exu Ójisé*. Na África, isto é simbolizado por uma espécie de caracol – o okotô – que possui uma estrutura calcária espiralada. O simbolismo de seu processo de crescimento está em que a sua estrutura começa de um ponto e desenvolve-se espiralmente, abrindo-se mais e mais a cada volta, até converter-se em uma elíptica aberta para o infinito. Assim, toda a criação está ligada a Exu e é compulsório que cada criatura existente, além de seu Anjo, tenha também o seu Exu individual ou *Exu Bara*.

A ação magística de Exu tem forte implicação na superação de conflitos individuais, sendo a forma encontrada pelos seres humanos para contornar seus obstáculos. Por meio de categorias de pensamento mágico, Exu explica as contradições sociais e individuais, racionalizando ao nível do imaginário as irracionalidades das estruturas sociais.

No culto de Orunmilá-Ifá, traduz aos homens a palavra dos deuses. Em algumas versões dos mitos Yorubá, Exu é também considerado o filho mais jovem de Yemanjá. Juana dos Santos,[5] estabelece por meio da análise dos mitos sobre a divindade, a associação entre Exu Yangi e a sua atividade como Exu Ójisé, portador e entregador de sacrifícios, símbolos da restituição.

Dessa forma, o significado simbólico da oferenda a Exu é manter a harmonia do Cosmos e a integridade da cada ser humano por meio da absorção e restituição do àṣẹ pela Divindade, ou seja, é o símbolo do princípio da existência individual.

Freitas[6] cita que o *pahande*[7] de Exu é algo transcendente e não está ao alcance de qualquer um. Ele simboliza a concentração de bilhões de moléculas, desses fluídos da Natureza e que se transformam em Agentes Astrais denominados Exus pela terminologia umbandista. Comenta ainda que colocar em um alguidar farofa de milho com azeite de dendê, em volta de um

5 *Os Nagô e a morte.*
6 *Exu na Umbanda.*
7 Padê.

corpo inanimado de um animal, e juntar-lhe charutos, caixas de fósforos e cachaça não é nada. Qualquer pessoa pode fazê-lo. Pedir licença, fazer a saudação e entregar o *pabande*, satisfazendo os preceitos ritualísticos, só o ogã-de-entrega é capaz de cumprir esta missão. Enquanto o ogã executa sua tarefa, a curimba vibra com os pontos cantados e os Exus, atuam sobre as faculdades sensoriais dos médiuns.

O *pabande* de Exu, tal como foi descrito, que traduz o sentimento de gratidão das criaturas que foram beneficiadas por sua poderosa vibratória, é feitiçaria no conceito dos descrentes, e é magia negra no conceito dos ignorantes. É necessário conhecer o objetivo para o qual se concentram aqueles sentimentos, de todos os matizes, em busca da paz, da justiça e do amor. É necessário conhecer os sofrimentos humanos em toda sua extensão para compreender a finalidade de um *pabande* de Exu.

Desde o momento em que o Candomblé constituiu um nicho cultural de resistência comunitária a escravidão, a magia de Exu passou a ser usada como força protetora diante das relações sociais conflitantes. Isto talvez explique porque os brancos identificaram Exu com o conceito católico do diabo, fazendo uma nova interpretação da concepção ocidental de feitiçaria. Se ocorreu a assimilação do conceito de diabo pela cultura negra, esta por sua vez foi reinterpretada pelos africanos, criando um conceito do diabo como entidade mágica e ambígua. Bastide[8] cita:

> Primeiro, por causa da escravidão, Exu foi usado pelos negros em sua luta contra os brancos, enquanto patrono das feitiçarias. É dessa forma, seu caráter sinistro se acentuou em detrimento do de mensageiro. O deus fanfarrão tornou-se um deus cruel que mata, envenena e enlouquece. Porém, esta crueldade, tinha um sentido único, mostrando-se Exu, em compensação, aos fiéis negros, como o salvador e o amigo indulgente...
> O ebó sacrifício é ainda hoje o ebó da época servil...
> Como se deve lançar fora, na rua, aquele resto de padê de Exu, e como um pouco da força mística continua a palpitar no galo sacrificado, as pessoas que encontram o ebó na rua sentem medo. Alguém que o toque com o pé, se depois

---

8 *O Candomblé da Bahia.*

ficar doente, pensa que foi castigo de Deus. Deste modo, passa-se insensivelmente de ebó religioso ao ebó mágico. A força maléfica de Exu é transferida ritualmente a um animal, cujo cadáver terá de ser colocado no caminho daquele a quem se deseja fazer um malefício...

O mesmo autor mostra a diversidade das concepções sobre o processo de evolução até a demonificação de Exu:

...não se processa no mesmo ritmo, segundo as diversas noções. Os keto conservam fielmente a imagem africana do Exu intermediário falando pelos búzios em nome dos Orixás, divindade de orientação, garoto mais malicioso do que mau, e também protetor de seu povo. Em compensação, nas nações banto, onde a mitologia não era conhecida, e onde a magia ocupou lugar de destaque ao contrário das outras nações, esse elemento demoníaco vai se firmando na macumba carioca...

Exu é o Diabo? Quem são os Exus?

Sou Exu

Não sou preto, branco ou vermelho
Tenho as cores e formas que quiser.
Não sou diabo nem santo, sou Exu!
Mando e desmando, traço e risco, faço e desfaço.
Estou e não vou, tiro e não dou.
Sou Exu.
Passo e cruzo
Traço, misturo e arrasto o pé
Sou reboliço e alegria
Rodo, tiro e boto,
Jogo e faço fé.
Sou nuvem, vento e poeira
Quando quero, homem e mulher
Sou das praias, e da maré.
Ocupo todos os cantos.
Sou menino, avô, maluco até
Posso ser João, Maria ou José
Sou o ponto do cruzamento.
Durmo acordado e ronco falando

　　　　Diamantino Fernandes Trindade

Corro, grito e pulo, faço filho assobiando
Sou argamassa
De sonho carne e areia.
Sou a gente sem bandeira, o espeto, meu bastão.
O assento? O vento!
Sou do mundo, nem do campo, nem da cidade,
Não tenho idade.
Recebo e respondo pelas pontas
Pelos chifres da nação
Sou Exu.
Sou agito, vida, ação
Sou os cornos da lua nova
A barriga da rua cheia!
Quer mais? Não dou,
Não tô mais aqui!

Mário Cravo Jr.

Para exercer um maior domínio sobre os fiéis (contribuintes), a Igreja Católica recorreu à doutrina de Zoroastro, onde há um Céu e um inferno dirigidos pelo Deus do Bem (Orzmud) e o Deus do Mal (Ariman). Para descrever o local dos suplícios, a Igreja de Roma utilizou o *Livro dos Mortos Egípcio*,[9] onde se lê:

> Zonas incandescentes, abismos de fogo, onde as águas de chamas são os carrascos dos condenados que habitam salas, cujo assoalho é água, cujo teto é fogo e cujas paredes são serpentes vivas, onde há grelhas e caldeiras para o suplício dos pecadores.

Platão descreve um inferno para os culpados com várias modalidades nos sofrimentos impostos aos condenados; um, a penas eternas de acordo com a gravidade dos delitos; outro, abrandado pelas suas virtudes (o purgatório católico), e outro, comutador quando o culpado conseguisse, após várias tentativas, obter, por meio de preces, o perdão daqueles a quem tivesse prejudicado na Terra.

O purgatório católico só foi inventado no final de século XIII, e a partir daí é que surgiu a *Santa Inquisição* para manter o poder do Papa. Este novo truque (ou deveríamos chamar de trambique?) era fundamental para salvar as finanças do

---

9 *O livro dos mortos egípcio.*

Catolicismo e dar-lhe novo alento, pois segundo disse um bispo em um Concílio:

> Indo umas almas para o céu, gozar felicidade eterna e outras eternamente condenadas para o inferno, claro é que as missas e rezas eram improfícuas. Havendo, porém, um lugar intermediário onde elas pudessem estacionar, logicamente se poderia encaminhá-las para o céu com uma liturgia especial, que forçosamente custa dinheiro.

No entanto, já no século X, Odilon, padre de Cluny, imitando certos frades, começou a rezar pelos mortos, chegando a ficar famoso por ter libertado do purgatório um número incalculável de almas, o que obrigou o Papa João XVI a instituir o Dia de Finados. O padre Odilon ficou rico e o clero continua colhendo dividendos desse comércio.

Vejam, se há o inferno, é claro que deve haver também um *administrador* dessa região. A Igreja investiu de tais poderes o *pobre diabo*, eterno tentador da indefesa humanidade. Esta figura atende também pelo nome de SATAN, termo que, na sua origem, nunca foi criado para personificar entidade alguma do inferno. D'Olivet[10] explica a origem deste termo:

> A raça branca originária do polo boreal era chamada, pelos europeus, de raça boreana e hiperboreana. Moisés a chamava de giboreana. Esta raça tinha horror à raça negra pelas suas funestas incursões, por isso que a denominaram de *sudeana*. Deste termo se originaram os termos de Suth ou Soth dos egípcios, Sath dos fenícios, Shatan ou Satan entre os etruscos e Sathur entre os escandinavos.

Foi, então, um termo criado para simbolizar a raça negra, inimiga da raça branca, porque, nesses tempos, os povos ainda não conheciam o Principio do Mal, como a entidade celestial decaída, que só muito tempo depois é que foi aparecendo na cabeça dos *místicos*.

Os povos brancos sincretizaram essa entidade com um boneco pintado de preto e arrumaram-lhe chifres, rabo, unhas aduncas, dentes caninos, patas de bode, tridente etc. Cada

---

10 *História filosófica do gênero humano.*

um lhe atribuiu os vícios da humanidade e outros males. Espantados com tal personagem, que eles mesmos fabricaram, fugiram horrorizados com a sua própria ideação. É este monumento que hoje serve de suporte ao Catolicismo[11] e, o que é pior, também a muitos umbandistas. Em solo brasileiro, os jesuítas converteram o Messias, Yurupari dos indígenas, no Diabo. A Igreja Católica não nega a existência do Diabo. Ao contrário, reconhece-a e, tanto assim, que nos fala, constantemente do inferno, das penas eternas e esconjura as religiões mediúnicas como obra maléfica do Satanáz. Para os jesuítas, Yurupari era o Diabo. Na língua *Nheengatu*, Yurupari nunca significou o Diabo. Na teogonia amerígena, é o filho da virgem Chiúcy, a Mãe do Pranto, a *Mater Dolorosa*, que, separada para todo o sempre do filho dileto, chora ainda hoje o suplício dessa fatal separação. Yurupari compõe-se de dois vocábulos nheengatu: *yuru* – pescoço, colo, garganta ou boca e *pari* – fechado, tapado, apertado. Epiaga[12] cita que Yurupary quer dizer mártir, torturado, sofredor, o agonizante, presa do estertor mortal, verdadeira angústia ou aperto na garganta ou do pescoço. Jesus, no derradeiro instante da tragédia do Gólgota, em que sofreu "a dor silenciosa, a dor sobre-humana, que lhe contraiu o semblante, arroxeou os lábios e apagou o brilho dos olhos", não se eximiu ao tórculo da prementíssima agonia.

Esses mesmos jesuítas, que incentivavam o sincretismo dos Santos Católicos com os Orixás, procediam da mesma forma insinuando que Exu era o diabo. Os brancos não podendo compreender uma religião tão diferente da sua, julgava-a "demoníaca" já que não era cristã. Como os negros sabiam que o Santo não era o Orixá, sabiam também que Exu não se identificava com o diabo. Bastide[13] comenta:

> Ouvi os negros da Bahia protestarem contra o nome do diabo dado às vezes a Exu, porque percebem o que separa a figura do Exu da do demônio: "Não, Exu não é o diabo, ele não é mau".

---

11 E também as igrejas pentecostais.
12 *Amerríqua: as origens da América.*
13 *O Candomblé da Bahia.*

No entanto, as constantes fragmentações ocorridas nas gerações subsequentes contribuíram para uma interpretação errada sobre Exu. Carneiro[14] diz:

> Exu ou Elegbará tem sido largamente mal interpretado. Tendo como reino todas as encruzilhadas, todos os lugares esconsos e perigosos deste mundo, não foi difícil encontrar-lhe símile no diabo cristão.

Escreve ainda:

> Exu não é um Orixá – é um criado dos Orixás e um intermediário entre os homens e os Orixás, é exatamente por causa dessa sua qualidade que os candomblés começam por festejá-lo. Toda festa começa com o despacho de Exu (padê). Quando os negros dizem despachar Exu, empregam esse verbo no sentido de enviar, mandar. Exu é como o embaixador dos mortais. Tem por objetivo realizar os desejos dos homens – sejam bons ou maus – e cumpre a sua missão com uma precisão matemática, com uma eficácia e uma pontualidade jamais desmentidas. O despacho de Exu é uma garantia prévia de que o favor a pedir será certamente obtido.

Sendo Exu o intermediário entre os seres humanos e os Orixás, não é difícil compreender porque em todos os trabalhos de magia a primeira oferenda lhe é dedicada, pois quem movimenta a magia nada pode fazer ou realizar sem recorrer a este agente.

Mas não é só com o diabo que Exu é sincretizado. Às vezes encontra similitude em Santo Antonio, porque induz à tentação, incita maus pensamentos e perturba as cerimônias (Santo Antonio teria sido perturbado por demônios). Também é sincretizado com São Bartolomeu, porque no dia 24 de agosto, dia desse Santo, costuma-se dizer que *todos os demônios estão soltos*.

Um sincretismo pouco usual é encontrado no Rio Grande do Sul, onde o seu símile é São Pedro, pois este santo é o porteiro do paraíso, é o responsável pelo tráfego das almas, é ele quem abre e fecha os caminhos. Nos candomblés o assentamento de Exu encontra-se à porta das casas.

---

14 *Os Candomblés da Bahia.*

O termo Exu pode sofrer variações em função da nação africana que influenciou determinado candomblé. Assim temos:

- Keto – *Exu* ou *Embarabô*
- Jeje – *Elégbará*
- Angola – *Aluvaiá*
- Congo – *Bombongira* ou *Pambu Njila*

Bandeira[15] faz a seguinte abordagem sobre os Exus:

O Candomblé, com sua base africanista, considera o Exu como Orixá desobediente, capaz de perturbar as cerimônias, por isso devendo ser afastado, não só dos trabalhos, como da localização dos "quartos de santos".

O Exu tem então a sua casa trancada a chave e com cadeado, em um simbolismo dessa prisão, a qual fica próxima à entrada, por fora do prédio onde se realizam os rituais, e sem estar sob o mesmo teto dos Orixás, razão ainda por que lhes são ofertados os primeiros sacrifícios para evitar quaisquer interferências ou perturbações nos trabalhos a desenvolver.

Surge assim, um fundamento por todos aceito, permitindo ordenar alguns conceitos primários de que, aceitando ofertas e executando trabalhos, são dotados de algum conhecimento pelas suas manifestações, não sendo tão somente forças da natureza, mas não necessariamente, almas humanas, em um sentido reencarnacionista, sem levar em conta, ainda a explicação do fundamento africano em sua irmandade com outros Orixás.

O Exu é considerado então, pelos africanistas, como um mensageiro dos Orixás, ou uma força a ser mobilizada, sem a qual não se iniciam os trabalhos, pois lhe cabe dar a segurança nas tarefas, limpar o ambiente ou abrir os caminhos, o que não se consegue sem a sua permissão. É um guardião, uma sentinela pela qual se tem de passar, cumprimentar e agradecer.

Nos terreiros de Umbanda, ocorrem concepções diferentes havendo, no entanto, algumas ligações com a cultuação africanista que vão se diluindo com o passar do tempo.

Existem na Umbanda conceitos que requerem maiores esclarecimentos, como Exu Pagão e o Exu Batizado.

É necessário ingressar em um campo de vidas anteriores, esboçando etapas da evolução em função do passado que marcam as atuações no presente, em um entrosamento se-

15 *O que é a Umbanda.*

letivo com a intenção dos trabalhos, com sensibilidade mais nítida ante as pessoas que procuram a ajuda espiritual, indo em uma escala desde a Magia Negra, da Quimbanda, aos trabalhos para o bem.

Este tipo de trabalho exige uma força semimaterial para poder penetrar nessas áreas poderosas, onde se localizam potências maléficas, necessitando para combatê-las, de guardiões que possuem afinidade com esses meios através de suas vibrações.

Muitas entidades trabalham sob a denominação de Exu. Cada um, cada lugar tem o seu guardião, o seu Exu, que deve ser convocado para agir naquele campo de vibrações densas, pois tudo existe e age conforme a afinidade de cada meio em função da mente dos participantes, seja para o bem, seja para o mal.

Com exceção de alguns meios umbandistas, onde encontramos por vezes para Exu, o fundamento africanista nítido, na maioria há uma função em torno do conceito de Exu-Alma, daí a denominação de Exu Pagão[16] e Batizado.[17] São situações que os próprios nomes definem, pois o Exu Pagão é tido como o marginal da espiritualidade, aquele sem luz, sem conhecimento da evolução, trabalhando na magia do mal e para o mal, em pleno reino da Quimbanda sem que, necessariamente, não possa ser despertado para evoluir de condição.

Já o Exu Batizado,[18] caracteristicamente definido como alma humana, sensibilizada para o bem, trilhando um caminho de evolução, trabalha, como se diz para o bem, dentro do reino da Quimbanda, por ser força que ainda se ajusta ao meio, nele podendo intervir, como um policial que penetra nos antros de marginalidade.

Há, portanto, uma ligação muito acentuada de escalas de evolução e situação espiritual, pois muitos revelam conhecimentos em demonstrar poderes curativos, distanciando-se do enquadramento de agentes do mal, em uma progressão dentro do terreiro, feita através da mediunidade dos seus médiuns, que também evoluem paralelamente.

Não se deve, entretanto, confundir Exu com espírito zombeteiro, mistificador ou equivalentes, porque estes pertencem a outra classificação, como espíritos legítimos que o são, daí a denominação específica de kiumbas, definindo de maneira precisa esses espíritos obsessores ou perturbado-

16 Kiumba (nota do autor).
17 Exu de Lei (nota do autor).
18 Podemos também pensar que os Exus batizados procuram dentro do código umbandista, desmanchar os trabalhos dos Exus pagãos, que baixam em alguns terreiros provocando o mal (nota do autor).

res, passíveis de evolução quando doutrinados ou esclarecidos da situação em que se encontram.

O lado feminino de Exu manifesta-se através da Pombagira (proveniente do termo Bombongira). A Pombagira é explicada como sendo um espírito inferior, na maior parte dos casos estacionários, com o mesmo cortejo fálico e de vibrações densas, querendo ser comprada, por ser a mulher mais perseverante no seu conservadorismo, mas, algumas aceitam o caminho evolutivo, dependendo do médium em que incorporam.[19]

Os Exus são então, enquadrados sob os seguintes aspectos:
* Orixá desobediente
* Alma ainda ligada à natureza
* Espírito maléfico estacionário
* Espírito a caminho da evolução.

Vejamos a opinião de Zélio de Moraes sobre Exu em uma entrevista com Lilia Ribeiro:[20]

– Considera o Exu um espírito trabalhador como os outros?
– O trabalho com os Exus requer muito cuidado. É fácil ao mau médium dar manifestação como Exu e ser, na realidade, um espírito atrasado, como acontece, também, na incorporação de Criança. Considero o Exu um espírito que foi despertado das trevas e, progredindo na escala evolutiva, trabalha em benefício dos necessitados. O Caboclo das Sete Encruzilhadas ensinava que Exu é, como na polícia, o soldado. O chefe de polícia não prende o malfeitor; o delegado também não prende. Quem prende é o soldado, que executa as ordens dos chefes. E o Exu é um espírito que se prontifica a fazer o bem, porque cada passo que dá em benefício de alguém é mais uma luz que adquire. Atrair o espírito atrasado que estiver obsedando e afastá-lo, é um dos seus trabalhos. E é assim que vai evoluindo. Torna-se, portanto, um auxiliar do Orixá.

Percebe-se, nas palavras de Zélio, que o Exu é um espírito que não necessariamente faz o mal. Muitos espíritos atrasados (kiumbas) baixam nos terreiros fazendo-se passar pelos verdadeiros Exus.

---

19 Também existem kiumbas femininos. (nota do autor).
20 Entrevista com o Caboclo das Sete Encruzilhadas.

Outros autores tem uma visão um pouco diferente sobre a natureza de Exu como podemos ver no texto de Linares:[21]

Podemos definir o Exu, como um espírito que tendo superado a barreira da morte (feito sua passagem, ter morrido, ter se separado de seu corpo físico), constata durante seu próprio autojulgamento, que mercê de ações vis que haja praticado em sua última existência física, carregou-se de negatividade. São espíritos de pessoas que antes de tudo são egoístas, mas, que provocam a dor e o sofrimento físico e mental, a seus amigos, parentes, dependentes e a quantos possa explorar, são espíritos sem luz e que se encontram tão atrasados, que independentemente de reunirem méritos para se igualarem aos espíritos de luz, tudo fazem para confundir-se com estes. Quando procurados junto à tronqueiras e reinos de Exus, raramente falam sobre si mesmos, e quando falam geralmente blefam, parecem divertir-se com a ingenuidade de seus interlocutores, procuram sempre demonstrar um poder, uma superioridade que estão muito longe de possuir, ou então muito matreiros, mostram-se inseguros e submissos para melhor enganar, nunca dizem seus verdadeiros nomes, ou melhor, os nomes com que eram conhecidos quando em vida, preferindo sempre a designação genérica de Exu, quando se pergunta a um deles: – Qual o seu nome? A resposta geralmente é seca: Exu, e é preciso às vezes muita paciência para que adiantem algo mais, se forçados, geralmente escolhem um nome pelo qual desejam ser conhecidos pelo grupo, e que pode perfeitamente ser outro completamente diferente, em outro grupo, traiçoeiros e ladinos, enganam às vezes as pessoas de forma tal, que passam por verdadeiros deuses, creio mesmo que não haveria nenhum exagero em afirmar-se, que médiuns e chefes de terreiro mal preparados, chegam a transformar seus terreiros em templos de demonologia e a si próprios em seguidores sectários desses mesmos pobres diabos.
Os que esperam um mundo de conquistas terrenas e que para isso chegam a tornar-se totalmente dependentes desses a quem chamam Exus, somente muito tarde perceberão que longe de terem se aproveitado desses espíritos, foram por eles aproveitados, longe de haverem sido senhores, são escravos.

No Voodo haitiano existe uma classe de espíritos denominados *guedé*, considerados patronos dos cemitérios e da morte.

21 *Iniciação à Umbanda.*

Neves[22] cita que eles surgem vestidos como agentes funerários, com velhas sobrecasacas e cartola, como o faz, por exemplo, Baron Cemitierè ou Baron Samedi (*samedi*, sábado, último dia da Criação), colocado sob o signo de Saturno e simbolizado pela cor negra, corresponde ao Exu Caveira.

Ainda no Voodo haitiano encontramos Papa Legba (guardião das encruzilhadas) é o intermediário entre os loa (divindades) e a humanidade. Ele está em uma encruzilhada espiritual e dá (ou nega) permissão para falar com os espíritos. Ele é sempre o primeiro e o último espírito invocado em qualquer cerimônia, porque a sua autorização é necessária para qualquer comunicação entre os mortais e os loa. Ele abre e fecha as portas. No Haiti, ele é a grande elocução, a voz de Deus. Facilita a comunicação, a fala e compreensão. Ele é muito poderoso, ele é o primeiro a abrir as portas para o mundo espiritual, quando solicitado, e tem o poder de remover obstáculos. Suas cores são o vermelho e o preto.

Figura 116: Vevé (ponto riscado) de Baron Samedi.
Fonte: *Do Vodu à Macumba* – Marcia Cristina Neves.

22 Do Vodu à Macumba.

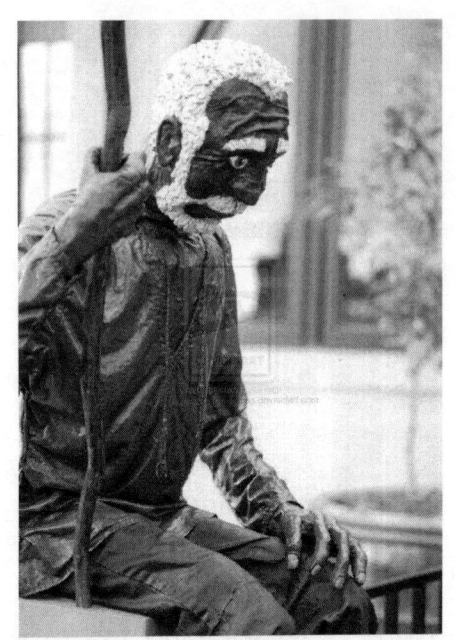

Figura 117: Papa Legba.
Fonte: *http://waterwoodworks.deviantart.com*

Figura 118: Vevé (ponto riscado) de Papa Legba.
Fonte: *http://chamuela.blogspot.com*

Diamantino Fernandes Trindade

Mas então, quem é Exu?

Exu em seu próprio vocábulo, em seu próprio termo, podemos dizer Exud. Um termo que transcende e é originário da Lemúria. Exud é o povo que migrou, o povo que saiu.[23] Na verdade Essu, Essuriá ou Exu é o Agente Cósmico necessário equilibrador entre as coisas passivas e ativas, entre as coisas que são e que serão. De acordo com os aspectos esotéricos da Umbanda, de W. W. da Matta e Silva, cada Orixá tem o seu Agente Cósmico:

ORIXÁ	AGENTE CÓSMICO (EXU)
ORIXALÁ	SETE ENCRUZILHADAS
OGUM	TRANCA RUAS
OXÓSSI	MARABÔ
XANGÔ	GIRAMUNDO
YORIMÁ	PINGA FOGO
YORI	TIRIRI
YEMANJÁ	POMBAGIRA

Cada um destes Agentes Cósmicos possui os seus Chefes de Legião:

Exu Sete Encruzilhadas
Exu Sete Pembas
Exu Sete Ventanias
Exu Sete Poeiras
Exu Sete Chaves
Exu Sete Capas
Exu Sete Cruzes

Exu Tranca Ruas
Exu Veludo
Exu Tira-Toco
Exu Porteira
Exu Limpa Tudo
Exu Tranca Gira
Exu Tira Teima

Exu Marabô
Exu Capa Preta
Exu Lonan
Exu Bauru
Exu das Matas

Exu Giramundo
Exu Meia Noite
Exu Quebra Pedra
Exu Ventania
Exu Mangueira

---

23 Talvez por isso se despache Exu (padê ou pahande).

Exu Campina	Exu Corcunda
Exu Pemba	Exu das Pedreiras

Exu Pinga Fogo
Exu do Lodo
Exu Brasa
Exu Come Fogo
Exu Alebá
Exu Bara
Exu Caveira

Exu Tiriri
Exu Mirim
Exu Toquinho
Exu Ganga
Exu Manguinho
Exu Lalu
Exu Veludinho

Exu Pombagira
Exu Carangola
Exu Ma Cangira
Exu Nanguê
Exu Maré
Exu Gererê
Exu do Mar

Cada um destes 49 Exus tem também o seu grupo de sete guardiões que podem, ou não, utilizar os mesmos nomes dos Chefes de Legião, e assim sucessivamente.

Os Orixás são os Senhores distantes da Luz Maior, que irradia desde o mais Alto Astral até as sombras, as penumbras das trevas. Da luz maior até as trevas existem enviados dos Orixás. Os Orixás, apesar de muito distantes de nós, são sensíveis a todos que sinceramente desejam a Eles chegar por meio de seus pedidos e súplicas. Quem faz esse encaminhamento são os Exus.

São muito importantes as funções do Exu Caveira e seu comandado Exu Tranca Ruas das Almas, que faz a intermediação da Kimbanda com a Kiumbanda. Ele tem acesso a essas zonas inferiores e é um ser de grande poder de irradiação mentalizadora e de frenação. É o coordenador das energias livres, existentes nos cemitérios, matadouros etc. Essas energias livres, quando bem direcionadas, são de grande utilidade inclusive para pessoas desvitalizadas, e evitam que seres de baixa estirpe as utilizem para fins deletérios.

O Exu Pombagira tem função importantíssima na higienização sensual do Planeta. Dos sete Exus, a Senhora Pombagira é a *única mulher*, o que deu aos apressados pensarem que ela é *mulher de sete Exus*. Nem sempre a Pombagira é interpretada na sua forma superior. Liana Trindade[24] cita uma entrevista com uma "Pombagira", incorporada em um médium, onde a Entidade assim se manifestou, mostrando os seus desejos e os conflitos do médium com a situação:

Eu sou eterna. Porque todo Exu da corrente infernal é eterno. Eu sou boa, ajudo a quem merece. Se você me der o que eu quero eu ajudo. Não é que eu preciso, porque eu tenho o reino do mundo, as trevas. Porque tudo o que existe no mundo, da maconha à bagunça é o meu reino... Eu não baixo em moça nem em homem mesmo. O cavalo não gosta de mim, certo. Porque ele não admite as coisas que eu faço. Porque pelo meu gosto tinha sapo, tinha cobra, maconha, tinha tudo para trabalhar. Ele não quer estas coisas, ele não tem permissão do santo dele.

Quando uma mulher se perde eu dou gargalhada, quando um homem vira feminado, eu dou gargalhada, porque o meu mundo é bom e bonito. Pra mim tudo está bem porque eu não tenho mais nada a perder... Eu não brigo com os outros Exus. Porque os Exus têm o maioral para obedecer. Tem o Lúcifer, tem a Maria Padilha, eles são os reis. Os outros Exus são escravos deles, é maioral deles, dominam eles. Eles não podem fazer mais do que os seus chefes, não é? Eu tenho que obedecer, não posso fazer mais do que eles. Em uma firma que você trabalha, você não pode mais que os chefes, não é? Eu acho o meu cavalo muito sem vergonha, faz as coisas erradas, porque não zela direito dos guias dele. Merece um couro da peste. Numa parte ele é bom, ajuda quem precisa, mas na parte pra zelar de nós ele não é.

O cavalo não gosta de mim; ele recebe porque é desses que entrou vai até o fim. Ele me condena mas não pode deixar, estamos ligados, eu com ele, porque ele não pode desistir.

Os seres humanos quando transferem a Exu, por meio da demanda, a pratica de atos socialmente condenados ou de sentimentos hostis em relação aos outros, delegam as culpas e as responsabilidades destes atos e sentimentos à divindade.

No terreiro de Umbanda bem dirigido moralmente, os

---

24 *Exu: poder e perigo.*

Exus de Lei executam as ordens de Caboclos, Pretos Velhos e Crianças, aplicam a Lei, que para muitos pode ser interpretada como um mal, dependendo da sua condição cármica. Exu está acima do bem e do mal. Não é bom nem mau, é justo. Exu é o Senhor da Magia, o Saneador Planetário.

Para alguns, *Exu é Poder!* Poder de ação para movimentar importantes energias e a paralela passiva da Lei, dentro dos preceitos de amor e justiça. Para outros, *Exu é Perigo!* Perigo por utilizar indevidamente, para fins escusos, a força do Guardião e receber a cobrança cármica por seus atos.

Alguns autores prestaram um desserviço à Umbanda e à Kimbanda com seus textos sobre os Exus. Aluízio Fontenelle[25] se apresenta com total falta de humildade, considerando-se o dono da verdade. Na apresentação do livro escreve: *por se tratar de uma obra que define de um modo claro e insofismável toda a atuação das Entidades do Mal que se denominam EXUS...* O conceito errôneo que classifica os Exus como entidades do mal gerou visões distorcidas em muitos umbandistas nas décadas de 1940 e 1950 e isso ainda é sentido nos dias de hoje.

Lourenço Braga[26] afirmou que os Exus são egoístas, interesseiros, vingativos etc. Parece-nos que o autor confundiu Exus com kiumbas. Em outra obra,[27] quando escreve sobre os Guardiões cita que os Exus de Omolu são seres peludos, cinzentos, com mãos e pés em forma de garra, orelhas pontudas, dentes idênticos aos dos javalis, com chifres, tortos. Cita também que os Exus do cemitério apresentam forma de esqueleto, os da linha de Malei possuem cauda, chifres, pés e patas de bode; alguns se apresentam com forma de morcego e gorilas e quando são chefes usam tridentes. Os de Nagô usam tangas, argolas e pulseiras.

Isto é suficiente para entender que estas descrições foram um "prato cheio" para os "santeiros" produzirem as imagens aberrantes que ainda hoje são comercializadas nas casas de artigos religiosos de Umbanda e que distorceram a verdadeira essência dos Exus.

Exu Mirim, por exemplo, foi retratado pelos santeiros como o "Brasinha", diabinho muito famoso nas décadas de

25 *Exu.*
26 *Umbanda (Magia Branca) e Quimbanda (Magia Negra).*
27 *Trabalhos de Umbanda ou Magia Prática.*

1960 e 1970 nas revistas em quadrinhos. Em função do sincretismo entre Exu e o Diabo do Catolicismo, muitas confusões foram criadas na Umbanda e em alguns cultos afro-brasileiros. Assim, muita gente que desconhece esses cultos associa a Kimbanda com cultos satânicos e bruxaria. Alguns sacerdotes, isentos de escrúpulos, utilizam a Umbanda e a Kimbanda para a prática do mal, mas isto é culpa do ser humano e não das entidades espirituais. Quanto ao cemitério convém ler Leal de Souza:[28]

> Localiza-se nos cemitérios uma vasta massa de espíritos inconscientes, semi-inconscientes, ou tendo uma noção confusa da morte e fazendo um conceito errôneo de sua triste situação. É o chamado povo do cemitério. A magia negra e os feiticeiros os atraem e aproveitam para objetivos cruéis, de uma perversidade revoltante. Com frequência, quando um desses espíritos perde de todo a noção de sua individualidade, convencem-no de que ele é ainda uma determinada pessoa viva no mundo material, e mandam-no procura-la para tomar conta de seu corpo. Na sua perturbação, com os fluídos contaminados de propriedades cadavéricas, ele, na condição de ser quem não é, encosta-se ao outro, em um esforço desesperado de reintegração, transmitindo-lhe moléstias terríveis, abalando-o mentalmente e até arrastando-o ao campo santo, à procura da tumba. Para desfazer esse sortilégio, com os cuidados devidos ao espírito infeliz e à pessoa a quem ele se apegou, é necessário recorrer ao meio de que lançou mão, para produzir o mal, a magia negra.

Na Umbanda a associação de Exu com mal decorre do fato de que uma parte significativa dos umbandistas ainda não se libertou dos conceitos judaico-cristãos sobre o Céu e o inferno. Não podemos conceber logicamente que o "bem" e o "mal" possam conviver em harmonia. Como é possível que em um terreiro se manifestem Caboclos, Pretos Velhos e outras Entidades de Luz para fazer a caridade e, em seguida, baixem seres desprovidos de ética, prontos para fazer o bem ou o mal, de acordo com o "presente" que receberem?

Mojubá Exu!

---

28 O Espiritismo, a Magia e as Sete Linhas da Umbanda.

Figura 119: Assentamento de Exu na Nigéria.
Pierre Verger – Orixás.

Figura 120: Imagem nigeriana de Exu confeccionada com madeira da árvore iroko.
Fonte: Acervo pessoal do autor.

Diamantino Fernandes Trindade

Figura 121: Casa de força de Exu em terreiro de aspectos esotéricos da Umbanda.
Fonte: Acervo pessoal de Mestre Kariumá.

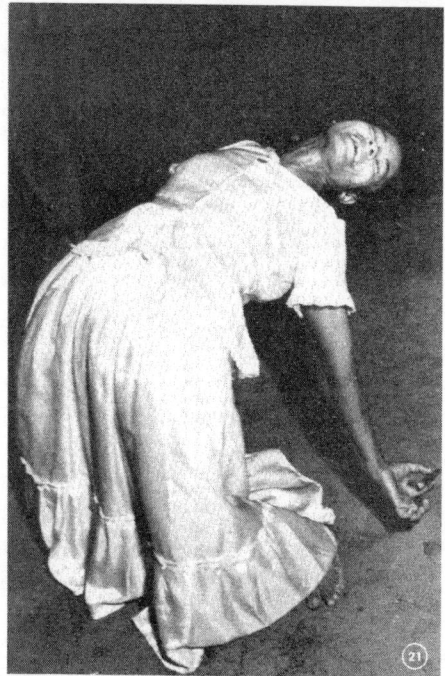

Figura 122: Médium da Macumba incorporada com Exu.
Revista *Manchete*, número 50, de março de 1953.

História da Umbanda no Brasil

49. Seu Sete da Lira - o Exu do povo

Por dever de ofício de historiador não poderia deixar de registrar um verdadeiro fenômeno de massa que foi o Exu Sete Encruzilhadas Rei da Lira, mais conhecido como Seu Sete da Lira e que atuava através da médium Cacilda de Assis. Este capítulo ficaria incompleto sem as preciosas colaborações dos irmãos Adão Lamelanza, Cristian Patrick Moraes Silva de Siqueira e Mestre Obashanan.

Cacilda, filha de fazendeiros de Valença, RJ, nasceu em 1917. Com cinco anos era uma menina comum que brincava de boneca como as demais. De repente começou a pedir que lhe dessem um cachimbo. Dona Rute, sua mãe, achava aquilo ridículo e prometia uma boa surra para ela parar com aquilo. As ameaças não intimidaram Cacilda que conseguiu um cachimbo e fumava escondida nos matos da fazenda de Valença. Depois veio a cachaça. Cidinha, como era chamada, passou a pedir aguardente aos pais, tios e aos vizinhos. Nova revolta de Dona Rute que gritou: "se quer beber, que beba álcool". E deram um litro de álcool que Cidinha tomou e voltou a ficar tranquila.

Fazer promessas para os santos, nos momentos de dificuldade, é uma antiga prática devocional. Pagar promessa feita pelos outros é, no mínimo, um grande aborrecimento. Quantas crianças não tiveram que pagar promessas feitas pelas avós para os santos de devoção. Isso ainda ocorre, nos dias de hoje, como no caso de Verônica Delfino, moradora de Goiânia, que fez promessa para o cantor Leonardo Dantas pagar quando esse se encontrava hospitalizado em função do grave acidente que sofreu em 2012.

Uma das tias de Cacilda de Assis resolveu fazer uma promessa para que a menina pagasse: deveria usar cabelos compridos e só usar roupas em tons azul-branco ou branco-rosa como oferenda a Nossa Senhora da Conceição para salvá-la. Na festa de aniversário de sete anos tudo corria normalmente; ela brincava, cortou o bolo e de repente desmaiou no chão duro da fazenda. Chamaram o médico que verificou que o coração e o pulso batiam normalmente, mas ela estava ali, enrijecida, olhos fechados. Passaram-se as horas, os dias e o quadro não se alterou. Nenhum médico conseguiu diagnosticar nem curar a menina. Gradativamente o seu estado de saúde foi piorando, acabando por entrar em coma profundo. Um sacerdote católico foi chamado e lhe aplicou a extrema unção.

Podemos ler em reportagem de 03/09/1971 do *Jornal do Brasil*:[1]

> Um dos tios da menina havia iniciado um namoro com uma mocinha de Valença e, da conversa entre ambos, soube que a futura sogra era uma rezadeira. Contou-lhe o caso da sobrinha e soube que ela podia ser curada:
> – Prefiro que minha filha morra a permitir que entre uma mulher dessas em minha casa.
> Mas a preta gorda, arrastando as chinelas acabou indo a fazenda de Dona Rute. Um copo com água, uns cantos misteriosos e Cidinha se ergueu perguntando: "E a festa?" O relato é de Luzia,[2] ex-dona de colégio que não usa o vestido branco das médiuns, que não "baixa santo no terreiro" e que é auxiliar nas vendas e na parte de relações públicas. Também atua entre os que, habilmente, evitam que as pessoas se aproximem de Dona Cacilda.

Esse inesperado momento mudaria tudo na vida de Cacilda, pois a rezadeira descobriu que ela estava sendo "possuída" por uma entidade espiritual e recomendou que fosse

1 *TVs firmam protocolo contra "show" de baixo nível.*
2 Uma das filhas de Dona Cacilda.

levada a um centro espírita, onde se manifestou o Seu Sete Encruzilhadas Rei da Lira. Cacilda ficou curada e, rapidamente se restabeleceu. Passou, então, a operar curas que ninguém conseguia explicar.

Em 13 de junho de 1938 o Pai Espiritual Benedito Galdino do Congo fez o seu assentamento, na Mina de Santé, para o Seu Sete da Lira, em Coroa Grande, bairro localizado na região litorânea da cidade de Itaguaí, próximo a Itacuruçá, Rio de Janeiro, onde ficava a Tenda de Umbanda Oriental. de W. W. da Matta e Silva. A partir de então passou a trabalhar mediunizada com o Seu Sete.

Além de Seu Sete, Cacilda de Assis trabalhava também com Audara Maria, esposa de Seu Sete, Dona da Rosa Vermelha. Também incorporava a Cabocla Jurema e Vovó Cambinda. Era compositora, escritora e tinha programa diário na Rádio Metropolitana de Inhaúma, RJ, onde transmitia mensagens espirituais.

Em 1943, fundou seu primeiro terreiro no subúrbio carioca de Cavalcanti, onde muitas curas eram realizadas, gerando grande afluência de público. Rapidamente, o local ficou pequeno para receber tanta gente aflita e desesperada que buscava o bálsamo para as doenças físicas e espirituais que os afligiam. Um local maior foi encontrado em Cascadura e, rapidamente, tornou-se insuficiente.

Entrevistada, em 1979, pela Revista *Fatos e Fotos Gente*, Cacilda de Assis explicou:

> Estávamos pensando em como conseguir meios para comprar outro local, bem maior, para construir outro centro. Foi então que Seu Sete mandou um dos meus filhos[3] comprar um bilhete de Loteria Federal, durante uma das sessões. Acabada a sessão, ele esqueceu por completo. Passando pela rua, ouviu um vendedor de bilhetes gritar o número. Lembrando-se da ordem de Seu Sete, comprou e ganhou na época Cr$ 400 mil. Com esse dinheiro nós compramos a área onde nos encontramos, fizemos as obras e demos início aos nossos trabalhos. A outra parte foi usada para a compra de outras coisas para a nossa família, tal como ele havia ordenado.

3 Ivani (o filho homem).

Em 1955, mudaram-se para esse novo local, localizado em um sítio no bairro de Santíssimo, a 42 quilômetros do centro do Rio de Janeiro, pertencente à região conhecida como Grande Bangu, situado entre o Morro do Lameirão e a Avenida Brasil. Era um local muito próspero na época em que o Rio de Janeiro exportava laranjas. Hoje é considerado um bairro dormitório. Era um sábado chuvoso de 1971. Centenas de automóveis e ônibus trafegavam desde cedo pela Estrada da Posse, em Campo Grande, até chegar próximo ao número 2000 onde estava (ainda está) localizado o Posto de Gasolina Sete da Lira. A partir daí o caminho precisava ser trilhado em uma estreita estrada de terra, a Estrada do Lameirão, quase intransitável, já transformada em lamaçal, pela chuva constante que caia. Isso não impedia que todos os que tinham fé nos poderes do Rei da Lira superassem os obstáculos para participar das giras. Algumas kombis pegavam as pessoas na Estrada da Posse e as levavam até o local. Juntando-se aos veículos, muitos andarilhos juntavam-se às milhares de pessoas, provenientes dos mais variados pontos do país, que buscavam, tais como fiéis peregrinos, a cura para os seus males.

Não era possível se perder, pois diversas placas e setas indicavam o caminho. Até chegar lá algumas paragens para forrar o estômago em carrinhos com sanduíches, refrigerantes, caldo de cana etc. Muitos calçavam botas de borracha *Sete Léguas*, muito famosas na época, para vencer a lama e permanecer com os pés secos, pois era possível que ficassem até a madrugada no local. Aproveitando a grande afluência de público, alguns vizinhos faturavam oferecendo estacionamento a três e cinco cruzeiros.

Finalmente a chegada em frente ao grande portão de ferro, onde se destacavam, estampadas nas folhas, duas grandes liras, também de ferro, encimado por um enorme luminoso de acrílico vermelho com o número sete pintado. Era o Templo Espírita Filhos da Cabocla Jurema.

O espetáculo enchia os olhos de quem chegava pela primeira vez. Passando pelo portão, uma descida de terra levava até *A Lira*, uma construção de concreto em forma de galpão, com lugar para cerca de trezentas pessoas, que se acomodavam em torno da mesa de alvenaria, o local onde ocorriam as giras. Na extremidade, uma pequena capela. À esquerda ficavam localizados dois bares. Um deles vendia refrigerantes e *souvenires*, tais como chaveiros, bolsas, abanos, flanelas, flâmulas, figas, patuás, guias (colares ritualísticos), camisetas estampadas, adesivos plásticos para o vidro do carro etc. Na época era muito comum ver tais adesivos em muitos carros do Rio de Janeiro e outros estrados brasileiros. No outro era possível restabelecer as forças físicas comendo sanduíches, tomando sopa e saboreando um café. Ali também se podia comprar cachaça *Creoula* ou *Caranguejo* e o charuto *Bororó*, os preferidos de Seu Sete.

Figura 123: Abano para os dias de calor – souvenir vendido no Santuário de Santíssimo.

Ari Vizeu, radialista e relações públicas do terreiro disse, em 1971, que Seu Sete consumia entre 40 e 60 garrafas de cachaça por sessão, além de 16 caixas de charutos. Dizia ainda que final não restava nenhum gosto da bebida nem do tabaco.

Tudo isso formava o Reino do Seu Sete Rei da Lira. A presença marcante da cachaça durante os trabalhos era muito importante para Seu Sete que, em algumas ocasiões, deixou claro que ali o marafo era ferramenta de trabalho e nada mais do que isso. Multidões chegavam de todas as partes do Rio de Janeiro, de outros estados brasileiros e até do exterior. Muitos fiéis chegavam desde as cinco da manhã para ter acesso às *fichas da mesa*. Outros dormiam em frente ao sítio e recebiam assistência da família de Dona Cacilda que provia essa gente com lençóis, capas e lanche. Várias pessoas chegaram a adquirir casas e terrenos da redondeza para ter acesso mais fácil aos trabalhos. As fichas não eram cobradas, mas para participar da mesa de cura era necessário levar uma garrafa de cachaça para o Seu Sete.

Figura 124: Adesivo plástico para automóveis.

Era quase impossível andar. Mais de 5000 pessoas[4] aglomeravam-se ansiosas, aguardando o momento da entrada triunfal do Seu Sete da Lira. Os fiéis acomodavam-se em qualquer lugar aguardando pelo menos algumas gotas da cachaça sagrada. Poucos eram os bafejados pela sorte que conseguiam se aproximar do Senhor das Sete Encruzilhadas. As pessoas "brigavam" por uma gota de cachaça. Movidos pela fé ou pelo magnetismo de Seu Sete da Lira, seus fiéis, de algum modo, sentiam-se acolhidos pelo Exu. Nada impedia que eles supe-

---

4 Seu Sete chegou a atender perto de 30.000 pessoas em uma só gira, das 21 horas de sábado até meia noite de segunda feira.

rassem os obstáculos em busca da cura. Um senhor cansado da espera reclamava:

– Assim é difícil. Tem muita gente. Não dá nem para ir tomar um café. Mas vale a pena o sacrifício, pois aqui curei o meu filho. Ainda um pouco irritado disse: médico não cura ninguém, e se curasse esse povo aí não teria dinheiro para pagar a consulta. Seu Sete é a esperança de todos aqui.

Nessa época, Seu Sete Encruzilhadas Rei da Lira era a mais discutida e popular entidade do meio umbandista. Suas curas se propagavam de norte a sul, de boca em boca, em uma verdadeira demonstração de fé e esperança. Sua fama começou a crescer rapidamente em função característica inusitada de suas giras – onde todo tipo de música poderia ser cantada e tocada – e no uso impressionante da ingestão de várias garrafas de cachaça. Era impressionante o magnetismo e a capacidade de movimentação das pessoas que afluíam ao seu templo. Corriam as notícias das curas de doenças graves. Em pouco tempo a gira de Seu Sete atingiu a marca impressionante de mais de cinco mil atendimentos por rito. Apesar do grande número de pessoas, não havia brigas ou confusão. Seu Sete pedia sempre: *Fé, respeito e compreensão*. Algumas emissoras de rádio faziam a transmissão ao vivo dos trabalhos.

Nove da noite, a luz foi desligada. Um clarim anuncia a chegada de Seu Sete. Irrompe o som da música de abertura no ar. A música é uma das principais ferramentas de cura do Seu Sete. O povo sofrido e angustiado começa a bater palmas no ritmo, acompanhando. No alto da Lira, em um pequeno palco, surge então Cacilda de Assis, vestida com grande esmero, roupa bordada em veludo com calça preta, capa preta, cartola preta, colete vermelho, camisa impecavelmente branca, botas negras, dançando, dando pulos com uma ginga malandra, incorporada com o Rei da Lira. Para muitos um momento de milagres. A luz volta a ser ligada quando ele surge, "do nada". Aplausos efusivos ouvem-se ao longe. Muitos gritam:

– Milagre! Milagre!

Na verdade todos esperam por um milagre! A cura que vem pelas mãos de Seu Sete.

A música de abertura volta a ser cantada e tocada: "Salve

Diamantino Fernandes Trindade

Seu Sete Encruza da Umbanda". No palco, do alto de sua majestade, Seu Sete, em verdadeiro frenesi, jogando cachaça à saúde, leva muita gente ao êxtase arrebatador. Rodeando seus cambonos, trajados com calças pretas e camisas vermelhas, Seu Sete dança, consciente de sua missão. A figura mais famosa da Umbanda da década de 1970 está em terra, como se diz na linguagem popular dos terreiros.

Segue-se uma estrondosa gargalhada e mais cachaça flui pelo ar. Ele saúda agora Santo Antonio e a ele próprio. O povo continua em delírio, vibrando. Alguns mais próximos estendem canequinhas metálicas, com uma varinha, para recolher um pouco do liquido miraculoso, verdadeiro néctar curativo. A música continua forte. O guardião dos caminhos está trabalhando.

Figura 125: O povo em verdadeiro momento de fé quando da chegada de Seu Sete da Lira.

Guiado pelo fundo musical da Orquestra da Lira, formada por coral, metais e cordas, desce uma pequena escada que faz a ligação do palco com a mesa. A musica popular serve para polarizar as vibrações de cura. A canção Romaria, um clássico de Renato Teixeira, era constantemente tocada e cantada com muita fé nas sessões. Entre uma música e outra faz pequenas preleções que antecedem os trabalhos na mesa de cura:

> Viva, viva, viva Sete Encruza
> Viva Sete Encruza da Umbanda!
> – Boa noite, boa noite! Ah! Ah! Ah!
> – Oh! Viva Santo Antonio!
> – Ah! Meu Santo Antonio!
> – Ah! Meu Santo Antonio!
> – Ah! Meu Santo Antonio!
> – Viva a Lira.
> – Salve a coroa da Lira.
> – Salve a força, o exé da Lira.
> – E salve o Povo da Lira.
> – Saravá o dia de hoje.
> – Saravá a dona da casa, Cabocla Jurema.
> – Saravá todo mano meu.
> – Saravá Santo Antonio.
> – Salve a minha orquestra.
> – Salve a minha coroa de palha de cana.
> – Salve a minha coroa do carnaval.
> – Salve a minha velha Audara Maria.

Cristiam Siqueira[5] comenta:

> Qualquer pessoa que visitasse o terreiro de Santíssimo saia de lá com dois nomes guardados na cabeça: Seu Sete da Lira e Santo Antonio. A devoção do Exu pelo santo católico era visível e constante: a sua festa acontecia junto da festa do santo em 13 de junho. Em todas as liras construídas a imagem do santo sempre teve lugar de destaque no altar central e o nome do santo era constantemente invocado durante os trabalhos havendo, inclusive, pontos cantados onde ele é saudado ao lado de Seu Sete.

E mais um ponto alucina a massa hipnotizada pela magia do Rei da Lira:

> Corre corre Encruzilhada
> Seu Sete Encruza já chegou
> – Ah! Viva Santo Antonio.

---

5 *https://www.facebook.com/setereidalira*

- Salve Exu, salve Exu, salve Exu.
- Saravá Santo Antonio.
- Meu santo de fé.
- Salve Exu.
- Vamos trabalhar.
- É trabalhando que se vence a guerra.
- É trabalhando que se faz congá.
- Vamos trabalhar no caminho do bem.
- Só o bem constrói.
- O mal por si se destrói.
- O mal tem pernas curtas.
- O bem caminha muito mais além.
- Então vamos trabalhar no caminho do bem.
- A corrente do amor, a corrente da Lira, do canto, do trabalho do Seu Sete Encruzilhada da Lira.
- Cantando para curar alguém.
- Alguém usufruindo a beleza que só mesmo a Lira pode dar.
- Somente a Lira.
- Só a força da Lira.
- Parou a medicina.
- Parou, começa o Seu Sete da Lira.
- A Lira só trabalha quando para a medicina.
- Eu adoro a medicina.
- Aceito a medicina.
- Acho a medicina a coisa mais bela deste mundo.
- A medicina.
- Trabalho de cura, de ajudar alguém, de aliviar o sofrimento da humanidade.
- Assim sendo, a minha força da Lira também é para dar alívio ao sofredor, a esta humanidade que sofre.
- E eu consegui juntar, reunir, o bem que quero, o bem que faço com a Lira, com o carnaval e com a minha coroa de palha de cana, de cachaceiro.
- Então vamos trabalhar.
- Vamos trabalhar.
- Vamos abrir os trabalhos da nossa mesa de caridade.
- Mesa de trabalho que se faz aqui todos os sábados.
- E assim sendo Seu Sete sempre conta e espera mesmo alguém da Lira para ajudar essa corrente tão bela, tão formosa e tão forte.
- Sempre há alguém da Lira.
- Sempre para prestar caridade nesta casa, curar alguém, então vamos trabalhar.
- Como para Seu Sete não há mal sem cura.

– Salve o Saracura.
– Seu Sete da Lira quando não sara cura.
– Seu Sete da Lira que não é santo.
– Eu não sou santo.
– Não sou Jesus Cristo.
– E não faço milagre.
– Todo meu trabalho de cura, que faço aqui nesta casa de caridade.
– Eu também sou um pagador de missão.
– E como sou sincero e honesto e cumpridor do meu dever.
– Eu faço bem a minha tarefa de homem trabalhador.
– Somente isto, trabalhador.

Seu Sete conta que encarnado foi um artista, por isso exige muita música para trabalhar. É um de seus instrumentos de trabalho. Cantando e bebendo cachaça curou milhares de pessoas. Suas giras tem até música de carnaval, em um clima de fé, alegria. Antes de descer a escada para ter acesso a mesa pede que a orquestra toque e povo delirante acompanha:

> Seu Sete da Lira está feita a corrente
> Vamos todos cantar e salvar o doente
> Seu Sete não bebe
> Seu Sete trabalha
> A cura está feita
> Seu Sete não falha

Seu Sete era o compositor das músicas em seu louvor. Alguns artistas que frequentavam as giras, também compunham para Seu Sete. Várias dessas músicas foram reunidas em dois álbuns de vinil (LP), um publicado pela gravadora Equipe intitulado *Seu Sete Saracura cura a minha dor* e o outro pela Odeon (atual EMI) com o título de *Sete Rei da Lira*. Algumas músicas compostas por Cacilda de Assis foram gravadas no LP *Cacilda de Assis Brasileiríssima*, gravado por Ogan Juvenal. Edith Veiga, cantora famosa na época e amiga de Cacilda, gravou um EP[6] com duas de suas músicas: O Manto de Yemanjá e Caldeirão sem fundo. Bezerra da Silva e os Demônios da Garoa também gravaram composições dela.

---

6 Conhecido no Brasil como compacto duplo.

Figura 126: Capa do EP de Edith Veiga.

Durante as sessões, ele ia passando e aspergindo as pessoas com sopros de cachaça. Nesses momentos o Rei da Lira compunha suas músicas. Durante algum tempo alguns compositores iam às sessões munidos de gravadores. Gravavam as músicas e, depois, faziam algumas alterações e efetuavam o registro em seus nomes. Isso já acontecia antes em outros terreiros de Umbanda como o célebre Lamartine Babo que frequentava a Tenda Nossa Senhora da Piedade e transformava alguns pontos cantados em marchinhas de carnaval que tantos dividendos lhe proporcionou.

Este desvio de comportamento, típico de brasileiros safados, foi contornado com Dona Cacilda integrando uma taquígrafa a equipe de auxiliares, que registrava tudo o que ocorria nas sessões.

O sr. José Gomes, esposo de Dona Cacilda, corretor autônomo de seguros, dizia:

– O autor é Seu Sete. Mas quem aparece sou eu.

O Rei da Lira começa a descer as escadas sempre gingando, com a cachaça na mão. Agora, já próximo da mesa de cura, onde mais de trezentas pessoas se aglomeram sentadas e em pé, começa a percorrê-la entre três corredores.

Gente branca, negra, de todos matizes, pobres, ricos, doentes de toda espécie, aleijados, esperam um milagre. Seu Sete vislumbra as pessoas doentes no meio da multidão. Cobre-os com sua capa, acolhe-os. Nem todos terão a cura, pois isso depende de vários fatores cármicos. Um pai pobre, entristecido, sofrido pela enfermidade incurável da filha de cinco anos vê aflito o Seu Sete passar reto, sem jogar um pouco de cachaça, sem dar atenção. Vai atender os casos psíquicos, que ele pode curar. As pessoas, mesmo tristes e decepcionadas, entendem. Ele sabe quando um caso está condenado. Não pode interferir no carma.

Em determinado momento Seu Sete para de dançar e gingar e passa a garrafa de cachaça a um dos cambonos. A musica diminui. Ele coloca uma menina em pé e manda andar, segurando, amparando. A menina dá alguns passos tímidos e o povo vai ao delírio:

– Milagre! Milagre!

A musica volta a tocar, o povo eufórico, excitado, volta a acompanhar o ritmo com palmas. Volta e meia, a rotina é interrompida por alguma pessoa em transe que é removida pelos seguranças, vestidos de vermelho e preto. As curas seguem céleres na mesa e a *hora grande* está chegando. Entre uma mesa e outra, Seu Sete apresenta algumas celebridades presentes aos trabalhos da noite como Abelardo Barbosa (Chacrinha). Muita gente famosa passou por ali: atores, apresentadores, esportistas, cantores como Freddie Mercury, Tim Maia, a Banda Kiss, Gretchen, Beth Carvalho, Pelé, Flávio Cavalcanti, Christian (da dupla Christian e Ralf), Dona Laura Braga (mãe de Roberto Carlos) e outros. Roberto Carlos ia até a frente do terreiro, no entanto não saia do carro. O grupo adolescente *A Patotinha*, costumava dançar na Lira.

Alguns cantores profissionais também cantavam as suas músicas. É uma pausa para o Rei da Lira conversar sobre a sessão com seus prestativos auxiliares e Luzia, filha de Dona Cacilda. Sobre Luzia, Dona Cacilda comenta em entrevista à revista Realidade: *A Luzia nasceu cega. Fui eu que a curei. Aliás, o Seu Sete. Foi assim: com uma cruz de lança perfume. Dois jatos, ela enxergou.*

O sucesso de Seu da Lira estava ligado a uma linha de frente composta de homens e mulheres de alto gabarito e de grande responsabilidade. Suas ordens não eram discutidas e todos cercavam Dona Cacilda e Seu Sete com grande carinho. Às vezes Seu Sete parecia um ser material, se emocionava e não conseguia conter o semblante sofrido de sua médium. Seus fiéis contornavam a situação e logo ele se recompunha, voltando a ser brincalhão e enquanto brincava, trabalhava e curava. Isso também acontecia com o Caboclo das Sete Encruzilhadas incorporado em seu médium Zélio Fernandino de Moraes. Dos olhos do médium caiam lágrimas quando se deparava com o grande sofrimento das pessoas que atendia.

Seu Sete canta, ginga, conversa com o povo. O fundo musical fica mais lento. É meia noite. A hora sagrada. A *hora grande* chegou. É nessa hora que aqueles que não tem dinheiro para sentar à mesa também participam das bênçãos.

Meia noite: hora da corrente do amor, hora da meditação, da humildade, da compreensão. Seu Sete saúda todos os presentes. Solicita que todos se unam em um gesto fraternal.

– Amem-se, unam-se, pelo menos nesta hora de respeito.

No pino da hora grande, Seu Sete faz exuberante preleção e conclama todos para fazer um exame de consciência:

– É o pino da meia noite.
– É a hora sagrada.
– Chegou a hora grande.
– Silêncio. Silêncio.
– Consulta o teu coração, o teu pensamento para ver se você está realmente curado.
– Pensa naquilo que você deseja vencer. Pensa na paz da tua casa. Leva o teu pensamento na tua família.
– Pelos quatro cantos do mundo, entre o Céu e a Terra, Seu Sete Encruzilhadas da Lira fala pela hora grande.
– Meia noite em ponto. Quando o sino bater só você pode pensar.
– Só você sabe o que precisa. Só você pode meditar.
– Hora grande. A hora em que você deve elevar o teu pensamento na magia do amor, na magia de Sete Encruzilhadas da Lira.
– Só o amor constrói. Vamos nos amar. Vamos vencer. Vamos nos curar.

O momento é de grande vibração e a maioria faz uma autoanálise e muitos acabam descobrindo defeitos que lhe prejudicavam e nem pensavam ter. Todos estão com os braços entrelaçados irmanados fervorosamente, balançando o corpo em ritmo lento enquanto a orquestra aumenta um pouco o som. É a hora do um por todos e todos por um. Seu Sete está curando os males dos presentes. Nada exige além de fé, respeito e compreensão. Seu Sete cura, abre caminhos, protege e não engana, tudo depende da fé de cada um. Diz Seu Sete:

– O que for carma, cada um que carregue com resignação.

E todos cantam:

Chegou a hora grande na corrente do amor
Entrelaçamos os braços irmanados com fervor
Seu Sete está curando nossos males de oroçun[7]
Agora nessa hora, um por todos e todos por um

Seu Sete Rei da Lira é meu protetor
Seu Sete Saracura cura minha dor
Seu Sete Rei da Lira é meu protetor
Seu Sete Saracura cura minha dor

Seu Sete Rei da Lira não exige nada não
Só pede a seus devotos fé, respeito e compreensão
Louvamos nosso Pai
Só Seu Sete é a salvação

Seu Sete Rei da Lira é meu protetor
Seu Sete Saracura cura minha dor
Seu Sete Rei da Lira é meu protetor
Seu Sete Saracura cura minha dor

O Rei da Lira é salvação. "Você botou meu nome na boca do bode! Eu sou filho do Seu Sete da Lira, comigo você não pode! Você botou, você mesmo vai tirar. É uma ordem do Seu Sete, você tem que respeitar".

O povo canta e balança, tanto os pobres como os ricos da Zona Sul, as celebridades. A hora grande termina. O Rei da Lira anuncia mais músicas, jogando cachaça, enquanto que o pessoal que está na mesa está saindo para dar lugar aos outros

---

7 Significa negatividade, coisa má.

que aguardam a próxima mesa. Após a hora grande muita gente está indo embora. Cada um colocou seus pedidos escritos nas duas urnas, uma para a saúde e outra para o caminho. A hora grande encaminhou os pedidos. A grande noite da fé continua. Um dos presentes fez o seguinte depoimento:

– Seu Sete, escolhendo três coroas, a da lira (música), a da palha de cana (cachaça) e a do carnaval, escolheu exatamente três coisas de que o povo gosta.

O sol está raiando, Seu Sete terminou de atender a última mesa. O corpo de Dona Cacilda está cansado, o povo que ainda ali está também. Ainda tem tempo para alguns gingados. O povo vai embora e ainda tem forças para cantar ao som de uma orquestra que renova suas energias constantemente. Seu Sete vai a Aruanda. Figura que ultrapassou a figura de um Exu e se transformou em uma personalidade, a mais popular da Umbanda na década de 1970, uma "marca registrada", realmente o Exu do povo.

Muitas crianças frequentavam a gira de Seu Sete, algumas levadas pelos pais para serem curadas e outras que eram moradoras da região e iam para participar daquela agitação toda. As crianças da família de Dona Cacilda também costumavam participar. Próximo do dia consagrado à Cosme e Damião, costumava se manifestar em Dona Cacilda o Filimpo, criança muito alegre e brincalhona. Logo após desincorporava e Seu Sete voltava a trabalhar. No dia 27 de setembro, Mãe Cacilda de Assis fazia uma grande distribuição de brinquedos às crianças do bairro. O terreiro ficava abarrotado para a entrega dos brinquedos, principalmente bolas com o logo de Seu Sete.

Ao romper da aurora de todos os dias 23 de abril ocorria o ritual da Alvorada de Ogúm, um espetáculo esplendoroso onde Dona Cacilda incorporava Ogúm Delocó que comandava os trabalhos ao som de clarins e fogos pirotécnicos, acompanhado por um grande número de fiéis da Lira.

Em todo mês de maio havia um ritual de rara beleza denominado de plantação de bananeiras. Era o início dos trabalhos para a montagem da grande fogueira de Seu Sete da Lira no dia Santo Antônio, o que propiciava uma das maiores festas juninas que o bairro de Santíssimo já presenciou. O fato se repetia todos os anos.

A Pombagira Senhora Audara Maria trabalhava incessantemente durante os trabalhos, fazendo a guarda do terreiro. Seu Sete sempre expressava o seu respeito e amor pela sua Senhora Audara Maria. Os filhos da casa a chamavam carinhosamente de *Rainha do Oricó*.[8]

Eventualmente, ocorriam manifestações interessantes nos atendimentos do Seu Sete. No primeiro número da revista Orixás, na década de 1970, foi publicada uma foto tirada, durante um dos atendimentos, quando ele espargia o marafo com a boca sobre as pessoas próximas à mesa de cura. Quando foi revelada a foto, o que se viu foi uma formação ectoplásmatica que saia de sua boca indo em direção as pessoas.[9]

Figura 127: Foto que revela a emissão de ectoplasma durante um atendimento.
Fonte: Revista *Orixás* nº 1.

8 Oricó significa rosa. Audara Maria era a Dona da Rosa Vermelha.
9 O ectoplasma é uma substância fluídica, de aspecto diáfano, sutil, que flui do corpo de um médium em algumas manifestações de materialização.

Diamantino Fernandes Trindade

Figura 128: Seu Sete atendendo uma criança.
Fonte: Acervo de Cristian Siqueira.

Figura 129: Dona Cacilda incorporada com a Senhora Audara Maria.
Fonte: Acervo de Cristian Siqueira.

Figura 130: Adesivo da Rosa Vermelha, comercializado no Terreiro de Santíssimo.

No dia 12 de junho de 1971, dia da comemoração em louvor á Santo Antonio como também a data em que se comemorava o aniversário de Seu Sete, foi inaugurada a chamada Nova Lira, com um trabalho que reuniu quase 18.000 pessoas. As novas instalações eram uma necessidade premente para receber o grande número de fiéis que aumentava a cada dia. Em várias ocasiões a Lira antiga se parecia a uma pequena ilha no meio do mar dada a multidão que a cercava durante os trabalhos, por mais constantes que fossem as pequenas obras de ampliação eram insuficientes. O número de fiéis que se dirigiam a Santíssimo era grande e crescia a cada trabalho, assim, muitos deles ficavam expostos ao tempo, pois, o antigo Templo não suportava grandes multidões.

Com muito esforço, trabalho e dedicação, a Lira foi inaugurada e possuía proporções gigantescas para um terreiro de Umbanda: 2.000 metros quadrados de concreto que abrigavam mais de 2.000 doentes sentados em um dos seus 770 bancos de madeira; em seu centro uma enorme mesa de madeira com 112 metros de comprimento em ziguezague em cujas bordas se revezavam os doentes durante as mesas de cura. A grandiosidade do templo rendeu-lhe a alcunha de *Maracanãzinho*.

Diamantino Fernandes Trindade

Figura 131: As novas dependências da Lira inauguradas em 12 de junho de 1971.
Fonte: Acervo de Adão Lamelanza.

A fama do Exu Sete Rei da Lira começou a crescer rapidamente em função característica inusitada de suas giras – onde todo tipo de música poderia ser cantada e tocada e no uso impressionante da ingestão de várias garrafas de cachaça, além da roupa ritualística bordada extravagante.

Segundo alguns depoimentos oficiosos, Flávio Cavalcanti havia sido curado de um câncer no Terreiro de Santíssimo. Isso motivou o apresentador a levar Seu Sete ao seu programa de TV. Ao contrário do que se esperava, ele concordou e foi aí que o vespeiro se alvoroçou.

Em 29 de agosto de 1971, Seu Sete foi aos estúdios da TV Tupi em um carro acompanhado de três cambonos e seguido por outros veículos. Ainda incorporado foi, em seguida, para os estúdios da TV Globo. Seu Sete da Lira transformou *A Buzina do Chacrinha* e *Programa Flávio Cavalcanti* em verdadeiros rituais de Kimbanda. Com seu charuto na mão, capa preta e cartola, fez plateias, juris e apresentadores cantarem de mãos dadas, formando uma grande corrente de amor e amizade para curar doentes – em casa ou no auditório. Em meio a uma grande confusão, com farta distribuição de cachaça, ocorreram desmaios, choros e histeria. Algumas filhas de santo e três chacretes caíram em transe com convulsões.

Vejamos como se manifestou o jornal *O Estado de São Paulo*, em 03/09/1971:

> Em ambos os programas apresentou-se a umbandista Cacilda, que diz receber o espírito de "Seu Sete da Lira". Embora as apresentações diferissem, o espetáculo em si foi o mesmo: os umbandistas de "Seu Sete" invadiram o palco (baianas, cantores, pessoas bem vestidas, em 'relações públicas'...) em um tumulto indescritível. Cacilda estava bem vestida de *smoking*, usava cartola e botinhas, fumava um charuto sem parar e bebia regularmente goles de aguardente. Começou a puxar músicas, que todos no auditório acompanhavam. Varias pessoas, possuídas, desmaiaram, outras entraram em transe. Uma espécie de corrente geral estabeleceu-se no auditório, todos cantando um 'chamamento geral'. Aí a confusão se generalizou: "Seu Sete" distribuía benção, os transes aumentavam, todos bebiam.

Mestre Obashanan[10] escreve:

> Não se questiona aqui a veracidade da presença do Exu naqueles momentos, ou se é válido esse tipo de exposição ou de manifestação em público, mas há a verdade inquestionável de que algum poder realmente tomou conta das pessoas naqueles programas, pois plateia, cantores, assistentes de câmera, seguranças, contrarregras e outros entraram em transe, desmaiaram ou foram "mediunizados" por exus e outras entidades.
>
> Inabalável, Seu Sete da Lira após "tocar a macumba" no programa de Flávio Cavalcanti, sem desincorporar saiu de carro dos estúdios da TV Tupi acompanhado por seus cambonos e foi até os estúdios da Rede Globo no programa do Chacrinha e nem bem entrou no palco, o mesmo fenômeno aconteceu: chacretes, músicos, diretores e outros entraram em transe.

O evento, ou incidente como disseram alguns, provocou muitas reações adversas e favoráveis à ação do Seu Sete da Lira

---

10 *http://acervoayom.blogspot.com.br*

Diamantino Fernandes Trindade

nos dois programas de televisão. A partir desse dia a televisão brasileira não foi mais a mesma. A ditadura militar ameaçou intervir em programas de auditório. A censura ficou alvoroçada, assim como a Igreja Católica e uma parte significativa da população hipócrita brasileira da época. A sociedade brasileira foi obrigada a se olhar no espelho e não suportou se ver tão frágil frente aos efeitos do trabalho de um Exu Guardião. E as reações posteriores mostraram ainda posicionamentos elitistas arraigados nas velhas estruturas de dominação e da luta de classes no plano das representações simbólicas. Entre o próprio povo dos cultos afro-brasileiros a coisa se dividiu. Mestre Obashanan conversando com Pai Pedro Miranda, obteve o relato de que "cúpulas"umbandistas da época recusaram-se a tentar entender o fenômeno "da Lira" e também tentaram abafar o caso.

A partir daí os ataques desmoralizantes tornaram-se incessantes contra Seu Sete da Lira, Dona Cacilda e sua família. Após a rápida popularidade alcançada pela sua presença nos programas de TV, começaram os ataques constantes da mídia e da Igreja. Seu Sete dizia que após as campanhas de difamação só iriam ficar aqueles que realmente tivessem fé. Os que queriam apenas seguir a onda em torno do nome dele iriam se afastar. E assim aconteceu.

Seu Sete e Dona Cacilda forneceram aos programas onde se apresentaram a recompensa que todos buscam: altos índices de audiência. Muitos protestos chegaram, por meio de telefonemas, à Censura Federal, na segunda feira após os programas. O Governo Federal, através do Ministro das Comunicações, Higino Corsete, reclamou do mau gosto e sensacionalismo e, em seguida houve a divulgação de uma ameaçadora nota oficial: "em face da importância da TV como meio de comunicação, o governo está realizando estudos de medidas tendentes a melhorar a qualidade de seus programas". O *Jornal da Tarde*, de 3 de setembro de 1971, noticiava:

> A censura qualificou a apresentação de Seu Sete de *baixo espiritismo*, exploração da crendice popular e favorecimento da propaganda do charlatanismo.

Alguns chegaram a afirmar que a então primeira dama Dona Cyla Médici, esposa do Presidente Emilio Garrastazu Médici, teria entrando em transe, enquanto assistia ao programa. Para contornar a situação, a TV Tupi e a TV Globo assinaram, na época, um protocolo de autocensura.

Em breve foi deflagrada uma campanha difamatória sobre Seu Sete e Dona Cacilda, inclusive por parte da imprensa. O *Jornal do Brasil* de 07/09/1971 publicou a matéria Seu Sete declara guerra à imprensa e roga praga. Vejamos um trecho da matéria:

> A médium Cacilda de Assis, o cavalo de Seu Sete da Lira, declarou guerra à imprensa na sessão do último fim de semana, pedindo às quase 20 mil pessoas reunidas em seu terreiro de Santíssimo que não comprem mais jornais e rogando nos repórteres a praga de que algum dia ainda os verá sentados em sua mesa de curas.
>
> O Departamento de Censura Federal proibiu a reprodução em fita da sessão de sábado da Lira de Seu Sete, que seria apresentada de 6 às 9 horas na emissora Metropolitana, com base nos decretos que proíbem a exploração da crendice popular por qualquer meio de comunicação.
>
> O produtor do programa de Seu Sete na Rádio Metropolitana, Ataíde Pereira, informou que estava com a fita da emissora quando ao chegar aos estúdios, encontrou uma ordem de proibição de irradiação e um pedido de seu comparecimento ao CONTEL.
>
> Há algumas semanas Ataíde vinha apresentando as sessões de Seu Sete às segundas feiras e aos sábados, mas de agora em diante não poderá mais fazê-lo, por causa da proibição contida nos Decretos 20493, de janeiro de 1946, e 1023, de maio de 1962.
>
> Foi o produtor quem distribuiu uma nota oficial do terreiro, esclarecendo que não procurou promoção nas emissoras de televisão: Seu Sete não desrespeitou nenhuma outra religião, nem tampouco a medicina, cujo elogio foi produzido pela grande entidade de luz e manteve o alto nível de sua mensagem de amor e perfeita convivência humana.

Diamantino Fernandes Trindade

Figura 132: Seu Sete no Programa Flávio Cavalcanti.

A partir da campanha difamatória ficou muito difícil chegar até Dona Cacilda. Em entrevista para a revista *Fatos e Fotos Gente*, de 14 de maio de 1979, ela dizia:

> Antes de conceder uma entrevista eu tenho que receber uma permissão do Conselho Diretor do Centro Espírita Cabocla Jurema, constituído por advogados, médicos, engenheiros, arquitetos, jornalistas e militares. Eles analisam a proposta de entrevista que me foi feita e dizem da sua conveniência ou não. Passamos a tomar essa atitude para preservar a tranquilidade com que estamos trabalhando e, também, para evitar que minha família volte a sofrer ataques iguais aos que sofreu há oito anos. Só quem tem a liberdade para agir à vontade, aqui, é o Seu Sete da Lira.

Dona Cacilda dizia em 1979:

> Como ela veio ao mundo apenas para fazer o bem, curar aqueles que sofrem de males físicos de origem espiritual, Seu Sete não guarda rancor daqueles que um dia tudo fi-

zeram para desmoralizá-lo. A sua missão é muito mais importante. E só terminará quando eu desencarnar, ou morrer. Então, Seu Sete não mais voltará a terra, pois só *incorpora* na pessoa que ele escolheu. E essa pessoa sou eu.

Após os ataques, na revista *Orixás*, dirigida por Mário Barcelos, dedicada ao Seu Sete da Lira, Dona Cacilda de Assis publicou uma carta aberta em tom de esclarecimento.

Carta aberta de Mãe Cacilda

Meus amigos e meus fiéis.

Pela primeira vez, em toda minha vida de Yalorixá, faço uma declaração pública, de próprio punho, atendendo ao pedido de Mário Barcelos, editor desta revista.

Não vai nas minhas palavras nenhum desabafo, nem ressentimentos, pois acima de tudo confio em Oxalá e nas minhas entidades. Cumpro uma missão que me foi designada e a ela, com muita satisfação, me escravizo, pois sei que por intermédio um lugar junto de minha Mãe Iansã e de meu Pai Xangô. Dei os melhores anos da minha vida à causa do santo e o fiz com a devida consciência de que cumpria as determinações do santo. Vivi, vivo e viverei o resto da minha vida para servir ao próximo e fazendo isso me sinto bem. Não importa que tenha perdido o direito de caminhar nas ruas do anonimato como acontece com todas as mulheres, pois em qualquer lugar que eu chegue sou reconhecida como "aparelho" do meu querido "Seu Sete". Tenho orgulho disso, mas mantenho, acima de tudo, a humildade necessária para o êxito de quem tem tão séria missão como é a de dirigente de um terreiro. Não condeno os que falaram de mim. Muito pelo contrário. Nas minhas orações peço apenas clemência para esta gente, pois os que falam do meu trabalho, não procuraram vê-lo de perto. Sou esposa, mãe e avó e quero fazer de mim um espelho para os meus filhos e netos. No meu coração não existe lugar para os rancores e faço como SETE DA LIRA. Dou amor para tentar colher amor. Se muitos falam da minha pessoa, muitos me seguem de gentilezas. Tenho meus amigos fiéis e isto basta para que fique recompensada. Agora mesmo, quando desencadearam contra mim e contra Seu Sete uma terrível campanha de difamação, não reagi. Agi como Jesus Cristo sem querer me comparar com ele. Entreguei tudo ao Pai e sabia que a justiça seria feita. Muitas lágrimas da Oxum rolaram na minha face, mas jamais pensei ou desejei mal a qualquer dos meus semelhantes. Graças a Deus, todas as mentiras foram desfeitas e a nossa vida voltou ao normal. Sinto que mesmo nas horas de amargura, estava prestando um serviço à Umbanda. Alguém precisava ser crucificado, para que tomassem conhecimento de nossa religião e este alguém fui eu. Passei dias de angustia, mas jamais perdi a fé, pois sempre tive a consciência tranquila. Era questão de horas ou dias, mas eu sabia perfeitamente que todas as injustiças seriam reparadas. Contei com um punhado de amigos e amigas que não me abandonaram e isto foi o meu grande lenitivo. Não paramos um dia sequer de prestar a nossa caridade e SEU SETE, com toda a sua força e o seu poder, jamais trabalhou contra quem quer que seja. Ele, aliás, fez em 1969 uma previsão de tudo o que agora aconteceu e que, graças a Oxalá, já é passado. Foi bom, de certa forma, pois todo o povo, as autoridades e mesmo os inimigos gratuitos chegaram a conclusão de que em nosso terreiro nada existe de errado. Nosso trabalho é honesto e desinteressado. Se realizamos uma campanha para a construção da Lira é com o objetivo único de beneficiar os nossos doentes que antes ficavam expostos à chuva e ao frio. Levantamos, com o auxilio de todos, uma obra formidável, mas que ainda depende de conclusão. Fizemos apenas o que fazem os dirigentes de templos de outras crenças. Levantamos nossa terra como são levantadas as Igrejas Católicas, as Sinagogas e os Templos Protestantes, ou seja, com a ajuda dos fiéis. Aproveitando a oportunidade que meu irmão Mário Barcelos me dá, de falar francamente com vocês, faço a cada dirigente de terreiro um convite: Venham a Santíssimo aos sábados. Venham conhecer nossa casa e o trabalho do meu querido Sete da Lira. Nós queremos paz e união e estamos agora, mais do que nunca, imbuídos da necessidade de comunicação. Graças a Oxalá, a Assembleia Geral do SORE, SUPREMO ORGÃO DAS RELIGIÕES ESPÍRITAS, em sua ultima reunião achou por bem me eleger sua Segunda Vice-Presidente, cargo que muito me honra. Pretendo trabalhar com afinco para a nossa religião e pretendo, principalmente, mostrar que, juntos, chegaremos ao altar da vitória. Saravá.

Cacilda de Assis

Essa era Cacilda de Assis! Esse era o Exu do povo!

Figura 133: A lira, símbolo de trabalho do Exu Sete da Lira.

Diamantino Fernandes Trindade

Figura 134: Cacilda de Assis, médium do Exu Sete da Lira.
Revista *Fatos e Fotos Gente*, n. 925, maio de 1979.

Figura 135: Cacilda de Assis incorporada com o Exu Sete da Lira.
Revista *Fatos e Fotos Gente*, n. 925, maio de 1979.

História da Umbanda no Brasil

50. Porque sou umbandista

Na Umbanda aceitam-se adeptos de todos os cultos religiosos;
Na Umbanda, não há privilégio e nem preconceitos sobre cor, raça ou religião;
Na Umbanda, o dinheiro não tem o poder de salvar ninguém;
Na Umbanda, não se faz da caridade mercadoria: dá-se de graça o que de graça se recebe;
Na Umbanda, a caridade é pura; está mais próxima de Deus!

Publicado no segundo número do Boletim *A Caridade*, da Tenda Nossa da Piedade (1956)

Caridade: para alguns, um dever; para outros, um prazer.
Charles Chaplin

51. O uso indevido dos pontos cantados de Umbanda

Existem duas categorias de pontos cantados de Umbanda. Os pontos de raiz são aqueles trazidos diretamente pelas entidades incorporadas ou por meio da intuição dos médiuns. Temos ainda os pontos criados pelos compositores de Umbanda, muito comuns nos festivais de curimbas. Assim também foi composto o Hino da Umbanda.

Os dois tipos de pontos cantados são importantes, pois são ricos em simbologia e podem ser considerados "a trilha sonora de um ritual de Umbanda".

Ao longo da história diversos artistas gravaram esses pontos. Alguns contribuíram para a divulgação da Umbanda gravando as melodias na íntegra como é o caso de Martinho da Vila com o tradicional ponto de Exu: *O sino da igrejinha*, gravado em 1974, no LP *Canta Canta, Minha Gente*.

> O sino da igrejinha
> Faz belém blem blom
> Deu meia-noite
> O galo já cantou
> Seu Tranca Ruas
> Que é dono da gira
> Oi corre gira
> Que Ogum mandou

NorielVilela[1] também fez sucesso com uma melodia dedicada a Exu e outra dedicada à Umbanda, gravadas no LP *Eis o Ôme*.

Só o Ôme (Edenal Rodrigues)

Ah mô fio do jeito que suncê tá
Só o ôme é que pode ti ajudá
Ah mô fio do jeito que suncê tá
Só o ôme é que pode ti ajudá

Suncê compra um garrafa de marafo
Marafo que eu vai dizê o nome
Meia noite suncê na incruziada
Distampa a garrafa e chama o ôme
O galo vai cantá suncê escuta
Rêia tudo no chão que tá na hora
E se guáda noturno vem chegando
Suncê óia pa ele que ele vai andando

Ah mô fio do jeito que suncê tá
Só o ôme é que pode ti ajudá
Ah mô fio do jeito que suncê tá
Só o ôme é que pode ti ajudá

Eu estou ensinando isso a suncê
Mas suncê num tem sido muito bão
Tem sido mau fio mau marido
Inda puxa saco di patrão
Fez candonga di cumpanheiro seu
Ele botou feitiço em suncê
Agora só o ôme à meia noite
É que seu caso pode resolvê

Acredito sim (Avarése e Edenal Rodrigues)

Eu acredito sim
Não falem mal da Umbanda perto de mim
Eu acredito sim
Não falem mal da Umbanda perto de mim
Estive mal de vida, um Caboclo me ajudou
Quando estive doente, Preto Velho me curou

1 Noriel Vilela fez carreira como integrante do grupo vocal Nilo Amaro e Seus Cantores de Ébano, que teve relativo sucesso nos anos 1960. Esse grupo ficou muito conhecido pela gravação da belíssima melodia Uirapuru. Em 1968, Vilela lançou o álbum-solo Eis o Ôme.

Eu cheguei no terreiro à meia noite o galo cantou
Só com três palavras todo mal que eu tinha o vento levou
Levou, levou, levou
Agradeço a Umbanda
A Umbanda me salvou
Levou, levou, levou
Agradeço a Umbanda
A Umbanda me salvou
Eu acredito sim
Não falem mal da Umbanda perto de mim
Eu acredito sim
Não falem mal da Umbanda perto de mim
Tava desempregado, sem dinheiro pra comer
Eu não tinha saúde nem remédio pra beber
Hoje tenho emprego, dinheiro, saúde feliz eu estou
Só com três palavras o mal que eu tinha o vento levou
Levou, levou, levou
Agradeço a Umbanda
A Umbanda me salvou

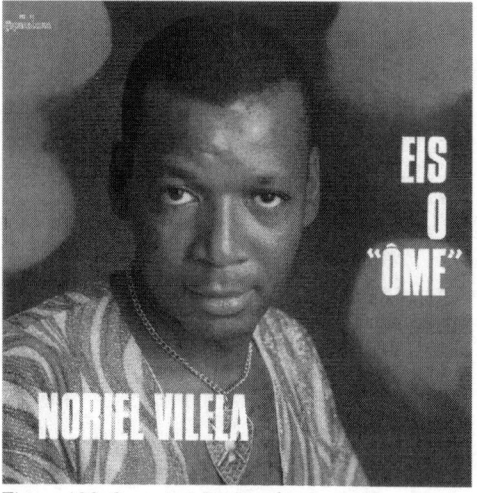

Figura 136: Capa do LP *Eis o Ôme*.

Ronnie Von gravou, em 1972, a melodia *Cavaleiro de Aruanda* (Tony Osanah):

Quem é o cavaleiro que vem lá de Aruanda
É Oxóssi em seu cavalo com seu chapéu de banda
Quem é esse cacique glorioso e guerreiro
Vem montado em seu cavalo descer no meu terreiro
Vem de Aruanda uê
Vem de Aruanda uá
Ele é filho do verde, ele é filho da mata
Saravá, Nossa Senhora, a sua flecha mata
Vem de Aruanda uê
Vem de Aruanda uá

Em uma das fitas gravadas por Lilia Ribeiro podemos ouvir Pai Antonio, incorporado em Zélio de Moraes, fazer referência ao famoso cantor e compositor Lamartine Babo,[2] que frequentava a Tenda Nossa Senhora da Piedade e utilizava os pontos de Umbanda para compor marchinhas de carnaval e ganhar dinheiro com as composições:

> ...depois veio começou a culhambar[3] ele porque panhava as músicas que véio cantava e começou a fazer negócio pra carnaval, pra tudo, isto não tá certo, como dize.
> Ai véio escuiambou ele; não pode fazer estas coisas não.
> Dize, que isso seu magricela, então você vem pra cá fazer isso? Não, não faça não...
> Mas tudo passou, ele já ta cá com nós do outro lado não é isso meu filho?

Esse fato se repetia no terreiro de Santíssimo onde diversas composições do Exu Sete Encruzilhadas Rei da Lira, cantadas nos trabalhos, eram gravadas por algumas pessoas que depois as adaptavam e gravavam como se fossem de sua autoria.

Outro uso indevido de um ponto cantado de Umbanda aconteceu em 1976 quando Ruy Maurity gravou, com grande sucesso, a música *Nem ouro, nem prata*:

> Eu vi chover, eu vi relampear
> Mas mesmo assim o céu estava azul

2 Lamartine de Azeredo Babo, nasceu no Rio de Janeiro, no dia 10 de Janeiro de 1904 e faleceu em 16 de junho de 1963. Mesmo tendo sido um leigo em técnica musical, criou belas melodias, resultantes de seu espírito inventivo e altamente versátil. Lamartine Babo compôs canções de diversos gêneros. No entanto, foi através das marchinhas carnavalescas que o seu nome se tornou mundialmente conhecido.
3 Esculhambar (nota do autor).

Diamantino Fernandes Trindade

Samborê, Temba, Folha de Jurema
Oxóssi reina de norte a sul

Sou brasileira faceira
Mestiça, mulata
Não tem ouro nem prata
O samba que sangra do meu coração

Tua menina de cor
Pedaço de bom carinho
Entrei no teu passo, malandro
Eu não sou como a tal Conceição

Chega de tanto exaltar essa tal de saudade
Meu caboclo moreno, mulato
Amuleto do nosso Brasil
Olha, meu preto bonito
Te quero, prometo, te gosto
Pra sempre do samba-canção
Ao primeiro apito do ano 2000

Esta música, na verdade, é uma adaptação do ponto do Caboclo Aracaty:

Eu vi chover, eu vi relampear
Mas mesmo assim o céu estava azul
Firmei meu ponto na folha da jurema
Eu sou Caboclo Aracaty

Da mesma forma que Pai Antonio condenou a utilização de pontos cantados para fins comerciais por parte de Lamartine Babo, nós consideramos esta gravação de Ruy Maurity um uso indevido de algo que é sagrado para os umbandistas.

52. Aspectos históricos sobre o hino da Umbanda

No livro *Umbanda Brasileira: um século de história*, publicado em 2008 pela Ícone Editora, algumas considerações foram feitas sobre a história do Hino da Umbanda a partir de algumas evidências colhidas na internet. Consultando o Dicionário Cravo Albin da Música Popular Brasileira obtivemos alguns detalhes sobre o autor da letra, José Manoel Alves:

> José Manoel Alves: Compositor. Instrumentista nasceu em Tangil,[1] Portugal. Dos 12 aos 22 anos tocou clarineta na Banda Tangilense, em sua terra natal. Em 1929, veio para o Brasil, indo residir no interior do Estado de São Paulo. No mesmo ano, mudou-se para a capital paulista, ingressando na Banda da Força Pública, em que ocupou vários postos, aposentando-se como capitão.
>
> Sua primeira composição gravada foi "Olha a alva", por Januário Pescuma e Arnaldo Pescuma com acompanhamento do Grupo X na RCA Victor. Em 1945, Osni Silva gravou na Continental, com acompanhamento da Banda da Força Pública de São Paulo, a marcha "Pela Pátria", composta em parceria com Antônio Romeu. Citamos outras de suas composições: em 1957, realizou sua única gravação, acompanhado de sua Banda: gravou pela RCA Victor, de sua autoria, os dobrados "Craveiro Lopes" e "Domingo em festa". No mesmo ano, Zaccarias e sua Orquestra gravaram dele

---

1 Tangil é uma freguesia do Concelho de Monção situada no Minho, no norte de Portugal.

e Mário Zan o dobrado "Quarto centenário", seu maior sucesso. Ao longo de sua carreira, compôs diversos pontos de umbanda e pontos de terreiro, gravados por diversos intérpretes. Em 1961, Otávio de Barros gravou o ponto de terreiro "Saravá Banda". Em 1962, a cantora Maria do Carmo gravou a curimba de Umbanda "Prece a Mamãe Oxum". Outras melodias umbandistas foram compostas por ele: "Saravá Oxóssi"; "Saudação aos Orixás"; "Xangô rolou a pedra" e "Xangô, rei da pedreira".

Dados colhidos no site *http://www.dicionariompb.com.br*

A maravilhosa letra do Hino da Umbanda, escrita por José Manoel Alves, foi musicada por Dalmo da Trindade Reis, maestro tenente do Grande Conjunto da Policia Militar do Rio de Janeiro.

No Segundo Congresso Nacional de Umbanda, em 1961 no Rio de Janeiro, a música foi oficialmente reconhecida como o Hino da Umbanda. Originalmente tinha como título: "Refletiu a Luz Divina", sendo cantada nos Terreiros como um ponto comum.

Conta-se uma história, interessante, não comprovada, com relação a José Manoel Alves, que em busca da cura, para sua cegueira, foi procurar a ajuda do Caboclo das Sete Encruzilhadas. Não conseguindo a cura, por ser o seu problema de origem cármica, escreveu a letra do Hino da Umbanda para mostrar que poderia ver, a partir do seu contato com a Umbanda, o mundo e a religião de outra maneira. Ele mostrou a letra a Zélio de Moraes, que gostou tanto que resolveu apresentá-lo como Hino Oficial da Umbanda no Segundo Congresso Nacional de Umbanda. José Manoel Alves foi condecorado com a Medalha Zélio de Morais, em 2007, em solenidade que contou com a presença de Zilméia de Moraes, realizada, no Rio de Janeiro, organizada pelo ICAPRA.[2] Na foto a seguir não é possível garantir que José Manoel Alves era cego. Podia no máximo ter alguma deficiência visual.

Refletiu a Luz Divina
Em todo o seu esplendor
É do reino de OXALÁ onde há paz e amor

---

2 Instituto Cultural de Apoio e Pesquisas as Tradições Afro. (Rio de Janeiro).

Luz que refletiu na terra
Luz que refletiu no mar
Luz que veio de Aruanda
Para tudo iluminar.
Umbanda é paz e amor
É um mundo cheio de Luz
É a força que nos dá vida
E a grandeza nos conduz.
Avante filhos de fé
Como a nossa lei não há
Levando ao mundo inteiro
A bandeira de OXALÁ

Na década de 1940 foi gravado, em disco 78 rpm, o Hino Umbandista, composto por Iris Fossati Guimarães e Jerson D'Oliveira, orquestrado pelo celebre maestro gaúcho Radamés Gnattalli:

Avante, avante, umbandista Sol do novo porvir
Oxalá nos aponta o caminho que devemos seguir
Sempre avante lutando
Para o bem da humanidade
Sob a luz desse ideal
Nossa lei será a caridade
A nossa fé, a nossa luta
Será salvar a todo irmão
Pois só assim cumpriremos
Nossa sagrada missão
Seja na Terra ou no Céu
Estaremos a servir
A legião umbandista
Do nosso imenso Brasil

A rara gravação pode ser ouvida no site: *http://www. umbanda.com.br*

Figura 137: José Manoel Alves no Primado de Umbanda de São Paulo na década de 1970.

Figura 138: Partitura oficial do Hino da Umbanda, escrita pelo maestro Dalmo da Trindade Reis em 1984.

53. Umbanda na mídia

Umbanda na Mídia é uma série de nove artigos, produzidos por Diamantino Fernandes Trindade, publicados no *Jornal de Umbanda Sagrada* entre agosto de 2009 e abril de 2010.

Parte I (agosto de 2009)

A Umbanda nas revistas brasileiras

Ao longo do tempo, a Umbanda aparece na mídia sob diversas óticas: divulgação, esclarecimento, proselitismo, critica, ataques etc. Nesta série de artigos pretendo mostrar, como registro histórico, algumas dessas abordagens permeadas por imagens.

Importantes revistas brasileiras como *Realidade, Manchete, Fatos e Fotos, Visão, Revista de História da Biblioteca Nacional, Isto É, Veja, Cult, Época, Galileu, Planeta* e outras, publicaram matérias sobre a Umbanda. O número 557 da Revista Manchete, de 22 de dezembro de 1962, registrava o casamento de Almino José de Almeida e Walpi de Oliveira realizado por Benjamim Figueiredo na Tenda Mirim. Na imagem podemos ver a noiva colocando a aliança no dedo do noivo e Vovó Cambinda segurando-lhe a mão e transmitindo fluidos benéficos.

Em outubro de 1989, a tirinha de Fernando Gonsales mostrava, um despacho urbano na encruzilhada, no Jornal *Folha de São Paulo*. Faremos, nos próximos números, um resgate histórico da Umbanda nos periódicos brasileiros, mostrando a importância da nossa religião para o povo brasileiro.

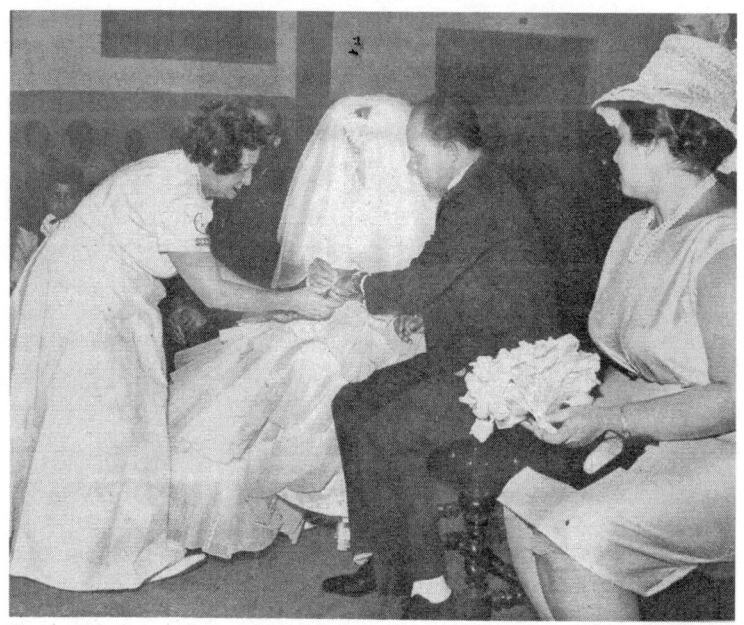

Figura 139: Casamento na Tenda Mirim.

Figura 140: Níquel Náusea.

Parte 2 (setembro de 2009)

Quem entra na Linha de Umbanda – Revista Fatos & Fotos

Continuando nossa digressão sobre a Umbanda na mídia apresento duas imagens e alguns tópicos da reportagem *Quem entra na Linha de Umbanda*, publicada no número 327 da Revista *Fatos & Fotos*, de 27 de abril de 1967. O texto de Ronald de Carvalho apontava para o crescimento da Umbanda no Brasil, onde escrevia que a cada quase três minutos, um novo umbandista se inicia no Brasil. Quer dizer: por hora, 18 brasileiros tiram os sapatos e entram para os rituais de terreiro. Esses números, indicativos da média do crescimento da Umbanda, baseiam-se no fato de que, em 30 anos, cerca de cinco milhões de umbandistas foram registrados em todo o país. Que força religiosa é essa que tão rapidamente se propaga? Que motivos levam um homem a abandonar sua religião de origem para iniciar-se na Umbanda? Entrevistando mais de 50 filhos de santo, ouvindo explicações de nove orixás[1] e anotando os conhecimentos do dr. Armando Cavalcanti Bandeira, o homem que foi convidado para codificar a Umbanda no Brasil, *Fatos & Fotos* penetrou na intimidade dessa religião. Conta agora a história dos que abandonam suas tradições para cultuar os Orixás (Santos), história comum aos 155 mil brasileiros que saem anualmente dos templos para os terreiros de Umbanda.

A reportagem abordou ainda as confusões entre a Umbanda e o Candomblé, a simbologia da Umbanda, casos reais nos terreiros, a iniciação e um pequeno vocabulário de Umbanda. A reportagem segue a tendência das revistas brasileiras dos anos 1960 que retratavam o crescimento da Umbanda em nosso país como fizeram anteriormente os periódicos *Manchete* e *Realidade*.

---

1 Entidades espirituais.

Diamantino Fernandes Trindade

Figura 141: Jovem ogan cantando e tocando tambor.
Imagem publicada no número 325 da *Revista Fatos & Fotos*, na reportagem *Quem entra na Linha de Umbanda*, de 27 de abril de 1967.

Figura 142: Médium cantando e dançando para o Santo.
Imagem publicada no número 325 da *Revista Fatos & Fotos*, na reportagem *Quem entra na Linha de Umbanda*, de 27 de abril de 1967.

História da Umbanda no Brasil

Figura 143: Médium fazendo obrigação na cachoeira.
Imagem publicada no número 325 da *Revista Fatos & Fotos*, na reportagem *Quem entra na Linha de Umbanda*, de 27 de abril de 1967.

Parte 3 (outubro de 2009)

A Umbanda na Revista Planeta

Destacamos neste número a tradicional Revista *Planeta* que em vários momentos da sua história publicou temas sobre a Umbanda. Já no seu primeiro número brasileiro, setembro de 1972, trazia a matéria *Candomblé, Umbanda e Macumba no Brasil*, na reportagem *Cultos africanos no Brasil*, de Edison Carneiro. No tópico *A conquista da Umbanda*, o autor escreveu:

> Como tipo de associação religiosa a Umbanda já está conquistando novas posições no país. Os cultos de organização recente, em cidades como Teresina, Fortaleza, Vitória, Curitiba e Goiânia, onde aparentemente não existiam antes, são quase sempre desse tipo. E, pelo menos no Rio de Janeiro, onde conta com três milhares de *tendas* e *terreiros*, cada vez mais frequentados por crentes e curiosos, a Umbanda se considera bastante forte para candidatar-se a uma religião institucionalizada nacional.
>
> Um pequeno núcleo de confrarias religiosas que constitui uma réplica, em ponto pequeno, do Candomblé da Bahia,

vive precariamente em Porto Alegre, sob a designação de *Batuque* e outrora, alternativamente, *Pará*. Característica nacional desses cultos é a sua localização urbana ou suburbana, com uma ou outra exceção no quadro rural.

O texto de Edison Carneiro aponta para o momento da grande da expansão do Movimento Umbandista no Brasil. No número 259, de março de 1994, a seção Fórum dos Leitores apresentava um esclarecimento do leitor Sebastião Anselmo, de Santa Rosa do Viterbo, quanto ao caráter afro-brasileiro da Umbanda:

Esclarecimento sobre a Umbanda

Senhor Editor:
Como assinante desta conceituada e deveras interessante revista, tomo a liberdade de tecer alguns comentários sobre um tema que durante praticamente todo o ano de 1993 foi debatido na seção "Fórum dos Leitores": a Umbanda.
Desde a edição 245 (fevereiro/93), quando foi publicado o artigo "Um Mergulho no Mistério da Umbanda", notamos que a matéria em pauta gerou discussões e controvérsias em vários setores umbandistas e também dos chamados cultos afro-brasileiros, pois na edição 252 (setembro/93) a seção "Fórum dos Leitores" publicou o protesto do sr. Jeronymo H. Vanzelloti (*Presidente, na época, do CONDU - Conselho Nacional Deliberativo da Umbanda*) ao artigo citado, e na 254 (novembro/93), o sr. Paulo G. da Silva criticou o protesto publicado no numero 252.
Assim, é fácil concluir que o tema merece uma melhor abordagem por parte desta conceituada revista, pois muita gente (inclusive adeptos) acredita que a Umbanda é uma religião afro-brasileira, o que não é verdade e precisa ser esclarecido com urgência. Não se trata de discriminação ou preconceito aos cultos de nação africana, que respeitamos, mas, a bem da verdade, Umbanda e cultos afros nada tem em comum. Muitos confundem Umbanda com o Candomblé, Omolokô, Catimbó, Batuque, Xangô de Caboclo etc., mas a verdadeira Umbanda nada tem a ver com eles, nem com o Catolicismo ou Kardecismo. Umbanda é uma religião eminentemente brasileira, com doutrina própria, cujo nascimento data de muito antes do advento do Caboclo das Sete Encruzilhadas e do grande médium Zélio de Moraes.

Figura 144: Capa do primeiro número da Revista Planeta.

Parte 4 (novembro de 2009)

A Umbanda na Revista Visão

A Umbanda esteve presente na Revista *Visão* em dois momentos. O número 40, de 3 de outubro de 1993, trazia como matéria de capa *A Umbanda Cruza Fronteiras*. A chamada do texto apontava:

> Enquanto enfrentam a campanha movida pelos católicos e pelas lideranças do movimento negro contra o sincretismo, os umbandistas mostram a força de expansão de seu culto, que já chega à Argentina, ao Uruguai, até a Itália. São transformações de um credo que nasceu mestiço.

Diamantino Fernandes Trindade

A reportagem mostrava que no Uruguai existiam mais de três mil terreiros de Umbanda. Citava ainda que em outros países, como Argentina, Bolívia e Chile também havia templos umbandistas. Um fato curioso era apontado: A União de Umbanda do Rio Grande do Sul tinha uma tenda filiada em Roma, a quatro quarteirões do Vaticano. Essa mesma entidade federativa havia criado um Departamento de Relações Exteriores.

Jamil Rachid, presidente da União de Tendas Espíritas de Umbanda e Candomblé do Estado de São Paulo dizia: *No Brasil existem 550 mil templos umbandistas. No Estado de São Paulo, 35 mil estavam registrados até 1980.*

A matéria foi muito importante para retratar a expansão do Movimento Umbandista daquele momento histórico brasileiro onde ainda não havia uma proliferação tão intensa das igrejas evangélicas que acabaram arrebanhando muitos umbandistas insatisfeitos com a religião.

O número 46, de 15 de novembro de 1989, da mesma revista fazia referência aos 81 anos da Umbanda e as origens do culto com a matéria: *Saravá, Umbanda!* Para tanto foram entrevistados Edison Cardoso de Oliveira e Diamantino Fernandes Trindade do Templo Espiritual de Umbanda Ogum Beira Mar, localizado em São Bernardo do Campo, São Paulo. A reportagem visitou o terreiro e fotografou o rito de atendimento público em 3 de novembro do mesmo ano. Sobre o templo foi escrito:

> É uma sala quase humilde. Limpa. Pequena. Em uma espécie de palco, fechado por uma cortina, fica o altar, com o Coração de Jesus ao centro, cercado por vários santos do catolicismo: São João Batista, São Roque, São Jerônimo, São Lázaro, Santana, Santa Bárbara, São Cosme e São Damião. E Yemanjá, é claro.

Sobre a expansão do Movimento Umbandista podemos ler:

> Estima-se que os terreiros de Umbanda no Rio de Janeiro sejam cerca de 20 mil. A União de Umbanda do Rio Grande do Sul tem uma casa filiada em Roma (VISÃO, 3-10-83) e exportou a religião para o Uruguai e a Argentina. E de tal forma a Umbanda se expandiu nesses países que em 1978 a Primeira Convenção Umbandista do Uruguai reuniu apro-

ximadamente 50 mil pessoas no Estádio do Peñarol, em Montevidéu. Diamantino garante também que há terreiros de Umbanda em Lisboa, pela grande influência de brasileiros que lá vivem; que há pelo menos uma tenda de Umbanda em Israel, fundada por um seu aluno; e que a Umbanda está disseminada também nos Estados Unidos, com várias tendas em Nova Iorque.

A partir do inicio dos anos 1990 houve um recrudescimento na expansão do Movimento Umbandista motivado pela ascensão das igrejas evangélicas.

Figura 145: Capa da Revista *Visão*, número 40, de 3 de outubro de 1993, mostrando a entrada da legendária Casa Sete Linhas, na Praça João Mendes, um dos estabelecimentos mais importantes do comércio de artigos religiosos da época.

Figura 146: Pretos Velhos incorporados em Diamantino Fernandes Trindade e Edison Cardoso de Oliveira. Foto publicada na Revista *Visão*, número 46, de 15 de novembro de 1989.

Diamantino Fernandes Trindade

Parte 5 (dezembro de 2009)

A Umbanda nas Revistas Kabala e Realidade

Uma revista que circulou por vários anos no Rio de Janeiro foi *Kabala*, dirigida por Domingos M. S. Ayroza e publicada pela Editora Revista do Capitão Atlas. No número 95, de julho de 1962, comemorativo do oitavo aniversário do periódico, aparece uma matéria escrita por João de Freitas na coluna Umbanda em flashes:

> A dialética exige do orador conhecimentos gerais para que em um diálogo ele argumente com precisão através do raciocínio claro e preciso.
> Na Umbanda, o dialético precisa conhecer de história universal, de mitologia, de teologia, de doutrina, e, sobretudo, das leis, que regem o Universo. Sem tais requisitos ele se transforma em simples e intolerável demagogo, em palrador sem méritos, em veiculo de excitação das paixões coletivas. Eis porque o demagogo é sempre visto como a um biltre que da lisonja e do louvor barato faz dos ingênuos e dos simplórios a escada de salvação para a sua ancestral mediocridade.
> Atraídos pela cifra de milhões de adeptos, dessa religião que vaga sem norte por falta de um órgão de cúpula, pululam em todo território nacional inflamados oradores, sem lastro moral e intelectual que os credenciem, como candidatos a prefeitos, a deputados e a vereadores. Exploram a parvoíce de certos chefes de terreiro e a ingenuidade de algumas babás que não sabem distinguir a verdade da impostura, a decência da indignidade e a compostura da insensatez. É nesta hora que assistimos, com profunda tristeza, a inteligência, a cultura e o saber de muitos homens responsáveis pelos destinos da Umbanda em estarrecedora ausência.
> É a dialética umbandista perdendo terreno para a demagogia solerte!
> É nesta hora, repetimos, que se faz sentir a falta de um órgão de cúpula estadual para indicar seus candidatos, autênticos umbandistas, de inegáveis méritos. Somente assim a Umbanda ver-se-ia livre dos aventureiros de todos os matizes; dos pseudo lideres e dos chefes frustrados que agem de socapa[2] por lhes ter fugido das mãos a afortunosa

2 De maneira disfarçada (nota do autor).

ensancha[3] de empunhar o cetro de sonhado encanto; dos tartufos[4] e dos bifrontes[5] que se bandeiam para as hostes dos despeitados dificultando o trabalho hercúleo de uma minoria de abnegados de respeitáveis credenciais.

Todavia a comunidade umbandista, acompanhando o desenrolar dos acontecimentos, através dos dirigentes esclarecidos das Tendas e Terreiros, não se deixará embair[6] pelas promessas dos demagogos.

Ela sabe, tanto quanto nós, por que tais espécimes são visceralmente contrários à criação de um órgão de cúpula.

De qualquer maneira, porém, a organização controladora virá por que a ordem emana das camadas superiores.

Apesar da criação de diversos órgãos de cúpula, pouca coisa mudou desde então. Os falsos lideres continuam pululando e tirando proveito da vaidade cada vez maior dos chefes de terreiro que buscam sempre migalhas de poder para inflar o seu ego.

O número 31, de outubro de 1968, da Revista *Realidade* trazia como chamada de capa: *Uma fé misteriosa - Umbanda*. Na página 156 aparecia em destaque: *Baixou o Santo!* Marcos de Castro escreveu na abertura da reportagem de nove páginas:

> Quando o santo baixa, em um terreiro, centenas de pessoas entram em transe. É uma sessão de Umbanda, hoje religião oficial de milhões de brasileiros negros e brancos, de todas as classes. Para a maioria, porém, continua sendo um mistério.

Algumas páginas foram reservadas para mostrar como ocorria uma gira de caridade na Tenda Mirim. Em um dos momentos da reportagem há o seguinte destaque: *Chega o Caboclo Mirim*:

> A esta altura, muitos já começam a ficar "atuados": respiram fundo e muito alto, dão gritos, batem o dedo indicador no polegar. Seu Benjamim recebe o espírito do Caboclo Mirim, que morreu, ou melhor, "desencarnou", há mais de 1700 anos. Acende um charuto e, de costas para os mé-

---

3 Liberdade (nota do autor).
4 Hipócritas (nota dos autores).
5 Que tem duas caras (nota do autor).
6 Enganar (nota do autor).

diuns, de frente para a imagem de Cristo (Oxalá), passa a mão sobre a testa e a cabeça, e ajoelha-se. Em voz alta invoca o Pai Supremo Oxalá.

Todos se levantam e acendem charutos, os barulhinhos de dedos aumentam, os médiuns trocam saudações. Um grupo estende-se no chão, é saudado por outro. As mulheres, algumas muito mocinhas, também acendem charutos. Os "pretos velhos" baixaram nelas. Agora, todos se saúdam. Benjamim grita:
– Okê, Oxóssi!
Hoje, porque estamos em outubro, é Oxóssi. Em novembro será Yofá. Em dezembro, Yemanjá. Nas sessões de janeiro, outra vez Oxóssi, que será homenageado também em março. Em fevereiro e abril é Ogum. Yofá em maio; Xangô em junho; Yemanjá em julho e agosto. Em setembro, novamente Xangô. A Tenda Mirim dedica um mês a cada divindade.

Ainda na mesma reportagem da Revista *Realidade*, no tópico **Domínios da Umbanda**,[7] encontramos referências aos registros dos terreiros:

Desde 1964, depois de um esforço da Confederação Nacional Espírita Umbandista e dos Cultos Afro-Brasileiros, o IBGE passou a registrar em seu Anuário Estatístico a Umbanda, oficialmente, como religião. No Anuário de 1968, que traz as estimativas referentes a 1965, constavam como umbandistas, no Brasil, 105.850 pessoas, quase 70% das quais na cidade e no Estado do Rio de Janeiro. Isso não quer dizer grande coisa, uma vez que ainda há, em muitos umbandistas, acentuada tendência de declararam-se católicos.[8] Inquérito realizado há dez anos pelo IPEME (Instituto de Pesquisas e Estudos de Mercado), nas favelas da cidade do Rio, dava 83,5 % dos adultos como católicos. Desses, entretanto, mais de 20 % não esconderam que frequentavam práticas da macumba. Segundo os umbandistas mais otimistas, o Brasil talvez tenha, hoje, perto de 4 ou 5 milhões de praticantes.
Em matéria de terreiros, as estatísticas são precárias. Não há números oficiais. Há levantamentos feitos pelas próprias entidades umbandistas, em condições que não podem ser consideradas as melhores. No Rio, por exemplo, incluindo

---

7 Este trecho da matéria não constava do texto original apresentado no *Jornal de Umbanda Sagrada* (nota do autor).
8 Isto acontece ainda hoje (nota do autor).

as cidades limítrofes (o chamado Grande Rio), os números ficam quase todos entre 25 e 30 mil, falando-se apenas em terreiros juridicamente legalizados. Muitos terreiros conseguem registrar-se como associações beneficentes para obter verbas da Assembleia Legislativa. E obtém. Na verdade, muitas delas, como a Tenda Mirim, possuem departamentos de assistência social razoavelmente montados, com serviço médico, dentário e outros. O terreiro Caminheiros da Verdade, no Engenho de Dentro, mantem até hospital. Os cariocas elegem pelo menos um deputado estadual através da Umbanda: Áttila Nunes, que na última eleição teve 7.370 votos e garante que não gastou de seu bolso senão 64 cruzeiros novos. Áttila Nunes afirma que não precisa fazer propaganda para se eleger, porque tem amigos certos dentro da Umbanda. Começou na política em 1960 e teve logo 9 mil votos para constituinte do Estado da Guanabara, batendo no seu partido, então PSP, até nomes mais populares. Muitos outros, descobrindo através dele que a Umbanda era um ótimo terreno para conseguir votos, foram explorá-lo.

A reportagem se encerra com a seguinte citação:

Do ritual de Umbanda, o culto de Yemanjá, no ultimo dia do ano, entrou no calendário oficial da Secretaria de Turismo, no Rio. Isso, segundo os umbandistas, é uma das provas de força do culto. Para outros, não passa de uma curiosidade folclórica para turistas.

A Umbanda, no entanto, é realmente forte. Não para de crescer. Dia a dia aumenta o número de seus adeptos. Os católicos já não a hostilizam, sua importância é reconhecida, quase todos a respeitam, ela não é mais uma religião clandestina. Todas as noites que uma campainha toca pela terceira vez e a *Ave Maria* de Gounod começa a ser suavemente percebida, milhares de pessoas se concentram em tendas e terreiros espalhados por todo o País. Compenetradas ouvem:

– Prezados amigos, estamos reunidos mais uma vez e vamos iniciar a nossa sessão dentro da maior boa vontade, pedindo por nós e pelos nossos, na prática do bem e da caridade, que esse é sempre o nosso objetivo, seguindo o exemplo do mestre altíssimo.

E compenetradas respondem:

– Que assim seja.

Diamantino Fernandes Trindade

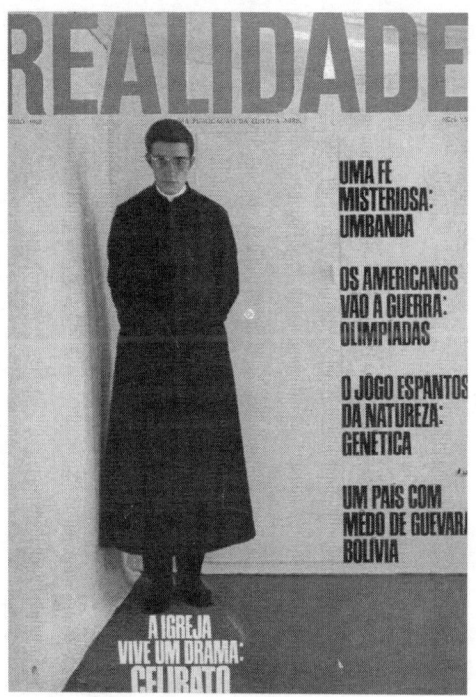

Figura 147: Capa da Revista Realidade, número 31 de outubro de 1968.

Parte 6 (janeiro de 2010)

Zélio de Moraes e a política

No portal *http://povodearuanda.com.br* encontramos importante matéria do nosso irmão Alex de Oxóssi que mostra o abnegado trabalho de Edenilson Francisco e Renato Henrique Guimarães Dias, que resgataram, nos arquivos do Jornal *Gazeta de São Gonçalo*, um aspecto da vida profícua de Zélio de Moraes, que não se dedicava apenas à Umbanda. No portal podemos ler:

> Com o intuito de ajudar a população de seu município, Zélio de Moraes se candidatou a vereador de São Gonçalo em 1924, sendo eleito em 18 de maio. Conforme normas

legislativas da época, sua posse ocorreu no dia 06 de junho do mesmo ano, com término do mandato em 30 de abril de 1927. Como vereador, dedicou-se principalmente à difusão de escolas públicas no município em que residia. Tamanha foi sua dedicação a este tema, que criou uma escola totalmente gratuita, de curso primário, funcionando na Tenda Espírita Nossa Senhora da Piedade, para atender as crianças do bairro de Neves. Buscando continuar o trabalho que vinha fazendo no legislativo de São Gonçalo, de difusão das escolas públicas no município, Zélio se candidatou à reeleição, logrando êxito no pleito de 10 de abril de 1927. Conforme normas legislativas da época, sua posse ocorreu no dia 30 de abril do mesmo ano, com término do mandato em 31 de dezembro de 1929. Buscando continuar o trabalho de difusão das escolas públicas no município, o qual se dedicara nos dois mandatos anteriores, Zélio se candidatou novamente à reeleição no pleito de 01 de setembro de 1929, porém, dessa vez, não logrou êxito. Após essa derrota nas eleições, Zélio de Moraes abandonou a política.

E essa é a história de como foi descoberta e divulgada a passagem de Zélio de Moraes pela política.

Renato Henrique Guimarães Dias

No portal podemos ler o texto *Centenário da Umbanda*, de Jorge Cesar Pereira Nunes.[9] Em um dos trechos da matéria, o autor explica:

> Zélio, entretanto, não se dedicava apenas à sua crença. Como era norma não receber recompensa pelo bem distribuído, dedicava-se às atividades profissionais normais, assumindo os negócios de seu pai, e fez uma incursão na política, *elegendo-se vereador em 18-05-1924 e empossado em 10 de junho seguinte. Foi reeleito para um segundo mandato em 10-04-1927*, empossado no dia 30 seguinte e escolhido por seus pares, na mesma data, para secretário do Legislativo Gonçalense. Após cumprir o mandato de três anos, afastou-se da política. Quando de seu falecimento, a Câmara Municipal deu seu nome à Rua Vereador Zélio de Moraes, no bairro de Mangueira.

9 Este texto não consta da nossa matéria publicada no Jornal de Umbanda Sagrada (nota do autor).

As imagens a seguir mostram a manchete do jornal *A Gazeta de São Gonçalo* sobre os candidatos do partido governista para as eleições municipais de 1929. Agradeço ao irmão Alex de Oxóssi pelo envio das imagens.

Figura 148: Manchete, de 24 de agosto de 1929, do Jornal Gazeta de São Gonçalo.

Figura 149: Foto de Zélio de Moraes na *Gazeta de São Gonçalo*.

Parte 7 (fevereiro de 2010)

Demétrio Domingues e Umbanda em Revista

Continuando nosso resgate sobre a Umbanda na mídia, quero registrar a minha homenagem ao irmão Demétrio Domingues, desencarnado em 2007, que por mais de dez anos editou *Umbanda em Revista*, publicada pela Associação Paulista de Umbanda, com periodicidade mensal, onde divulgava os principais eventos umbandistas brasileiros, além de possibilitar que outros irmãos pudessem se manifestar por meio de suas matérias.

Figura 150: Capa do número 87 de *Umbanda em Revista*.

O número 117 apresenta uma reportagem relativa ao 6º Encontro de Chefes de Terreiro realizado pela Associação Paulista de Umbanda em 1985. Nesse evento Diamantino Fernandes Trindade representou a Federação Umbandista do Grande ABC e proferiu palestra sobre as origens da Umbanda no Brasil. *Umbanda em Revista* circulou, com distribuição gratuita, durante 12 anos até 1985. Em abril desse ano, Demétrio Domingues uniu forças com o conceituado editor

Bartolo Fittipaldi e a DINAP[10] para lançar a Revista *Umbanda Verdade* que era uma versão ampliada e melhor elaborada de *Umbanda em Revista*. Infelizmente teve vida curta, com a publicação de apenas dois números.

Figura 151: Capa do número 80 de *Umbanda em Revista*.

No site do SOUESP[11] encontramos o seguinte texto escrito por Ronaldo Linares em agosto de 2007, publicado no Jornal *Icapra*[12] de agosto de 2007:

> Para tristeza de todos nós, faleceu no ultimo dia 24 de julho de 2007 o babalaô Demétrio Domingues, diretor-presidente da Associação Paulista de Umbanda. Homem de luta, de trabalho e de muita dedicação à causa umbandista.
>
> Demétrio Domingues criou uma revista umbandista, na década de 80 onde em cada edição homenageava uma personalidade umbandista chamando-as de "Cacique da Umbanda". Hoje, com o coração de luto despeço-me dele; do maior Cacique da Umbanda.
>
> Demétrio Domingues foi meu companheiro de microfone

10 Distribuidora Nacional de Publicações – Empresa do Grupo Abril.
11 Superior Órgão de Umbanda do Estado de São Paulo. *http://www.souesp.com.br*
12 Instituto Cultural de Apoio Pesquisa às Religiões (Rio de Janeiro).

por vários anos em meus programas: Umbanda em Marcha; Ronaldo fala de Umbanda; Momento de Prece. Esteve comigo em meu programa da TV Bandeirantes (Programa Xênia Bier) e também na TV Gazeta. E sempre tinha algo construtivo, positivo e com muito entusiasmo para estimular a família umbandista. O grande cacique foi a alavanca mestra da Criação do Superior Órgão de Umbanda do Estado de São Paulo. Foi dele a ideia de juntar as Federações então existentes, em uma instituição idônea, que pudesse cuidar da Umbanda Paulista. Foi ele que convenceu o então Coronel Nelson Braga Moreira a assumir o comando do SOUESP.

Foi por suas mãos que me aproximei do SOUESP e, posteriormente fui nomeado pelo já então, General Nelson Braga Moreira, porta-voz oficial do Superior Órgão de Umbanda do Estado de São Paulo.

Foi o grande Cacique Demétrio o arquiteto do Terceiro Congresso Paulista de Umbanda realizado na Câmara Municipal de São Paulo.

Foi ele também que organizou, na Assembleia Legislativa de São Paulo, o Encontro sobre a Umbanda e a Constituinte[13] e, mais do que isso, foi o único presidente da Federação até essa data, que enquanto a minha pesquisa sobre a origem da Umbanda se realizava, demonstrou interesse em auxiliar.

Posteriormente o dr. Estevam Montebello e o General Nelson Braga Moreira também procurarem ajudar e, quando conclui meu trabalho e apresentei-o à mesa diretora do SOUESP, as provas de que a primeira Tenda de Umbanda do Brasil fora a fundada por Zélio Fernandino de Moraes, estabelecendo definitivamente que o trabalho realizado pelo Caboclo das Sete Encruzilhadas fora o pioneiro da Umbanda. Foi de Demétrio Domingues, que recebi o primeiro abraço de congratulações pelo trabalho realizado.

Lembro ainda que a convite de Demétrio e do General Nelson Braga Moreira, recebi a incumbência de criar uma organização federativa no ABC paulista. Foi assim que nasceu a Federação Umbandista do Grande ABC, organização que era um pouco "filha" de Demétrio, (que assinou sua ata de fundação), na mesma época e sob as mesmas indicações surgiram: a própria Associação Paulista de Umbanda; A Federação Umbandista da Grande São Paulo; A Federação Regional Umbandista da Zona Oeste de São Paulo e a Federação Umbandista de Guarulhos.

13 Diamantino Fernandes Trindade foi o relator desse evento.

De todos esses progressistas eventos, Demétrio participou diretamente e foi ele também, quem conseguiu colocar a primeira grande Imagem de Yemanjá no litoral Paulista, a estátua da Praia Grande. Demétrio Domingues era, na intimidade, um grande companheiro. Quando provocado era grosso como um toco de açougueiro, mas da mesma forma que meu Pai no Candomblé, o saudoso Joãozinho da Goméia, tinha um coração de mel, dava e deu tudo de si pela família e pela causa umbandista; deu realmente tudo até mesmo a própria vida. Hoje ele esta provavelmente propondo a Oxalá alguma forma de tornar mais fácil e mais alegre a vida do pobre povo brasileiro.

Figura 152: Demétrius Domingues apresentando o I Encontro de Curimbas de Umbanda.
Fonte: Superior Órgão de Umbanda de São Paulo.

Figura 153: Capa do primeiro número da Revista *Umbanda Verdade*.

Figura 154: Capa do segundo número da Revista *Umbanda Verdade*.

Diamantino Fernandes Trindade

Parte 8 (março de 2010)

Áttila Nunes e o Programa Melodias de Terreiro

A divulgação da Umbanda ganhou corpo quando entrou em cena o radialista e escritor Áttila Pereira Nunes. Na literatura conseguiu sucesso com a obra Antologia de Umbanda, porém foi através do programa Melodias de Terreiro que se tornou popular. Foi uma importante personalidade do rádio brasileiro e um defensor incansável da liberdade religiosa.

O Programa Melodias de Terreiro está presente na lembrança de muitos umbandistas que puderam acompanham um pouco da trajetória de um dos precursores da Umbanda no Brasil.

O primeiro programa voltado para os cultos afro-brasileiros foi ao ar pela primeira vez em 1948, pela então Rádio Guanabara, hoje Bandeirantes. Áttila Nunes, que dedicou a vida lutando contra as perseguições policiais aos terreiros de Umbanda, desencarnou em 1968 e sua esposa e vereadora Bambina Bucci passou apresentar o programa que marcou toda uma geração de umbandistas.

Atualmente o Programa Melodias de Terreiro é produzido por Atila Nunes Filho e vai ao ar pela Rádio Metropolitana AM 1090 do Rio de Janeiro, transmitindo informações, preces e poemas de cunho afro-brasileiro, além de cânticos de um acervo composto de mais de 1700 composições, reunidas ao longo da existência do programa.

Sobre o programa, Atila Nunes Filho escreveu no seu livro (1970) *Umbanda, Religião - Desafio*:

> Nos primeiros dias de dezembro de 1968, comecei a produzir e apresentar "Melodias de Terreiro", programa que há anos vai ao ar, sempre divulgando e defendendo a Umbanda. Em meados de 1969, "Melodias de Terreiro" alcançou a liderança de audiência no gênero, com um índice de 90%. Foi, talvez, a minha primeira grande alegria no meio umbandista, por saber que havia correspondido à expectativa de milhares de irmãos de crença que souberam depositar sua confiança em mim.
> A todos os ouvintes de "Melodias de Terreiro" e aos irmãos

que me auxiliaram no inicio, a minha gratidão e o meu reconhecimento eterno pela ajuda valiosa.

Aos que prestigiaram nosso outro veiculo de divulgação, "Gira da Umbanda", que atualmente é apresentado por Bambina Bucci, a minha sincera homenagem por todo o apoio e incentivo.

Que Oxalá os abençoe.

Figura 155: Áttila Nunes no *Jornal das Moças*.

Figura 156: Áttila Nunes durante programa radiofônico.

Parte 9 (abril de 2010)

O Boletim A Caridade e a Revista Gira da Umbanda

Caro leitor! Estamos chegando ao final desta série de artigos sobre a Umbanda na Mídia. Apresentamos neste número o Boletim *A Caridade* e a revista *Gira da Umbanda*. Os periódicos umbandistas tiveram origem na Tenda Nossa Senhora da Piedade. Em 1947, Zélio de Morais fundou o *Jornal de Umbanda*. Em 1956, a Tenda Nossa Senhora da Piedade lançou seu boletim mensal *A Caridade*. Reproduzo, a seguir, as primeiras páginas do primeiro e segundo números desse periódico. Em 1972, Atila Nunes Filho lançou a revista *Gira da Umbanda*, publicada pela Editora Espiritualista. No primeiro número do periódico, a jornalista Lilia Ribeiro, juntamente com suas assistentes Lucy e Creuza, realizou uma reportagem com Zélio de Moraes na Cabana de Pai Antonio em Boca do Mato, uma pequena localidade no Município de Cachoeiras de Macacu, no Rio de Janeiro. Transcrevemos a seguir trechos da reportagem intitulada *A Umbanda existe há 64 anos!*

Figura 157: Capa do primeiro número da Revista *Gira de Umbanda*.

Editorial do primeiro número da Revista Gira de Umbanda

Com o lançamento de GIRA DA UMBANDA objetivamos levar até você um pouco de cada fato que ocorre diariamente em todo mundo com homens e mulheres que seguem a doutrina espírita, a Umbanda e os cultos africanistas. De maneira simples e honesta apresentamos neste primeiro número inúmeras reportagens, crônicas e entrevistas que esperamos ser de agrado de todos. Procuramos dar também, nesta primeira edição, carinho especial a um noticiário completo que abranja festividades, lançamento de livros, discos e jornais, acontecimentos marcantes e uma cobertura completa de centros, com suas respectivas programações. GIRA DA UMBANDA se propõe a divulgar assuntos de relevante importância para todos aqueles que professam ou acompanham o movimento espiritualista mundial. Seguindo uma linha democrática, GIRA DA UMBANDA abre suas páginas aos seus leitores, baseada no fato de que existem inúmeros espiritualistas, sejam eles seguidores da doutrina cardequiana, da Umbanda ou dos cultos africanistas, que podem enriquecer nossos conhecimentos. Aqui está, portanto, a revista GIRA DA UMBANDA para o julgamento e a apreciação de seus leitores. Que Deus sempre ilumine o pensamento do nosso corpo redacional, para que ofereçamos o melhor possível para nossos irmãos.

Atila Nunes Filho

A Umbanda existe há 64 anos! – Entrevista com Zélio de Moraes

Com 82 anos de idade, este homem é considerado por um pequeno grupo de umbandistas "o fundador da Umbanda".

Cabelos grisalhos, fisionomia serena e simples, Zélio de Moraes, através do seu guia espiritual, o Caboclo das Sete Encruzilhadas, só sabe praticar o amor e a humildade.

– Na minha família, todos são da marinha: almirantes, comandantes, um capitão de mar e guerra... "Só eu que não sou nada..." – comentava sorrindo Zélio de Moraes, aos amigos que o visitavam, nessa manhã ensolarada.

E a repórter, antes mesmo de se apresentar, retrucou:
– Almirantes ilustres, capitães de mar e guerra há muitos;
O médium do Caboclo das Sete Encruzilhadas, porém, é um só.
Levantando-se, Zélio de Moraes, magrinho, de estatura mediana, cabelos grisalhos, fisionomia serena e de uma simplicidade sem igual, acolheu-me, como se fôssemos velhos conhecidos. Nesse ambiente cordial, sentindo-me completamente à vontade, possuída de estranho bem estar, esquecendo, quase, a minha função jornalística, iniciei uma palestra, que se prolongaria por várias horas, deixando-me uma impressão inesquecível.

Relembrando fatos passados em mais de meio século de atividade espiritualista, Zélio refere-se a centenas de tendas de Umbanda fundadas na Guanabara, em São Paulo, Estado do Rio, Minas, Espírito Santo, Rio Grande do Sul. A Federação de Umbanda do Brasil, hoje União Espiritista de Umbanda do Brasil, foi criada por determinação do Caboclo das Sete Encruzilhadas, a 26 de agosto de 1939.

Da Tenda Nossa Senhora da Piedade saiam constantemente médiuns de capacidade comprovada, com a missão de dirigirem novos templos umbandistas; entre eles, José Meirelles, na época deputado federal; José Álvares Pessoa, que deixou uma lembrança indelével de sua extraordinária cultura espiritualista; Martinho Mendes Ferreira, atual presidente da Congregação Espírita Umbandista do Brasil; Carlos Monte de Almeida um dos diretores de culto da T.U.L.E.F.; João Severino Ramos, trabalhando ainda hoje, ativamente, inclusive na Assessoria de Culto do Conselho Nacional Deliberativo da Umbanda.

Outros, fugindo às rígidas determinações de humildade e caridade do Caboclo das Sete Encruzilhadas, desvirtuaram normas do culto.

Mas a Umbanda, preconizada através da mediunidade de Zélio de Moraes, difundiu-se extraordinariamente e hoje podemos encontrar suas características em tendas modestas e nos grandes templos, como o Caminheiros da Verdade e a Tenda Mirim, nos quais a orientação de João Carneiro de Almeida e Benjamin Figueiredo mantém elevado nível de espiritualidade, no Primado de Umbanda, uma das mais perfeitas entidades associativas da nossa Religião.

Durante mais de cinquenta anos, o Caboclo das Sete Encruzilhadas dirigiu a Tenda Nossa Senhora da Piedade; após esse tempo, passou a direção à filha mais velha do médium, dona Zélia, aparelho do Caboclo Sete Flechas. Entretanto, Pai Antonio continua trabalhando, na Cabana que tem o seu nome, localizada num sítio maravilhoso, em Cachoeiras de Macacu. O Caboclo manifesta-se ainda em datas especiais, como foi, por exemplo, o 63º aniversário daquela tenda. Da gravação feita durante a celebração festiva, reproduzimos para os leitores, o trecho final da mensagem do Caboclo das Sete Encruzilhadas:

A Umbanda tem progredido e vai progredir muito ainda. É preciso haver sinceridade, amor de irmão para irmão, para que a vil moeda não venha a destruir o médium, que será mais tarde expulso, como Jesus expulsou os vendilhões do templo. É preciso estar sempre de prevenção contra os obsessores, que podem atingir o médium. É preciso ter cuidado e haver moral, para que a Umbanda progrida e seja sempre uma Umbanda de humildade, amor e caridade. Essa é a nossa bandeira. Meus irmãos: sede humildes, trazei amor no coração para que pela vossa mediunidade possa baixar um espírito superior; sempre afinados com a virtude que Jesus pregou na Terra, para que venha buscar socorro em vossas casas de caridade, todo o Brasil... Tenho uma coisa a vos pedir: se Jesus veio ao planeta Terra na humilde manjedoura, não foi por acaso, não. Foi o Pai que assim o determinou. Que o nascimento de Jesus, o espírito que viria traçar à humanidade o caminho de obter a paz, saúde e felicidade, a humildade em que ele baixou neste planeta, a estrela que iluminou aquele estábulo, sirva para vós, iluminando vossos espíritos, retirando os escuros da maldade por pensamento, por ações; que Deus perdoe tudo o que tiverdes feito ou as maldades que podeis haver pensado, para que a paz possa reinar em vossos corações e nos vossos lares. Eu, meus irmãos, como o menor espírito que baixou à Terra, mas amigo de todos, numa concentração perfeita dos espíritos que me rodeiam neste momento, peço que eles sintam a necessidade de cada um de vós e que, ao sairdes deste templo de caridade, encontreis os caminhos abertos, vossos enfermos curados e a saúde para sempre em vossa matéria. Com o meu voto de paz, saúde e felicidade, com humildade, amor e caridade, sou e serei sempre o humilde Caboclo das Sete Encruzilhadas.

Diamantino Fernandes Trindade

BOLETIM MENSAL DA TENDA N. S. DA PIEDADE

A CARIDADE

ANO I | D. F. — JUNHO DE 1956 — | NÚM. 1

O QUE É

A FRATERNIDADE SOCIAL TIANA

E O QUE SE PROPÕE REALIZAR

Caros Irmãos

A idéia de cooperação que resultou da criação da FRATERNIDADE SOCIAL TIANA, em tão boa hora lembrada por um grupo de amigos e filhos do CABOCLO DAS SETE EN-CRUZILHADAS, tem por finalidade precípua continuar no terreno material, a caridade espiritual, que a TENDA N. S. DA PIEDADE vem prestando ininterruptamente nesta cidade, a milhares de pessoas, durante 18 anos de sacrifícios e renúncias, por intermédio do nosso boníssimo e incansável amigo, sr. ZÉLIO e sua Exma. Família.

Esta cooperação a que já nos referimos, será realizada através de campanhas, financeiras e de tudo aquilo que possamos conseguir com a colaboração indispensável dos associados, frequentadores desta Tenda e demais pessoas, cujo espírito caritativo permita compreender, como esperamos, a finalidade humanitária desta idéia.

Vencida esta primeira etapa, de cujo êxito não temos dúvidas, visto o alto espírito de boa vontade que caracteriza o nosso povo, que é de boa índole, nos propomos dar gratuitamente, a todos aquêles que nos solicitarem e que reconhecidamente necessitarem: assistência médica, dentária e jurídica; medicamentos; víveres; objetos de uso pessoal; interna-mentos de enfêrmos nos hospitais; colocação de pessoas; brinquedos às crianças nas épocas próprias; internamentos de menores nos colégios; etc. Enfim, tôda e qualquer ajuda que nos forem solicitadas.

Outrossim, devo informar aos caros irmãos, que formam a grande e harmoniosa família da casa do CABOCLO DAS SETE ENCRUZI-LHADAS, que a FRATERNIDADE SOCIAL TIANA, foi criada para cooperar em todos os sentidos, nas realizações da TENDA N. S. DA PIEDADE, sempre de comum acôrdo com a diretoria, nos grandes encargos que a ela estão afetos, conforme aprovação do nosso querido Chefe, CABOCLO DAS SETE ENCRUZI-LHADAS.

Finalmente, peço-vos, caros irmãos, permissão para vos fazer esta advertência: PENSEMOS UM POUCO MENOS EM NÓS E UM POUCO MAIS EM NOSSOS SEME-LHANTES, e teremos, assim, realizado a vontade da nossa inspiradora: TIANA.

Umbanda é a montanha
Que todos terão que galgar.
Muitos serão os chamados
Poucos conseguirão chegar!

Saravá TIANA e sua Bendita Falange de Amor e Caridade

Figura 158: Primeira página do número 1 do Boletim *A Caridade*.

BOLETIM MENSAL DA TENDA N. S. DA PIEDADE

A CARIDADE

ANO I | D. F. — JULHO DE 1956 — | NUM. 2

A Umbanda em Festa

Foi coroada do mais autêntico sucesso espiritual, a festa que em nossa Tenda, se comemorou mais um evento de São Pedro, o Apóstolo do Senhor, o humilde pescador da Galiléia. Nesse dia, de grande vibração de amôr, Tiana, Essa Luminar da Umbanda, também festejou o seu grande dia. A Preta Velha, tal como se nos apresenta, estava radiante de alegria, pelas homenagens que seus dedicados filhos lhe prestaram com tanto carinho.

O sr. Zélio, o iniciador da Umbanda, em nossa Terra; e também, o mais humilde, iniciou as solenidades com belíssima saudação a São Pedro, o Santo do dia, falando-nos dos seus exemplos de humildade, que o tornou o Chefe de grande falanges de trabalhadores, da Seára do Senhor, lembrou-nos ainda, o sr. Zélio, que Pedro é o dirigente espiritual da Tenda que tem o seu nome e por êle fundada, em Nitérói.

A seguir, o sr. Zélio saudou Tiana pelo grande acontecimento, falou do seu amôr pelos filhos, da dedicação do seu médium, D. Zilméia, pela causa da caridade e finalmente, saudou o querido Chefe desta casa, Caboclo das 7 Encruzilhadas e demais Chefes: Orixá Malê, Pai Antônio, São Benedito, e todos os Luminares da Umbanda, que trabalham dia e noite, pelo bem da humanidade.

Após a primeira parte das solenidades, Tiana veio até nós e foi calorosamente recebida por mãos cheias de pétalas de rosas; palmas e saravás

por todos o médiuns e a numerosa assistência que lotavam todo o terreiro, numa vibração de amôr tão intensa, que encheu os nossos corações de alegria, sendo que, nesta oportunidade, foi entoado, a corimba de saudação a Tiana, que humilde e satisfeita deu início ao ritual com os presentes dos filhos de fé, que a Ela, foram levar seus tributos de gratidão, simples mas sinceros, pelo muito que tem feito por êles. Tiana, sempre solícita e humilde, pois lia no coração de cada filho, a bondade, agradecia a todos, rogando ao Pai Oxalá pela paz e saúde, dos mesmos. Prosseguindo com a segunda parte, do cerimonial o nosso bom amigo, sr. Ruiz, dedicado médium desta Tenda, prestou o seu preito de gratidão a Tiana, com 7 "bouquets" de rosas brancas, enlaçados com uma fita de cada côr diferente, entregues por 7 médiuns, que Tiana agradecia con tanto amôr e humildade; que beijava a mão de cada um dos médiuns componentes da comissão incumbida do ritual da entrega. Este ato, de muita significação mágica, deixou os presentes sensibilizados, principalmente, pela demonstração de grande humildade, de que tanto precisamos aprender, para abater a nossa arrogância, que nos desvia do caminho da espiritualização. Os filhos de fé de Tiana, lhe ofereceram farta e variada mesa de dóces que foram fluidificados e a seguir, distribuidos com todos os presentes a grande noite.

Conclui na 2a. página

AMIGO: Tu sabes que ajudando esta casa, estais ajudando a ti mesmo?

Figura 159: Primeira página do número 2 do Boletim *A Caridade*.

Parte 10

Outras publicações em revistas

Como complemento apresentamos outras matérias sobre a
Umbanda publicadas por importantes revistas:[14]

Revista Manchete

Na revista *Manchete*, número 50, de março de 1953,
aparecia em destaque: *Por que cresce a macumba no Brasil?*
Como registro histórico mostramos um pequeno trecho dessa
reportagem de Carlos Galvão Krebs. Este jornalista abordava
as causas do crescimento dos *cultos fetichistas* e em um determinado ponto diz:

> O ritmo, o canto, a dança, as vestimentas coloridas, as gran-
> des festas públicas com uma assistência vibrante, isso se
> combina para proporcionar o prazer e a tensão emotiva de
> que, em outras culturas, se encarregam o teatro e o cinema,
> os concertos e a ópera.
> Uma causa subtil, mas muito ponderável, da disseminação
> do fetichismo, é a fusão crescente, o sincretismo tendente a
> uma aglutinação completa de todas as crenças existentes no
> Brasil. Já Arthur Ramos denunciou isso. Em Porto Alegre,
> no Abrigo Espírita São Francisco de Assis, culto umban-
> dista chefiado até a morte pelo irmão maior Laudelino de
> Souza Gomes, encontramos misturados (1948) elementos
> bantos, jejes, yorubanos, católicos, ameríndios, protestan-
> tes, espíritas e esotéricos. Cada elemento deste sincretismo é
> um ponto de contato entre o fetichismo e os crentes de cul-
> turas diferentes e de outras religiões. Desta forma aumen-
> tam fabulosamente as possibilidades de proselitismo: não
> é como pescar à linha, mas, sim – pescar com espinhel.[15]
> Para finalizar diremos que, no fundo de tudo, está a maior
> de todas as causas. É a massa do sangue negro que cor-
> re nas veias de uns 33% de nossa população negra pura e
> mulata. É o mestiçamento psicológico da maioria branca,
> denunciado por Gilberto Freyre, maioria branca que em

14 Não publicadas no *Jornal de Umbanda Sagrada* (nota do autor).
15 É um tipo de arte de pesca à linha constituído por uma linha principal, forte e
comprida, de onde dependem outras linhas secundárias mais curtas e em grande
número, a intervalos regulares, onde cada uma termina em um anzol (nota do autor).

grande parte se criou com o preto, que mamou leite branco nos seios generosos das babás negras, que se iniciou no amor com a carne trigueira das mucamas jovens.

Apesar da importância da reportagem, o leitor pode perceber que o jornalista, assim como a maioria da população, confunde a *Macumba* com a Umbanda e demais cultos afro-brasileiros. O número 557 da Revista *Manchete*, de 22 de dezembro de 1962, registrava um casamento realizado por Benjamim Figueiredo na Tenda Mirim (relatado na Parte 1 deste capítulo). Transcrevo a seguir a matéria:[16]

> Indiferentes às profundas discussões teológicas estabelecidas no Concílio Ecumênico, a linha de Umbanda continua recebendo em suas hostes novos adeptos através de cerimônias que constituem verdadeiros espetáculos de sons e coreografia primitivos numa tentativa de harmonizar os chamados princípios da religião oriental com o conceito místico dos nossos índios. Para os umbandistas em geral só se conhece uma hierarquia: **A evolução de cada espírito nos diversos planos da Criação e a vibratória estabelecida pelo mérito de cada um.** Dentro desse sistema, Umbanda quer dizer conjunto de leis que rege a vida e a harmonia do universo. E também possui a sua trilogia divina: Tupã (a própria vida). Oxalá (que simboliza a Inteligência) e Yemanjá (o Amor). Os outros Orixás Maiores são Xangô Kaô (a Ciência), Oxóssi (a Lógica), Xangô Agodô (a Justiça), Ogum (a Ação) e Yofá (a Filosofia).
>
> **– Tupá vai proteger vossas vidas e Yemanjá vos dará muitos filhos. Mas aí de vós se quebrardes as leis da Umbanda!**
> O casal Almino José de Almeida e Walpi de Oliveira ouviram esta recomendação dos lábios do Senhor Benjamim Figueiredo, presidente da Tenda Espírita Mirim. Mas naquele momento quem falava era o próprio Caboclo Mirim, que viera dirigir a cerimônia do casamento. Enquanto a "madrinha" Vovó Cambinda soprava fumaça de charuto no rosto da noiva, ele continuava a sua prédica numa mistura de português e guarani, entremeada de grunhidos. Era sábado, 8 de dezembro, dia de Nossa Senhora da Conceição, que para os umbandistas se chama Mamãe Oxum.

---

16 Esta matéria não constava do texto original apresentado no *Jornal de Umbanda Sagrada* (nota do autor).

– Caboclo pode falar com segurança que para haver paz na taba é preciso haver muita compreensão. A mulher, principalmente, precisa obedecer ao marido.[17] Somente nessa disciplina pode ser cultivada a seriedade, a honestidade e evitar-se infelicidade no lar. Quando chegarem os novos curumins, devem trazê-los aqui na taba para receberem as bênçãos de nossos santos...

A exemplo de outras seitas,[18] os umbandistas sabem que a sobrevivência de sua comunidade depende da união dos seus fiéis. Talvez por isso continuem se multiplicando de Manaus a Porto Alegre e somam atualmente quase um milhão. Não sendo reconhecidos pela Federação Espírita Brasileira (que inclusive não adota o casamento religioso), formam um grupo à parte, quase acéfalo. No Rio, a mais forte congregação é a Tenda Espírita Mirim, que se constitui de vinte e sete filiais espalhadas pelos quatro cantos da cidade, com aproximadamente dez mil sócios. Nas noites de sessão, as tendas ficam repletas.

Revista de História da Biblioteca Nacional

A *Revista de História da Biblioteca Nacional* publicou, em dezembro de 2008, a matéria *O Pai da Umbanda*, de autoria de Jorge Cesar Pereira Nunes. No primeiro parágrafo podemos ler:

> Considerada por muitos como a única religião verdadeiramente brasileira, por reunir elementos da cultura indígena, africana e europeia, a Umbanda completou seu primeiro centenário em 2008. Apesar disso, o culto ainda é visto com maus olhos por alguns líderes protestantes. A discriminação sofrida pelos umbandistas não é de hoje e está na própria raiz da religião, como atesta a história de Zélio Fernandino de Moraes.

17 Nota-se aqui o sistema machista típico daquela época, quando o movimento feminista ainda era apenas um ensaio. A frase Women's Liberation (Liberação das Mulheres) foi usada pela primeira vez nos Estados Unidos em 1964, e apareceu pela primeira vez impressa em 1966. O marco desse movimento é o ano de 1968 quando o mundo começou a desconstruir algumas ordens sociais (nota do autor).
18 Seita é um grupo cismático nascido no interior de uma religião organizada e em oposição a ela. Então o termo seita não se aplica à Umbanda, pois esta não se originou de outra religião, mesmo tendo recebido influências do Espiritismo, Catolicismo e cultos afro-brasileiros (nota do autor).

A revista é vendida nas bancas e todas as edições podem ser acessadas no site: *http://www.revistadehistoria.com.br*

Revista Isto É

Na edição 2036, de 6/11/2008, da Revista *Isto É*, encontramos a **matéria** *Umbanda e Candomblé na Europa*, que mostra a expansão da religião naquele continente. Essa mesma matéria foi publicada em abril de 2009 na Revista *Courrier International*, em Portugal. Vejamos um trecho:

> Em 1974, de carona na onda do esoterismo, surgiram os primeiros terreiros de Umbanda e Candomblé na Europa, ainda reduzidos às práticas de magia. A partir do sucesso internacional dos trabalhos do fotógrafo e escritor francês Pierre Verger, pilar da difusão do Candomblé pelo mundo, começaram os festivais multiculturais e de fomento ao intercâmbio de estudantes e pesquisadores entre Brasil e Europa. Assim, a dança e a musicalidade dos cultos afros se tornaram o ponto de partida para o interesse pela religião.

Revista Época

Na edição 481, de 05/11/2007, a Revista *Época* publicou a matéria *O pai-de-santo que reinventou a Umbanda*, onde Mariana Sanches aborda o trabalho de Carlos Buby, do Templo Guaracy em Cotia – SP. Na chamada da matéria temos:

> O alagoano Carlos Buby transformou os rituais em cerimônias diurnas, bem organizadas e voltadas para o público de classe média. Com isso, seus 11 templos já atraíram mais de mil fiéis no Brasil, na Europa e nos Estados Unidos.

Revista Cult

Na Revista *Cult*, encontramos o texto *100 anos de Umbanda*, de Gunter Axt, publicado na edição 126, de 23 de agosto de 2008. Em um dos trechos da matéria podemos ler:

Diamantino Fernandes Trindade

Nestas *casas de religião*, os umbandistas se reúnem uma vez por semana, numa corrente mediúnica. Vestem branco, costumam estar descalços, repetem orações amparadas na Bíblia e entoam, em português, pontos inspirados na música popular e na mitologia dos Orixás. As orações de abertura e encerramento das sessões estão escritas em livros, que circulam com diminutas variações entre as várias casas. Sim, porque a Umbanda cultua as divindades espirituais, mas também se remete ao Deus cristão, princípio de todas as coisas.

Revista Galileu

Mostramos a seguir um trecho de uma matéria publicada em um periódico de divulgação científica, A Revista *Galileu*, em sua edição 195 de outubro de 2007, onde Claudio Júlio Tognolli escreve sobre a devoção de uma umbandista:

A nova cara da Umbanda

Uma ideia, várias formas.

Além de prestar serviços, a Umbanda pode inspirar. Que o diga a recifense Joana Gatis, a estilista e artista plástica, companheira de foto com Mãe Alice. Além de tatuagens de Iemanjá e Pombagira (nos braços direito e esquerdo, respectivamente), fez quadros das duas entidades. À sua devoção, consagrou uma coleção: colocou na passarela 13 looks baseados nos orixás. "Gosto da rebeldia da Pombagira, da boemia do Zé Pelintra, me identifico com eles", diz. Ansiosa por recarregar suas baterias espirituais, no dia da foto até pediu o cartão de Mãe Alice.

Revista Veja

No número 43, de 02 de julho de 1969, da Revista *Veja*, em matéria sobre o fanatismo religioso, que trata de um crime praticado por um médium que se dizia milagreiro, temos uma entrevista de W.W. da Matta e Silva explicando o porquê dos maus exemplos de nossa religião:

W. W. da Matta e Silva, teórico umbandista, relaciona três motivos principais dos "fracassos e graves erros" de alguns médiuns: vaidade excessiva (o médium é muito bajulado), ambição pelo dinheiro (recebe muitas prendas) e predisposição sexual incontida (é muito querido). Envolvido por um ou pelos três, o médium ultrapassa os seus limites e "então começam os desatinos, as bobagens e as confusões", diz Matta e Silva.

A Revista *Veja* também publicou duas reportagens sobre o Exu Sete da Lira, conforme vimos no capítulo 48.

54. Umbanda - o grande cadinho das almas

A Umbanda nasceu estruturada em três pilares: Caboclos, Pretos Velhos e, mais adiante, as Crianças. Assim, durante muito tempo, as entidades se manifestavam nos terreiros com uma destas vestimentas astrais inerentes ao grau de consciência dos médiuns e frequentadores de cada terreiro. Nas tendas mestras fundadas pelo Caboclo das Sete Encruzilhadas apenas essas entidades se manifestavam, porem prevendo o rápido crescimento (desordenado) da Umbanda, o Astral tentou amenizar as possíveis deturpações de culto em relação ao plano inicial traçado.

Aproveitando o grande fluxo da migração nordestina para o sudeste, principalmente nas décadas de 1950 e 1960, a Corrente Astral de Umbanda permitiu que muitas entidades desencarnadas no nordeste brasileiro, procurando evolução espiritual, começassem a se manifestar nos terreiros para atender os anseios dos migrantes nordestinos que começavam a frequentar as giras.

Da mesma forma que os orientais eram quase todos chamados de japoneses, a maioria dos nordestinos era chamada de baianos. Souza[1] diz que a *Umbanda tem realmente uma considerável capacidade de absorção e redefinição de traços religiosos diversos*. No processo de adaptação, os Baianos vem se destacando desde a década de 1950, assumindo características diferentes,

1 Baianos, novos personagens afro-brasileiros.

de acordo com o estilo de vida dos frequentadores dos terreiros. A Tenda Espírita São Jorge foi utilizada como "laboratório" para tal fim. Ali foi permitido o uso de atabaques e a manifestação espiritual de Exus e Baianos, fato que não ocorria nas demais tendas mestras. Mais uma vez citamos Souza que diz:

> No desenvolvimento da Umbanda, associado às transformações de seu meio social nos grandes centros urbanos, outros personagens foram surgindo, como o boiadeiro, o marinheiro, o cigano, o baiano etc.

Os Baianos são entidades em evolução e que prestam uma ajuda importante aos terreiros e aos seus frequentadores. São muito decididos e alegres e costumam resolver com presteza os casos de rusgas, problemas entre casais etc. Essas entidades amenizam as suas dívidas, auxiliando os filhos de fé necessitados em uma área de ação bem definida.

A eles é atribuída a fama de *macumbeiros*, pois, conforme a concepção popular, eles conseguem quebrar demandas e magias terríveis. Como algumas dessas entidades atuam também na quimbanda, em termos éticos e morais representam o esforço que a Umbanda vem fazendo ao longo do tempo para apagar o processo dicotômico entre o bem o mal. São verdadeiros camaleões na versatilidade da Umbanda.

Juntamente com os Baianos podem se manifestar os Boiadeiros que tem um modo de trabalhar todo peculiar, manejando o laço e chamando o gado, coisa que eles faziam com grande destreza na terra. O simbólico manejo do laço é uma das formas de "laçar" seres que estão importunando os consulentes (kiumbas).

Os Marinheiros que em terra ou no mar sempre se caracterizaram por gostar de bebidas alcoólicas manifestam-se cambaleantes e nesse balanço atuam no campo astral perturbado dos consulentes. São muito alegres e em alguns terreiros praticam curas espirituais. Geralmente, quando se chamam os Marinheiros, manifestam-se também as denominadas entidades do Povo da Água (Sereias, Ninfas, Yaras etc.), que não falam e apenas emitem sons suaves e melodiosos, verdadeiros mantrans.

Os Ciganos manifestam-se para resolver problemas sentimentais e financeiros, utilizando-se da magia dos cristais, baralhos, moedas etc. Trabalham também na cura de enfermidades espirituais. Santa Sara Kali é a orientadora dessas entidades para o bom andamento das tarefas espirituais.

Além dessas entidades, manifestam-se também nos terreiros, Guias Orientais que geralmente comandam trabalhos de cura. A falange do Oriente tem como patrono São João Batista. Sem um controle maior, a partir da década de 1940, muitas deturpações começaram a ocorrer nos terreiros. Podemos citar como exemplo a figura, sempre polêmica no sudeste, de Zé Pelintra, originário das encantarias nordestinas e que nas macumbas do Rio de Janeiro foi estereotipado como o malandro carioca dos anos 1930. A difusão da sua figura ocorreu a partir do encontro da Jurema com a Umbanda. Em alguns lugares virou até Exu.

Luiz da Câmara Cascudo[2] fala de Zé Pelintra como um mestre do Catimbó, "elegante, prosista e muito interessado pelas moças, a quem galanteia quando se manifesta". Conta-se que foi um homem beberrão e muito desobediente à ordem vigente. Assunção explica que:[3]

> Seu Zé Pelintra é considerado como Exu na Umbanda carioca, sendo representado com terno branco, gravata vermelha, cravo vermelho na lapela, chapéu caído na testa, caracterizando a figura do malandro: representa a astúcia, o livre trânsito pelas brechas e pelo proibido, o uso de meios não sancionados pelas normas.

A Umbanda é um grande cadinho onde se amalgamam seres encarnados e desencarnados de todos os níveis. A Umbanda sempre respeitou o grau evolutivo da coletividade de cada terreiro, por isso é uma tarefa inglória tentar a sua codificação, pelo menos por hora. Mais uma vez citamos as palavras do Caboclo das Sete Encruzilhadas: *com os espíritos adiantados aprenderemos; aos atrasados ensinaremos e a nenhum viraremos as costas, pois esta é a vontade do Pai.*

Só não dá para aceitar aberrações e desvios de conduta!

---

2 *Meleagro.*
3 *O Reino dos Mestres: a tradição da Jurema na Umbanda nordestina.*

Figura 160: Médium incorporado com o sr. Zé Pelintra como era paramentado antigamente, nas encantarias nordestinas.
Acervo de Mestre Obashanan.

Considerações finais

Mais de um século se passou desde a primeira manifestação do Caboclo das Sete Encruzilhadas no médium Zélio Fernandino de Moraes. Muitas foram as dificuldades, dissidências, perseguições religiosas e policiais etc. Durante esse tempo assistimos a uma heterodoxia de rituais com a amalgamação das práticas religiosas africanas com os rituais católicos e kardecistas.

A Umbanda é um grande barco que aceita a tudo e a todos indiscriminadamente. No entanto, olhamos com tristeza certas práticas que ocorrem em alguns terreiros e tendas. Podemos citar como exemplo o culto aos duendes e gnomos, o sacrifício de animais, fetichismo e baixa magia.

Uma das grandes bobagens que denigrem a nossa religião é a pretensa *Briga de Orixás*, uma confusão que gera graves distorções entre o corpo mediúnico de um terreiro de Umbanda.

Não é raro que uma determinada pessoa vá pela primeira vez a um rito de Umbanda e, seguindo a orientação de uma "entidade incorporada", já na sessão seguinte está participando dos trabalhos mediúnicos. Em alguns casos, a pessoa não é médium e aí o "pai de santo" faz de tudo para colocar na cabeça dessa pessoa um "orixá" que, é claro, não existe.

Surgem então as dificuldades para "incorporar" aquilo que ele não tem. Vem então a desculpa de que os "orixás" estão brigando pela sua valiosa cabeça. O "pai de santo" determina então que sejam feitas obrigações com comidas, sangue, e outras sandices, que vão carrear larvas astrais provocando problemas de saúde e desestruturando a vida da pessoa.

Existe também a incongruente "disputa" entre os "orixás" e dizem que os "xangôs" não baixam quando os "oguns" estão no reino e vice-versa. Na verdade, a briga é dos médiuns, que deixam seus inconscientes aflorarem de forma desordenada e põem para fora os desafetos com outros membros da corrente mediúnica.

Já é hora de acabar com certos desvios de conduta dentro dos terreiros e também com o entulho ritualístico, pois, na Umbanda não há yaôs, camarinhas, saída de Orixás etc. Como vimos anteriormente isso é característico de outros cultos afro-brasileiros.

O terreiro de Umbanda funciona como equacionador social e consciencial. Nele se fundem as quatro etnias (branca, negra, vermelha e amarela), o que é uma grande contribuição para extirpar de vez os problemas raciais em nosso país. Diminuem assim, os elos de vingança, ódio e perseguições que originam desigualdades sociais, culturais, éticas e morais. A diversidade de ritos, dentro da lógica e da razão, são necessários, pois a Umbanda aceita os seres humanos sem perguntar a sua crença, o seu grau cultural e social. A cada dia os filhos de terreiro vão amadurecendo, porém nenhuma fruta deve ser colhida antes de amadurecer, como podemos ver no tradicional ponto de Caboclo:

> Ele é Caboclo
> É lá da Macaia
> Ele é Caboclo
> Em qualquer lugar
> Ele não tira a folha da Jurema
> Sem ordem suprema
> De Pai Oxalá

É hora da grande mudança, não podemos nos deter no ontem, tampouco continuar fornecendo subsídio aos nossos detratores, cujo objetivo é denegrir, sentenciando que a Umbanda é puro e grosseiro fetichismo, baixo espiritismo, baixa magia etc. Vamos ouvir os clarins da Aruanda que já soaram, fazendo anunciar mais uma importante etapa do Movimento Umbandista no Brasil e no mundo.

Caro leitor!

Estamos virando outra página da História da Umbanda. Entre uma obra e outra muitas revelações e documentos foram incorporados ao nosso acervo, o que possibilitou a publicação deste livro. Sei que alguns fatos precisam ser mais bem esclarecidos e que importantes documentos ainda se encontram adormecidos em alguns arquivos à espera de outros pesquisadores.

Desejo que outros retomem a minha tarefa e façam uma busca e análise de tais documentos para que eu não continue sendo o único historiador da Umbanda.

E a História continua!
Nada é definitivo!
Saravá! Amigo leitor!
Saravá ! Irmãos umbandistas!

Não importa o meu nome:
Hanamatan!
Ramayane!
Matambi!
Awo Ifasoya Ifadaisi!

EU SOU O QUE SOU!

Anexos

Estatuto da Tenda Nossa Senhora da Piedade

Registro
de
Titulos e Documentos
do
DISTRITO FEDERAL

1.º OFICIO

Cartorio Teffé
Rua do Rosario, 84
TELEFONE 23-1200

Estatutos

Tenda Espirita de Nossa Senhora da Piedade

N.º de ordem do Protocolo 86.8.44

Registrado em 7 de Junho de 1940 sob o n.º de ordem 1511 no Livro "A" n.º 2

CAPITULO I

DA ORGANIZAÇÃO E SEUS FINS

Art. 1º - A TENDA ESPIRITA DE NOSSA SENHORA DA PIEDADE, funda da em 16 de Novembro de 1908, na cidade de NICTHEROY, transferida e reorganizada nesta Capital, com sêde à Rua Theophilo Ottoni, 90 sob., é uma instituição de caridade, composta de pessoas de ambos os sexos, que professam a doutrina espírita, e é mantida por um corpo ilimitado de só cios, com duração por tempo indeterminado e capital a constituir.

§ 1º - Só poderão pertencer ao quadro social, aqueles que qui zerem, por sua livre e espontânea vontade, auxiliar moral e materialmen te o desenvolvimento da TENDA, não querendo isto dizer que, seja negada a caridades aos que dela necessitem.

Art. 2º - A TENDA tem por fim praticar a caridade, quer de or dem espiritual ou material, fazer propaganda da doutrina espírita na me dida do possível e prestar, sem distinção ou retribuição de espécie al guma, assistência àqueles que necessitarem.

§ 1º - Para a prática e forma de prestar a caridade, a Direto ria organizará, de acôrdo com o GUIA ESPIRITUAL DA TENDA, um Regimento Interno.

§ 2º - São proibidas as discussões políticas, religiosas e quaisquer outras que não se coadunem com os fins a que se propõe a TEN- DA.

CAPITULO II

DA ADMINISTRAÇÃO

Art. 3º - A TENDA é administrada por uma Diretoria, e um Con- selho Deliberativo.

Art. 4º - A Diretoria compõe-se de cinco membros a saber:

a) - Presidente
b) - Secretário
c) - Tesoureiro
d) - Procurador
e) - Diretor Geral

Art. 5º - O Conselho compõe-se de vinte e um membros, eleitos la Assembléia Geral, que se realizará, na primeira convocação, com is terços de sócios quites e na segunda com qualquer número.

§ UNICO - As convocações serão feitas pela Imprensa, e com oi dias de antecedência e serão realizadas anualmente na 2ª quinzena de neiro para leitura e aprovação de relatório da Diretoria e bienalmen-, no mesmo periodo para eleição da Diretoria; extraordinariamente, ando o Presidente entender necessário.

Art. 6º - A Diretoria será destacada do próprio Conselho, sen seus membros eleitos dentre os vinte e um Conselheiros eleitos pela sembléia Geral, oito dias após a realização desta.

§ 1º - Para que haja eleição da Diretoria é necessário que tejam presentes no mínimo 2/3 dos Conselheiros na primeira reunião, e . 2ª com qualquer número.

§ 2ª - Só podem pertencer a Diretoria os Conselheiros Efeti - s.

Art. 7º - Para fazer parte do Conselho é necessário ser de ior idade, pertencer ao quadro social e estar quites.

Art. 8º - No caso de dar-se alguma vaga no Conselho, cabe à retoria providenciar o preenchimento da mesma, podendo nomear um asso ado nas condições do Art. 7º para preenche-la interinamente, até que realize a eleição.

§ UNICO - O Conselheiro interino poderá propor e discutir com demais Conselheiros, porém só terão direito de voto os efetivos.

Art. 9º - Os Conselheiros da TENDA e a Diretoria serão elei - s bienalmente, sendo ilegíveis.

Art. 10º - Perde a investidura de Conselheiro, o membro:

a) - Que faltar a 2 sessões consecutivas do Conselho sem nun- participar;

b) - Que por qualquer motivo se tornar indigno de pertencer a NDA ou ocupar o cargo de que se acha investido;

c) - Que por sua livre e espontânea pedir exoneração do car -

Art. 11º - Haverá tantas comissões especiais às diversas o- as da TENDA, quantas forem necessárias, a critério da Diretoria.

Art. 12º - Toda e qualquer decisão emanada da Diretoria, do aselho, da Assembléia Geral, dependerá da aprovação do GUIA ESPIRITU- DA TENDA.

Diamantino Fernandes Trindade

Art. 13º - Todos os membros da Diretoria votam nas decisões do nselho, excepto o Presidente que tem o voto de qualidade.

CAPITULO III
DAS COMPETENCIAS

Art. 14º - Ao Conselho compete:

a) - Dar orientação e andamento aos trabalhos da TENDA, resol r as questões de maior importância cuja solução esteja prevista nes - s Estatutos, e nos casos omissos sempre de acôrdo com o espírito de ridade;

b) - Propugnar pelos fins da TENDA, na medida do seu alcance;

c) - Eleger os membros da Diretoria dentre seus pares;

d) - Demitir os membros da Diretoria e do próprio Conselho , sando tão somente os interesses da TENDA;

e) - Resolver qualquer questão suscitada entre os associados a Diretoria ou algum de seus membros e entre membros da Diretoria e próprio Conselho;

f) - Quando a questão versar sobre algum Conselheiro, este o terá direito de voto;

g) - Aprovar o Regimento Interno Geral e das diversas comis- ões permanentes e temporárias, modificando-as quando se tornar neces- írio e oportuno;

h) - Deliberar sobre os destinos e se dar aos fundos sociais, ando não estiver previsto nestes Estatutos e respectivos Regulmen - s.

Art. 15º - A Diretoria compete:

a) - Cumprir e fazer cumprir estes Estatutos e respectivos gulamentos;

b) - Resolver sobre a convocação das Assembléias;

c) - Atender às queixas e reclamações dos associados ou não, sde que lhe pareçam razoáveis;

d) - Admitir e demitir os empregados da TENDA, arbitrando pa os mesmos os seus ordenados.

Art. 16º - Ao Presidente compete:

a) --Presidir as Sessões e Reuniões do Conselho, da Direto - a, as Mediúnicas, as de Caridade e outras que se efetuarem na TENDA, ntendo a ordem e promovendo o andamento dos trabalhos;

- 4 -

b) - Executar e fazer executar os presentes Estatutos e respeç tivos Regulamentos;

c) - Agir em-nome da TENDA, exercendo direitos ou contraíndo o brigações, representá-la ativa ou passivamente em Juizo ou fora dele, em suas relações com terceiros, ou autorizar por escrito, a pessoa compe - tente, para em tais casos tratar dos interesses da TENDA;

d) - Determinar ao Secretário a convocação das sessões ordiná- rias e extraordinárias, bem como as Assembléias ordinárias e extraordiná rias;

e) - Autorizar ao Tesoureiro, com o seu visto a fazer despezas extraordinárias quando necessárias e possíveis a TENDA;

f) - Visar todos os cheques de retirada de dinheiro dos estabe lecimentos bancários;

g) - Fazer um relatório por escrito, para ser apresentado a - nualmente, na 2ª quinzena de Janeiro, ao Conselho, referente aos traba - lhos da TENDA, do ano que findou.

Art. 17º - Ao Diretor Geral compete:

§ UNICO - Auxiliar o Presidente e demais Diretores e substi - tui-los em todas os seus impedimentos.

Art. 18º - Ao Secretário compete:

a) - Escripturar todos os livros da TENDA pertencentes a secre tária;

b) - Lavrar, ler a assignar as actas das sessões do Conselho, Diretoria e das Assembléias ordinárias e extraordinárias.

c) - Redigir e assinar os avisos e circulares da TENDA, bem como toda a correspondência da mesma;

d) - Receber as propostas de admissão dos novos associados e remetê-las ao Presidente, para serem julgadas em sessão.

e) - Conhecimento por escrito ao Presidente sobre o associado que incorra em pena de demissão.

f) - Organizar o archivo da TENDA, conservando-o em boa ordem ficando o mesmo sob sua guarda e responsabilidade;

Art. 19º - Ao Tesoureiro compete:

a) - Inteira responsabilidade dos valores da TENDA que estive rem sob sua guarda;

b) - Proceder a cobrança de todo o ativo da TENDA, arrecadar a receita e efetuar as despezas ordinárias bem como as extraordinárias quando autorizado pelo Presidente;

Diamantino Fernandes Trindade

c) - Escriturar e ter em bôa ordem os livros da TENDA, pertencentes a Tesouraria;

d) - Assinar os cheques para a retirada de dinheiro dos estabe
lecimentos bancários e todos os recibos da TENDA;

e) - Mandar afixar no quadro de informações, até o dia 10   do
mês corrente o balancete da Tesouraria e referente ao mês anterior, pon
do a disposição dos Conselheiros todos os livros e documentos, a seu car
go, que comprovarem as origens da Receita e Despeza, dando verbalmente-
todas as explicações que lhe forem pedidas.

f) - Apresentar em Janeiro de cada ano um balanço geral, pondo
a disposição dos Conselheiros todos os Livros e Documentos, a seu cargo
que comprovarem as origens da Receita e da Despeza, dando verbalmente to
das as explicações que lhe forem pedidas.

Art. 20º - Ao Procurador compete:

a) - Ter sob sua responsabilidade e guarda, os móveis e imó -
veis da TENDA, tomando as medidas que se tornarem necessárias à sua con-
servação e higiene, sempre de acôrdo com a Diretoria;

b) - Fazer anualmente um inventário a ser apresentado na Assem
bléia Geral dos bens pertencentes à TENDA e dos que vier a possuir;

c) - Facilitar, orientar, e fiscalizar o serviço dos Zelado. -
res;

d) - Aos Zeladores-compete: manter a ordem nas sessões verificar se os presentes estão autorizados a assisti-la, por meio de recibo,
quando associados, e pelo cartão de frequência quando não, verificar se
todos assinaram o livro de presença, agindo sempre com a máxima prudên -
cia e delicadeza e levando imediatamente ao conhecimento do Procurador
qualquer irregularidade verificada.

§ UNICO - As reuniões ordinárias da Diretoria serão realiza -
das quinzenalmente e, as extraordinárias a qualquer tempo, desde que as
circunstâncias o exijam.

CAPITULO IV

DOS SOCIOS

Classificação - Admissão - Direitos - Deveres e Penalidades

DA CLASSIFICAÇÃO

Art. 21º - A TENDA ESPIRITA DE NOSSA SENHORA DA PIEDADE, poderá, de acôrdo com estes Estatutos, admitir como associados, todos aque -
les que sem distinção de nacionalidade, crença ou côr, queiram contri -
buir espontâneamente para o seu engrandecimento e constituirão as seguintes categorias:

a) - Fundadores
b) - Contribuintes
c) - Benfeitores
d) - Beneméritos
e) - Protetores
f) - Honorários

Art. 22º - FUNDADORES são os que já pertenciam a TENDA, quando em Nictheróy e se inscreveram até a organização definitiva da mesma nesta Capital.

Art. 23º - CONTRIBUINTES são os que concorrerem com a mensalidade mínima de Rs. 5$000 (CINCO MIL REIS).

Art. 24º - BENFEITORES serão aqueles que:

a) - Prestarem valiosos serviços à TENDA a critério da Administração.

b) - Fizerem de uma só vez, um donativo na importância de Rs. 1.000$000 (UM CONTO DE REIS).

Art. 25º - BENEMÉRITOS são aqueles que:

a) - Prestarem inestimáveis serviços à TENDA a critério do Conselho Deliberativo.

Art. 26º - PROTETORES são aqueles que:

a) - Concorrem com a mensalidade mínima de Rs.10$000 (DEZ MIL REIS).

b) - Inscreverem dentro de um ano, vinte associados que contribuam com suas mensalidades, no mínimo durante seis meses consecutivos, qualquer que seja a categoria.

Art. 27º - HONORARIOS serão aqueles que, não fazendo parte do quadro social, se tornarem merecedores da gratidão da TENDA, a critério do Conselho Deliberativo.

DA ADMISSÃO

Art. 28º - A admissão dos associados será feita mediante proposta, fornecida pela Secretaria, cujo texto deverá ser devidamente preenchido.

§ 1º - A proposta deverá ser dirigida a Secretaria que a encaminhará a Diretoria para decidir, bem como classificar o associado proposto de acôrdo com o Art. 21º.

§ 2º - A Diretoria terá de opinar sobre a proposta no prazo máximo de quinze dias, e no caso de recusa, deverá fundamentá-la.

DOS DIREITOS

Art. 29º - Todos os associados têm os seguintes direitos, quando quites:

Diamantino Fernandes Trindade

a) - Propror, discutir, votar e ser votado para membro do Conselho, quando de maior idade;

b) - Frequentar a TENDA nos dias que a Diretoria determinar às
sessões doutrinárias, de caridade, as de desenvolvimento e as solenes e
todas as conferências que se realizarem na mesma;

c) - Fazer respeitar estes estatutos e respectivo regulamento
interno;

d) - Reclamar perante a Diretoria, quando se julgar privado i-
legalmente de seus direitos de associado;

e) - Requerer por escrito ao Conselho, contra qualquer deci -
são da Diretoria ou de algum de seus membros, quando a seu juizo estiverem infringindo estes Estatutos e respectivo regulamento interno;

f) - Propor a Diretoria à admissão de novos associados e sugg
rir por escrito, medidas que interessem moral e materialmente a TENDA;

g) - Requerer a convocação de assembléias gerais extraordinárias de acôrdo com o Art. 35º;

h) - Requerer o auxilio de que trata o Art. 42º § 1º;

i) - Ter direito ao auxilio de que trata o Art. 42º § 2º;

j) - Requerer dispensa de suas contribuições mensais, pelo
prazo máximo de seis mêses, desde que apresente motivo justo, bem como
sua exoneração de associado;

Art. 33º - O associado que requerer dispensa do pagamento de
suas mensalidades, será considerado quites pelo tempo em que a mesma lhe
fôr concedida.

DOS DEVERES

Art. 30º - São deveres dos associados:

a) - Cumprir e fazer cumprir os presentes Estatutos e o Regi -
mento Interno, acatar as decisões da Diretoria e do Conselho, prestar o
seu concurso, moral quando solicitado e material, quando possível;

b) - Pagar pontualmente as suas contribuições mensais, conside
rando-se quites aqueles que efetuarem o pagamento até o dia 10 do mês se
guinte ao vencido;

c) - Pugnar pelo engrandecimento da TENDA, quando fazendo parte da Diretoria, do Conselho, de comissões ou individualmente;

d) - Informar a Diretoria qualquer ocorrência que possa vir a
prejudicar os interesses, fins ou o bom nome da TENDA;

e) - Fazer propaganda proveitosa da TENDA, procurando sempre e
naltecer o alcance moral e caridoso da Associação;

f) - Aceitar qualquer cargo para o qual tenha sido eleito ou
designado, salvo motivo de força maior;

g) - Participar a Secretaria, a mudança de sua residência ainda que temporária;

h) - Portar-se com a máxima correção e urbanidade no recinto da TENDA, ou fora dela quando em comissão.

DAS PENALIDADES

Art. 31º - Os associados de qualquer categoria que infringirem estes Estatutos ou o Regimento interno, incorrerão nas seguintes penalidades:

a) - advertência.

b) - suspensão.

c) - eliminação.

Art. 32º - Incorre na penalidade de advertência:

a) - Todo aquele que desrespeitar qualquer membro da Diretoria ou do Conselho no recinto da TENDA, ou fóra quando em comissão;

b) - O que deixar de cumprir qualquer decisão emanada da Diretoria ou do Conselho;

c) - O que pelo seu procedimento dentro da TENDA, ou fóra dela perturbar a boa ordem ou concorrer de qualquer forma para o descrédito da mesma.

Art. 33º - Incorre na pena de suspensão, o que incidir novamente no disposto do artigo anterior.

Art. 34º - Incorre na penalidade de eliminação:

a) - O associado que se atrasar em suas mensalidades por mais de seis mêses;

b) - O que promover embaraços à marcha da TENDA ou perturbar o seu desenvolvimento;

c) - O que fomentar desunião entre os associados ou causar distúrbios dentro da TENDA;

d) - O que proceder com má fé no desempenho de qualquer cargo ou comissão que se ache investido na TENDA;

e) - O que se excluir voluntariamente.

CAPITULO V

DAS ASSEMBLÉIAS

Art. 35º - Haverá no fim de cada exercício administrativo na primeira quinzena de Janeiro, uma Assembléia Geral Ordinária para eleição do novo Conselho, aprovação das contas e leitura das contas e leitura do relatório da Diretoria.

§ 1º - As Assembléias extraordinárias poderão ser convocadas que a Diretoria julgar necessário, bem quando requeridas por 2/3 associados quites, com a declaração do fim a que se destina.

§ 2º - As Assembléias requeridas pelos associados só poderão icionar com a presença de todos os requerentes.

§ 3º - Serão contados os votos emanados de procuração na base duas procurações para cada outorgado.

§ 4º - Nas Assembléias não poderão ser tratados assuntos diver daqueles para os quais forem convocadas.

§ 5º - As Assembléias extraordinárias requeridas pelos associa, serão presididas por um dos requerentes, que por sua vez escolherá seus Secretários.

§ 6º - Quando as Assembléias forem requeridas de acôrdo com o 29 letra C, a Diretoria deverá convocá-la no prazo máximo de dez is.

CAPITULO VI
DAS DISPOSICÕES GERAIS

Art. 36º - Das responsabilidades:

Os Associados não respondem subsidiariamente pelas obrigações traídas em nome da TENDA.

Art. 37º - Dos Livros:

§ UNICO - A TENDA terá os livros necessários à escrituração anceira, matrícula dos associados, atas e outros que forem precisos a tério da Diretoria.

Art. 38º - Dos Zeladores:

§ UNICO - A TENDA terá um Corpo de Zeladores de número ilimita devendo os mesmos, fazer parte do quadro social e ficarão sob a dire do Procurador.

Art. 39º - Do Título:

§ UNICO - O título "TENDA ESPIRITA DE NOSSA SENHORA DA PIEDA - não poderá, em hipótese alguma, ser modificado.

Art. 40º - Da Representação:

§ UNICO - A TENDA será representada, ativa e passiva, judi - l e extra judicialmente, por seu Presidente, e na falta deste por substituto legal, no caso, o Diretor Geral.

Art. 41º - Do Patrimônio:

§ 1º - O Patrimônio será representado:

a) - pela futura sóde;

b) - pelo mobiliário, ornamentos e tudo o mais que a TENDA pos ou vier a possuir;

c) - pelos donativos especiais;

d) - pelo saldo da receita e despeza.

§ 2º - A Administração não poderá vender, hipotecar, permutar, ar ou de qualquer modo alienar, objetos, títulos de renda ou bens móveis e imóveis que pertençam ao Patrimônio da TENDA ou venham a pertencer por qualquer título legítimo, sem autorização da Assembléia Geral, convocada especialmente para este fim e sancionada pelo GUIA ESPIRITUAL.

§ 3º - Se por qualquer circunstância a TENDA tiver de ser dissolvida, serão seus bens e haveres, doados a uma Instituição de caridade, de preferência espírita, mediante votação unânime da Assembléia, assumindo a Instituição toda a responsabilidade e ônus que por ventura tenham ou venham a ter ou mesmos.

Art. 42º - Dos Auxilios:

§ 1º - O associado que por motivo de doença ficar impossibilitado de trabalhar, receberá da TENDA uma pensão mensal de Rs. 50$000 (CINCOENTA MIL REIS), a título de auxilio, não podendo esta passar de seis meses em cada ano.

§ 2º - A família do associado que falecer, estando quites, terá direito a receber da TENDA um auxilio de Rs. 200$000 (DUZENTOS MIL REIS), para o funeral, que lhe será entregue mediante atestado de óbito passando a pessoa da família, o recibo da importância recebida.

§ 3º - Em casos especiais, a importância dos auxilios de que tratam os §§1º e 2º deste Art., poderá ser aumentada, levando-se em consideração o estado financeiro da TENDA, a categoria e os serviços prestados pelo associado.

§ 4º - O associado para ter direito ao auxilio de que trata o 1º deste Art., terá que requerer por escrito à Secretaria, juntando requerimento um atestado médico e outro de pobreza, passado por pessoa idônea.

§ 5º - Quando o saldo da TENDA, a critério da Tesouraria, não importar os auxilios de que trata este Artigo, será a importância dos mesmos rateada equitativamente pelos demais associados, que o queiram, devendo cada um entrar com a parte que lhe couber, no ato de pagar as as mensalidades.

§ 6º - Só terão direito aos auxilios de que trata este Artigo associados que tiverem mais de um ano de efetibilidade, salvo quando o Conselho determinar em contrário.

Diamantino Fernandes Trindade

Art, 43º - Em todos os conflitos e dúvidas que por ventura sur
irem entre os associados da TENDA, e que não puderem ser resolvidos pa-
ìficamente pelo Conselho, recorrerão os associados ao GUIA ESPIRITUAL
\ TENDA, para decidir como fôr de justiça, e de sua decisão, não pode -
ão recorrer para os Tribunais Cívis.

Art. 44º - O associado que se retirar, ou que por qualquer mo-
ivo for eliminado da TENDA, não terá direito ao reembolso das quantias
)m que tiver concorrido para a Associação nem a qualquer indenização.

Art. 45º - O associado que tiver sido eliminado de acôrdo com
Art. 34 letra A, só poderá ser readmitido, pagando as mensalidades a-
razadas, e nesse caso terá nova matrícula.

Art. 46º - Os casos omissos nestes Estatutos, serão resolvi -
)s pelo Conselho Deliberativo.

Art. 47º - A TENDA tem séde e fôro nesta cidade do Rio de Ja-
eiro.

Art, 48º - Consta este Estatuto de Seis Capítulos, quarenta e
ito artigos e seus §§, ficando sem efeito todo e qualquer estatuto ou
egulamento da TENDA ESPIRITA DE NOSSA SENHORA DA PIEDADE, que exista
a tenha existido até a presente data, que contrárie estes, que só poâg
ão ser alterados pela Assembléia Geral.

DISPOSIÇÕES TRANSITÓRIAS:

a) - A atual Diretoria terá o mandato outorgado até 31 de De-
embro de 1942 e pelo mesmo período o atual Conselho Deliberativo.

b) - Os auxílios a que se refere o artigo 42º, serão realiza-
os desde que, as condições financeiras o permitem, como também as sec-
ões especializadas de ambulatório, escola primária e assistência judi-
iária.

———— A A A A A A ————

Rio de Janeiro,

SIDENTE-
RETOR GERAL-
CRETÁRIO-
OUREIRO-
)CURADOR- ╮

A Diretoria da TENDA, usando das atribuições estatutárias, por ordem e segundo orientação do nosso "CHEFE ESPIRITUAL" – O Caboclo das Sete Encruzilhadas – resolveu aprovar o presente Regimento Interno, a fim de estabelecer a necessária ordem interna e para atender aos seus associados, trabalhadores e frequentadores, na maior harmonia e o mais completo aproveitamento dos trabalhos espirituais.

CAPITULO I

DAS SESSÕES EM GERAL

Art. 1º – As sessões da Tenda, que deverão começar às 20 horas e terminar às 22 horas, com a tolerância de 15 minutos no máximo, sobre a hora de encerrar, dividem-se:

a) Sessões de caridade:

b) Sessões de desenvolvimento mediúnico e de consultas exclusivamente para trabalhadores do terreiro;

c) Sessões especiais;

Parágrafo único – Essas sessões terão lugar:

a) DE CARIDADE (Sessões públicas):

Às segundas-feiras – Trabalho de "Caboclo";
Às terças-feiras – Trabalhos de "Pretos Velhos" e "Caboclos";
Às sextas-feiras – Trabalhos de "Pretos Velhos".

Para as consultas nesses dias, serão distribuídas aos assistentes, por ordem cronológica de chegada à Tenda a partir das 18 horas, cartões numerados com o nome do "Guia" que os deverá atender.

b) DE DESENVOLVIMENTO MEDIÚNICO E CONSULTAS AOS GUIAS, EXCLUSIVAMENTE PARA TRABALHADORES DO TERREIRO (Sessões privativas).

1) Só poderão tomar parte nessas sessões médiuns e cambonos matriculados, não sendo permitido assistentes nem consultas por parte dos acompanhantes;

2) Para freqüentá-las, torna-se necessario que o Guia chefe do terreiro, após verificar a necessidade de desenvolvimento mediúnico, encaminhe a pessoa interessada, privativamente, ao "ORIXÁ MALET" para que este autorize ou não a respectiva matrícula.

3) Essas sessões são divididas em duas partes: 1ª – Das 20 às 21 horas – Trabalho de desenvolvimento mediúnico; 2ª – Das 21 às 22 horas – Consultas aos "Guias", exclusivamente para os trabalhadores os quais poderão falar a mais de um "Guia", conforme as possibilidades do momento.

c) ESPECIAIS:

Entende-se por sessões especiais:

1) Sessões do "CHEFE" (Sessões públicas) na primeira Quinta-feira de cada mês.

2) Sessões de "descarga" de "ORIXÁ Malet" (Sessões privativas). Na Quarta- feira,véspera da Sessão do "CHEFE", são privativas dos trabalhadores da Tenda não sepermitindo assistentes nem consultas.

3) Sessões de "demanda" (Sessões privativas) Em dia e hora designados pelo "Guia" que estiver encarregado de executar e dirigir os trabalhos. Só poderão serrealizadas, com autorização especial do "CHEFE", a qual será transmitida por "PAI ANTÔNIO", e nela só poderão tomar parte os trabalhadores e pessoas que foramdevidamente escaladas ou autorizadas pelo referido "Guia".

4) Sessões destinadas exclusivamente ao estudo da doutrina, desenvolvimento deoutras mediunidades e aperfeiçoamento de cambonos, etc. Às quintas-feiras, com exceção da 1ª de cada mês. Só poderão ser frequentadas por médiuns-desenvolvidos e auxiliares, cambonos ou pessoas designadas pelo "CHEFE", nãosendo permitidos assistentes nem consultas por parte dos acompanhantes.

5) Sessões Festivas (Sessões públicas):
a) Em 20 de Janeiro – de Oxóssi (São Sebastião)
b) Em 23 de Abril – de Ogum (São Jorge)
c) Em 13 de Maio – de Pretos Velhos (Pretos Cativos)
d) Em 13 de Junho – de Santo António e Pai António
e) Em 15 de Setembro – de aniversário da TENDA N. S. DA PIEDADE
f) Em 27 de Setembro – de Cosme e Damião (Falange de Crianças)
g) Em 30 de Setembro – de Xangô (São Jerônimo)
h) Em 16 de novembro – de aniversário do CHEFE
i) Em 04 de Dezembro – de Iansã (Santa Bárbara)
j) Em 08 de Dezembro – de Yemanjá (Nossa Senhora da Conceição)

São sessões públicas comemorativas de datas solenes da TENDA e funcionam com horário especial, que será estabelecido na ocasião pelo CHEFE. Nelas poderão participar médiuns e cambonos de outros terreiros, desde que a tenda a que pertençam tenha sido devidamente convidada.

DA DIREÇÃO DAS SESSÕES

Art. 2º – As sessões serão dirigidas por um médium ou cambonos designado pelo "CHEFE", o qual será auxiliado pelo cambonos chefe.

Parágrafo único – São atribuições do dirigente:

a) Abrir e encerar as sessões;
b) Organizar a mesa nas sessões de caridade, designando os médiuns auxiliares paracompô-la e substituindo-os nas ocasiões que julgar necessário;
c) Cumprir e fazer cumprir por parte de todos, indistintamente, os dispositivosprevistos nesse Regimento e ordens em vigor;
d) Resolver todos os casos omissos que chegarem ao seu conhecimento, quer noplano material, quer no espiritual,

devendo, conforme o caso, dar ciência dasolução adotada, na primeira oportunidade, ao Presidente da Tenda ou ao "CHEFE" – Caboclo das Sete Encruzilhadas;
e) Tomar todas as medidas que julgar necessárias para o bom andamento da sessão eque não estejam previstas nesse Regimento, ouvido, na ocasião, o Guia Chefe do terreiro.

DA REALIZAÇÃO DAS SESSÕES

Art. 3º – As sessões terão início às 20 horas com o defumador, o qual deverá terminar no máximo às 20:20 horas, até quando será permitida a entrada de assistentes e trabalhadores.

§ 1º – As exceções do presente artigo, no qual diz respeito à entrada após as 20:20 horas, serão da alçada exclusiva do dirigente da sessão, ouvido o Guia Chefe do terreiro;
§ 2º – Nas sessões de caridade, a porta será aberta entre 21:10 e 21:20 horas, para saída das pessoas já atendidas e ingresso dos retardatários.

Art. 4º – A abertura dos trabalhos, que será feita com uma preleção doutrinária conversando, principalmente, sobre assuntos atinentes à LINHA DE UMBANDA, seguida de prece, terá a duração máxima de 15 minutos.

§ 1º – As consultas e passes só poderão ter início depois de baixar o Guia Chefe do terreiro;
§ 2º – Nos dias de desenvolvimento mediúnico, serão feitas explicações apropriadas sobre pontos cantados e riscados, durante 20 minutos aproximadamente, sendo prestados, na ocasião, todos os esclarecimentos que a esse respeito forem solicitados.

Art. 5º – As sessões de caridade terminarão, obrigatoriamente, por uma descarga espiritual feita pelo Guia Chefe do terreiro.

Parágrafo único: Iniciada essa descarga, cessarão, imediatamente, as consultas aos Guias no ponto em que estiverem, não sendo permitido, sob qualquer pretexto, e a quem quer que seja, se dirigir aos mesmos ou aos demais participantes do terreiro, a fim de que não haja perturbação do trabalho por quebra de corrente.

CAPITULO II

DOS TRABALHADORES DO TERREIRO

MÉDIUNS EM GERAL

Art. 6º – Médiuns desenvolvidos:
São os médiuns cruzados que tem autorização de "ORIXÁ MALET", para dar passes e consultas, bem como auxiliar os trabalhos de desenvolvimento mediúnico, e outros quaisquer que se realizarem na Tenda, de acordo com esse Regimento.
Distintivo: FAIXA VERMELHA na cintura.

Art. 7º – Médiuns em desenvolvimento:
a) Auxiliares: São os médiuns de desenvolvimento mediúnico adiantado, já classificados por "ORIXÁ MALET'".
São obrigados a comparecer às sessões de Quarta-feira, não podendo, contudo, frequentar o terreiro em outro qualquer dia, não ser na qualidade de assistente.

Art. 8º – Os médiuns em geral, devem dar máxima passividade possível às entidades que se aproximarem, para que essas possam trabalhar com plenitude de irradiação e de força.

CAMBONOS EM GERAL

Art. 9º – Aos cambonos cruzados – secretários dos Guias – compete:

§ 1° – Ao Cambono Chefe:
a) Cumprir e fazer cumprir no terreiro, pelos médiuns, cambonos e assistentes, todas as origens vigorantes, velando pela boa e perfeita normalidade e regularidade dos serviços a seu cargo;
b) Fiscalizar o preparo e execução do defumador no início de cada sessão;
c) Superintender todos os serviços atribuídos aos demais cambonos, controlando a distribuição de todo material que se fizer necessário à realização dos trabalhos;
d) Controlar e disciplinar a chamada dos consulentes;
e) Esforçar-se para manter os trabalhadores e assistentes, em constante concentração espiritual, não permitindo que cruzem braços e pernas, que conversem e que procurem er curiosidade sobre o que se passa no terreiro, além de tudo mais que possa perturbar ou quebrar a corrente fluídica durante as sessões;
f) Levar ao conhecimento do dirigente da sessão, qualquer irregularidade que notar, antes, durante e após os trabalhos;
g) Finalmente acatar e fazer cumprir as resoluções que eventualmente possam ser emanadas do dirigente da sessão ou Guia Chefe do terreiro.

§ 2° – O Cambono chefe deverá ser substituído em seus impedimentos por um dos cambonos substitutos;

§ 3° – Ao Cambono Tronqueira: Além das atribuições dos cambonos substitutos e auxiliares, fica especialmente encarregado de:
a) Fazer parte, obrigatoriamente, da mesa nas sessões de caridade, auxiliando os trabalhos de descarga e de doutrinação que se fizerem necessários aos espíritos sofredores que nela baixarem.

§ 4° – Ao Cambono subchefe: Além das atribuições dos cambonos auxiliares, especialmente:
a) Zelar pelo asseio e correção do uniforme dos trabalhadores do sexo feminino;

b) Fiscalizar o vestiário das senhoras;
c) Exercer controle da passagem que dá acesso ao toalete durante os trabalhos.

§ 5º – As funções desse cambono, que está subordinado diretamente ao cambono chefe, serão privativas do sexo feminino e só poderão ser exercidas, em caso de substituição eventual, por pessoa do mesmo sexo, designada pelo "CHEFE", para esse fim.

§ 6º – Ao Cambono substituto: Além das atribuições dos cambonos auxiliares, especialmente:
a) Substituir os cambonos chefe e tranqueira em seus impedimentos eventuais;
b) Secundar e auxiliar o Cambono Chefe em todas as suas atribuições;
c) Executar as ordens de serviço relativa à subdivisão de trabalhos e atividades que cada um deve superintender durante as sessões.

§ 7º – Ao Cambono auxiliar: Além das atribuições ainda não previstas:
a) Acatar e fazer cumprir as ordens recebidas do Cambono Chefe;
b) Receber das mãos do Cambono Chefe todo material que se fizer necessário ao Guia que assistir, salvo se o mesmo possuir material próprio, caso em que levará apenas ao conhecimento do Cambono Chefe a natureza do material a ser empregado;
c) Dar plena e geral assistência ao Guia com o qual estiver trabalhando, não podendo dele se afastar sem sua permissão;
d) Abster-se de ouvir as consultas, somente intercedendo nas mesmas em caso de ser chamado pelo Guia e apenas para atender ao assunto que por ele lhe for atribuído;
e) E terminantemente vedado:
1) Revelar ou comentar a natureza das consultas e bem assim procurar tirar qualquer proveito dos assuntos tratados nas mesmas;
2) Tomar ou procurar tomar conhecimento das consul-

tas dadas por outros Guias, seja por curiosidade, seja por qualquer outro motivo.

§ 8º – Ao Cambono zelador: Além das atribuições dos cambonos auxiliares, especialmente:
a) Zelar pelo "Jacotá" (altar), trazendo-o sempre limpo.
b) Zelar pelo asseio e higiene de todas as dependências da Tenda:
c) Providenciar para que todos os objetos e utensílios a ela pertencentes estejam sempre limpos, arrumados em ordem e em seus devidos lugares;

§ 9º – Esse lugar será exercido por pessoa do sexo feminino diretamente subordinada à direção da Tenda;

Distintivo dos Cambonos cruzados: FAIXA VERDE na cintura.

CAPÍTULO III

DAS DISPOSIÇÕES COMUNS AOS TRABALHADORES DA TENDA

Art. 10 — Os trabalhadores da Tenda (médiuns e cambonos), indistintamente, são obrigados:

a) Médiuns desenvolvidos e cambonos: Matricular-se compulsoriamente, pelo menos uma vez por semana, em dia que escolher de comum acordo com a Direção da Tenda;
b) Comparecer às sessões em que estiverem matriculados ou escalados, só podendo faltar por motivo justificado;
c) Avisar, com a devida antecedência, a impossibilidade de seu comparecimento à sessão, justificando a falta;
d) Manter a concentração no terreiro, curimbando em voz alta os pontos que forem sendo puxados;
e) Fazer, nos dias de sessão a que se obrigarem, uso de

banho de descarga, cuja espécie será indicada pelo Guia que receber (caso dos médiuns desenvolvidos), ou pelo o que der assistência (caso dos cambonos), ou ainda pelo Guia Chefe do terreiro, quando este terminar, sendo que, para os médiuns em desenvolvimento (sessão de Quarta feira), esse banho será feito com cinco folhas de mangueira.

f) Fazer uso do uniforme adotado (conservando-o limpo) e seus distintivos, não podendo permanecer no terreiro em condições diferentes;

g) Procurar conhecer os pontos riscados e cantados (curimbas), bem como os seus significados, e, quando ignorá-los, pedir esclarecimento ao Guia Chefe do terreiro ou ao dirigente dos trabalhos.

Art. 11º – Os trabalhadores que sem motivo justificado faltarem a quatro sessões consecutivas, nas quais estejam matriculados, ou para as quais tenham sido escalados, ficarão privados de trabalhar na Tenda, condicionalmente:

a) Os médiuns: Enquanto "ORIXÁ MALET" não autorizar a sua volta ao terreiro;

b) Os cambonos: Até que suas faltas sejam justificadas pela Direção da Tenda;

Parágrafo Único: Os trabalhadores suspensos, só poderão frequentam as sessões em caráter de assistente, sendo vedado mudarem roupa de trabalho com o intuito de permanecer no terreiro.

Art. 12º – Os médiuns desenvolvidos e cambonos poderão tomar parte nos trabalhos de qualquer sessão na Tenda, ainda que nela não estejam matriculados, desde que para isso tenham o assentimento do Guia Chefe do terreiro.

Art. 13º – Os antigos trabalhadores da Tenda, afastados transitoriamente por motivos independentes de sua vontade, poderão frequentar e tomar parte em qualquer trabalho que se realize na Tenda, salvo o caso de proibição expressa do Guia Chefe do terreiro após o início da sessão.

Art. 14º – Fica terminantemente proibido aos trabalhadores:
a) Afastar-se do terreiro durante as sessões sob qualquer pretexto ou motivo, sem a devida autorização do dirigente dos trabalhos;
b) Trabalhar, sob pretexto algum, fora do recinto da Tenda (em suas casas ou em outro qualquer terreiro), salvo o caso de autorização especial dada pelo "CHEFE";
c) Fazer comentários de qualquer natureza, dentro ou fora do terreiro, pessoais ou telefônicos, com referência aos assuntos que tenham sido tratados nas sessões, ou sobre outros quaisquer que digam respeito à vida privada de cada um.

Art. 15º – A secretária manterá os livros que forem necessários ao registro de matrículas dos trabalhadores e controle de seu comparecimento às sessões.

CAPÍTULO IV

DOS ASSISTENTES

Art. 16º – A entrada na Tenda só é vedada:
a) às pessoas alcoolizadas ou embriagadas:
b) às pessoas portadoras de armas ou animais;
c) às pessoas manifestamente mal intencionadas ou a desordeiros conhecidos.

§ 1º – São deveres dos assistentes:
a) Munir-se, logo após a sua chegada, do cartão numerado para a respectiva consulta;
b) Procurar acomodação na parte reservada a assistência, onde deverá se conservar até a hora de sair, com o respeito e dignidade devidos a um TEMPLO RELIGIOSO;
c) Acatar as ordens gerais da tenda e as que lhes forem transmitidas pelos cambonos;
d) Manter-se em elevação, si souber, o curimba (ponto

cantado que estiver sendo puxado), para possibilitar uma perfeita e harmônica corrente fluídica, desde o início do defumador até o encerramento da sessão;
e) Atender prontamente, sob pena de perder a vez, ao chamado do cambono para a consulta.

§ 2º – É vedado terminantemente aos assistentes, consultarem a mais de um Guia na mesma sessão.

§ 3º – o assistente que tiver necessidade de qualquer natureza deverá dirigir-se ao cambono mais próximo, de preferência de seu sexo e expor o que deseja, para que este providencie como se fizer necessário.

§ 4º – Na ocasião da abertura da porta às 22:10 horas para saída das pessoas atendidas e retardatários, deverá ser observado o mais COMPLETO SILENCIO.

CAPÍTULO V

DAS DISPOSIÇÕES GERAIS

Art. 17 — Por princípio doutrinário e em se tratando de reuniões de caridade puramente cristã, as pessoas que vierem à Tenda, devem se abster de pensamentos e propósitos que contrariem as virtudes exemplificadas por JESUS.

Assim sendo, as consultas não poderão versar sobre assuntos que fujam aos princípios capitulados nas DEZ MANDAMENTOS, constantes do EVANGELHO.

§ 1º – São deveres de todos os frequentadores:
Procurar conhecer o Espiritismo Cristão pela leitura de obras doutrinárias tais como:
• O Evangelho segundo o Espiritismo;
• O Livro dos Espíritos;

- O Livro dos Médiuns;
- O Espiritismo, a Magia e as Sete Linhas de Umbanda.

§ 2º – Durante as sessões ou trabalhos de terreiro é expressamente proibido:

a) Palestrar ou tratar assuntos estranhos à doutrina;
b) Fazer comentários maldosos sobre os irmãos da Tenda;
c) Proferir palavras de gírias ou de interpretações duvidosas, obscenas ou provocadoras de risos;
d) Fazer gestos ofensivos à moral ou aos bons costumes;
e) Lançar suspeitas, provocar ódios, difamar ou fazer comentários desabonadores sobre a vida privada de qualquer pessoa;
f) Desrespeitar ou incitar ao desrespeito, os artigos, parágrafos e alíneas do presente Regimento e ordens em vigor na Tenda;
g) Ingressar ou permanecer no recinto onde estão instaladas a Tesouraria e a Secretária da Tenda, com exceção dos componentes da Diretoria e pessoas encarregadas de serviços especiais.

CAPÍTULO VI

DAS DISPOSIÇÕES FINAIS

Art. 18 – A Tenda tem como "CHEFE ESPIRITUAL" o Caboclo das Sete Encruzilhadas, também chamado simplesmente – o "CHEFE" – criador de UMBANDA no Brasil no ano de 1908.

"ORIXA MALET" é o trabalhador da Linha de "OGUM" (São Jorge), Chefe de Falange, encarregado dos trabalhos de demanda.

"PAI ANTÔNIO" é a entidade que serve de intérprete a "ORIXÁ MALET" e que comumente transmite as ordens do "CHEFE".

"GUIAS CHEFES DE TERREIRO" são as entidades designadas pelo "CHEFE" para dirigir e se responsabilizar pela parte espiritual das sessões.

Art. 19 — O presente Regimento entrará em vigor na data em que for ratificado pelo "CHEFE", em sessão especial, para isso convocada.

TODA PESSOA QUE SE TORNAR ASSOCIADA DA TENDA O FAZ ESPONTANEAMENTE, PARA COOPERAR NA SUA MANUTENÇÃO E PROGRESSO, MOTIVO PELO QUAL, DEVERA CUMPRIR À RISCA, TODOS OS SEUS DEVERES E PRINCIPALMENTE MANTER EM DIA O PAGAMENTO DE SUA MENSALIDADE.

O Dia da Umbanda e do umbandista

O Estado do Rio de Janeiro, por meio do Poder Legislativo, instituiu o "Dia da Umbanda e do Umbandista".

DIÁRIO OFICIAL DO ESTADO DO RIO DE JANEIRO

ATOS DO PODER LEGISLATIVO

Lei 5200 DE 11 DE MARÇO DE 2008

INSTITUI NO CALENDÁRIO OFICIAL DO ESTADO DO RIO DE JANEIRO O DIA 15 DE NOVEMBRO COMO "O DIA DA UMBANDA E DO UMBANDISTA"

O GOVERNADOR DO ESTADO DO RIO DE JANEIRO, em exercício.
Faço saber que a Assembleia Legislativa do Estado do Rio de Janeiro decreta e eu sanciono a seguinte Lei:
Art. 1º Institui no Calendário Oficial do Rio de Janeiro o dia 15 de novembro como "O Dia da Umbanda e do Umbandista".
Art. 2º Esta Lei entrará em vigor na data de sua publicação, revogadas as disposições em contrário.

Rio de Janeiro, 11 de março de 2008.

LUIZ FERNANDO DE SOUZA
Governador em exercício

Projeto de Lei nº 905/07
Autoria: Deputado Gilberto Palmares

Em 16 de maio de 2012 a presidente Dilma Rousseff assinou a Lei 12.644 que decreta o Dia Nacional da Umbanda, a ser comemorado anualmente, em 15 de novembro. A decisão foi publicada no Diário Oficial da União de 17 de maio de 2012. O documento foi sancionado a partir do Projeto de Lei da Câmara nº 187 de 2010, que propõe em sua justificativa, o direito constitucional à liberdade de crença e o livre exercício dos cultos religiosos, conforme o inciso VI do art. 5º da Constituição. Além de defender a valorização, a origem e a difusão da religião umbandista no país por tratar-se de uma religião genuinamente brasileira.

Bibliografia

ADÉKÒYÀ, Olúmúyiwá Anthony. *Yorubá*: Tradição Oral e História. São Paulo: Terceira Margem, 1999.

ARMSTRONG, Karen. *Uma história de Deus*: quatro milênios de busca do judaísmo, cristianismo e islamismo. São Paulo: Companhia das Letras, 1994.

ASSUNÇÃO, Luiz. *O Reino dos Mestres*: a tradição da Jurema na Umbanda nordestina. Rio de Janeiro: Pallas, 2006.

BANDEIRA, Cavalcanti. *O que é a Umbanda*. Rio de Janeiro: Eco, 1970.

BASTIDE, Roger. *As religiões africanas no Brasil*. 3 ed. São Paulo: Pioneira, 1989.

_____. *O Candomblé da Bahia*. São Paulo: Companhia Editora Nacional, 1961.

BATISTA, Tarlis. *Seu Sete:* assim é Dona Cacilda. Revista Fatos e Fotos Gente, n. 925. Rio de Janeiro: Bloch Editores, 14/05/1979.

BENISTE, José. *Mitos Yorubás*: o outro lado do conhecimento. Rio de Janeiro: Bertrand Brasil, 2008.

BRAGA, Lourenço. *Umbanda (Magia Branca) e Quimbanda (Magia Negra)*. Rio de Janeiro: São José, 1942.

_____. *Trabalhos de Umbanda ou Magia Prática*. Rio de Janeiro: Edições Fontoura, 1950.

BROWN, Diana *et al*. *Umbanda & Política*. Rio de Janeiro: Marco Zero, 1985.

_____. Uma história da Umbanda no Rio. In: Brown, Diana *et al*. *Umbanda & Política*. Rio de Janeiro: Marco Zero, 1985.

BUDGE, Ernest Wallis. *O livro dos mortos egípcio*. São Paulo: Cultrix, 1992.

CAMARGO, Cândido Procópio Ferreira. *Kardecismo e Umbanda*: uma interpretação sociológica. São Paulo: Pioneira, 1961.

CARNEIRO, Edison. *Cultos africanos no Brasil*. Revista Planeta n.1. São Paulo: Editora Três, 1972.

_____. *Os candomblés da Bahia*. 2 ed. Rio de Janeiro: Andes, 1954.

_____. *Religiões Negras e Negros Bantos*. 3 ed. Rio de Janeiro: Civilização Brasileira, 1991.

CASCUDO, Luiz da Câmara. *Meleagro*. Rio de Janeiro: Agir, 1951.

_____. *Dicionário do Folclore Brasileiro*. 3 ed. Rio de Janeiro: Tecnoprint, 1972.

CINTRA, Frei Raimundo. *Candomblé e Umbanda*: o desafio brasileiro. São Paulo: Edições Paulinas, 1985.

CLAIRE, David St. *Drums and Candles*. New York: Doubleday and Company, Inc., 1971.

CUMINO, Alexandre. *História da Umbanda*: uma religião brasileira. São Paulo: Madras, 2010.

D'ALCÂNTARA, Alfredo. *Umbanda em Julgamento*. Rio de Janeiro: Mundo Espiritual, 1949.

D'AVILA, Rogério de & OMENA, Mauricio. *Umbanda e seus graus iniciáticos*. São Paulo: Ícone, 2006.

DECELSO, Celso Alves Rosa. *Umbanda de Caboclos*. Rio de Janeiro: Eco, 1972.

DIAS, Renato Henrique Guimarães. *Sincretismos Religiosos Brasileiros*. Rio de Janeiro: Edição do autor, 2010.

D' OLIVET, Antoine Fabre. *História filosófica do gênero humano*. São Paulo: Ícone, 1997.

DUARTE, Paulo. *Crônica*. São Paulo: Jornal O Estado de São Paulo, 16/09/1971.

ELIADE, Mircea. *Mito e Realidade*. 6 ed. São Paulo: Perspectiva, 2005.

EPEGA, Rev. D. Onadele. *The mistery of the yoruba gods*. Lagos, 1931.

EPIAGA. *Muito Antes de 1500*. São Paulo: Madras, 2006.

_____. *Amerríqua*: as origens da América. São Paulo: Madras, 2006.

ESPECIAL. *E a culpa é do termômetro*. Revista Veja, n. 159. São Paulo: Editora Abril, 22/11/1971.

FARJANI, Antonio Carlos. *A linguagem dos deuses*. São Paulo: Mercuryo, 1991.

FERAUDY, Roger. *Baratzil*: a terra das estrelas. Limeira: Conhecimento, 2003.

_____. *Umbanda*: essa desconhecida. 5 ed. Limeira: Conhecimento, 2006.

FERNANDES, Diamantino Coelho. O Espiritismo de Umbanda na evolução dos povos: fundamentos históricos e filosóficos. In: *Anais do Primeiro Congresso Brasileiro do Espiritismo de Umbanda*. Rio de Janeiro: Jornal do Comércio, 1941.

FERNANDES, Gonçalves. *O folclore mágico do Nordeste*. Rio de Janeiro: Civilização Brasileira, 1938.

FIGUEIREDO, Benjamim. *Okê Caboclo!* Rio de Janeiro: Eco, s/d.

FILHO, João Freire. *TV de qualidade*: uma contradição em termos? Campo Grande: XXIV Congresso de Comunicação, setembro de 2001.

FILHO, Pedrosa. *Seu Sete*. Revista Fatos e Fotos Gente, n. 734. Rio de Janeiro: Bloch Editores, 15/09/ 1975.

FONTENELLE, Aluízio. *A Umbanda através dos séculos*. 4 ed. Rio de Janeiro: Espiritualista, 1971.

_____. *Exu*. Rio de Janeiro: Espiritualista, 1951.

FREITAS, João. *Exu na Umbanda*. Rio de Janeiro: Espiritualista, 1970.

FREITAS, Byron Torres & PINTO, Tancredo da Silva. *As impressionantes cerimônias da Umbanda*. Rio de Janeiro: Editora Souza, 1955.

GIUMBELLI, Emerson. Zélio de Moraes e as origens da Umbanda no Rio de Janeiro. In: Silva, Vagner Gonçalves (org.). *Caminhos da alma*. São Paulo: Selo Negro, 2003.

HOLANDA, Aurélio Buarque de. *Novo Dicionário da Língua Portuguesa*. São Paulo: Positivo, 2004.

ISAIA, Artur Cesar. *Umbanda, intelectuais e nacionalismo no Brasil*. Revista de História e Estudos Culturais. Florianópolis: Universidade Federal de Santa Catarina, dezembro de 2012.

ITAOMAN, Mestre. *Pemba*: a grafia sagrada dos Orixás. Brasília: Thesaurus, 1990.

JUNQUEIRA, Carmem. *O mundo invisível*. Conferência de abertura do III Encontro INFOP "Memória e Comunidade". Universidade Federal do Pará, 1999.

KARASCH, Mary. *A vida dos escravos no Rio de Janeiro (1808-1850)*. Rio de Janeiro: Companhia das Letras, 2000.

KLOPPENBURG, Boaventura. *Umbanda*: orientação para católicos. Petrópolis: Vozes, 1961.

_____. *O alarmante crescimento do baixo espiritismo*. REB, v.13, 1953.
História da Umbanda no Brasil   561

_____. *Vozes ecumênicas em Defesa da Fé.* REB, v.24, 1964.

KREBS, Carlos Galvão. *Por que cresce a macumba no Brasil?* Revista Manchete, n° 53. Rio de Janeiro: Bloch Editores, 28/03/1953.

LETERRE, A. *A Vida Oculta e Mística de Jesus:* as chaves secretas do Cristo. São Paulo: Madras, 2005.

LINARES, Ronaldo Antonio; TRINDADE, Diamantino Fernandes; COSTA, Wagner Veneziani. *Iniciação à Umbanda.* São Paulo: Madras, 2008.

LINARES, Ronaldo Antonio; TRINDADE, Diamantino Fernandes. *Memórias da Umbanda do Brasil.* São Paulo: Ícone, 2011.

LUZ, Marco Aurélio & LAPASSADE, Georges. *O segredo da Macumba.* Rio de Janeiro: Paz e Terra, 1973.

MACIEL, Silvio Pereira. *Umbanda Mista.* Rio de Janeiro: Espiritualista, s/d.

_____. *Alquimia de Umbanda:* o poder vibratório. 2 ed. Rio de Janeiro: Gráfica Editora Aurora, s/d.

MAGNANI, José Guilherme Cantor. *Umbanda.* São Paulo: Ática, 1986.

MAGNO, Oliveira. *A Umbanda Esotérica e Iniciática.* Rio de Janeiro: Espiritualista, 1950.

_____. *Umbanda e Ocultismo.* Rio de Janeiro: Gráfica Editora Aurora, 1952.

MATTA E SILVA, W.W. *Umbanda de Todos Nós.* 3 ed. Rio de Janeiro: Freitas Bastos, 1970.

_____. *Macumbas e Candomblés na Umbanda.* 2 ed. Rio de Janeiro: Freitas Bastos, 1972.

_____. *Umbanda e o Poder da Mediunidade.* 4 ed. São Paulo: Ícone, 1997.

_____. *Umbanda do Brasil.* 3 ed. São Paulo: Ícone, 2000.

_____. *Lições de Umbanda (e Quimbanda) na palavra de um Preto Velho.* 8 ed. São Paulo: Ícone, 2011.

MARÃO, José Carlos. *Vende-se Milagre.* Revista Realidade, n. 63. São Paulo: Editora Abril, junho de 1971.

MICELI, Sergio. *A noite da madrinha.* São Paulo: Perspectiva, 1972.

MIRA, Maria Celeste. *Circo eletrônico:* Silvio Santos e o SBT. São Paulo: Olho d' Água/ Loyola, 2001.

MURY, Paul. *História de Gabriel Malagrida.* São Paulo: Loyola, 1992.

NEGRÃO, Lisias Nogueira. *Entre a Cruz e a Encruzilhada:* formação do campo umbandista em São Paulo. São Paulo: EDUSP, 1996.

NETO, F. Rivas. *Umbanda:* a Proto Síntese Cósmica. São Paulo: Freitas Bastos, 1989.

_____. *Exu*: o grande arcano. 3 ed. São Paulo: Ícone, 2000.

NEVES, Marcia Cristina A. *Do Vodu à Macumba*. São Paulo: Tríade, 1991.

NUNES FILHO, Atila. *Editorial*. Revista Gira de Umbanda. n.1. Rio de Janeiro: Espiritualista, 1972.

OLIVEIRA, J. Alves. *Umbanda Cristã e Brasileira*. Rio de Janeiro: Tecnoprint, 1985.

OLIVEIRA, José Henrique Motta. *Das macumbas à Umbanda*: uma análise histórica da construção de uma religião brasileira. Limeira: Conhecimento, 2008.

OMOTOBÀTÁLÁ, Osvaldo. *Reino de Kimbanda*. Versão digital. Editora Bayo.

O SOLITÁRIO. *Evangelho de Umbanda*: escrituras e codificação. Planalto de Goiás: Fraternidade Eclética Espiritualista Universal, 1960.

ORTIZ, Renato. *A Morte Branca do Feiticeiro Negro*: Umbanda e Sociedade Brasileira. 2 ed. São Paulo: Brasiliense, 1999.

_____. *Los Negros Brujos*. Havana: Editorial de Ciências Sociais, 1979.

PELLIZARI, Edmundo. *Kimbanda e Quimbanda*. Mimeo, 2010.

PESSOA, José Álvares *et al. Umbanda, Religião do Brasil*. São Paulo: Obelisco, 1968.

PINTO, Altair. *Dicionário da Umbanda*. 4 ed. Rio de Janeiro: Eco, 1991.

PRANDI, Reginaldo (org.). *Encantaria Brasileira*: o livro dos Mestres, Caboclos e Encantados. Rio de Janeiro: Pallas, 2004.

PRIMEIRO CONGRESSO BRASILEIRO DO ESPIRITISMO DE UMBANDA. *Anais*. Rio de Janeiro: Jornal do Comércio, 1941.

RAMOS, Arthur. *As culturas negras no novo mundo*. São Paulo: Companhia Editora Nacional, 1979.

_____. *O negro brasileiro*. Rio de Janeiro: Civilização Brasileira, 1934.

RAMOS, João Severino. *Umbanda e Seus Cânticos*. Rio de Janeiro: Tenda Espírita São Jorge, 1953.

REDAÇÃO. *1971 – Abaixo-assinado contra a Baixaria na TV*. Revista Intervalo. São Paulo: Editora, 02/09/1971.

REDAÇÃO. *1971 – Charlatanismo no Chacrinha*. Rio de Janeiro: Jornal do Brasil, 02/09/1971.

RELIGIÃO. *Os azares do Rei da Lira*. Revista Veja, n. 157. São Paulo: Editora Abril, 08/09/1971.

REPORTAGEM. *Seu 7 Rei da Lira*. Jornal ARUANDA. Diretor: Jamil Rachid. Março de 1976.

RIBEIRO, Lilia. *Entrevista com o Caboclo das Sete Encruzilhadas*. Rio de Janeiro: Tenda de Umbanda Luz, Esperança, Fraternidade – RJ, 16/11/ 1972.

_____. *A Umbanda existe há 64 anos*: Entrevista com Zélio de Moraes. Revista Gira de Umbanda, n.1. Rio de Janeiro: Editora Espiritualista, 1972.

RIO, João do (Paulo Barreto). *As Religiões no Rio*. Rio de Janeiro: Nova Aguilar, 1976.

RODRIGUES, Nina. *Os Africanos no Brasil*. Coleção Brasiliana. São Paulo: Companhia Editora Nacional, 1945.

SANTOS, Juana Elbein. *Os Nagô e a morte*. 11 ed. Petrópolis: Vozes, 2002.

SANTOS, Edmar. *O poder dos candomblés*: Perseguição e Resistência no Recôncavo da Bahia. Salvador: EDUFBA, 2009.

SARACENI, Rubens & XAMAN, Mestre. *Os Decanos*: os fundadores, mestres e pioneiros da Umbanda. São Paulo: Madras, 2003.

SILVA, Alberto da Costa. *O Brasil, a África e o Atlântico no século XIX*. Estudos Avançados. Vol. 8, n. 21. São Paulo: May/Jun, 1994.

SILVA, Vagner Gonçalves. *Candomblé e Umbanda*. São Paulo: Selo Negro, 2005.

SOUZA, André Ricardo. Baianos, novos personagens afro-brasileiros. In: Prandi, Reginaldo (org.). *Encantaria brasileira: o livro dos Mestres, Caboclos e Encantados*. Rio de Janeiro: Pallas, 2004.

SOUZA, Henrique José. *Eubiose*: A Verdadeira Iniciação. Rio de Janeiro: Associação Editorial Aquarius, 1978.

SOUZA, Leal de. *O Espiritismo, a Magia e as Sete Linhas da Umbanda*. Rio de Janeiro: Diário de Notícias, 1932.

_____. *No Mundo dos Espíritos (Inquérito de A Noite)*. Rio de Janeiro: Jornal A Noite, 1925.

_____. *Romaria da Saudade*. Rio de Janeiro: Jornal do Commércio, 1919.

TEIXEIRA, Sérgio Navarro. *Caboclo Mirim*: um digno lugar na história. Revista Espiritual de Umbanda. n.13. São Paulo: Escala, 2006.

TRINDADE, Diamantino Fernandes. *Antonio Eliezer Leal de Souza*: o primeiro escritor da Umbanda. Limeira: Conhecimento, 2009.

_____. *Você sabe o que Macumba? Você sabe o que é Exu?* São Paulo: Ícone, 2013.

_____. *A construção histórica da literatura umbandista*. Limeira: Conhecimento, 2010.

_____. *Umbanda brasileira*: um século de história. São Paulo: Ícone, 2008.

_____. *Umbanda e sua História*. 2 ed. São Paulo: Ícone, 2002.

_____. *Umbanda*: um ensaio de ecletismo. São Paulo: Ícone, 1993.

_____. *Iniciação à Umbanda*. São Paulo: Tríade, 1986.

_____. *Resistência e Candomblé*. Matéria publicada no jornal D.O. LEITURA, suplemento cultural do Diário Oficial do Estado de São Paulo, em edição comemorativa dos 100 anos da abolição escravagista, janeiro de 1988.

_____. *Umbanda, uma religião brasileira*. Matéria publicada no jornal D.O. LEITURA, suplemento cultural do Diário Oficial do Estado de São Paulo, outubro de 1986.

TRINDADE, Liana. Exu: poder e perigo. São Paulo: Ícone, 1985.

_____. *Conflitos sociais e magia*. São Paulo: Hucitec – Terceira Margem, 2000.

VALENTE, Waldemar. *Sincretismo Religioso Afro-Brasileiro*. 3 ed. Coleção Brasiliana. São Paulo: Companhia Editora Nacional, 1977.

VÁRIOS UMBANDISTAS. *O culto de umbanda em face da lei*. Rio de Janeiro: União Espiritualista Umbanda de Jesus, 1944.

VERGER, Pierre. *Orixás*. São Paulo: Corrupio, 1981.

VIEIRA, Carlos Soares. *Pesquisa sobre as Sete Tendas mandadas criar pelo "Chefe"*. Rio de Janeiro, 2012.

ZESPO, Emanuel. *O que é a Umbanda?* Rio de Janeiro: Biblioteca Espiritualista Brasileira, 1953.

XAVIER, Francisco Cândido e VIEIRA, Waldo. *Antologia dos Imortais*. Rio de Janeiro: Federação Espírita Brasileira, 1963.

Sitografia

\<www.citybrazil.com.br\> *Tambor de Mina*. Acesso em 10/09/2007.
\<www.culturapopular.ma.gov.br\> *Religiosidade Afro-Maranhense*. Acesso em 10/09/2007.
\<www.ebooks.byhost.com.br\> *Estatutos da Tenda Espírita Nossa Senhora da Piedade*.
\<http://ebooks.brasilpodcast.net\> OLIVEIRA, José Henrique Motta. *Das macumbas à Umbanda: a construção de uma religião brasileira* (1908-1941). Acesso em 09/09/2007.
\<www.ebooks.byhost.com.br\> *Regimento Interno da Tenda Espírita Nossa Senhora da Piedade*.
\<www.falangeirosdaaruanda.com\> *Foto do Caboclo Mirim incorporado no médium Benjamin Figueiredo*. Acesso em 04/09/2007.
\<www.geocities.com\> ISAIA, Artur César. *O Elogio ao progresso na obra dos intelectuais da Umbanda*. Acesso em 14/08/2007.
\<www.geocities.com\> GUIMARÃES, Carlos Antonio Fragoso. *Allan Kardec*. Acesso em 04/09/2007.
\<www.historiaimagem.com.br\> OLIVEIRA, José Henrique Motta. *Eis que o caboclo veio a Terra "anunciar" a Umbanda*. Acesso em 07/08/2007.
\<www.nativa.etc.br\> PESSOA, José Álvares. *O Pastor de Umbanda*. Acesso em 04/09/2007.
\<www.nativa.etc.br\> *A Desafricanização das Tradições Afro-Brasileiras na Umbanda*. Acesso em 13/08/2007.
\<www.tendaespiritamirim.com.br\> Acesso em 12/05/2007.
\<www.tendaespiritamirim.com.br/revista_umbanda.html\> Acesso em

23/07/2007.
<www.premioreportaje.org> CARVALHO, Christiano. *Santuário protege Mata Atlântica*. Acesso em 07/10/2007.
<www.primadodeumbanda.hpg.ig.com.br> Acesso em 14/08/2007.
<www.terraespiritual.locaweb.com.br> VIANA, Maria das Graças. *Estudo de Umbanda*. Acesso em 14/08/2007.
<www.santuariodeumbanda.com.br.> *Missão*. Acesso 07/10/2007.
<http://umbandasemmisterio.blogspot.com> CAIO DE OMOLU. *Os Filhos da Natureza estão órfãos e não sabem!* Acesso em 14/10/2007.
<www.uniafro.hpgplus.com.br> *A Nação Omolokô*. Acesso em 12/10/2007.
<http://pt.wikipedia.org> *Omolokô*. Acesso em 10/10/2007.
<http://estudodaumbanda.wordpress.com> BOTELHO, Jorge. *Sincretismo Religioso e suas origens no Brasil*. Acesso em: 01/11/2011.
<http://www.abhr.org.br> MALANDRINO, Brígida Carla. *Macumba e Umbanda*: aproximações. Acesso em: 14/11/2011.
<http:www.sentandoapua.com.br> *João Severino Ramos*. Acesso em 05/10/2012.
<hhtp://www.umbanda.com.br> PAI JURUÁ. *Augustinus Aurelius – um dos iniciadores da Umbanda*. Acesso em 05/10/2012.
<http://omoloko.blogspot.com.br> Tata Ti Inkice Tancredo da Silva Pinto. Acesso em 05/10/2012.
< http://pt.wikipedia.org> *Mesas girantes*. Acesso em 20/10/2012.
<http://www.paiantonio.com.br> BAMBERG, Márcio. *O embranquecimento da Umbanda?* Acesso em 29/10/2012.
<http://acervoayom.blogspot.com.br> *Sete da Lira – 1971*. MESTRE OBASHANAN. Acesso em 13/03/2013.
< http://www.blog.mataverde.org> *Primeiro Congresso Paulista de Umbanda*. Acesso em 10/08/2013.
<http://wikipedia.org> *Seu Sete Rei da Lira*. Acesso em 13/12/2012.
<www.umbanda. com.br> Pai Juruá. *Umbanda:A Manifestação do Espírito para a Caridade* módulo 1. Acesso em 05/11/2013.
<http://www.oconsolador.com.br/ano2/92/renato_costa.html> COSTA, Renato. *Somos todos cristãos*. Acesso em 02/06/2009.
<https://www.facebook.com/setereidalira> Acesso em 29/09/2013.
<http://www.facebook.com/pages/Seu-7-da-Lira/262206 377187972> Acesso em 15/06/2013.
< http://www.abhr.org.br > Carla Brígida Malandrino. *Macumba e Umbanda*: aproximações. Acesso em: 14/11/2011.

Sobre o autor

- Professor do curso de pós-graduação em História e Cultura Afro-Brasileira do Centro Universitário Salesiano.
- Professor (aposentado) do Instituto Federal de Educação Tecnológica de São Paulo onde lecionou as disciplinas: Química, Fundamentos da Educação, Psicologia da Educação, História da Ciência e Epistemologia do Ensino.
- Lecionou como professor emérito na Universidade Cidade de São Paulo e professor adjunto nas Faculdades Oswaldo Cruz, Universidade de Santo Amaro e Universidade de Guarulhos.
- Pesquisador CNPQ.
- Pesquisador do Grupo de Estudos e Pesquisa em Interdisciplinaridade (GEPI) da PUC-SP.
- Mestre em Educação pela Universidade Cidade de São Paulo.
- Master Science in Education Science by City University Los Angeles.
- Doutor em Educação pela PUC-SP.
- Pós-Doutor em Educação pelo GEPI-PUCSP.
- Autor de livros sobre Educação e Ciências: *A História da História da Ciência, Temas Especiais de Educação e Ciências, O Ponto de Mutação no Ensino das Ciências, Os Caminhos da Educação e da Ciência no Brasil, Leituras Especiais sobre Ciências e Educação, Química Básica Teórica, Química Básica Experimental, Médicos e Heróis: os caminhos da Medicina brasileira desde a chegada da Família Real até as primeiras décadas da República* e *Personagens da Ciência Brasileira*.

- Autor de livros sobre Umbanda: *Umbanda e sua história, Umbanda Brasileira: um século de história, Umbanda: um ensaio de ecletismo, Iniciação à Umbanda, Os Orixás na Umbanda e no Candomblé, Manual do Médium de Umbanda, A construção histórica da literatura umbandista, Antônio Eliezer Leal de Souza: o primeiro escritor da Umbanda, Memórias da Umbanda do Brasil, Você sabe o que é Macumba? Você sabe o que é Exu?*
- *Past Master* da Loja Maçônica Cavaleiros de São Jorge (Grande Oriente do Brasil).
- Membro da Escola Superior de Guerra.
- Médium do Templo de Umbanda Ogum Beira-Mar, dirigido por Edison Cardoso de Oliveira, entre 1981 e 1989.
- Vice Presidente da Federação Umbandista do Grande ABC entre 1985 e 1989 e Membro do Conselho Consultivo do Superior Órgão de Umbanda do Estado de São Paulo no mesmo período.
- Relator do Fórum de Debates: *A Umbanda e a Constituinte*, realizado na Assembleia Legislativa de São Paulo, em 1988.
- Colunista do Jornal *Notícias Populares*, em 1989, escrevendo aos domingos sobre a história e os ritos da Umbanda.
- Pesquisou a Umbanda e os cultos afro-brasileiros em diversos terreiros, visitando várias vezes a Tenda Nossa Senhora da Piedade e a Cabana de Pai Antonio onde conviveu com Zélia de Moraes e Zilméia de Moraes.
- Dirigiu o Templo da Confraria da Estrela Dourada do Caboclo Sete Lanças entre 1993 e 1999.
- Atualmente é sacerdote do Templo da Luz Lilás - Cabana de Pai Benguela.
- Sacerdote de Orunmilá-Ifá iniciado pelo Babáláwò Ifatoki Adekunle Aderonmu Ògúnjimi do qual recebeu o nome iniciático de Awo Ifasoya Ifadaisi.

Umbanda, essa Desconhecida

Umbanda esotérica e cerimonial

Roger Feraudy

EDITORA DO CONHECIMENTO

Umbanda essa Desconhecida

ROGER FERAUDY

Umbanda, essa Desconhecida tornou-se, ao longo de duas décadas, uma obra básica de referência para os estudiosos da Umbanda, e retorna agora revista e ampliada.

O sábio mestre oriental Babajiananda (Pai Tomé) desvendou aqui, pela primeira vez, as desconhecidas origens ancestrais do culto AUM-PRAM, da velha Atlântida, e seu ressurgimento no Brasil, por determinação dos Dirigentes Planetários – fundado, em 1908, pelo Caboclo das Sete Encruzilhadas.

De forma clara e didática, são revistos conceitos fundamentais ainda pouco compreendidos da temática umbandista: que são, na verdade, os Orixás, e o que significam seus nomes originais? Como operam as Linhas de Umbanda? Quem são os seus médiuns? O que é um babá, um babalorixá? O que é magia? Afinal, o que são Exus? Qual é a estrutura oculta das falanges de Umbanda? Traz orientações sobre as práticas, como oferendas e despachos, pontos cantados e riscados, guias, banhos de ervas, a estruturação de um centro, criação de um gongá, obrigações, desenvolvimento e iniciações dos médiuns etc.

O extraordinário diferencial desta obra é a desmistificação dos pretensos "mistérios", das práticas descabidas e dos comportamentos mediúnicos e crenças inconsistentes, subproduto da desinformação.

Embasada nos milenares conhecimentos esotéricos, mas temperada pela simplicidade amorável dos terreiros, dela surge uma Umbanda luminosa, baluarte da Espiritualidade Maior planetária.

Roger Feraudy, consagrado autor de uma dezena de obras de sucesso — mais de 50 anos de prática umbandista — é uma das vozes mais abalizadas do Movimento de Umbanda no Brasil.

HISTÓRIA DA UMBANDA NO BRASIL

foi confeccionado em impressão digital, em junho de 2025

Conhecimento Editorial Ltda

(19) 3451-5440 — conhecimento@edconhecimento.com.br

Impresso em Luxcream 70g, StoraEnso